不能忘记的历史

遲浩田

不能忘记的历史

侵华日军兵要地志揭秘

——100年来日本对中国的战场调查

沈克尼 著

图书在版编目（CIP）数据

侵华日军兵要地志揭秘：100年来日本对中国的战场调查 / 沈克尼著. -- 北京：生活·读书·新知三联书店, 2021.3（2024.7 重印）
ISBN 978-7-108-06632-9

Ⅰ. ①侵… Ⅱ. ①沈… Ⅲ. ①侵华日军－战争罪行－史料 Ⅳ. ①K265.606

中国版本图书馆CIP数据核字(2019)第142839号

题　　签　迟浩田
选题策划　么志龙　知行文化
特邀编辑　江山美　陈　佳　李　东
责任编辑　朱利国　马　翀
装帧设计　陶建胜
责任印制　卢　岳
出版发行　生活・讀書・新知 三联书店
（北京东城区美术馆东街22号　100010）
网　　址　www.sdxjpc.com
经　　销　新华书店
印　　刷　天津裕同印刷有限公司
版　　次　2021年3月北京第1版
2024年7月北京第2次印刷
开　　本　710毫米 × 1000毫米　1/16　印张 29.25
字　　数　300千字　226/幅图
印　　数　5,001-7,000册
定　　价　168.00元

（印装查询：010-64002715；邮购查询：010-84010542）

目 录

1 | 序 沈克尼：奇人与奇书 / 乔 良

1 | 一、日本明治时期的兵要地志及中国地志——兼谈清末中国官员的情报意识

14 | 二、百年来日本对我京畿的军事窥探

（一）清代北京城的“百科全书” 14

（二）《北京志》中的军事内容 18

（三）用于作战的《直隶省兵要地志概说》 19

（四）日军对河北地理形势的判断 20

（五）日军对河北重要通道的着眼点 21

（六）京、津等主要城市及轰炸目标 23

（七）“马后炮”的《平津地方（河北省北部）兵要地志概说》 25

28 | 三、百年前日本对我国新疆的军事窥探

（一）各列强对我国新疆的军事窥探 28

（二）日野强其人与《伊犁纪行》 29

（三）日野强的军事视角 33

（四）日野强眼中的新疆“兵备” 36

（五）日野强的民族、宗教视角 37

（六）日本军队调查、编写的《伊犁道兵要地志》 40

46 | 四、“中村事件”与日军“满蒙”兵要地志

（一）中村震太郎报告？ 46
（二）奇观——工兵大队的兵要地志 51

55 | 五、“满铁”调查部及关东军的兵要地志情报方法

（一）“满铁”调查部——侵华、侵苏的“智囊团” 55
（二）“臼井部队”——“满铁”调查部直接参与侵华军事行动 56
（三）“走路”和“资料”——收集兵要地志情报的基本方法 59
（四）关东军兵要地志调查计划 63
（五）关东军兵要地志调查的规范依据 65

67 | 六、日军编印的中国兵要地志纵横说

（一）日军调查、编印的中国兵要地志的种类 67
（二）日军兵要地志的内容及特点 76
（三）日军兵要地志与作战设想 82
（四）遭诟病的日军兵要地志 90
（五）日军兵要地志的启示 91

93 | 七、日军兵要地志的调查内容和图表

（一）作战通道和交通的调查内容及图表显示 93
（二）地形与地质的调查内容及图表显示 95
（三）气象要素的调查内容及图表显示 98
（四）交通的调查内容及图表显示 99
（五）通信的调查内容及图表显示 101
（六）航空的调查内容及图表显示 102
（七）卫生的调查内容及图表显示 103
（八）都市的调查内容 104

（九）宿营与给养的调查内容及图表显示　105
（十）要塞的调查内容　106
（十一）兵要资源及经济状况　106
（十二）产业调查的内容　108
（十三）商业贸易及其他　109
（十四）金融及货币　109
（十五）外国经济势力　109

125 | 八、“用兵的观察”——日军首脑机关对中国各战场的观察视角

（一）何谓“用兵的观察”　125
（二）“九·一八事变”前夕日本军界高层眼中的“满蒙”　126
（三）“七七事变”和“八·一三事变”后日军对平津和淞沪战场的看法　129
（四）日军对山东省“用兵的观察”　135
（五）日军对山西东南部“用兵的观察”　137
（六）日军对河南省“用兵的观察”　141
（七）日军对广东省“用兵的观察”　144
（八）日军对香港“用兵的观察”　147
（九）日军对广西省“用兵的观察”　149
（十）日军对江西省“用兵的观察”　152
（十一）日军对湖南省“用兵的观察”　157
（十二）日军对湖北省“用兵的观察”　160
（十三）日军对云南省“用兵的观察”　160
（十四）日军对贵州省“用兵的观察”　166
（十五）日军对四川省“用兵的观察”　167
（十六）日军对陕西省“用兵的观察”　169
（十七）结论　172

175 | 九、侵华日军眼中的中国人——日军兵要地志中的国民性和统治资料

（一）当年日本对中国国民性的调查　176

（二）从“面子”与“没法子”解读中国人 184
（三）日本军队的“统治”与“利用”的调查 188
（四）日本军队对占领地的华侨“利用”的企图 193
（五）日军对汉奸的“利用”策略 194
（六）冈村宁次说“日本人的通病” 195

197 | 十、“五号作战计划”与日军川、陕兵要地志概说

（一）日军“五号作战计划” 197
（二）从作战角度看日军陕西兵要地志 198
（三）从情报角度看日军四川兵要地志 202
（四）日军川、陕兵要地志的缺失 207
（五）破产的“谋略” 208

210 | 十一、中国军队缴获的“孤本”——日军《台湾兵要地志概说》

（一）日军从作战角度看台湾 210
（二）《台湾兵要地志概说》中的缺略和“精详” 218
（三）图文互补的《台湾兵要地志概说》 228
（四）日军《台湾兵要地志概说》内容与其作战任务不符 235

248 | 十二、“竹舍”“白团”与兵要地志

（一）“竹舍”秘密编制的中国兵要地志 248
（二）谜——《“支那”边疆兵要地志》笔记 249
（三）“白团”秘藏、重印的兵要地志 251
（四）台湾的“国光计划”与兵要地志 254

259 | 十三、日军海南岛兵要图文与《一读必胜》

（一）捷足先登的胜间田善作 259
（二）兵要地志图种种 261
（三）《海南岛概说》中的“延安军” 263

（四）丛林战的练兵场与《一读必胜》 265

274 | 十四、日军的航空兵要地志

（一）日军航空兵要地志的主要内容 275
（二）日军航空兵要地志对地形的观察 277
（三）日军航空兵的轰炸目标 281
（四）飞机场和降落场 285
（五）日军航空兵战前在中国的飞行经验及作战准备 286

289 | 十五、日军的专业兵要地志——兵要卫生志概说

（一）“九·一八事变”和“一·二八事变”的产物 289
（二）“七七事变”与“八·一三事变”后的急就章 291
（三）侵华日军对村镇的兵要卫生调查 293
（四）魔鬼“七三一”部队的兵要卫生调查 296

298 | 十六、日军江河兵要地志概说

（一）日本海军的长江兵要地志——《扬子江案内全》 299
（二）流产的长江歼敌计划 300
（三）《黄河兵要地志概说》的概说 305
（四）日军对黄河山东段渡河点的判断 308
（五）难题——河川的战场评述 312

313 | 十七、《事情》——侵华日军另类的兵要地志

（一）侵华日军分裂中国西部的迷梦 313
（二）《事情》揭秘 315
（三）《事情》——情报又一来源 316
（四）《事情》与兵要地志的异同 316
（五）《事情》中的“统治资料” 317

323 | 十八、日军侦察摄影在兵要地志中的应用

334 | 十九、隐秘的日本兵要地志图

（一）何为兵要地志图 334

（二）日军调制的中国兵要地志图 342

350 | 二十、解读“二战”中日军的岛屿兵要地志图——兼谈日军海岛野战生存

（一）太平洋上空的关东军航测队 350

（二）日军大比例尺海岛兵要地志图 355

（三）日军五十万分之一比例尺的兵要地志图 358

（四）美军进攻瓜达尔卡纳尔岛的情报是七张风景照片 363

（五）忽略海岛生存条件调查的日军兵要地志图 365

（六）“二战”时日本南方军热带岛屿野战生存 367

（七）被日军强征到南洋作战的台湾“高山义勇队” 374

376 | 二十一、日军对菲律宾的兵要地志调查和军用地图测绘

（一）日军菲律宾兵要地志概说 376

（二）日军收集的菲律宾经济及气象资料 379

（三）菲律宾的兵要卫生志 380

（四）日军眼中的菲律宾的民族和宗教 382

（五）日军盗测的菲律宾地形图 383

（六）解读日军菲律宾兵要地志图 384

394 | 附录一：中国兵要地志源流概说

（一）兵要与地志 394

（二）明清——中国兵要地志的发端 395

（三）民国时期的兵要地志 400

（四）战争年代我军兵要地志概说 405

409 | 附录二：近代我国军事地理研究方法管窥

（一）古人的“形势”与“纵横” 409

（二）清末“兵要”的发端 410

（三）《兵要地理》——民国初期陆军大学的课程 412

（四）《兵要地理》的研究内容 415

（五）《兵要地理》的研究特点 418

422 | 附录三：中国军事地形学源流概说

（一）从甲午之战的军用地图讲起 422

（二）清末民初军校的测绘和地形学教育 424

（三）抗日战争前后的地形学 428

（四）我军军事地形学的形成 432

437 | 附录四：论兵要地志的战史调研与编写

（一）战史资料的收集 437

（二）战史的编写 446

447 | 后 记

序
沈克尼：奇人与奇书

人这一生会遇到无数人，有的人你一见如故，相见恨晚；有些人朝夕相处，却形同陌路。人们喜欢说这是缘分，我不信，我只相信气味相投。

我与克尼兄，属于前一种。我们相识于整整二十年前。当时我刚刚写出自己第一部长篇小说《末日之门》，克尼兄甚为激赏，并为之写出了拙作所收获的第一篇评论。于是我们得以相识，然后是二十年的惺惺相惜。

我强烈喜欢这个一天兵没当过的人身上透出的那股子标准军人气质。说真的，我始终认为克尼兄比我们军队中的大多数军人更像军人。

这不仅表现在你任何时候见他都衣着整洁、皮鞋锃亮，站有站姿，坐有坐相，每次见面总是先向你致以标准的军礼——仅这一点，克尼兄已足以让不少所谓的军人汗颜，但这还不是我喜欢他的理由；我喜欢的是克尼兄身上浸透骨髓的那么一种军人情怀和军人眼光。他是一个透过瞄准具象问题、透过望远镜看世界的人。

克尼兄的不同凡响在于，他能从“海钓爱好者”和“登山爱好者”的专业书店里，一眼就发现“潮汐表”和“登山者专业地图”，发现它们的军事价值，而常年从事这一工作的人，却未必有这等眼光，只能在克尼兄的“发现”前自愧弗如。

他能以年近花甲之躯，仅凭一个指北针，就带领一众青年男女，以山地行军速度，徒步翻越贺兰山，从宁夏走到内蒙古，再寻另一条路，从内蒙古返回宁夏。他能走进军事博物馆，随便扫一圈，就指出哪件武器的标签写错了，哪把日本军刀是“曹刀”而非将佐刀；特别是，他会告诉你，那把格外引人注目的军刀，肯定不是冈村宁次本人的佩刀。

如果你还有机会到他家——那个我称之为“军需库”的地方——参观，你更会大开眼界，惊呼自己这辈子也没见过这么多不同时期、不同国家的军用望远镜。从150年前的单筒望远镜，到“二战”时日军的炮队镜；从古老的德国“蔡斯”和“葛尔茨”，到今天的国产“95式”望远镜；从测距仪到瞄准镜，应有尽有：整个一座私人望远镜博物馆。据说其中有几件珍贵的藏品，让军博的人都羡慕不已，欲索不得而耿耿于怀。这样一个人，够不同凡响了吧？但这仍然不足以概括克尼兄的不同寻常。作为一个从未服过一天兵役，却能先后在装甲兵指挥学院、陆军参谋学院、南京陆军指挥学院、国防大学进修，学习军事理论，早在20世纪80年代就写出我军第一本具有中国特色的《野外生存》(至今被奉为我军该领域首选教材)，荣膺1997年度“全国十大爱国拥军模范”，并最终被特批为陆军预备役军官，由中校晋升上校、再由上校晋升为大校的人，这些经历也仍不足以说尽克尼兄之“奇”。

在我看来，他最令人称奇之处，是他乃当下中国首屈一指的研究日本侵华战争“兵要地志”的专家。用时下流行的话来说，是“唯一”，没有“之一”。

关于这个听上去多少有些耸人听闻的结论，我不想与人争辩，只想让不服气的人，打开这本书，一翻便知。

打开这部积克尼兄数十年之心血的专著，你将看到的不仅是“百年来日本对我京畿的军事窥探”，“‘中村事件’与日军‘满蒙’兵要地志”，“‘五号作战计划’与日军川、陕兵要地志概说”，“侵华日军眼中的中国人——日军兵要地志中的国民性和统治资料”等这样一些让人触目惊心的标题和它的内容，更让我们洞悉，远在我全体军民奋身而起、浴血抗战十四年之前的半个世纪里，这个觊觎华夏大好河山已久的近邻，就已把其攫取的黑手，伸向了我们的大江南北、长城内外。一份份地搜集情报，一张张地绘制地图，及至“九·一八”后侵占东北、“七七”后侵华战争全面打响时，日军对中国兵要地理的了解，常常在中国军队的战地指挥官之上。这是何等让人痛切的事实！这也可以说是中国军队在抗战初中期与日军大打小打、会战决战、屡战屡败的重要原因之一。

今天，我捧起克尼兄这部沉甸甸的书稿时，我能感到的不光是书页的沉重，而是有一种掂量沉重历史的感觉。我相信克尼兄在过去几十年间从各种书刊的只言片语中搜集素材，到日本讲学时把自己身上仅有的钱都掏出来影印日本人手中的资料，以一次次攀爬和翻越西藏高海拔雪山和宁夏贺兰山的艰辛和毅力，呕心沥血写出这样一部看似只为专业人士写就的著作，这绝不仅仅是为了填补一项国人在这一领域研究的空白，更不仅仅是为了满足自己作为一个战史及“兵要地志”的痴迷者的心愿，而是意在用他睿智的目光，穿透战史的迷雾，用一部专业性和可读性都同样强的专著，给生逢盛世、自我感觉良好的国人敲一记警钟：抗战胜利已七十周年，但亡国之痛，绝不能忘，亡国之险，仍未解除。特别是在当下，国门外群狼环伺之际。

人们喜欢说，历史如镜。克尼的书，就是一面镜子。尽管书中无一字批评当时的国人和军队，甚至无一处进行中日比照，但却处处让作为后人的我们羞赧和惭愧，因为克尼兄把对手的作为变成一面镜子，竖在了我们面前，照出了我们与对手的落差，使我们知道了历史为什么会这样，为什么只能会这样。一支连自己的“兵要地志”理论都没有，甚至连“兵要地志”为何物都不懂的军队，怎么可能不打败仗？而如果后人不能汲取前人用血写就的教训，那么，失败就还会在前面等我们。

作为军人，尤其是当代中国军人，除了牢记历史的沉痛，更应从书中汲取远比一个警示要多得多的东西：历史使命、军人职责、国家利益、进取精神，最后还有“专业水准”。这四个字放在最后，却并不意味着最不重要，恰恰相反，如果一个军人失去了专业水准，前面的任何一条，都将无法达标。

而什么是专业水准？看看克尼兄这部著作（他正是以这部专著中的内容折服了日本同行，并被两度邀请到日本外邦图研究会和早稻田等大学做专题讲学），看看书中他所叙述的我们的敌人和对手的专业水准，再想想八十多年前那些兵败如山倒的时刻和情形，我们就会懂。

今天，中国的周边乱云飞渡，东海、南海更是波涛汹涌。一百二十年前，我们在东海首次败给了那个扶桑之国；八十多年前，我们的国家再次被同一个敌人蹂躏。一败再败，中国人的精神并没有屈服，对此，我们一直引以为傲。但，一个伟大的民族能够立足于世界，仅有民族自豪感是不够的。惨痛的历史已经告诉我们，砖砌土筑的长城挡不住敌人，空泛的民族自豪感也同样挡不住敌人。能挡住敌人的，是同仇敌忾的意志、常备不懈的警惕、真金白银的实力，最后还要加上像克尼兄这样着眼于国运、执着于专业、沉浸于细节的有志之士的奉献和努力。当年，日本那些武士的后人和军国主义分子，正是凭借他们率先写出的《用兵的观察》《一读必胜》等兵要地理文章，拉开了日本侵华的序幕。回望历史，克尼兄告诉我们的，是过去，也是未来；是教训，也是启示。

谨以此文为克尼兄作序，并向这位中国军人尊敬的人致军礼！

国防大学教授、空军少将　乔良

2015 年 8 月 14 日于夕照寺

一、日本明治时期的兵要地志及中国地志

——兼谈清末中国官员的情报意识

2001年我在北京大学高级研修班读书时，在北大图书馆发现一部清光绪十年（1884）由清政府出使日本公使团随员[1]姚文栋[2]编译的《日本地理兵要》，全书线装八册十卷。

从书上的“臣之洞印”藏书印，以及附在书内的一张便条“送至白米斜街路北南皮张宅”可知，此书竟是清末洋务运动的领军人物“香帅”张之洞的私人藏书。

此后，我曾四次访问日本早稻田等多所大学。在神保町旧书店淘得一部日本明治九年（1876）出版的三册线装《兵要日本地理小志》。

我在北大图书馆见到的由清总理各国事务衙门印行的《日本地理兵要》即是姚文栋编译自此书。此书在到我手中之前的139年间，在日本历经多少人我不清楚，书扉页及环衬上有两个人的名字，一是“大分县丰后园真光寺佐藤香盖”，另一是“明治十八年三月求之，小西弥太助”。

这部《兵要日本地理小志》的作者，是任职于日本陆军参谋局的汉学家、史学家中根淑（1839—1913），而后由关三一根据日本陆军部藏版增订刊行。书中开篇便说：“用兵先知地利，按地图而示方略是兵

〔1〕中国正式向国外派常驻武官始于清光绪三十二年（1906），是年一月一日，清廷批准向英、法、俄、德、美、日等派“武随员”。

〔2〕姚文栋（1853—1929），字子梁，上海南翔人，清末举人。长于掌故，尤专舆地。著有《琉球地理志》《东北边防论》《云南勘界筹边记》，并翻译编辑《日本地理兵要》一书。

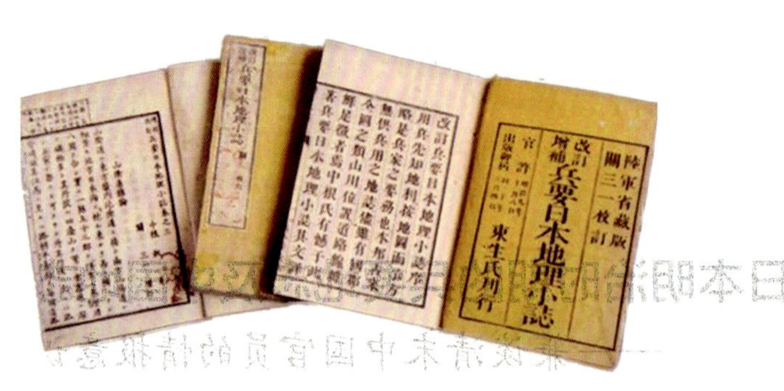

1-1 日本明治九年（1876）出版的《兵要日本地理小志》（书影）

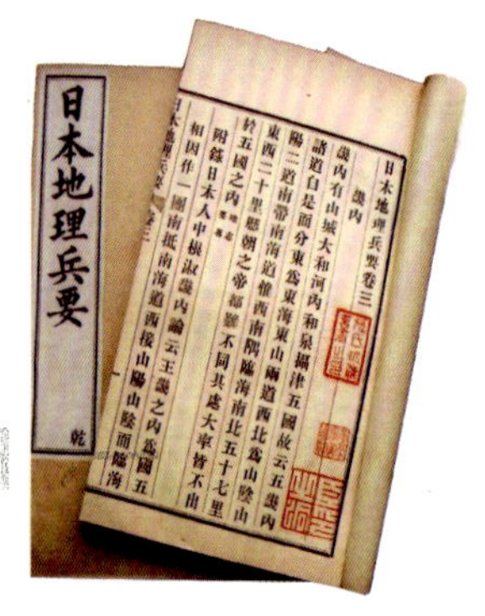

1-2 姚文栋编译的《日本地理兵要》（书影）

家之要务也。”我认为，所谓“兵要”即用兵之要[1]。此书专讲日本山川险要，包括地理、气候、人情、风俗、政治、历史、物产、户口以及战史、战场等，“其如攻守要害，以古人胜败明辨其地势，使古今之沿革战斗详然如指掌”。此书是日本第一部军事地理志。

令人震骇的是这部《兵要日本地理小志》在“序”中明确指出，“此书本为陆军军人之用，而今为小学课本”，“今也兵农一途，举海内皆兵，小学生徒能读此书，详山势水脉险夷广狭，则他日或从兵事，攻守进退之划策，有思过半矣。然则此书名为地志，实兵家之要典。而小学生徒不可阙之也”。由此，日本明治时期的“国防”意识可见一斑。

当时清政府出使日本公使黎庶昌的随员、直隶试用通判姚文栋敏锐地注意到这一点。他将日本陆军省出版的《兵要日本地理小志》一书译为中文，希望“印给外海水师各营”，并恳切地呼吁：“然纸上空谈究不如兵轮实测，总望吾国轮派将弁东来测量，庶几考核，得其讲求渐熟，可备异时缓急之用。”拳拳爱国之心，跃然纸上。值得注意的是，此时是甲午中日黄海之战前十年。

姚文栋在翻译《兵要日本地理小志》全书的同时，还在卷首进行战例分析：“元朝进攻日本，专攻其西，日本得以全力防御一方，因而得胜。德川时期，美国军舰进入浦贺，旋入下田；俄国军舰入大阪，旋入唐太，英国军舰入函馆，旋入长崎。东西往来，飘忽不定，使其

〔1〕 参见沈克尼著：《“兵要地志”考》，《军事史林》，1987年第1期。

首尾不能相顾，不攻而溃，举国骚然。”他引用日本历史学家赖襄的话说，“缘幸自一面来耳，若自四面来，扼吾要喉，断吾粮道，杜绝吾兵之策应，其祸岂可胜言”。姚由此认为是“此诚破的之论，兵家舆地家所宜共知者也”。

姚文栋不仅照译原文，还从战略的高度对日本地理形势进行评述，如在分析对日作战的两条海上攻击通道时说：一条是自上海历长崎、神户而达横滨，另一条是自广州、香港径达横滨。而自长崎至神户则必经濑户内海的这条水路，“其间岛屿棋布，节节可伏，且一入下关口峡，彼若以兵绝吾后路，则能入而不能出，皆犯兵家所忌。故用兵时，此道不复可行”。另一条水路是“自香港至横滨，即彼所谓南洋，一水汪洋驶行无阻，可以直捣浦贺，进逼品川，东京、横滨皆震动矣。此正道也”。对日本陆上的战略要点，姚文栋认为：“大抵日本之要害，其濒于东者为横滨，以其近东京也，横滨之要害为浦贺，以其当海湾之口也。……下关乃南北之津梁，东西之喉隘。我若扼据其地则彼饷援隔绝，四不相通，为全国最要害之地。”

《兵要日本地理小志》一书没有对本国军队的记录，而姚文栋搜集并记录当时日本陆军步、骑、炮、工兵各营驻地及人数，以及军、师管区，近卫军、常备兵、预备兵、后备兵、国民军的人数，依我国地方志之体例编成《兵制》一章收入《日本地理兵要》中。针对我国威胁最大的日本海军舰船逐一记述，如后来参加过甲午之战的“比叡舰”，他在书中写道：“三等常备舰，铁甲，炮门13，士官以上28人，士官以下兵卒266人，合计294人。”

《日本地理兵要》一书中，我印象最深的是附录《西人论日本水师事宜》一段。他由东京乘车前往横滨途中，遇到“二客论邮便新闻及朝野新闻，近日所刻之日本水师策略，余亦在座”，遂将二人论说要点整理附录于书中供国人参阅。姚文栋这种处处留心的情报意识令人慨叹，他在著书立说的同时，利用使署随员的身份，联络日本各界，广交朋友，甚至与日本著名社会活动家片山潜也有交往[1]，因而他也获得了一些机密情报，如他曾获取日本要在朝鲜进行阴谋活动的情报，为解决朝鲜“壬午兵变”起了重要作用。

〔1〕 参见王晓秋著：《近代中日文化交流史》，中华书局，1992年，以及《学林漫录》第9集。

姚文栋编译的《日本地理兵要》是近代中国人最早翻译的日本地理著作。书成之后，姚文栋呈总理衙门。官至都察院左副都御史的张佩纶十分赏识，命发同文馆刊印，分送各省及各国使馆。此书刊后十年，中日发生甲午之战。甲午战后，坊间有《日本地理兵要》翻印本，以及薛福成作序的宝善堂石印本行世。

一些留日的中国学者曾著书慨叹昔日的"鬼子兵"的情报战无孔不入。沉下身心翻检史料便会发现，在被称为腐朽没落的清王朝末期，我们的前辈，一些颇有远见卓识的官僚知识分子对日本军国主义者的侵略野心保持着高度的警惕。不独有姚文栋这样颇具见识的年轻官员，我在清政府派往国外的游历官、时任兵部郎中傅云龙所著的《游历日本图经》中见《日本疆域险要》一章，著者以用兵的观点对日本的军事地理进行分析〔1〕，字字句句，论说精到。

驻日官员黄遵宪在《日本国志》中详细记录了日本的征兵法，陆军编制、经费、纪律和军医等情况，并对比分析中国当时的情况以资借鉴。甲午战前，赴日考察的中国官员翻译的一批日本陆军的技战术教材中，还有日本参谋本部编的《东亚各港口志》，由当时上海广智书局出版，为我所用。不仅如此，与傅云龙一同派至国外的游历官、刑部主事顾厚焜还编写了《美国地理兵要》《巴西地理兵要》，把军事地理情报搞到了大洋彼岸。〔2〕

1928 年，我国曾秘密获取日本具有战略意义的重要军政情报。一是日本政友会总裁田中义一大将在大连召开的东方会议的部分记录，其中对中国的侵略政策经整理后以奏折形式上呈天皇，即著名的"田中奏折"；二是获取日本参谋本部次官金谷范三中将对华、对苏的作战指导思想的论述《国防论》。更重要的是 1941 年中国军事情报部门破译了日本空军拟在太平洋方面进行轰炸的准确情报，而美军方不相信。至珍珠港事件爆发，美国才知道中国情报是准确的。

我所知见，九牛一毛，由在日本所获《兵要日本地理小志》一书感慨而发，意在诉说历史上的中国人并不乏情报意识。

〔1〕 参见［清］王锡祺辑:《小方壶斋舆地丛钞》，杭州古籍书店影印，1985 年。

〔2〕 参见沈克尼著:《中国军事志与兵要地志源流》，全军军事志指导小组办公室《军事志理论研究——全国首届军事志学术研讨会论文集》，军事科学出版社，2000 年。

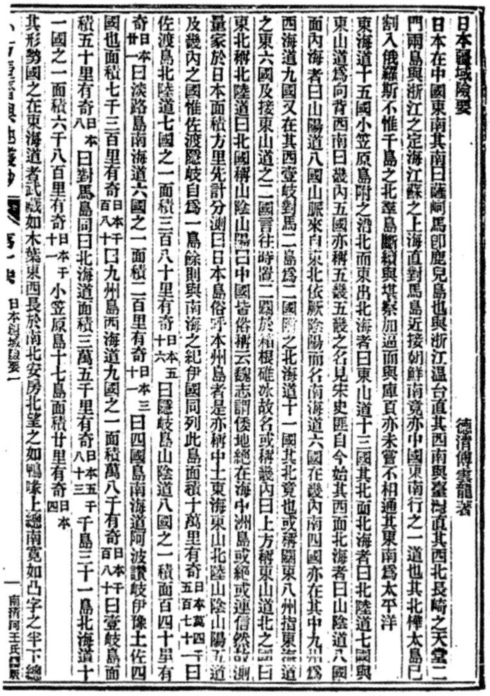

日本疆域險要　德清傅雲龍著
日本在中國東南其南曰薩峒馬即鹿兒島也與浙江溫台直其西南與臺灣直其西北長崎之天堂二門兩島與浙江之定海江蘇之上海直對馬島近接朝鮮南竟亦中國東南行之一道也其北樺太島已割入俄羅斯不惟千島之北羣島斷續與堪察加遥而與庫頁亦未嘗不相通其東南爲太平洋
東海道十五國小笠原島附之沿北而東出北海者曰東山道十三國其北面北海者曰北陸道七國與東山道爲向背西南曰畿內五國亦稱五畿五畿之名見宋史匪自今始其西面北海者曰山陰道八國面內海者曰山陽道八國山脈來自東北依厥陰陽而名南海道六國在畿內南四國亦在其中九州爲西海道九國又在其西壹岐對馬二島爲二國附之北海道十一國其北竟也或稱關東八州指東海道之東六國及接東山道之二國言往時置二關於相根碓氷故名或稱畿內曰上方稱東山道北之國曰東北稱北陸道曰北國稱山陰山陽曰中國皆俗稱云魏志謂倭地絕在海中洲島或絕或連信然竊測量家於日本面積方里先計分測曰日本島俗呼本州島者是亦稱中土東海東山北陸山陰山陽五道及畿內之國惟佐渡隱岐自爲一島餘則與南海之紀伊國同列此島面積十萬里有奇（日本萬四千五百七十一）曰佐渡島北陸道七國之一面積三百八十里有奇（日本五十六）曰隱岐島山陰道八國之一積面百四十里有奇（日本廿一）曰淡路島南海道六國之一面積二百里有奇（日本三十一）曰四國島南海道阿波讚岐伊豫土佐四國也面積七千三百里有奇（日本千百八十）曰九州島西海道九國之一面積萬八千有奇（日本千百八十）曰壹岐島面積五十里有奇（日本八）曰對馬島同曰北海道面積三萬五千里有奇（日本五千八十三）曰千島三千一島北海道十一國之一面積六千八百里有奇（日本千十一）小笠原島十七島面積廿里有奇（日本四）
其形勢國之在東海道者武藏如木葉東西長於南北安房北望之如鴨喙上總南寬如凸字之半下總

日本疆域險要一　　南清河王氏鑄版

1–3 ［清］傅云龙所著《游历日本图经》“日本疆域险要”一章（书影）

日本编写地志的历史始于德川年间[1]，对用于作战的兵要地志的调查编制却是在明治时期。明治四年（1871），军队的中枢机关兵部省参谋局下设第五课，专司兵要地志的工作。

明治二十年（1887）二月，又有陆军士官学校教授三木信近和助教田付直男编纂的《兵要地志》“大日本之部”出版。明治二十四年（1891）田口源太郎、安藤纯著《新撰日本兵要地志》，书中对被日本侵占的琉球有如下的记述：“明治五年全岛属我国。首里旧琉球王居城，城内第六师团步兵队分屯。”[2] 其中，重要的是所附地图有宫古、石垣、与那国岛，独无钓鱼岛。钓鱼岛不属琉球，更不属日本，是谓铁证！近年，我外交部发言人说钓鱼岛不属冲绳，这在日本当年的兵要地志中也有证明。

日本军队对我国兵要地志的研究历史可追溯到中日甲午战争之

〔1〕［日］藤田元春著：『日本地理学史』，原书房，1984 年。

〔2〕［日］田口源太郎、安藤纯著：『新撰日本兵要地志』，原书房，明治 1891 年。

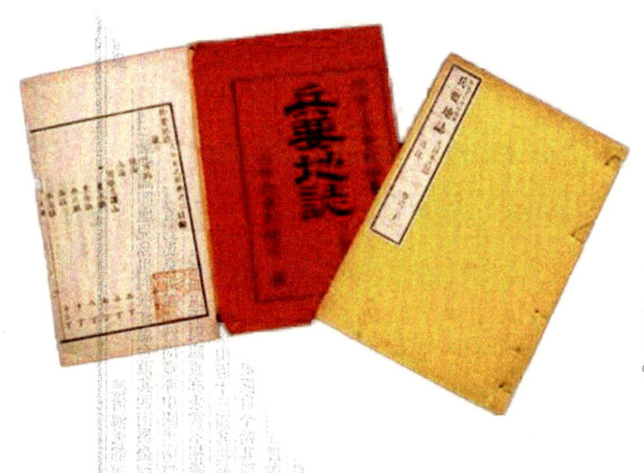

1-4 著者收集的明治二十年（1887）陆军士官学校编撰《兵要地志》（书影）

前。早在1879年和1880年，参谋本部分别派遣志水直大尉等十多名军官潜入中国各地进行兵要地志的调查。特别是日本东亚同文书院编的《对华回忆录》中引述当时日本驻华武官辅佐官、参谋本部的梶山鼎介少佐在中国“旅行”的日记：

8月13日　永平府

该城临青龙河而筑，城周9华里。南北窄，东西长。驻防兵100人，由防守尉统领；绿营兵350人，还有游击、都司、千总等驻扎。宗教信仰为佛教和回教。知府陈某，民望尚可。……1500户。

由于来往都要坐船，因而得以测量滦河、青龙河的深度。

9月29日　金州

登上当地俗称老赫山的凤凰山，大连湾尽收眼底。根据实际勘查，对英国人绘制的大连湾图进行了校正。本城驻扎的文官为海防同知，武官为副都统。驻防旗兵为满旗9旗、汉旗3旗，合计960人。城周长约9里，城内外约有4000余户，大小商人百余户。货物出入的港口有柳树屯、红崖子等处……被称作乡间的城市。

10月2日　旅顺口

保留有过去朝鲜人修筑的城池的遗址，称为“南城”，不过现在只

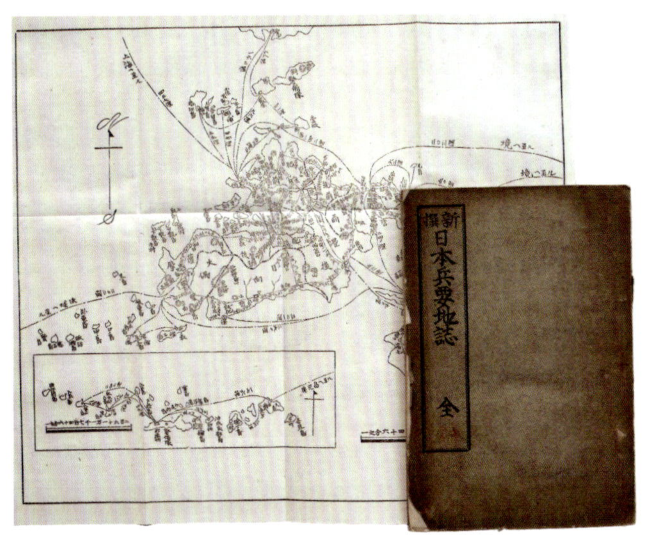

1-5 著者收集的明治二十四年（1891）田口源太郎、安藤纯著《新撰日本兵要地志》（书影）及书中的地图

剩下破损的外廓遗迹。港口内泊有法国的小军舰，不知道究竟是做什么的。本港停留的大船很少，只能容纳一两艘小军舰。去年开始在黄金山修筑炮台，如今尚未完成一半。炮台的结构是德国式的，是由李鸿章聘请的德国陆军中尉汉乃克等人设计的。建筑用的石料是从山东的石岛以及复州的松木岛采运来的。另外两三个炮台的情况不太清楚。去年开工时，民夫多达2000人，但是因为工薪低，人数日益减少，目前仅剩700人左右……

从以上日记中可看出一百多年前日本陆军兵要调查的关注要项。这一时期日本海军也不甘落后，1814年派海军军官曾根俊虎潜入上海执行军需采购运输，同时“周游”我国沿海各地，特别是到港口调查兵要地志，从其所著《北中国纪行：清国漫游志》中记录的“天津总说”“兵备概略”“烟台港之图”“新城炮台兵卒及地势”“辽东平日屯兵之地方”“天津至各地陆路之里程”等即可管窥其军事侦察关注之目的。[1]明治十九年（1886），日军大本营参谋本部陆军中尉荒尾精被派到上海，深入研究我国情况。1890年9月，荒尾精在参谋次长川上

〔1〕［日］曾根俊虎著、范建明译：《北中国纪行：清国漫游志》，中华书局，2007年。

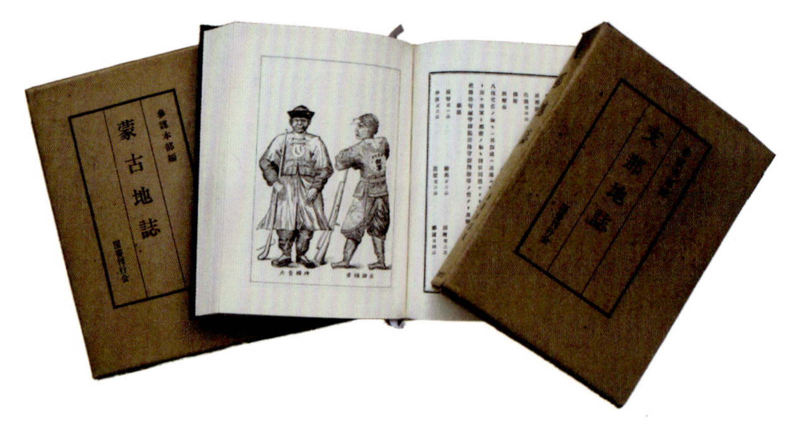

1-6 著者收集的明治时期编纂的《"支那"地志》和《"蒙古"地志》（书影）

操六的支持下，获取了4万元补助费，在上海建立了日清贸易研究所，以这个研究所为据点，搜集我国各种情报为经济侵略，甚至为战争服务。同时，日本还在中国建立了特工人员训练所和后方勤务要员培养所等"半官方机构"，培训调查、绘制兵要地志的人员。这一时期日本编制的中国地志主要有：

明治二十一年（1888），日本陆军参谋本部刊行了《"支那"地志》16卷。

明治二十六年（1893），又刊行了《"蒙古"地志》。

明治三十九年（1906），丸善株式会社印行了由步兵中佐守田利远编写的《"满洲"地志》，辽东兵站监部编纂了《"满洲"要览》。

明治四十一年（1908），清国驻屯军司令部编印了《北京志》，1909年又编印了《天津志》等。其中叙述中国情况较为详备的是《北京志》。

明治三十七年（1904）十二月，即我国清光绪三十年，日本驻屯北京的步兵队长山本中佐制定了《北京志》的编纂大纲，全书分39章，每章约1万字，由日本驻北京的军官、军医，驻北京的邮政局长、警察教习、公使馆官员，北京法政学堂和北京大学日籍教习等16人，根据各人专业编写，3个月便脱稿（详见本书《百年来日本对我京畿的军事窥探》）。其中，采用文字、图（照片）、表进行说明，如《北京志》卷首有北京城图和城垣、城楼写景图。在各专门章节中均配有说明的照片和素描图，如军服制式、居民房屋和家具图式等。《天津志》

中的“邮政”篇还附有我国当时信函正反两面样图。这些地志军事色彩极为浓厚，如《天津志》中，对道路的晴雨通行能力以及道路两侧的地形、通行、隐蔽状况，描述、记载备细，并对各国驻军的兵力、任务和“异动”情况一一详列。

在明治时期，日本军国主义分子将“满蒙”视为“生命线”。为了达到侵略的目的，大藏省编辑了《“满洲”通志》，冈田雄一郎撰写了《“满洲”调查记》。明治三十七年（1904），秋田兼吉绘制了《“满韩”西比利亚图》，并附“满洲”西南及北部沿道里程表。明治三十九年（1906）日军辽东兵站监部编纂了《“满洲”要览》。

日本帝国主义在侵略、吞食我国东北的同时，也加紧对我国西北和西南边疆的军事地理调查。明治三十九年，即日俄战争的第二年，日本参谋本部部附、陆军步兵少佐日野强在他的著作《伊犁纪行》中说，“1906年7月下旬接受了参谋本部‘视察’新疆的密令”（详见本书《百年来日本对我国新疆的军事窥探》）。明治四十一年（1908），步兵大佐山县初男编纂了《西藏通览》。在此期间，日本情报人员精于绘图的石川伍一、高桥谦和松田满雄等在四川及西藏东部进行了调查，完成了篇幅浩繁的报告，并有附图，这是日本关于四川最早的调查资料。

值得一提的是，日本和光大学助理教授中生胜美写过《地域研究和殖民地人类学》一文，文章突出提到民族学在兵要地志中的重要性。文中提到柏原孝久等人于1919年编辑出版的三卷本《“蒙古”地志》，虽颇有微词，但书中日本人对蒙古人的民族性研究的视角及其与汉族、俄国等方面的关系分析是我关注的。我惊异于书中日本人罗列的中日关于研究蒙古的参考书之细。我曾见过1906年9月出版《“满洲”地志》[1]的作者“步兵中佐守田利远”的名字，而1919年10月《“蒙古”地志》[2]时他已经是少将了。他的晋升，是否缘于对中国北部边疆的深度研究？阅读明治时期日军参谋本部军官编写的中国、蒙古以及“满洲”和北京的地志，印象中这些侵略者竟是“学者”型军人，这颠覆了我以往对日本军官的看法。

〔1〕［日］守田利远编:『“满洲”地志』，东京丸善株式会社，明治三十九年九月。

〔2〕［日］柏原孝久、滨田纯一编:『“蒙古”地志』（上），富山房大正八年十二月。

冯天瑜先生在《上海东亚同文书院大旅行记录》“序”中指出：就调查活动持续时间之长、调查地域分布之广而言，东亚同文书院的中国旅行调查名列前茅。东亚同文书院作为以研究中国现状为专务的学校，承袭1880年代（汉口）乐善堂和1890年代（上海）日清贸易研究所的传统，十分重视中国社会状况的实地勘访，从1901年开办第一届起，每届学生以3—6个月时间，获得中国政府许可证，数人结为一组，前往中国某地考察，又将见闻整理成“调查报告书”。20世纪上半叶的40余年间（1901—1945），东亚同文书院学生5000人先后参加中国调查，旅行线路700条，遍及除西藏以外的中国所有省区，有的还涉足东南亚和俄国西伯利亚及远东。[1]这些日本留学生，调查中国市场以及以军事为目的调查中国地理和政治方面情况。他们到处奔走，甚至连广西、云南等一些边远乡村都有他们的足迹。他们将各地主要公路的长度、宽度、路面结构，桥梁的建筑材料、长度、载重量，渡口的运量及河面宽度等逐一记载，除有部分刊载在该书院办的《“支那”研究》杂志上以外，主要调查资料于1918年前后编制了《“支那”省别全志》，分卷陆续出版，1943年前后又重新修订出版了《新修“支那”省别全志》。如原《“支那”省别全志》中的第六卷甘肃省附有新疆，在《新修“支那”省别全志》中，根据新行政区划，增加了新的内容，分别编为：第七卷甘肃、宁夏，第八卷新疆。我们以第六卷陕西卷为例，可以管窥该书大略。

陕西卷分为八编，有1200余页，发行量达1800部。第一编，自然环境（地理特征概观、气象、水文、动植物）；第二编，人文（沿革、民族和文化、人口和居民、人物）；第三编，都市；第四编，产业资源（农、林、畜、水产以及药材和矿产资源）；第五编，商业贸易；第六编，财政、金融及度量衡；第七编，交通运输（邮电及航空）；第八编，历史及名胜古迹。值得指出的是，县城和重要关隘，书中都绘制了地形要图，甚至断面略图，如陕西历史名关大散关。

东亚同文书院编制的这套详细的《新修“支那”省别全志》，无疑为日后侵华日军的作战行动起了重要参考作用。诸如日军参谋本部1943年编印的《甘肃事情》中所附的“甘肃省主要都市概况图”，我

〔1〕［日］沪友会编、杨华等译：《上海东亚同文书院大旅行记录》，商务印书馆，2000年。

比对其图，全部来自《“支那”省别全志》甘肃卷。2009 年 5 月，我应邀在日本东京御茶女子大学举办的日本外邦图（外国地图）研究会第十一次学术研讨会上，做了题为“历史上日本对中国兵要地志与地图的调查制作”的学术演讲。有日本学人对东亚同文书院的间谍行径提出质疑。我当众示之以《甘肃事情》中，日军参谋本部采自《“支那”省别全志》中的《甘肃主要城市概况图》，日本提问者哑然。因我国学术界缺乏对日本东亚同文书院和《“支那”省别全志》与兵要地志的对比研究，所以日本学人小竹昭人至今还在商务印书馆出版的《上海东亚同文书院大旅行纪录》“编后记”中说，“曾听一些市井之徒毫无根据地传说东亚同文书院为间谍学校”〔1〕。对此，我举了一个并非“市井之徒”的例证。日本明治大学教授石井素介，在《终战前后的参谋本部“研究动员学徒”时代的回想——“皇军”兵要地理和应用地理》文中透露，1945 年 4 月，他与其他三位学地理的大学生，以所谓“动员学徒”的名义为参谋本部第二部第七课，即中国兵要地志课工作。在做《西北“支那”诸民族的调查资料》这一课题时，石井素介说：“各项目的主要情报源为：东亚同文书院编的《新“支那”年鉴》《新修“支那”省别全志》《苏联年鉴》（1940 年版）。”〔2〕由此，日本东亚同文书院是日军侵华的间谍面目昭然若揭。

不仅是东亚同文书院编纂的中国地志为侵华日军提供了军事情报，其他日本人编纂的地志资料也同样为日军的作战行动起了重要参考作用。日军在进攻我南昌时，因缺乏对当地的兵要地志的研究，时逢阴雨，吃了不少苦头。当时任第十一军司令官的冈村宁次发现这一问题后，反复查阅司令部备置的“满铁”调查部编辑的中国各省统计要览，得知庐山及其周围地区的降雨量全年以 3 月份最大，于是想到以兵要的观点摘录这些资料以供作战参考。他甚至将神田正雄编的《湖南省要览》也当作“兵要地志资料”。〔3〕

除日本军队调查研究我国兵要地志直接为作战服务之外，战前和战争中的一些为侵华战争服务的日本地理专家，也从战略的角

〔1〕［日］沪友会编、杨华等译：《上海东亚同文书院大旅行记录》，商务印书馆，2000 年。

〔2〕［日］石井素介著：《终战前后的参谋本部“研究动员学徒”时代的回想——“皇军”兵要地理和应用地理》，（大阪大学，外邦図研究ニューズレター　No.6）。

〔3〕［日］稻叶正夫编、天津市政协编译委员会译：《冈村宁次回忆录》，中华书局，1981 年。

1–7 著者收集的 1939 年北山康夫著《"北支那"の战争地理》(书影)

度撰文，研究我国军事地理情况。突出的是小川琢治，他在 1916 年以前就撰写了《论黄河下游平地之战略地理的意义》一文，此后他又发表了《最近"支那"的历史概观和作为战场的地理考察》。1937 至 1938 年间小川琢治发表了《"北支那"黄土地域的战争地形考察》《反映战争的"支那"地理特色》和《"北支那"大平原的诸战场及其地名意义以及读法》等文章。1939 年北山康夫编写了《"北支那"战争地理》一书，书中在历数雁门关兵要地理及战史概况之后，特别指出："此次皇军攻略山西时，避开了险要的雁门关而从东面繁峙的马兰口出击，由背后攻击代县，遂拔除了雁门天险。"这些日本的地理学者以其专业知识直接为侵华战争服务。

第二次世界大战结束后，日本军方和退役的将领仍在研究中国的兵要地志。如曾在新加坡日本占领军司令官山下奉文手下任情报参谋的杉田一次，战后曾任日本自卫队陆军幕僚长，即参谋长，1962 年退役后，于 1980 年 10 月出版了《从兵要地志看中苏战争》[1]一书。他在书中从八个方面较系统地叙述了我国东北、内蒙古、新疆、西藏和苏联的中亚、西伯利亚、远东以及蒙古国的军事、经济、民族、地形、交通、水文、气象等现实和历史情况。对中苏战争能否爆发，战争爆

〔1〕［日］杉田一次著、军事科学院外国军事研究部译:《从兵要地志看中苏战争》，战士出版社，1983 年。

发后双方可能采取的政略和战略以及世界各主要国家的态度等，做出了一系列推测。这里不谈书中主观臆测和片面观点，就其提出问题、研究问题的方法来说，是值得借鉴的。书尾所列的 32 种主要参考文献均为公开出版物。作者以一个军人的头脑和眼光，从这些看来平平常常的书刊中汇集编写了这部洋洋 20 余万言的兵要地志。这也说明，处处留心皆“学问”（情报）的道理。

二、百年来日本对我京畿的军事窥探

（一）清代北京城的“百科全书”

1900 年北京、天津等地区爆发了义和团事件。英、美、法、俄、日等八国联军侵入北京。据日本参谋本部《外邦兵要地图整备志》记载：“明治三十三年……九月北清事变爆发，测量官市川元作外数人到北京、大沽及山海关附近一带测图。事变作战中，在英、美、法、俄等国军队间完成了五万分之一比例尺的地形图。”〔1〕日本军人由以往的秘密潜入盗测我国地图，至此乘机公然对我京畿重地进行军事测绘。

不仅如此，日本的清国驻屯军司令部于 1908 年编印了近千页的《北京志》一书，由以往的军事地形侦察，上升为军事地理的调查；明治四十二年（1909）又编制了京畿要地《天津志》。其中，叙述我国情况较为详备的是《北京志》。

2–1 著者收集的日本“清国驻屯军司令部”编印的《北京志》（书影）

〔1〕［日］牛越國昭著:『潜入盗测』，株式會社，2009 年。

其主要内容为：

1. 建置沿革（即元以前的北京，燕京建都的理由，元明时的北京）；2. 地势和水利；3. 市街；4. 皇城及离宫；5. 祭坛寺观；6. 衙（中央及地方官衙，各国公使馆及兵营）；7. 人口、人种；8. 皇室和皇族；9. 旗人（八旗编制，北京地区的兵力配置、俸饷等）；10. 北京和外交；11. 清国的官制；12. 清国的行政组织；13. 清国司法制度及北京的司法衙门和监狱；14. 清国军制大纲；15. 清国教育制度及公私立学校；16. 清国警察制度及北京的警察制度；17. 清国货币制度及北京的货币；18. 金融；19. 北京地方行政；20. 租税；21. 商业；22. 工业；23. 农业；24. 园艺；25. 交通运输；26. 客店；27. 劳动者；28. 公私慈善事业；29. 宗教及迷信；30. 阴阳风水；31. 医药卫生；32. 京报、官报、新闻及出版印刷；33. 语言（土语、"满洲"语、蒙古语、西藏语、外国语）；34. 风俗；35. 家屋及家具；36. 服饰；37. 饮食；38. 娱乐游戏；39. 外国人的事业（传教、教育、医疗、商业等）。

书中文字及照片，记录了百年前北京城上至皇室、王公大臣的宅院，下至市井商贩，甚至还有秦楼楚馆。此书不仅是政治、军事、历史、地理、社会万象的"百科全书"，也是一幅当年人间百态的风俗画卷。卷首有日本情报专家福岛安正的题词"燃犀看龙"，足以证明其情报价值。

《北京志》卷首的北京城图，记录了北京官衙、军事机关所在的主要街道、重要路口，包括皇城内各殿以及各王府的名称、位置，还包括当时城内日本兵营、使馆以及俄、英、法、美等国使馆位置。特别是图廓上绘制的北京城垣、城楼的写景图以及城墙断面、射击孔等，其军用目的十分明显。对比日本学者井田浩二《简易测量外国（清国）新图介绍》一文[1]，以及该文所附的明治二十二年（1889）、明治二十七年（1894）日本绘制的北京城图和《北京近傍图》来看，《北京志》所附的地图是当年最为详细的地图。

〔1〕［日］井田浩二著：『簡易測量による外邦図（清国）の新たな図の紹介』，『外邦図研究』ニューズレター，NO.9，大阪大学大学文学研究科人文地理学教室，2012 年 3 月。

2-2 刊载于《北京志》卷首的老北京风俗照片

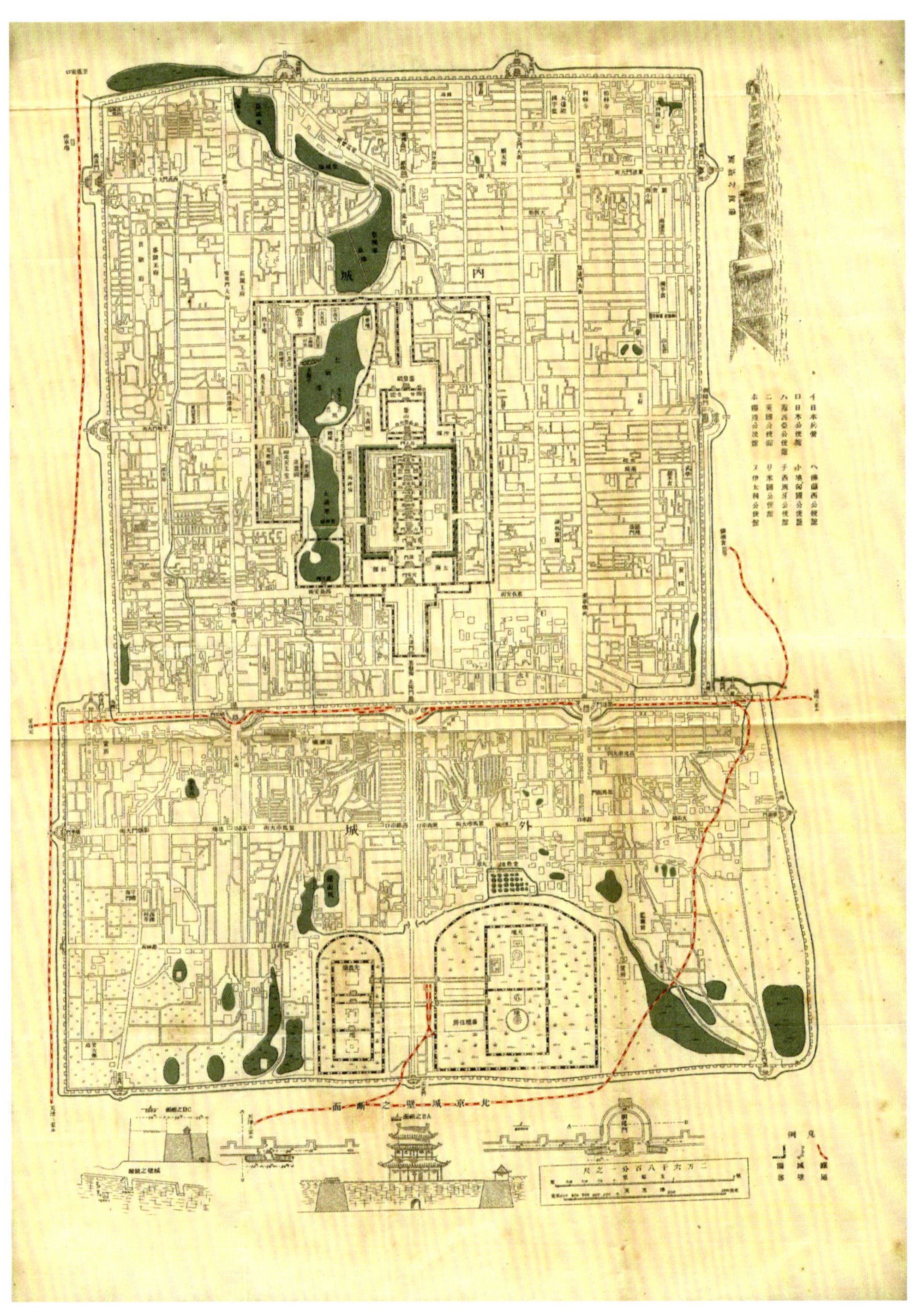

2-3 日军绘制的《北京城图》

（二）《北京志》中的军事内容

《北京志》第 14 章“清国军制大纲”，清晰地记录了清朝陆军部（军咨处及海军处）新军、常备军、续常备军、后备军及旧式军队（八旗、绿营、练勇）的军制，包括军阶图式。特别是北京城防的部署，如“督军统领衙门”和“左、右翼及五营”以及“城门守卫”等。其中还记述了北京的满族八旗兵驻防，以及城市治安和警备。其中有中国新式警察的制度，以及北京的警察、宫内警察、八旗护军、陵庙护卫、铁道警察、消防警察等，特别是消防警察的训练完全是军事化的。

在“督军统领衙门”中可见北京城内满、蒙、汉步兵以及巡捕五营指挥机关和兵力部署的详细地点。如“镶黄旗‘满洲’协尉官厅”驻北京城交道口路北，其下属机关分别部署于国子监西口路西、鼓楼东湾路北、地安门桥北路东、交道口东梁家湾口外路南、大兴县西口外路西、景山后东边路北；而“‘蒙古’协尉厅”下属机关则分别位于北新桥路北、雍和宫前路东、白庙大街路南；“汉军协尉官厅”下属机关分别位于东直门小街口路北、东直门海墁下路北，胡家圈东口外路西。又如巡捕营，驻防圆明园、畅春园、树村、静宜园、乐善园等处，担任警备任务。

在《陆军学堂制度》中，对清朝四级新式陆军教育有概括说明：

1. 陆军小学，施以普通教育和初步军事学知识，养成忠爱武勇机敏的军人根基。

2. 陆军中学堂，教以高等普通学习课程，以及重要的军事知识，培养志节和纪律性，扩展军人的智能。

3. 陆军官兵学堂，教授军事课程和野外学习，培训造就初级军官。

4. 陆军大学堂，教授各种高等军事知识，培养统御指挥和参谋人才。

以上四级学习需 7 年 4 个月至 10 年毕业，而各部队急需的军官培养，则由速成陆军学堂和速成师范学堂负责。

值得一提的是，在陆军学堂中清末陆军教育已有外语（日、俄、英、德），中外历史、地理、代数、几何、物理、生物等课程。而在天津韩家村附近的讲武堂，则开设战术学、军制学、兵器学、地形学、测绘学、筑城学、交通学、军事卫生学、马学和军用文书等课程。学员学习步兵操典、射击教范、体操教范、野外要务令和测图学等科目，以及体操、射击、剑术、游泳和测距等术科。

在《北京志》中，日本人记录了当时清朝的海军实力，诸如舰种、舰名、航速、排水量和建造年代等，同时提到“清国海军于（明治）二十七、二十八年（1894、1895）战役遭受非常大的损失以来，至今尚未恢复，现今实力微弱”。对清朝海军“通济”“海圻”“海筹”“海琛”“海容”“镜清”“南琛”“保民”等八艘巡洋舰，“泰安”“镇海”两艘炮舰，以及“建威”“建安”两艘水雷母舰的排水量、航速、制造年代一一列表记录。从表中清朝海军实力看，排水量大、航速快的是“海圻”号巡洋舰，被称为“穹甲快船”，是甲午战后清朝重建海军的核心战力。其排水量为4300吨，航速24节，1897年由英国建造。海军建造最新的当属1900年的水雷母舰“建威”和“建安”，其航速为23节。

（三）用于作战的《直隶省兵要地志概说》

昭和二年三月，即1927年3月，日军参谋本部编印了《直隶省兵要地志概说》。此书是用行军作战的观点，记述了北京、天津及至河北全省的各方面情况，全书1170页，这是我所见到的日本对中国兵要地志调查资料最多的一部。其主要内容为：

第一章　地形。分为概要、山地平原、道路、河川、湖泊、湿地、耕作物及森林、居民地、海岸、港湾。

第二章　宿营、给养。分为概要、宿营、给养。

第三章　主要都市。分为概要、北京、天津、山海关、秦皇岛、唐山、大沽及塘沽、张家口、石家庄、承德。

第四章　输送。分为陆上输送、水运。

第五章　航空。分为一般航空界的情况、航空设施、临时降落场及工事的利用、轰炸及防空、外国势力。

第六章　通信。分为有线电信、电话，无线电信，邮政。

第七章　气象、卫生。

附录：民情，直隶省的工业、矿业、通货及金融机关，物价及工资，度量衡。

（四）日军对河北地理形势的判断

日军对河北省及北京、天津的地理形势分析后认为：

本省东临渤海，西接太行山脉，北据燕山及松岭山脉，可谓山岳重叠；其北为热河、察哈尔，西与山西相邻，北部及西部为高原，与山东、河南大平原连接。河川则由南方、西方以及东方汇流于河北平原的低地——白河口附近注入渤海。

长城据地形之险构筑在连绵倾斜急峻峭的山顶上，大部队运动困难。其最险处高 4—10 米，厚度为 4—5 米，壁垒覆以砖瓦，虽经年日久，遭到破坏，仍有障碍价值。人马通行，限于关口。

河北西部连绵的太行山脉颇险峻，军队在道路以外行进根本不可能。北京以北的交通于居庸关附近有一下狭路。此地以少数兵力据守，足以防御优势兵力的进攻。

平原黄土地带，遇降雨加之河流浸润，泥泞不堪，黏结鞋底；部分地段泥深及马腹，车行非常困难。干燥期，遇风灰尘飞扬，有所谓“黄尘万丈”的光景；妨碍人马的展望，材料被服易污损。洋河以西至沿海地方，河川流沙含盐分，土地贫瘠，杂草、芦苇丛生，一望无际，仅有零星的泥土散布。滦河口、白河口附近至海岸处，遍布盐田，沟渠宽 3 或 4 米，深至高潮时没人身体。洋河以东，为低山，海岸蜿蜒，滨海沙丘为盐田和淤泥。大三河（大口河）黄河口至海岸距离 3—4 里的范围均属不毛之地。

沿海平原和山脚间的平原，多为耕作地，水田甚少。农作物以高粱为主，9 月间，其高度所及，妨碍乘马者展望和运动。其余时间军队运动自由。道路运动良好，但降雨之际，道路泥泞。中国车辆多在路外耕作地上通过，但倾斜地地隙多，是骑兵的大障碍。同时，河川、沼泽和沟渠、堤坝是部队运动的障碍。如天津附近河川沼泽颇多，白河下游沿岸沟渠纵横，道路外运动受限制。

雨期（7 月、8 月）泥泞，运动极困难。北塘河（芦台河）、白河下游沿岸，天津、保定间，黄河下游沿岸地方河川、沼泽泛滥，除堤防以外，军队无舟筏，运动不可能。工事构筑，土质一般掘开容易。干燥期，射击时受尘土飞扬的妨碍。而雨期泥泞，如天津方面在增水期掘土一米见水，枯水期掘土二三米可达水面。对工事修建的最大影响是冬季土地的冻结。

平原地带农作物特繁茂季节，街区、村落、树林附近遮蔽容易，但对空隐蔽困难。

飞机场设备完全，平原地带加以修造，适于作临时着陆场。另外旱地、耕作地是否适合作临时机场，依农作物的种类和季节而异，大体上秋冬两季可以滑行。而沙地松软，不适于飞机着陆。

（五）日军对河北重要通道的着眼点

1.主要作战道路的调查视角

重视作战道路的调查是《直隶省兵要地志概说》的突出特点。全书共1170页，而对道路的记载就达648页，占1/2强。书中“道路的价值”开门见山，罗列“主要作战路线”6条：

其一，东北及蒙古方向通向关内的道路；
其二，山海关（秦皇岛）方向通向北京的道路；
其三，白河口附近通向天津、北京的道路；
其四，白河以南地区通向保定以南的京汉沿线的道路；
其五，京绥沿线通向山西方向的道路；
其六，京汉沿线通向山西方向的道路。

我们以“东北及蒙古方向通向关内的道路”为例，了解当年日军对作战道路的研究视角。这条作战通道，日军也分为六条道路：

第一，锦州—宁远州—山海关道：北京—奉天间的这条通道历来交通繁忙，京奉铁道开通后，其影响更大，全路可通行野炮，除一部分丘陵外，便于诸兵种展开。

第二，锦州—江家屯—白石嘴边门：第二道可与第一道并用，大部分通行中国车辆。葛家屯、明水塘边门，驻操营之间的山路，徒步者和驴马通行，但路外山势险峻，步兵可跋涉，但野炮行进困难。大正十三年（1924），在此方面作战的奉天第一军车辆马匹使用受限制，因而补给涩滞。

第三，建昌—干沟—双山子—抬头营—抚宁道：干沟以北概为险峻的山间小径，中国马车可通过。若干地区道路修改后，野炮可通过。

第四，建昌—大障子—建昌营—迁安道：这条道是第一次直奉战争后，军队于此修筑的汽车道，诸兵种通行容易。沿途地形便于诸兵种展开，热河方向到关内，主要作战路架设了军用电话线。第二次直奉战争，奉军第二军沿本道南下，前进至滦州方向，随行的日本武官说，从补给方法上讲，可供2个师团的兵力使用。

第五，平泉—喜峰口—遵化道：本道是汽车道。修改喜峰口以北的局部险峻路可通过汽车和野炮。

第六，热河—古北口—北京道：这是一条不完整的汽车路。乘汽车通过时，最好车队集体行动，单车运行故障多。沿途有电线，交通繁忙，是热河至北京之间唯一重要的作战路，路外行动困难。

结论：以上第四、第六道价值最大，第五道同样重要。其他诸道路各有相当价值。其中间山脉相连，东西方向的联络路线缺少，因此各作战道路相互间的通信联络困难。

2．京津及河北通向周边160条通道的研究视角

日军收集了京津及河北通向周边160条通道的资料，其各个方位如下：

（1）河北省东北部；

（2）白河河口方向至北京；

（3）京绥线及北京以西山地方向；

（4）津浦线以东地区；

（5）津浦线及京汉线间地区；

（6）京汉线以西山地方向；

日军对上述道路的调查，论述道路宽度、路面情况、晴雨时的通

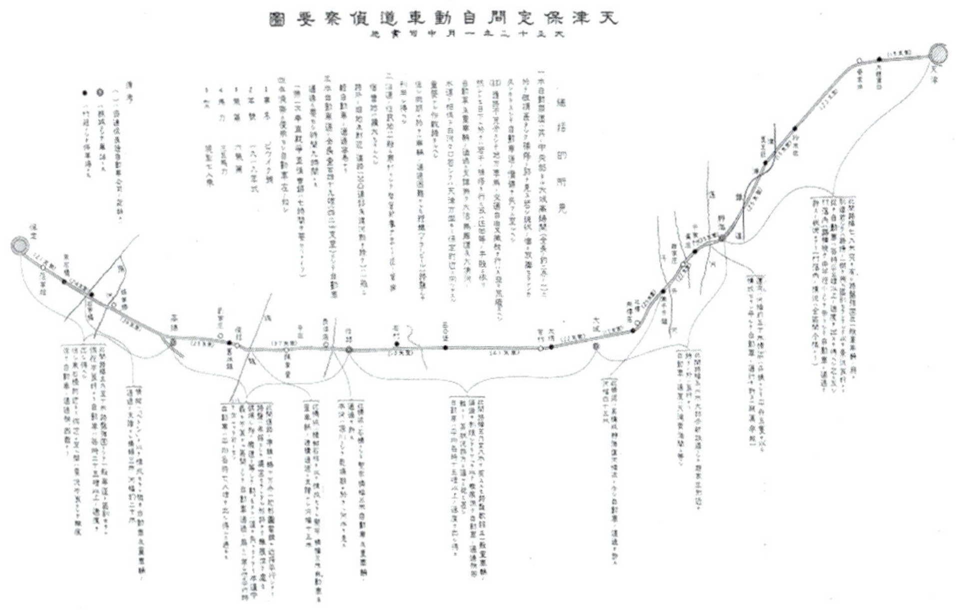

2-4《天津保定间自动车道侦察要图》

行能力、附近地形，重点是野炮能否通过，以及对道路修复的工兵兵力和所需工时。如山海关—抚宁—永平（县名卢龙）道，日军这样判断：

野炮通过不可能；若强行通过，必须修路。

第一，二里铺的道路幅宽 1.5 米，侧壁高 2 米，岩质，其南方田地可开设新道（工兵 1 小队，3 小时）。

第二，崔家庄西北 700 米小河附近，土地低湿，至雨季可砍伐附近的杨树修筑圆木道或束柴道（工兵 1 小队，6 小时）。

（六）京、津等主要城市及轰炸目标

日军认为，城市的得失对于中国军队的心理冲击极大，特别是北平。而天津是中国北方第一大贸易港口，是交通补给线上的重要据点。其他城市，如位于河北省西北部的张家口，是杂粮和羊毛的重要集散

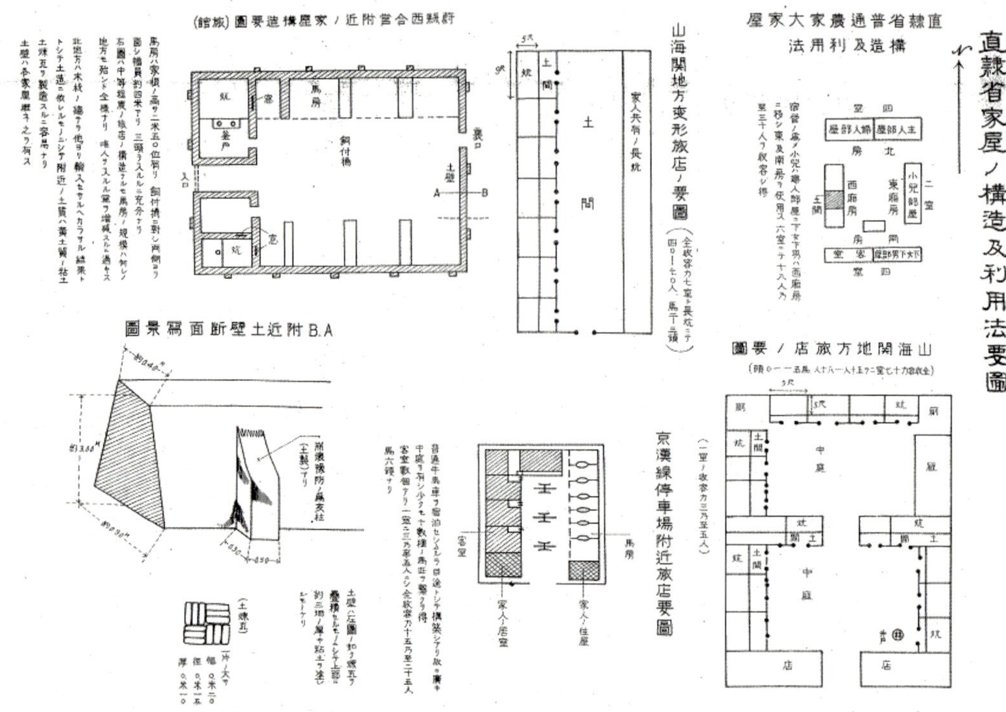

2-5《直隶省家屋、构造及利用法要图》

地，控制着京绥沿线一带的资源。此外，唐山、开滦的矿产及制造工厂等，于作战上的价值特别大。

日军参谋本部在《直隶省兵要地志概说》中对北京城的记述，竟不到两页纸，仅概述北京城的地望、四至，北京内、外城墙的高、宽、厚，以及周长和城门数；而对天津则不吝笔墨分为概说，外国租界，户籍人口，外国势力，防备，市内饮用水、道路，天津港规则摘选，仓库，交通，苦力等 11 个专题展开论述，并附图表。特别是饮用水、仓库、苦力等项记录甚详，但对天津的防备则寥寥数语："天津市周围开阔，展望自在，其间村落点可见。中国街的西侧和外国租界外的西南侧的南运河、白河间的水流和堤防，以及日本租界外的池沼有利于防御。天津北侧南运河及子牙河之障碍，东面容易接近。另外，河川和沟渠、水池等所在地妨碍军队行动。其他外国租界周边的居民房屋坚固，防御中可利用。"

《直隶省兵要地志概说》十分注重对航空各项的调查，对北京周边的机场，如南苑、清河、保定机场以及天津东侧奉军的军用机场，均按其兵要调查规程，记录其跑道、机库方位等信息，并绘制机场要图，而对其航空兵选定轰炸目标则列表显示。其特点是以铁路为轴线，选择北京、天津、山海关、秦皇岛、保定、济南等地的中国驻军的兵营、军事机关，以及停车场、仓库、桥梁、电报局等处为轰炸目标。表中列出目标的名称、所在地、形状、前进基准目标、国别、价值等项目。例如对北京的轰炸目标，表册中列出：

黄村的中国军队兵营

京奉、京汉等铁路的分叉停车场

东交民巷的英国兵营、公使馆，美国兵营、无线电所，法国兵营、法国公使馆等

位于中南海的总统府

东长安街的电报总局

灯市口的电话局和电灯公司

东便门和天坛的无线电机关

南苑及清河的飞机场

日军选定的以上轰炸目标，我对照了 1929 年日军参谋本部编制的《“北支那”航空兵要地志》所附“‘北支那’”轰炸目标一览表，在北京地区，该表增加了当时位于西安门内的北洋政府国务院和位于铁狮子胡同的陆军部和海军部，以及位于东城公府的警备总司令部。[1]

（七）“马后炮”的《平津地方（河北省北部）兵要地志概说》

被视为制订作战计划依据的《平津地方（河北省北部）兵要地志概说》，却是在 1937 年 8 月 20 日由日军参谋本部仓促印发给部队的。距“七七事变”滞后了一个半月，这应该是日军的“马后炮”！

何以言之？我们不妨简要地对这部兵要地志予以分析。

这本只有 28 页的《平津地方（河北省北部）兵要地志概说》，主要内容是记述“保定、沧县以北河北省地域为主”，包括：

〔1〕［日］参谋本部编:『“北支那”航空兵要地志』，昭和四年五月。

第一章　用兵的观察
第二章　地形
第三章　运输
第四章　通信
第五章　气象
第六章　宿营、给养
第七章　卫生

除“第一章用兵的观察”（本书有专章详论）之外，其地形等项内容大多是1927年的资料，即在日军参谋本部《直隶省兵要地志概说》的基础上删节、略加增补的“急就章”。而且全书只附有一幅简略的于作战无多大参考价值的《“北支那”有线通信网要图》。现在回过头来看当年日军对此战略方向的兵要地志草率得令人吃惊。无怪战后的日本高级军官，包括战史的研究者，将战争失败的罪责一致推给了日军情报部门的兵要地志。

我所见这些日军调查中国的兵要地志，感觉日本陆军历史上以德国为师，既学习德国人的细致、准确，似也传承了德国军人的机械、教条和呆板。特别是对兵要地志中地理形势的观察论述，只讲技术，鲜有涉及战役、战略层面的问题，对各地地理形势的论述，几乎千篇一律讲“地形险峻，诸兵种通过不易，野炮车通行困难”，诸如此类。而对战地编制，各种兵要地志中又是众口一词地说“通行困难，应加大驮马和工兵部队的编成”。兵要地志中对战役、战略方面的判断则鲜有提及。而1938年日本陆军恤兵部发给参战基层官兵的《中国事变战迹手册》却在北宁、京汉以及京浦线高谈“战略大观”。无怪日军在战略上总是犯错误，这从日军的兵要地志中也或多或少地反映出来。

相反，在挑起战端、对外侵略方面，这些军官则又是胆大包天。“以下克上”，似成为日本军人独有的特点。

以上三种历史上日本调查我京畿要地的兵要地志中，我思考最多的是《北京志》。百年前，日军对大清国京畿城防的警备部署了解之详，其情报是源自清廷军机处的泄密，还是其现地侦察获知？此外，当年

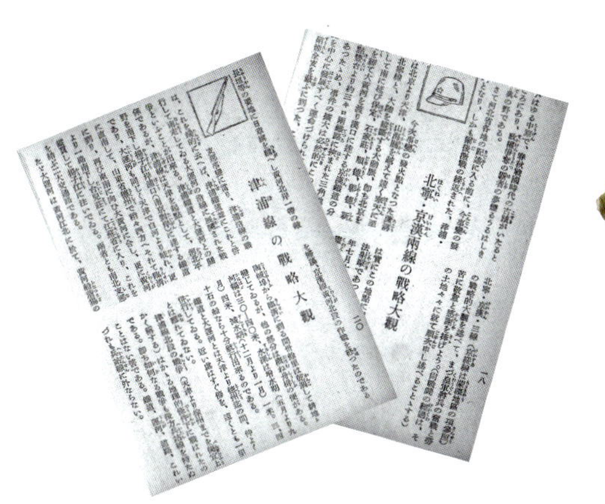

津浦線の戰略大觀

北寧・京漢兩線の戰略大觀

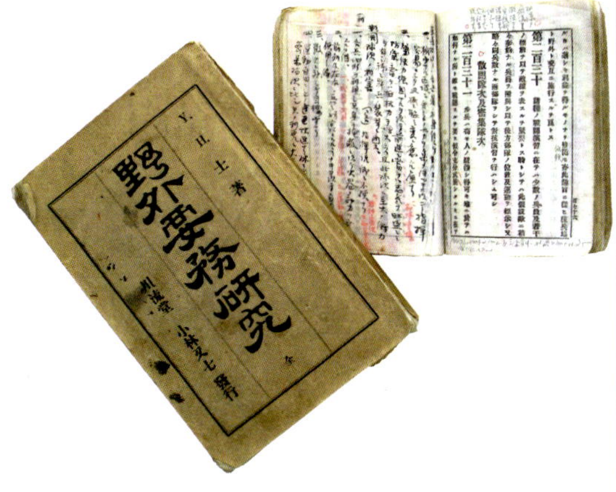

2-6 1938 年日本陆军恤兵部印发的《中国事变战迹手册》中的部分内容（书影）

2-7 著者收集的百年前侵华日军的《野外要务研究》和《步兵操典》（书影）

驻屯中国的日本军人不仅窥探我京畿要地，同时还利用间隙时间研究军事，诸如我所知见的就有《野外要务研究》，应是日军《野外要务令》的学习心得，该书完成于明治三十五年（1902）“清国上海馆舍”。还有田口源太郎、安藤纯合著的《新撰日本兵要地志》竟完成于“明治二十四年十月金城兵营”。金城兵营，我想是中国辽宁的金城吧？我还见过日本明治三十年（1897）日军的《步兵操典》，书中几乎每页都有原主人黑笔、红笔、铅笔的圈画、批注，甚至贴纸补充。从封面看，其人是一个叫“笠原”的老兵。百年前手持大刀长矛的义和团，就是与这些编写《野外要务研究》的日本军官和熟读《步兵操典》的日本士兵作战……显然落后要挨打！

三、百年前日本对我国新疆的军事窥探

（一）各列强对我国新疆的军事窥探

百年前，英国陆军上校马克贝尔潜入新疆，在侦察喀什噶尔的山川地形时感叹地说："如果中国的守军不能一变而完全适应欧式军队的训练，并用铁路连接陕西以西的地区，要对抗俄国、防止其入侵是绝无可能的。"〔1〕

同是百年前，俄国总参谋部的军官、探险家普尔热瓦尔斯基多次到中国西部，特别是新疆探察。他的地理发现的学术名声，掩盖了他侦察的成就。他先后向俄军总参谋部送交数十份情报。他的探险队专有一情报副队长，侦察西藏的政情和达赖喇嘛在国外的势力。他们在内地通往新疆的要道哈密，特别停留数日，尽可能多地了解中国军队状况，还向在南疆叛乱的阿古柏的助手札曼伯克提出对中国人作战的建议。〔2〕这些在《伊犁纪行》中译本的传记中没有涉及。我想正是这些"功绩"使普尔热瓦尔斯基由初入中国时的大尉军衔，到第四次来中国之后，迅速晋升为将军的主要原因。

芬兰贵族马达汉是俄国沙皇的近卫骑兵中校。1906 年，他受俄国总参谋部指派，以法国伯希和探险队成员身份深入我国新疆、甘肃调查清政府对西部的影响力和地方官员对"新政"的态度等情报。他重点对新疆的政治、军事、经济、文化、人文、地理、民族和宗教进行了详细调查，绘制了军事要地地图，拍摄了上千张照片。他给俄军总

〔1〕［日］日野强著、华立译：《伊犁纪行》，黑龙江教育出版社，2006 年。

〔2〕伍光和、唐少卿著：《论普尔热瓦尔斯基在亚洲中部地理研究中的地位和作用》，《兰州大学学报》（社会科学版），1986 年第 1 期。

参谋部的报告达 173 页之多。他提出，一旦中俄发生战争，俄方应有战争的战略设想和进军新疆、兰州的线路计划。马达汉深入新疆的军事报告尘封了 80 年，直到 1988 年才解密，即《俄国旅行家眼中的新疆》一书于阿拉木图出版面世。[1]

同是 1906 年，日本参谋本部的少佐日野强也不远万里来到新疆进行“视察”，编写出了《伊犁纪行》。我看过马达汉和日野强分别绘制的乌鲁木齐城图，当年，日、俄两国总参谋部的军官对新疆的军事侦察可谓异曲同工。十年后的 1916 年，日本军官长岭大尉也潜入新疆，以日本军队在中亚未来作战为主导思想，调查完成了伊犁和博尔塔拉的兵要地志……

（二）日野强其人与《伊犁纪行》

明治四十二年四月，即 1909 年 4 月，日本陆军大将奥保巩伯爵为参谋本部少佐日野强的《伊犁纪行》写下了如下文字：

> 日野少佐昔日受命为新疆之行，深入沙漠不毛之地，又越峻岭，涉险壑，冒寒暑瘴疠，耐匮乏困苦，勇往直进，完成使命。其归国时水陆行程 7 千余里，历时 16 个月之久，劳苦不可谓不大。近来于公务之暇编纂《纪行》，又谒我请为之序。我览读其作，大至邦国兴亡，小至市井杂事，莫不具备，尤以在新疆地志部分详叙该地之历史、宗教、人种、风俗，向世界作介绍，其志向亦可谓宏大……[2]

日野强，1866 年 1 月 23 日生于日本周桑郡的小松町，毕业于陆军士官学校，先后在步兵第十二联队、日本驻台湾守备步兵第十一大队以及参谋本部任职。他曾参加过侵略朝鲜的战争和日俄战争。他在中国东北侦察俄军动向，因战功晋升少佐军衔，并获四级金鸥勋章。日俄战争的胜利大大激起了日本对抗俄国在亚洲扩张称霸的欲望。新疆虽然地处中亚，远在万里之外，但日本仍不容宿敌沙俄对新疆的觊觎。为了遏制沙俄，寻求对策，日本军方急迫派员潜入新疆，搜集新

〔1〕王家骥著:《马达汉》，中国民族摄影艺术出版社，2002 年。
〔2〕［日］日野强著、华立译:《伊犁纪行》，黑龙江教育出版社，2006 年。

3-1 日野强（左），著者收集的《伊犁纪行》（右，书影）

疆乃至中亚地区的各种情报。1906 年，日野强受日军参谋本部指派进入新疆“视察”，历时一年四个月，行程万里，以第一手资料写成《伊犁纪行》一书。

全书为上下两卷：上卷是“日志”，即日野强的旅行日记；下卷是“地志”，是他根据史料汇集的有关新疆各地地理、历史、政治、军事、民族、宗教、风俗的记述。“日志”中，日野强逐日记述了他在旅途中的各种见闻，凡到一处，不论其地大小，是城镇或村落，必有提及。作为负有特别任务的军人，他对中国各地的考察自然也有不同于一般学者的视角。正如大谷探险队的成员橘瑞超在《西行记 · 十一》所说：“日野少佐和我旅行的目的不同，对我来说不重要的东西，在日野少佐看来也许非常重要。”〔1〕

日野强所到之处首先关心当地的地形地貌、地质土壤、气候气温、物产植被、饮水、燃料、地望四至及里程等自然地理，其次是人口、民族、城池、行政、兵备、交通通信、宗教信仰、民居民俗等社会情况，这是由他参谋本部军官身份与任务所决定的。例如，他对乌鲁木齐的观察记述即从地理位置、历史沿革，包括叛乱与破坏、城市的创建、地形、河流、燃料、饮用水、食物、户口、人种、气候、商业、东西方输入的货物、教育、官衙及公所、军队、货币、银行与杂货店、交通

〔1〕 马大正著：《日野强和他的〈伊犁纪行〉评述——代前言》，载日野强著、华立译《伊犁纪行》，黑龙江教育出版社，2006 年。

3-2 日野强拍摄的新疆民俗照片

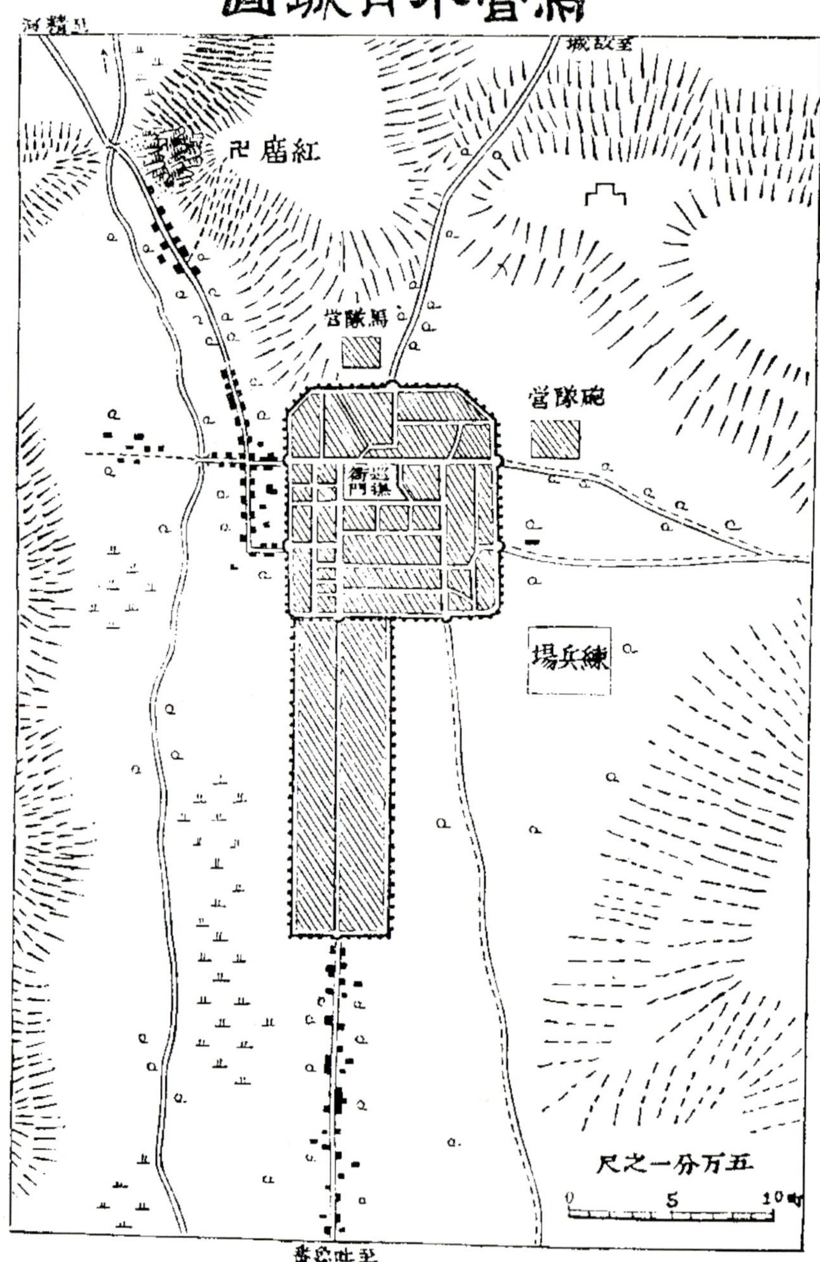

3-3 日野强绘制的《乌鲁木齐城图》

与故城等项着眼。日野强的记述源自观察，或者寻访当地官员、百姓，还有外国官员和侨民，所言均有出处和依据。

日野强的“地志”部分则由地势、风土、居民、风俗、宗教、教育、产业、交通、行政、兵备、历史概要、俄国人在新疆的现状、对新疆的感受，以及附录等内容构成。其中“地势”一章下分地理位置、山脉、河流、湖泽、沙漠、居民点、森林各节。“居民”一章下分人口、人种，及“缠回”（因信奉回教，即伊斯兰教，礼拜时头部缠白布而得名）、蒙、汉、满、回、哈萨克等民族各条，又于“风俗”和“宗教”两章下分述其服装饮食、住宅庭院、婚丧习俗、节庆礼仪、历法文字、男女及家庭关系、喇嘛教、回教、基督教、民间道教等内容。在“产业”“交通”两章下又有关于农林、工商、矿产、畜牧各业以及道路通信等设施问题的记述。在“行政”“兵备”等章中，他对伊犁及新疆的行政体系、财政、军备状况一一做了介绍。这是一部伊犁乃至新疆的“百科全书”。

（三）日野强的军事视角

我读日野强的《伊犁纪行》是倒过来读的，即从后向前看。对书的前半部“日记”，我重点关注他行前的准备，即“探险”所需的装备，以及他独行在沙漠中的野外生存经历和经验。而在“地志”中，我对日野强记录的新疆的山川河流之类的文字只是粗略一过。喀喇昆仑山就在那里，额尔齐斯河就在那里，亘古不变，这是我们熟知的固有领土。我在“地志”中找寻日野强这个日本参谋本部的军官视野中对新疆的军事观察。我找到了！

在《伊犁纪行》中“关于地理形势的总结”，我找到了“从战术角度观察”这个小标题，换言之，即日军兵要地志中强调的内容——“用兵的观察”。日野强说：

以军人的眼光来看，我以为在地形如此缺少变化的新疆境内要得到适当的阵地是极为困难的。即使偶尔有高地，也是草木不生的沙丘，没有任何可以凭借的物体，故无法用作据点、充当镇守要地。除非侧面有沼泽，能够充当有力的屏障。为此战斗只能在街市村落或者森林的一侧展开。

毫无疑问，要想一决胜负，最终必须调动大军在海一般的大沙漠里堂堂正正地大举作战。我想说的是，在新疆境内作战时的战术是很单纯的，仅此而已。[1]

日野强“从战术角度观察”提到的新疆单一的地形“除非侧面有沼泽，能够充当有力的屏障”一语，使我想起 1938 年 2 月，抗日战争全面爆发半年之后，日军吸取对中国军队作战的经验教训，更为将来对付苏联军队，将原有的《阵中要务令》和《战斗纲要》合二为一，颁发了《作战要务令》，其第二部第四章“广漠地的战斗”指出，“广漠地所在的河川、湿地、湖沼、森林、居民地、沙漠地等，其特点和季节、气象相对应，对广漠地的价值影响很大”，“广漠地敌通常依托侧翼坚固的依托物”。日野强对新疆广漠地的判断，证明其战术修养不错。同时，我也想起日军的宿敌苏俄在 20 世纪 30 年代初，齐列穆尼耶上校等编写的《兵团战术概则》中专有“广漠地战斗”一章，这也证明日俄双方军队针对性之强。1940 年以后，日军新版《步兵操典》出笼，其假想敌为美军，日军步兵学校从小队（排）到联队（团）的战斗教材中，再无“广漠地”的论述。[2]

值得指出的是，日野强是日军最高统率机关的参谋，他对新疆的认识不仅仅是战术上“用兵的观察”。其对新疆的战略认知，反映在书中第十三章“新疆有感”：

新疆之命脉，一系于伊犁，伊犁实乃新疆腹心部的一个楔子，足以制约其死活。这个楔子如果一旦被他国掌握，便足以深抉新疆的肺腑要害，新疆焉能完整地保全？清廷之所以特派将军驻扎伊犁，担任边防事务，原非偶然。一方面多年来俄国欲在中亚逞其野心，卑鄙地利用各种机会，凡有口实可借，就毫不犹豫地立即抓住。为了这个目的，用尽一切手段办法，一步步向目标迈进，哪怕是寸土尺壤也不能等闲视之。对于垂涎多年的新疆，很显然他们已经看清，吞并属于新疆要害的伊犁是实现这一野心的最大捷径。前些年俄国乘新疆叛乱，占领伊犁一带，后

〔1〕［日］日野强著、华立译：《伊犁纪行》，黑龙江教育出版社，2006 年。
〔2〕参见沈克尼著：《侵华日军作战训练的依据——〈步兵操典〉》，《轻兵器》，2010 年第 5 期。

3-4 著者收集的20世纪30年代日军《作战要务令》与苏联军队《兵团战术概则》(书影)

来于签订《里瓦吉亚条约》之际，提出种种条件，阻挠归还占领地。幸亏左宗棠识破俄国对伊犁的野心，上奏反对批准该条约，此事已见前述。他表示:“昔日中国与俄国地不相接，凭借蒙古、哈萨克、布鲁特、浩罕等部以为屏藩。而俄人多方制造口实，诱惑彼等，进而占领其地，拓境日广，乃至与中国相接，不复有间隔之所。自道光中以来，泰西各国船只横行于中国近海一带，后复企图闯入长江，但其所欲求，无非通商口岸一事，而非以得地为计。俄国则不然，仅有天山北路之隔，前已觊觎准噶尔、回部及与之杂处的哈萨克、布鲁特、浩罕等，必欲举而为其所有。”可谓一针见血地道破了俄国阴谋。而李鸿章畏惧俄国表面上的强硬态度，认为放弃新疆以免除后患才是上策。左宗棠独具慧眼，认识到俄国的野心深不可测，断然反对李鸿章等人的意见，极力论说“若新疆归于俄国，则陕甘山西各边均将告急，直隶也必无晏眠之日矣。无守一之勇，焉能守二三”的道理，朝议终于决定废弃该条约而准备开战。俄方最终同意修订《里瓦吉亚条约》，将所占领的伊犁一带归还清廷，与当时和土耳其有纷争，或多或少地挫掉了俄国的锋芒不无关联，但最重要的还是左宗棠的力争起到了决定性的作用。

…………

投眼转向西南边境，隔着昆仑山脉对面是英属印度。英国以印度为基地，长期以来与俄国的中亚扩张相抗衡，已非一朝一夕之事。帕米尔高原历来是祸机四伏之地，又因为与新疆接壤，俄国虽欲染指新疆，而英国也不肯坐视。形势的变化每每于意料之外急转直下，即使现在看不到迫在眉睫的危机，如果帕米尔问题骤然爆发，难保清朝不会卷入这个漩涡。故清朝应乘未雨而绸缪，我国的经世之才也应对此予以高度的注意。[1]

（四）日野强眼中的新疆“兵备”

无论是中国地方志还是日本编写的中国地志，都有“武备”或说“兵备”一项。日野强的“地志”中也不例外，但“兵备”的内容一如明治时期的日本军官大原里贤、福岛安正编纂的《“支那”地志》，下村修介、关口长之编纂的《“蒙古”地志》，以及山本中佐等编纂的《北京志》中的“兵备”，内容十分简略。日野强在“兵备”中记述了乌鲁木齐、伊犁、巴里坤、阿克苏、喀什噶尔等要地中国的步骑兵的兵力：合计步兵42营，马队31旗，炮40门（旧式黄铜炮）；步兵一营定员500人，马队250骑。光绪二十九年（1903）的实际情况又是怎样呢？时任新疆巡抚的潘效苏下令将步、马兵数各减去一半，以后又几次减员，最后的定员为步兵一营150人，马队一旗50骑，总计兵力为步兵6300人，马队1550骑。即使这个定员数，实际上也是常有两成兵员不足，所以实际的兵力数为步兵5040人，马队1240骑。

同时，日野强在“兵备”中将中日两国的武官级别列表予以对照。如中国当时八旗的“从一品”都统、绿营的提督，直至“从九品”的额外把总，一一与日本军队从中将到伍长的十三个等级相对照，并对官兵的薪饷、士兵的年龄与训练以及军官的素质和武器装备都有记述和评论。如对中国武官素质和兵器种类，日野强说：

> 武官中鲜有具备教养之人。他们自己也公然宣称：“吾乃一介武将，何须认字！若识得字，便不为武将也。”就算威风凛凛的将官中出现了目不识丁者，也不值得大惊小怪。正因如此，营官以上的武官，都必须

〔1〕［日］日野强著、华立译：《伊犁纪行》，黑龙江教育出版社，2006年。

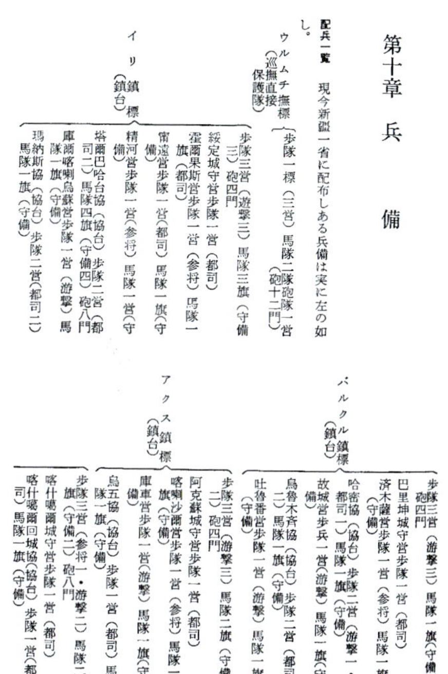

第十章　兵　備

配兵一覧　現今新疆一省に配布しある兵備は実に左の如し。

ウルムチ撫標（巡撫直接保護隊）
歩隊一標（三営）馬隊二隊砲隊一営（砲十二門）

イリ鎮標（鎮台）
歩隊三営（遊撃三）馬隊三旗（守備三）砲四門
綏定城守営歩隊一営（都司）
霍爾果斯営歩隊一営（参将）馬隊一旗（都司）
甯遠営歩隊一営（都司）馬隊一旗（守備）
精河営歩隊一営（参将）馬隊一営（守備）
塔爾巴哈台協（協台）歩隊二営（都司二）馬隊四旗（守備四）砲八門
庫爾喀喇烏蘇営歩隊一営（遊撃）馬隊一旗（守備）
瑪納斯協（協台）歩隊二営（都司二）馬隊一旗（守備）

バルクル鎮標（鎮台）
歩隊三営（遊撃三）馬隊一旗（守備）砲四門
巴里坤城守営歩隊一営（都司）
済木薩営歩隊一営（参将）馬隊一旗（守備）
哈密協（協台）歩隊二営（遊撃一・都司一）馬隊一旗（守備）
故城営歩兵一営（遊撃）馬隊一旗（守備）
烏魯木斉協（協台）歩隊二営（都司二）馬隊一旗（守備）
吐魯番営歩隊一営（遊撃）馬隊一旗（守備）

アクス鎮標（鎮台）
歩隊三営（遊撃三）馬隊二旗（守備二）砲四門
阿克蘇城守営歩隊一営（都司）
喀喇沙爾営歩隊一営（参将）馬隊一旗（守備）
庫車営歩隊一営（遊撃）馬隊一旗（守備）
烏五協（協台）歩隊一営（都司）馬隊一旗（守備）

歩隊三営（参将一・遊撃二）馬隊二旗（守備二）砲八門
喀什噶爾城守営歩隊一営（都司）
喀什噶爾回城協（協台）歩隊一営（都司）馬隊一旗（守備）

3-5《伊犁纪行》中的“兵备”一章

雇佣有文化的书记员，这样才能办理公文往来。总之，虽说也有一二文武兼备的良将（阿克苏的汤山是其中一例），但毕竟多数都是扛鼎舞剑的猛将。

兵器种类繁杂，步枪制式不一。如“马五泽鲁”连发枪和单发枪，“斯贝鲁塞尔”连发枪和单发枪，英国造线膛枪，俄式滑膛“克来木内奥爱”枪等，形形色色，欧洲各国的旧式枪支在这里几乎包罗殆尽。也正因为如此，带来了弹药补给上的极大困难。一杆枪至多不过百发子弹，为此本应日常不时举行的射击演习便无从实行。有些甚至徒有枪支而无弹药。总之，好枪匮缺，而形同报废的枪支数量甚多。[1]

（五）日野强的民族、宗教视角

日野强在“地志”中记述：“人口调查是制定国策和对社会其他诸项进行调查所依据的根本，为此格外要求准确。”而对人种，日野强

〔1〕［日］日野强著、华立译：《伊犁纪行》，黑龙江教育出版社，2006 年。

认为：

> 人民和土著，在国家社会的组织上，构成其基础的首先是称为人民者，此为基干。人民的贤愚强弱，直接反映国家社会文明程度的高低优劣，可以说人是国家各项制度的根本，是一切社会现象中研究的主要对象。从国家的内政、外交、军事到社会的学术、技艺、农工、商业等方方面面的现象，如要进行研究，必先对该国人民的性情、文明状况有透彻的了解。欲知人民的性情、文明状况，又需要追溯人种的起源由来，了解其变迁和现状。当然，人种的起源、变化需要人类学的相关研究，没有后者的进展就难以期待有精密的调查。[1]

第二次世界大战中，日本军队的《作战要务令》谍报部分以及兵要地志中，有对敌对国家“国民性”的调查内容。而何为“国民性”？其调查的意义何在？百年前日野强对此做了诠释。他将新疆的少数民族归纳为六个民族，分别是“缠回”、“汉回”、哈萨克、蒙古族、满族和汉族。

日野强对新疆诸民族的记述，首先是从人种着眼。如对“缠回”的说法，他认为是“混血雅利安种”，其特征为“祖先波斯人的面貌特征，则男子多美髯、女子多深目高鼻”的特点，并从语言、语汇、口音、文字考证其族源。说到“风俗”，日野强对“缠回”的看法是“通晓农工商各业，有勤劳的良好风气，只是缺少积蓄的习惯，故贫穷者居多，富有者较少”。“他们都是热心的回教徒，因而性格爽快，为人正直者居多。惟首府喀什噶尔的居民常和外国人接触，受开化风气的熏染，变得奸猾虚夸而不知礼节，趋利若鹜，不知名誉气节为何物的也大有人在。”[2]又如，日野强对新疆蒙古族的记述：“土尔扈特人、额鲁特人和硕特人等，同属于蒙古人种的一支。蒙古人的容貌，身体大都强壮，但算不上高大。面孔扁平，鼻梁低矮，颊骨、额头的皮肤发红，性情大多温顺朴实，勇武之风远不如哈萨克。不论男女老幼都擅长骑马，但比起哈萨克族来也显得逊色。日常生活不清洁到令人吃惊的程度……总之，如今的蒙古族意气萎靡不振，当年跟随成吉思汗征战欧

〔1〕［日］日野强著、华立译：《伊犁纪行》，黑龙江教育出版社，2006年。

〔2〕同上。

亚大陆时的雄心壮志一去不返，除了念佛，对其他事情一无所知。”[1]

日野强对于汉族人的看法是：“在亚洲人种当中，他们使用着一种有特点、完全构成独立体系的语言。他们是东洋史上最重要的人种。中国历代的帝王、宰相几乎都出自这个民族，实际上是他们起到促进中华帝国的开化、推动文明发达的重要作用。中华帝国历经兴亡变迁，到了宋末，灭亡于蒙古人之手，祖宗传下来的政权，完全落于异族的手中。若说中国传统的文明开化皆成于汉人之手，也绝非溢美之词，然而他们的力量随着宋朝的灭亡而归于衰落。”[2]

日野强对于哈萨克的叙述着墨较多，且颇多溢美之词。他认为哈萨克属于土库曼种族与乌兹别克、斯拉夫种族混血后形成，并与蒙古族有着深厚的渊源，信仰“回教”（伊斯兰教）。日野强提到哈萨克人考验人的胆量，如第聂伯河下游当时是立陶宛人与蒙古人的交界线，哈萨克人憎恶波兰人的虐政，对前来投靠的立陶宛人准许避难的条件之一，是敢于在湍急的河流中涉水，并接受勇气和胆量的测试，才准许作为哈萨克人的部下。哈萨克人“效仿蒙古人残酷无情的杀戮风气”[3]，学习兵法和谋略后组织起剽悍的骑兵，为俄国的对外征服立下汗马功劳。天山北麓游牧的约 30 万哈萨克人是从顿河、伏尔加河流域的同族中走出来到新疆的。

日野强对哈萨克人的相貌的描述为“体形比较硕大，在北部尤其常见到身材胖大的人。其面孔平而宽，颊骨较开阔，眼睛细长，鼻梁隆起，肤色稍黑，肩膀舒展，显得仪表堂堂。女子则肤色白皙，额角和面颊丰满，面带红润，显得眉清目秀，不乏姿色艳丽者。他们的语言文字和‘缠回’相同，但谈话时能感到有一定的方言口音。之所以和‘缠回’使用同样的语言文字，恐怕与他们信奉同一宗教、日常中的自然接触很频繁有重要关系”[4]。哈萨克人的性情“极其质朴，和他们交往，有一种和脱离了俗界的仙人打交道的感觉。他们不知道现存的年月日时，不在意自己的年龄，徒步赶路时不了解距离的远近，完全没有数理概念，更让人感叹不已的是，他们不分男女老少，无不精于骑术，其技巧之巧妙，实有其他民族不能企及之处”[5]。但说到此，

〔1〕［日］日野强著、华立译：《伊犁纪行》，黑龙江教育出版社，2006 年。

〔2〕 同上。

〔3〕 同上。

〔4〕 同上。

〔5〕 同上。

日野强话锋一转，“当年曾以铁蹄蹂躏欧亚大陆的哈萨克，其旧日的雄风今天虽然已经无从辨认，但仍然称得上是一个勇武的民族”[1]。

日野强对于新疆的宗教，特别是伊斯兰教的视角，包括其兴起的原因与犹太教和基督教相比较，清真寺与情操修养，在中国和天山南麓的传播以及在各省传播情况，清朝官兵与伊斯兰教的关系，中国伊斯兰教人的总数，以及喇嘛教与伊斯兰教的未来等，都非常重视。

日野强对于喇嘛教则着眼于黄教的兴起与改革、达赖与班禅的地位、布教手段、清廷利用宗教对外藩的统治、新疆的喇嘛教等。重要的是，他认为喇嘛教对蒙古民族的民族性改变产生了重要作用。日野强认为，“纵观蒙古的历史，屡屡对蒙古人的凶猛悍暴、不惜喋血的民族风气而感吃惊”，而“蒙古人在皈依喇嘛教后，那种残忍的杀伐风气便逐渐磨灭消失，当年的凶猛已不复存在，转化为柔顺无力的性格”。[2]

明确了民族性的优长与不足之后，其为侵略战争所要达到的“统治”驾驭的策略也就明确了。当然，这些潜台词日野强不会写在公开发行的书中。而 1940 年 9 月 30 日至 1945 年 3 月 31 日，日本帝国主义为侵略战争服务而秘密搞的“总力战研究”中的《民族研究纲要》则体现得十分充分（本书有专章论述）。日野强在罗列他心目中各民族优劣的同时，注意观察分析新疆各民族间的关系，俄国人在新疆的现状，以及俄国与新疆的关系，同时还颇具远见地提出有“移民的必要”。

值得注意的是，从战争史和战略角度研究民族、宗教问题，被往昔以阶级斗争为主的战争观所忽略。我认为，一部中国战争史，乃至世界战争史，主要是民族与民族间争夺生存空间的争斗，而阶级斗争并不占主流，纵观当今的战争仍如是。

（六）日本军队调查、编写的《伊犁道兵要地志》

1916 年，即日野强赴新疆“视察”十年之后，一个名叫长岭的日军大尉潜入新疆伊犁，实地踏勘侦察，手写了一份 140 页包括要图的《中国西境伊犁道兵要地志》（以下简称《伊犁道兵要地志》），为日本的“满洲军”日后在新疆伊犁甚至在中亚展开作战时提供帮助。由于

〔1〕［日］日野强著、华立译：《伊犁纪行》，黑龙江教育出版社，2006 年。

〔2〕 同上。

种种原因，这份手写稿本，至今依然尘封在日本政府防卫厅防卫研究所的图书馆中，被束之高阁。

长岭大尉，何许人也？不得而知。这部《伊犁道兵要地志》所包括的主要内容如下：

甲：地势，包括伊犁河流域和特克斯川流地形。

乙：道路，包括伊犁平原和特克斯高原，以及博尔塔拉平原、塔城的道路情况，甚至包括边境对面俄国领地内的交通状况。

丙：河川（另册），包括宿营给养和运输力，气象及卫生，伊犁、惠远、绥定、塔勒奇等九城的历史概要，伊犁平原的土质、煤炭，伊犁河的作战价值、判断和理由以及骆驼队的编成和利用等。[1]

长岭大尉在伊犁河的作战价值方面指出，伊犁河方面，西进部队夏季作战可作为水路兵站；河流将伊犁平原分为南北两段，兵力分割；防御作战，敌优势兵力被分割，敌南北联系利用架桥，其他妨碍少。伊犁平原人口多，物资丰富。宁远县附近，作战部队物资补给利用与陆路平行的河流以筏输送，陆战兵站业务减轻。伊犁平原树木多，特克斯河中游以东右岸山中伐采树木为后勤设施、筑城以及渡河提供材料，更可利用水路输送，迅速方便。以上条件仅限于夏季，冬季伊犁河结冰通过方便，但价值全无。然而，伊犁河逆航困难，退却作战时，逐次向东撤退时，价值逐次减少。

长岭大尉对伊犁河的战术判断，除利用河水流向用于进攻时的物资输送是一“创新”，其他如桥梁架设及破坏、渡河器材之利用的相关视角影响了后来的《作战要务令》中“河川的战斗”，也是日军一脉相承的战术原则。

长岭大尉对伊犁河重要的支流特克斯河的记述较详：水最宽处150米，水深通常1.2至1.5米，增水期最深处2.5米左右；河底多为砾石，减水期可徒涉；两岸的景观则如图所示；结冰于11月下旬，融冰为4月上旬，约半年。长岭的数据是长时间、多次的亲自观察，还是询问获得，不得而知。

〔1〕［日］长岭大尉著：『中国西境伊犁道兵要地志』，大正八年（1919）稿本，藏于日本政府防卫厅防卫研究所战史室图书馆。

伊犂道兵要地誌

第一 地勢

甲 地勢ノ概說

伊犂道ノ地形ハ之ヲ分チ二大地区トナス一ハ即チ伊犂河水系ニ属スル地帯ト他ハ之ヲ博羅塔拉河谷ノ平地ヲ包容スル地形即チ之ナリ而シテ伊犂河水系ニ属スル地区ハ更ニ之ヲ二区ニ分チ其本流附近ノ地区ト特克斯河流域ノ地区トナス其大要ヲ説明セントス

其一、伊犂河本流域ノ地形

一般ニ世人ノ唱フル伊犂ニ南地帯ニシテ伊犂河其中央ヲ東西ニ貫キ南北共河ヨリ約二、三里間ハ尤モ緩傾斜ノ平地ニシテ南方ハ傾斜北方ニ比シ稍急ナリ而シテ何レモ数多ノ細流南北

3-6 1916 年长岭大尉调查编写的《伊犁道兵要地誌》

日军兵要地志注重对作战通道的观察，长岭大尉对伊犁至新疆各地通道的观察也如是。除绘制道路要图之外，还记述途中的路程，沿途居民的户数以及民族状况，如惠远城至阿克苏城的里程和户数，以及对战时大队（营）一级以下的部队沿途补给的建议。此外，他还针对中俄边境（现为中哈边境——作者注）的特克斯高原和博尔塔拉平原写出《兵要地志细论》。其角度为：战术地区的区分、山的战术价值，道路、河川（包括河幅、水深流速、河底、徒涉、两岸景观、结冰解冰期，架桥两岸联络等状况），宿营给养力、村落和居民现状，天气及气象对作战的影响等。

特别值得指出的是，《伊犁道兵要地志》中专有“中亚作战和装备”一章，其大意是作战军的编成。此地因与“满洲”地形差异大，多戈壁，就野战师团来说，步兵联队（团）的装备增加机关枪，配属迫击炮；各步兵队携行的装具应为黄色调。当地村落建筑物多为土筑，掩蔽物多为土质，因而脆弱。骑兵部队有增加机关枪、炸药配备的必要，可利用骑兵部队行动迅速的特点，扩大战果。炮兵的野炮、山炮重量大，小河川的桥梁薄弱，因而炮兵行动迟滞，野战行动不便。

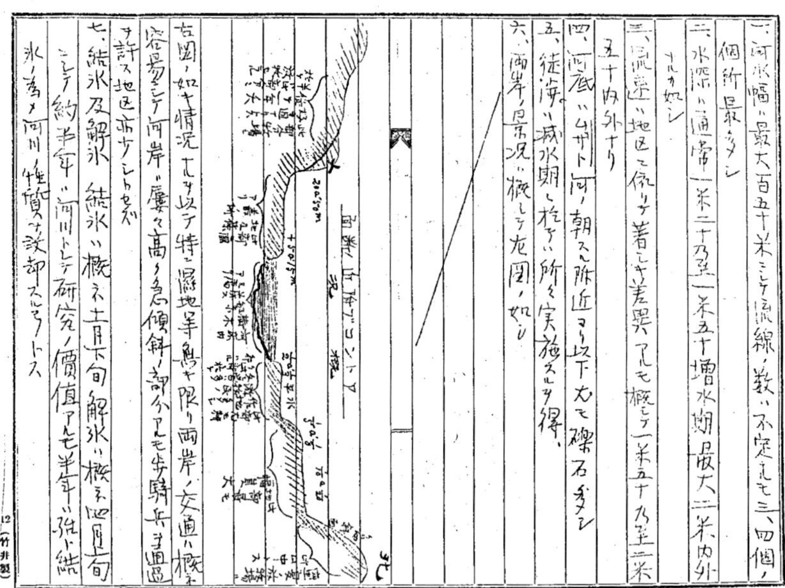

一、河水幅ハ最大百五十米ニシテ流線ノ数ハ不定ナルモ三、四個ノ個所最多シ
二、水深ハ通常一米二十乃至一米五十増水期最大二米内外ナルカ如シ
三、流速ハ地区ニ依リテ著シキ差異アルモ概シテ一米五十乃至二米五十内外ナリ
四、河底ハ山ザト河ノ朝スル所近ヨリ以下大ナル礫石多シ
五、徒渉ハ減水期ニ於テハ所々実施スルヲ得、
六、両岸ノ景況ハ概シテ左図ノ如シ
右図ノ如キ情況ナルヲ以テ特ニ湿地等ノ為ニ限リ両岸ノ交通ハ概ネ容易ニシテ河岸ハ屢々高ク急傾斜ノ部分アルモ歩騎兵ノ通過ヲ許ス地区亦少シトセズ
七、結氷及解氷 結氷ハ概ネ十一月下旬解氷ハ概ネ四月上旬ニシテ約半年ハ河川トシテ研究ノ価値アルモ半年ハ殆ト結氷ノ為メ河川ノ性質ヲ没却スルモノトス

3–7《伊犁道兵要地志》中手绘的河剖断面图

兵器材料方面，应注意当地空气干燥，细微的粉尘易进入各种器械的缝隙中。在大、小休息时，士兵应注意清洁兵器。油脂方面，当地牧场多，动物油容易获取。但植物油，如菜籽油仅有少量。矿物油取得无望。北路精河县虽有石油矿，但其质量低劣，难以用于作战。俄国境内的安集延石油丰富，且其质量好、用途广。航空和汽车用油全赖输送。军用皮革无良品，仅宁远城有制皮所，因此重要兵器附属的革制品要靠后方输送。

此外，对军队筑城和工兵作业的工具可在当地征集，并提及马匹蹄铁装配以及冬夏服装和短靴，甚至风镜等细节，依据当地情况提出相应意见。同时指出，根据欧洲大战的经验，眼下改革日本帝国军队在戈壁地带作战是一大革新，对此要有必要的认识。特别是“中亚地区人文未阑，物资贫弱，住民逐水草而居的原始生活，更应重视后勤机关的运转，使之作战圆满”[1]。

值得指出的是，这部《伊犁道兵要地志》突出记录了日军一旦在中亚的戈壁地带作战，必须编成骆驼纵队。长岭大尉认为，当地作战，后勤转运困难，骆驼有利的方面是顺从，可以数日不饮食，而且力大

〔1〕［日］长岭大尉著：『中国西境伊犁道兵要地志』，大正八年（1919）稿本，藏于日本政府防卫厅防卫研究所战史室图书馆。

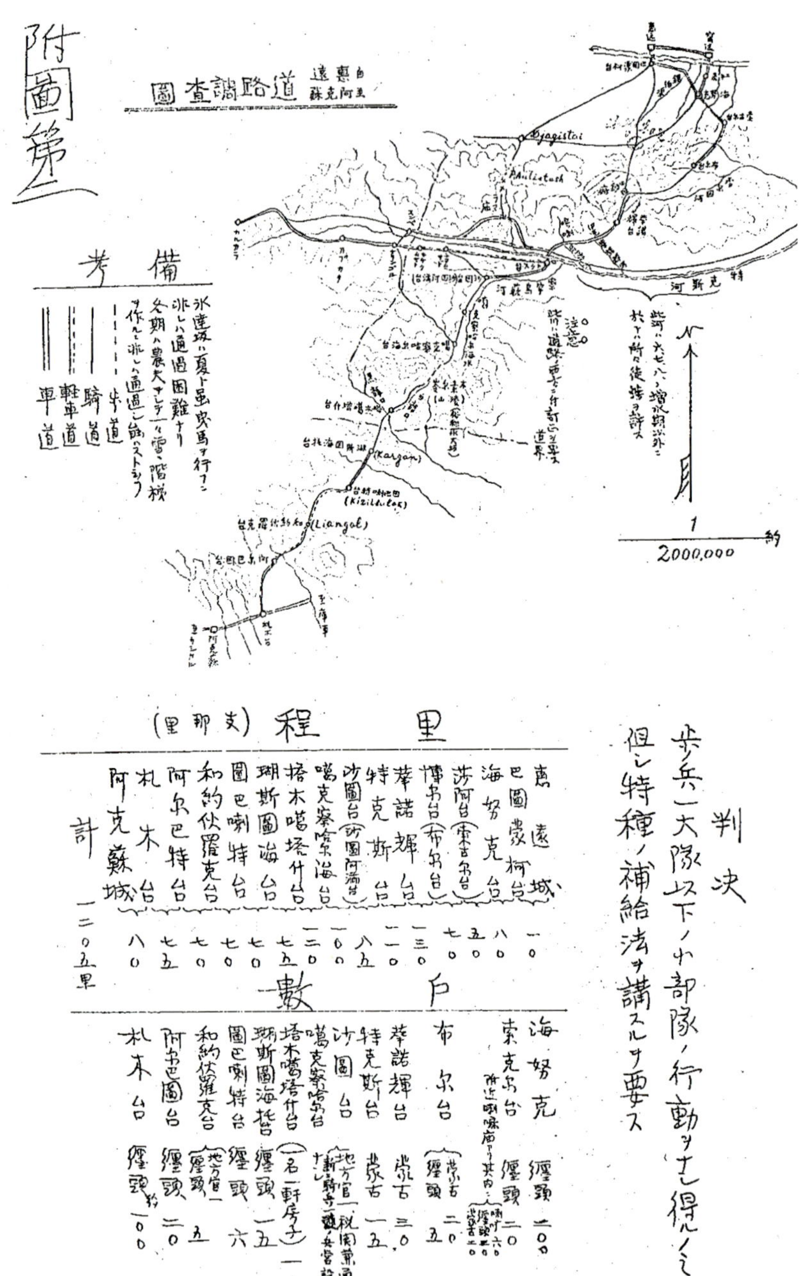

里程（支那里）

惠遠城	一〇
巴圖蒙柯台	八〇
海努克台	五〇
莎阿台（東吉爾台）	七〇
博爾台（布爾台）	一三〇
華諾輝台	一二〇
特克斯台	八五
沙圖台（沙圖阿滿台）	一〇〇
噶克察哈爾海台	一二〇
塔木噶塔什台	七五
瑚斯圖海台	七〇
圖巴喇特台	七〇
和約伏羅克台	七〇
阿爾巴特台	七五
札木台	八〇
阿克蘇城	
計	一二〇五里

戶數

海努克	纏頭 二〇〇
索克爾台	纏頭 二〇 附近喇嘛廟アリ其内ニ（喇嘛 六〇 纏頭 五〇 蒙古 二〇）
布爾台	（蒙古 二〇 纏頭 五）
華諾輝台	蒙古 三〇
特克斯台	蒙古 一五
沙圖台	（地方官一、税関兼通行監視ノ新設騎兵一隊ノ兵営設置セラル）
噶克察哈爾台	
塔木噶塔什台	（一名一軒房子）一
瑚斯圖海台	纏頭 一五
圖巴喇特台	纏頭 六
和約伏羅克台	（地方官一 纏頭 五）
阿爾巴圖台	纏頭 二〇
札木台	纏頭 約一〇〇

判決

歩兵一大隊以下ノ小部隊ノ行動ヲナシ得ルモ
但シ特種ノ補給法ヲ講スルヲ要ス

3-8《伊犁道兵要地志》中的手绘道路调查图

颇耐寒，但行进速度慢、耐热性差；夏季作战宜夜间使用，其行军速度一日行程通常约70华里，而冬季通常为90华里。一匹骆驼平均可载270斤。如此计算一个师团一日的粮秣，约需620匹骆驼运输。骆驼纵队和行军长径为，1匹3米，各距离1米，各组距离50米，全纵队行军长径约2600米。他还调查记述了当地骆驼的价格、饲养和脱毛期以及骆驼的雇用方法。

日本帝国主义对新疆的情报和兵要地志调查一直未停止过。1940年12月，远在上海的“满铁”上海事务所调查室翻译了当时中国的报刊上关于新疆的文章，用以供研究参阅的密件。如《神州日报》上任重的文章《西北的新天地——新新疆》，《反攻》杂志上沈志远的文章《进步中的新疆》，《大美晚报》上丁新的文章《朝气蓬勃的新疆》，《华美晚报》上刘芳的文章《新疆纪行》等均在搜集之列。〔1〕另据关冈英之在《帝国陆军的迷梦——“防共”回廊》一书中透露，1943年前后，日本“满铁”调查部北京事务所的竹内，在呼和浩特设立“竹内公馆”特务机关，与新疆维吾尔族人接触，为日军“北支那”方面军提供《印度·新疆兵要地志》，以及“新疆维吾尔语地名”的报告书。〔2〕

1945年以后，在日本军内有“辻旋风”之称的辻政信大佐，为逃避战争罪责，曾秘密在国民党国防部第三研究组做过研究工作。辻政信在任关东军主任作战参谋时，曾乘飞机实地侦察过黑龙江一带和新疆地区的中苏边境地形，以及我河西走廊的军事地理，因而熟悉我国情况。他用了一个月时间为国民党国防部编制了《新疆兵要地志》。为配合国民党军与我人民解放军在东北作战，辻政信又在极短的时间内完成了《东北九省的兵要地志》。这些兵要地志完成后均送蒋介石参阅，蒋曾多次传令嘉奖他。〔3〕

斗转星移，现在以中国之强、新疆之大、新疆之远，历史上日本对新疆的窥探，也只能是个迷梦！

---

〔1〕［日］“满铁”上海事务所调查室编:『“支那”抗战力调查委员会参考资料（三）最近新疆事情』，昭和十五年十二月十日，日本国立国会图书馆。

〔2〕［日］関岡英之著:『帝國陸軍見果てぬ「防共回廊」機密公電が明かす、戰前日本のユーラシア戰略』，祥伝社，平成二十二年三月二十五日初版。

〔3〕黄瀛著:《竹舍轶闻——国民党利用战犯建立国防部第三研究组的始末》，《文史资料选辑》第79辑，文史资料出版社，1982年。

四、“中村事件”与日军“满蒙”兵要地志

4–1 中村震太郎

4–2 关玉衡将军

（一）中村震太郎报告？

说到侵华日军对我国东北地区的兵要地志调查，不能不提到“九·一八事变”前的“中村事件”。1931 年 6 月，日军参谋本部大尉中村震太郎化装潜入中国东北大兴安岭地区进行兵要地志调查，被中国军队关玉衡团长捕获处死。

1931 年 6 月间，日本参谋本部军官中村震太郎的任务是对战时日军沿大兴安岭斜向纵断支队的宿营、给养、给水、行动的难易进行实地调查。当时被中国军队关玉衡团缴获的中村一行四人的主要文件资料有：日文和中文十万分之一比例尺的军用地图各一份，晒蓝纸俄文地图一张，洮索铁路路线图一张（附自绘的立体桥梁涵洞图）；表册三份，一册为调查兴安区中国屯垦军的兵力，枪炮种类、口径，官兵数量，将校名称，驻屯地点，营房景况、容量、坚固程度，车辆马匹粮食辎重，一册是调查蒙古旗、县人口，特产及畜群之多寡，森林矿

4-3 在中国化装侦察的中村震太郎（左）和预备役骑兵曹长井衫（右）

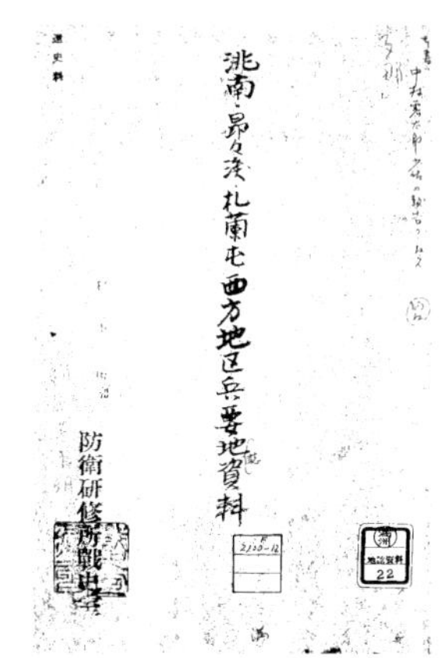

返史料

洮南·昂々溪·扎蘭屯西方地区兵要地資料

防衛研修所戦史室

地誌資料 22

4-4 疑为中村震太郎编写的兵要地志报告

藏之有无，蒙古、汉军民之情况，另一册是调查地方风土情况，如土壤、水源、气候、雨量、风向等项。[1]

2010年我赴日进行学术交流，看到一份当年侵华日军油印的140页的《洮南·昂昂溪·扎兰屯西方地区兵要地志资料》。此报告藏于日本政府防卫厅防卫研究所战史室，封面印有“返还史料”，可能是日本战败后未及销毁的资料被美国所获，其后返还。另外封面还有一行铅笔字“中村震太郎少佐报告？”，看来日本方面疑此报告作者为1931年“中村事件”主人公中村震太郎。所谓“少佐”，是中村死后日本政府追授其少佐军衔。

这份报告无报告者姓名、无年代记载。因其地点，恰是当年中村一行人秘密潜入之地，特别是报告中调查重点葛根庙，即为当年中村亡命之地，由是我怀着极大的兴趣进行“考据”。我认为此报告并非中村震太郎所写，其理由为：

〔1〕关玉衡著:《中村事件始末》,《文史资料选辑》第76辑，文史资料出版社，1981年。

附表第一 旅行経過一覧表

日	天候	気温 (三欄)			宿営地	発着時刻	行程	摘要
九月七日	晴	15	31	?	園子	[illegible]	十里	[illegible]
八日	晴后雨	14	30		洮南	[illegible]		[illegible]
九日	曇	11	26	18	洮南			
十日	晴	10	27	19	木頭營子	[illegible]	十六里	[illegible]
十一日	晴	16	28	18	札薩克王府	[illegible]	十三里	
十二日	晴	12	26	15	[illegible]	[illegible]	九里	
十三日	曇夕雨	9	24	13	[illegible](露営)	[illegible]	九里	
十四日	晴	7	?	14	[illegible]台	[illegible]	十五里	
十五日	晴后曇	10	29	11	花園子(露営)	[illegible]	六里	[illegible]
十六日	晴	14	26	12	[illegible]汗台	[illegible]	六里	[illegible]
十七日	晴	13	26	17	札賚特王府	[illegible]	二里	[illegible]
十八日	晴	14	24	16	札賚特王府		六里	[illegible]
十九日	曇后雨	15	26	14	パインハイ	[illegible]	十四里	[illegible]
二十日	晴	12	24	16	張三屯	[illegible]	十二里	[illegible]
二十一日	晴	10	26	14	[illegible]	[illegible]	十二里	
二十二日	晴	11	27	17	仝右	[illegible]	五里	
二十三日	曇后雨	12	21	10	李三店	[illegible]	十里	[illegible]
二十四日	曇后曇	4	3	8	張士山	[illegible]	[illegible]	[illegible]
二十五日	晴	4	16	14	札蘭屯		七里	[illegible]

備考、[illegible]

4-5 报告中的“旅行经过一览表”

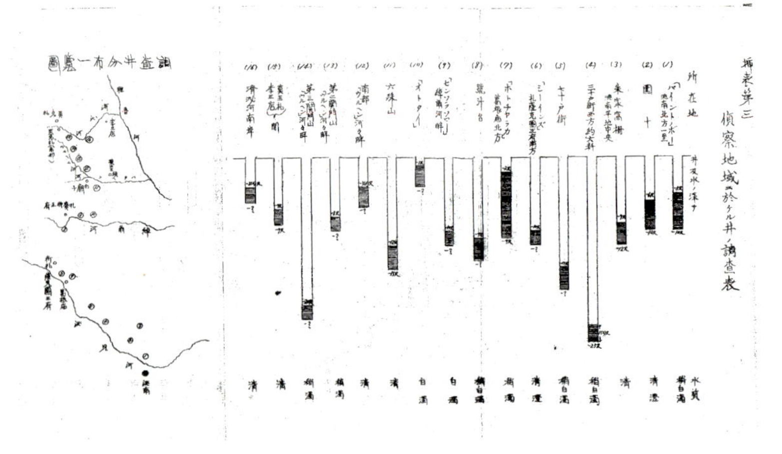

4-6 报告中的有关水井分布的调查图表

第一，报告中在第七节“蒙古人的利用”中提到土人（当地人）认为“张作霖被炸死事件相信是日本人的阴谋”。张作霖是 1928 年 6 月 4 日被日本人炸死在皇姑屯的，因而此报告不会早于 1928 年 6 月。

第二，中村震太郎所携文件中有一册兴安区屯垦军兵力、枪炮口径种类、主官姓名登记表，而此报告中记述洮南中国驻军有“驻洮二十九师（师长吴俊升中将），奉天骑兵游击队统领担任洮南地方警备是张海鹏少将”，而未提及其主要调查地点葛根庙中国驻军屯垦团。1929年（一说1928年10月）张学良在大兴安岭成立兴安屯垦区，将三个甲种团屯驻该地，任命邹作华为屯垦督办，其中一个团驻葛根庙。另，报告中附洮南县城户口数的资料是“民国十七年”即1928年，由此判断，此报告写作时间应为1928年6月至10月。该报告中也明确记载了9月7日至9月25日的侦察任务和行程。

第三，报告中提到当地土人密报中国“官宪”，有“怪日本人二名向莫克扎方向前进”，景新县知事命令50名骑兵尾追。可以判断此次日本间谍是2人，而中村震太郎一行是4人。

第四，报告“目录”中有“写真”（即摄影），包括洮儿河右岸，河谷隘路，徒涉场，葛根庙通道草原、水泉及附近高地，以及加修后可通重炮、汽车的河谷通道的29幅照片。而中村震太郎未被发现携带照相机。

综上所述，从时间、装备、人数，这份报告不是中村1931年6月所写的。

这份报告主要内容为：任务，旅行经过，一般观察，地形（平原及山地、道路、河川、湿地、森林），宿营给养（居民地、燃料、给水），航空，通信，气象，卫生，以及编制、装备和其他相关所见，即战时该区域日军编制装备上的适应力和建议。其主要作战对象明确为“露军”（即苏军，日本称俄罗斯为“露西亚”）。报告还提到：“本次旅行时恰为呼伦贝尔事件，所经之路线直接与本事件有关。‘支那’官宪和土人神经过敏，潜行观察，终因洪水泛滥进路，踏查终止，甚为遗憾。”其中令人深思的是即便那么偏远的地区，当时仍有日本谍者帮助其完善通道情报。这份报告还对日军十万分之一比例尺的地形图进行两相对照，并认为“地形图大体与现地相似”，地名、村落位置等对小部队作战时需要修正。而中村震太郎一行也携带了该地十万分之一比例尺的地形图，且有中文、日文、俄文三种，互相对照印证。

我认为1931年5月中村震太郎一行对洮南的侦察实为1928年9月间日军《洮南·昂昂溪·扎兰屯西方地区兵要地志资料》未竟工作的继续。从关宽治、岛田俊彦《“满洲”事变》一书可知，“在关东军长期从事‘占领区统治之研究’的佐久间，在中村死前不久，带领井衫从洮南旅行到王爷庙，旅行回来后，在洮南遇见中村，刚把井衫介绍给中村”[1]。这就是说日军的作战参谋多次侦察过洮南西北这个方向。我一直有个疑问，这是为什么？

我从日本林三郎《关东军与苏联远东军》和楪本舍三《大关东军史》中找到了答案。

1905 年日俄战争后，俄国就成为日本的主要假想敌。日本陆军教育总监部于 1932 年至 1933 年间编写了《对苏军步兵作战》第一卷和第二卷。1933 年，参谋本部编写了《对苏作战法纲要》，以作为大兵团作战的指导方针。日本军部将我国的东北作为对苏作战的出发地和战场。从大正末期到昭和初期，兵要地志的调查对象是与苏联相邻的中国大兴安岭的东侧地区和东部国境方面。日军设想：对苏作战，洮昂线西侧、兴安岭东侧的泰来地区为第一会战地点；日军判断：苏军主力由齐齐哈尔、昂昂溪方向南下，日军则计划在洮南附近集中十数个师团北进，另派有力的支队沿洮儿河上游从大兴安岭斜向纵断，由分水岭的伊力克得方面进出，向敌背后实施遮断。由此可知，中村震太郎等探查之地是日军预想的重兵集结之地。

根据这一作战设想，日本着手翻译了明治末年的《大兴安岭旅行记》，参谋本部又于大正十五年（1926），派出五个兵要地志调查组，穿越兴安岭至海拉尔进行调查旅行。昭和二年（1927）至昭和四年（1929）日本军方又相继由大兴安岭向泰来、海拉尔、阿尔山方向以及大兴安岭东侧和南侧、呼伦贝尔等“不毛之地”派出人员实施兵要地志考察。我所见到的日军参谋本部编印的 1929 年《“北满洲”东部（吉林省延吉道依兰道）兵要地志》和 1931 年 3 月《“满蒙”兵要地志概说》应该就是这一时期的成果。此外，1933 年《东部苏“满”国境作战地方兵要地志（一—七）》，以及 1938 年《“满洲”东北部（三江省地方）兵要地志概说》，也都是日本军国主义者占领中国后，图谋入侵苏联而做战场准备的产物。

不仅如此，日军还将军事地理情报工作做到苏联境内。如 1939 年《远东苏领主要道路调查志》，1941 年《远东苏领北边地志要览》、别册《都邑图集》等。我甚至还在东京神保町一旧书店见过日军绘制的二点五万分之一比例尺的《东宁附近苏军阵地情报图》。我花光了身上所有的钱

[1]［日］关宽治、岛田俊彦著，王振锁、王家骅译：《“满洲”事变》，上海译文出版社，1983 年。

买下这张珍贵的历史地图，以致徒步走回了下榻的半藏门旅馆。

（二）奇观——工兵大队的兵要地志

美国情报专家拉·法拉戈在《斗智》一书中说，“二战”中，日本的绝密文件发放面太广，甚至把非常重要的文件也定期送往战地司令部。在太平洋战争之初，美军曾在攻占的日军下级指挥所中获取了许多具有重要战略意义的文件。1942 年 5 月，美国准备进攻瓜达尔卡纳尔岛时，曾派卡尔逊上校率海军陆战队第二营乘潜水艇袭击所罗门群岛的马金岛。美国海军陆战队在日本指挥官的房子里发现堆积如山的机密文件。法拉戈还说待战争进展到塞班岛时，在华盛顿的档案室里，几乎所有日本机密文件美国都有一份。[1]

日军不仅在太平洋战场如此，在中国战场许多绝密作战资料发放之广也令人吃惊。兵要地志是高级司令部计划作战之用，而我手中有一本 1940 年侵华日军第十六师团工兵大队油印的《兵要地志缀》。这个工兵大队竟将八种中国东北兵要地志摘要合订在一起，令人称奇。其中有：

1. 苏“满”东北部国境附近兵要地志用兵的观察
2. 西部大兴安岭方面兵要地志概说
3. 第十六师团“满洲”派遣期间的活动状况

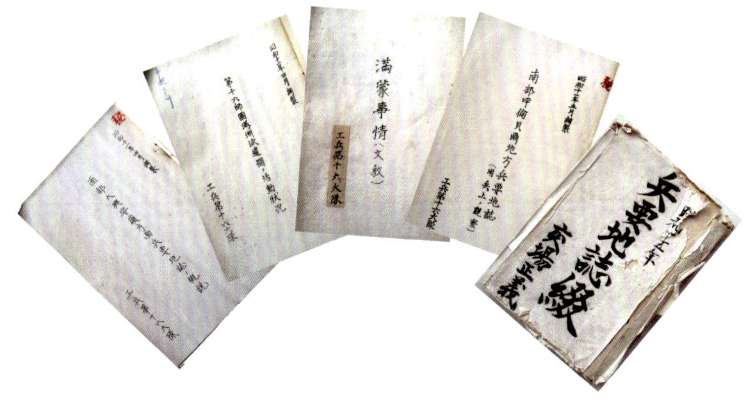

4-8 著者收集的 1940 年侵华日军第十六师团工兵大队油印的《兵要地志缀》（书影）

〔1〕参见［美］拉·法拉戈著、何新译：《斗智》，群众出版社，1962 年。

4.“北满”兵要地志讲话

5.“满蒙”事情（文教）

6.南部呼伦贝尔地方兵要地志（用兵上的观察）

7.哈尔哈地区（贝尔湖东北地区）兵要地志资料和讨伐队行动详报拔萃

8.北部呼伦贝尔兵要地志用兵上的观察

这八种兵要地志每种封面上有“昭和十二年五月”，即1937年5月，未注明出处。我判断可能从日军参谋本部和关东军司令部编印的“满蒙”兵要地志中摘编而成。如第一种《苏“满”东北部国境附近兵要地志用兵的观察》，对此可知是20世纪30年代初日本关东军司令部编印的《东部苏“满”国境作战地方兵要地志（一——七）》，其区域相同，为中苏边境的绥芬河、东宁、穆棱河、梨树镇等地。其内容日军第十六师团工兵大队油印册更加简明，突出当年苏军情况，并紧扣作战和训练，除每一地域的“作战路”是首要记述，还根据各地不同的情况突出特点专列题目。例如《绥芬河及东宁地区》的“作战指导”中“要点要线”，即罗列中苏边境各战术要点论说其军事价值，何处适于隐蔽、配置部队，何处战时必须控制等。还有军用资源，给水，满族人生活状态、民族习性等项。在《土门子——东宁间苏“满”国境地区》有河川景况、湿地状况、耕地及作战上的价值、居民地、宿营力等。在《穆棱河沿岸流域》则有使用部队编组及编制、本地域于作战部队的训练、编成装备及平时训练等。其内容并不套用日军参谋本部兵要地志调查的“八股”项目，灵活而实用。

但其中令我不解的是该工兵大队将《“满蒙”事情》中的文教部分抽出，将当地的中小学学校教育、师范教育、实业教育、国民教育以及日本的奴化教育、军事教育罗列，专设一册，不知是何居心。

作为师属工兵的日军第十六师团工兵大队（营）后扩编为师属“工兵连队”（团）。我们从该大队当年的请假条即可知编这一摘编本的原因。一是驻屯地的“北满”河川密布，假想敌的苏联更有黑龙江等河川横亘，工兵大队为师团强渡江河的主要技术兵种，需要多方面了解战场情况。二是工兵担负战场和“作战路”的通道保障，以及给水调查和战时供水任务，也需要比一般步兵联队多了解战场情况。由此，

4–9 日军工兵在“北满”试射喷火器

4–10 日军工兵的舟桥部队

4-11 在大别山行军的日军第十六师团

兵要地志这种机密作战资料发送至工兵大队，也就不觉奇怪了。

值得一提的是，这部《兵要地志缀》中有一份《第十六师团“满洲”派遣期间活动状况》，这是该师团于1934年4月被派遣驻屯中国东北北部的活动史。其工兵十六大队主要负责苏联阵地以及防区给水调查，总结研究在夏季和冬季对苏联作战的演习经验，并构筑海拉尔边境阵地。其中还有第十六师团对苏联第二个五年计划实施后的形势和中国形势的判断，以及对当地“匪”的讨伐作战记录。

从《侵华日军序列沿革》[1]一书中可大致寻出日军第十六师团的侵略足迹：1919年至1921年，该师团作为关东军驻扎我国东北，其后奉调回国；1934年至1936年，该师团再次轮换到我国东北驻屯，该师团工兵大队的几种兵要地志应是在此期间油印；1937年“七七事变”后，第十六师团隶属“北支那”方面军，“八一三事变”后第十六师团又隶属于“中支那”派遣军，参加武汉作战，并转战大别山区；其后第十六师团番号出现在第十四方面军山下奉文的麾下，1945年应该在菲律宾被美军重创后投降。

〔1〕李惠、李昌华、岳思平编:《侵华日军序列沿革》，解放军出版社，1987年。

五、“满铁”调查部及关东军的兵要地志情报方法

（一）“满铁”调查部——侵华、侵苏的“智囊团”

“满铁”调查部是昔日日本驻我国东北的政治、经济侵略机关——“南满”铁道株式会社（简称“满铁”）的“智囊团”。它的总部设在大连，并在沈阳、吉林、长春、郑家屯、通辽、哈尔滨、安东（丹东）、营口、天津、北京、南京、上海等地设有办事处，形成一个庞大的情报网。

“满铁”调查部直接向日本关东军司令部和参谋本部第二部提供情报，并应军方的要求工作，同时向日本政府提供关于我国政治、军事、经济、法律等方面的情报，为其制定侵华政策提供依据。“满铁”调查部从1906年到1945年日本战败投降的40年中，先后提出各种研究报告达6200份，如《中华民国第十一年史》《“满铁”调查部资料汇编》《经济调查资料》《“满洲”农户调查》《“满洲”旧习惯调查报告》《东北三省（“满洲”）土匪研究》《中国抗战能力调查》等[1]；此外，为研究而积累的书刊、剪报资料达50万件。这些调查报告和档案文书，被史学界称为“‘满铁’调查部数据”，是20世纪世界情报界三大情报资料宝库之一。有人称“满铁”调查部的情报搜集与积累工作，不亚于美国中央情报局与苏联克格勃。“满铁”调查部除用于经济侵略的我国各省统计要览之外，还有直接用于军事的作战资料——兵要地志。

据西原征夫《哈尔滨特务机关——日本关东军情报部简史》载，驻屯我国东北的日本关东军司令部二课（情报）兵要地志班和情报部文书课报班虽是专司兵要地志调研的机构，但由于人员少（如情报部文书课报班负责兵要地志的人员只有五人，其中军官一人、译员一人、

〔1〕李君超主编:《新方志的资料工作》，吉林省地方志编纂委员会，1986年11月。

士兵一人、白俄二人)[1]，加之任务主要是调查编制和不断完善“北满”兵要地志和中东铁路，以及西伯利亚的运输能力资料，因而一些重要的兵要地志工作还要依靠“满铁”调查部。草柳大藏在《“满铁”调查部内幕》一书中透露，1927年，“满铁”调查部“俄国通”岛野三郎应关东军参谋长小矶国昭中将和参谋河边虎四郎中佐之约，在1929年至1936年间，编写完成了一部洋洋50余卷的《苏联兵要地志》，其规模和详尽程度震动了整个关东军司令部。[2]与此相比，日本军方编写的一些兵要地志可谓相形见绌。为嘉奖“满铁”调查部对关东军的情报支持，关东军司令官本庄繁中将在1932年8月奉调回国之时，特别向“满铁”调查部颁发了“感谢状”。

1935年“满铁”调查部将搜集到的沙皇俄国总参谋部编写的《外蒙古兵要地志》翻译印发，其中包括喀尔喀蒙古和科布多蒙古边界、地形、气候、交通、居民、军队等内容。1938年“满铁”调查部又将俄国总参谋部1887年俄文版《新疆北部兵要地志》翻译成日文供军方参考。我在这部兵要地志中惊讶地发现俄国“探险家”普尔热瓦尔斯基少将对新疆和蒙古族的评论。[3]

（二）“臼井部队”——“满铁”调查部直接参与侵华军事行动

据日本淑德大学教授源昌久《关东军兵要地志制作过程的考察和书志学研究》一文提供的资料[4]，我发现，自1938年7月至1940年6月的不完全统计，关东军对苏联、外蒙古以及中国东北的兵要地志资料调查月报中，除其部队和特务机关的兵要地志报告，“满铁”调查部的兵要地志报告占9.8%，名义上以“满洲”为调查重点，而实际上关东军和其特务机关的调查重点则为苏联远东地区和外蒙古，如1938年7月月报表中，日本军队的报告有50种，特务机关66种，其他12种，“满铁”调查部5种。这说明“满铁”调查部的兵要地志调查，根据

〔1〕［日］西原征夫著、赵晨译:《哈尔滨特务机关——日本关东军情报部简史》，群众出版社，1986年。

〔2〕［日］草柳大藏著、刘耀武等译:《“满铁”调查部内幕》，黑龙江人民出版社，1982年。

〔3〕参见沈克尼著:《侦察中国军情的日俄探险家》，《世界军事》，2019年第17期。

〔4〕［日］源昌久著:《关东军兵要地志制作过程的考察和书志学研究》，淑德大学社会学部研究纪要，38，2004.

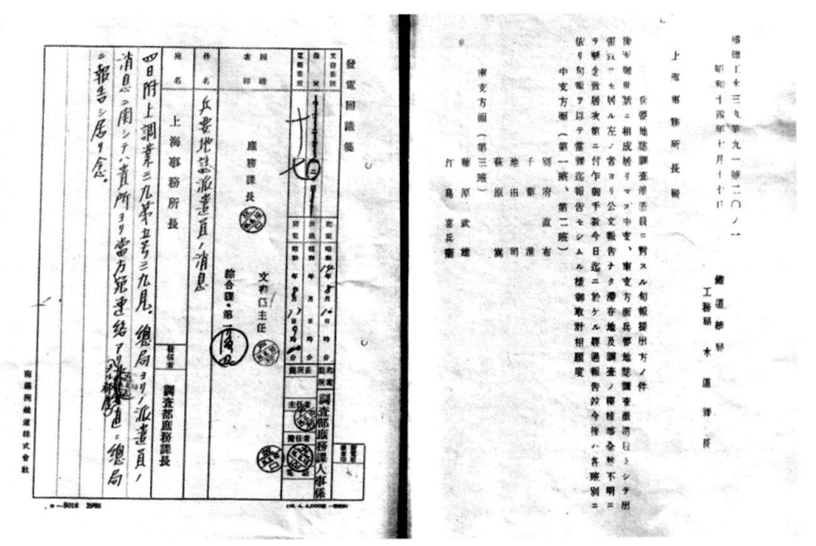

5-1 “满铁”调查部兵要地志调查的有关文件

其业务能力，主要针对中国。

“七七事变”后，特别是太平洋战争爆发后，“满铁”调查部积极配合日本军国主义的侵略需要，将视角扩展到中国的华东、华南地区，甚至拓展到今天内蒙古、新疆、海南岛等边远地区。“满铁”调查部的“中国通”们还大量收集八路军、新四军的情报，分送日军参谋本部以及侵华日军各师团的情报部门。在兵要地志方面，我曾在大连的“满铁”调查部档案中发现：昭和十四年（1939）6月26日，“满铁”调查部上海事务所长致调查部长、东京支社社长的“极密”件《临时兵要地志班（“中支那”班）调查计划》，以及昭和十四年7月11日，“满铁”调查部上海事务所的临时兵要地志调查（“中支那”班）的派遣通知，其中记述，江北班由千叶、池田两名职员，负责汉口、黄陂、麻城、黄州、应城方面；江南班由职员别府、雇员荻原负责汉口、武昌、大冶、阳新、咸宁方面的兵要地志调查，预计10月上旬返回南京。4月28日的《“中支（那）”兵要地志班调查方针概要》称，该班代号为“臼井部队”。“满铁”调查部介入日军侵华战争可见一斑。[1]

据日本参谋本部兵要地志班班长渡边正少佐记述的《兵要地志调查要目》可知，日军对预设战场的兵要调查重在用兵的观察、地形及

〔1〕参见辽宁省档案馆编：《“满铁”密档·“满铁”与侵华日军》，广西师范大学出版社，1999年。

地质、气象、交通、航空及通信、卫生、宿营及给养、住民地及住民等项。而这些内容恰非“满铁”调查部参与兵要调查者所长。“满铁”调查部参与的“中支那”临时兵要地志班的调查重点，是日军“吕集团”（即十一军）占领地域及汉口周边各进攻作战的必经地域，并重视江西省、湖南省的情报收集。“满铁”调查部人员主要任务是对日军占领地的调查，对占领地以外的调查则乘飞机进行观察。“中支那”班的调查计划从 7 月下旬到 11 月上旬，列出 11 个项目，诸如武汉附近主要城市，湘桂、粤汉、浙赣既成和未成铁路，洞庭湖、鄱阳湖水系，扬子江、汉水、淮河及江北大运河状况、特点，武汉附近防止水患泛滥的对策，“中支那”气象、地质，“中支那”居民教育、思想、宗教、行政、司法、宣传、外国势力等，以及“中支那”的主要物资矿藏、土特产流动及度量衡制度，中国战时贸易制度，本年度上半期中国的对外贸易，占领区农村经济及诸项对策，“中支那”未开发资源状况，等等。

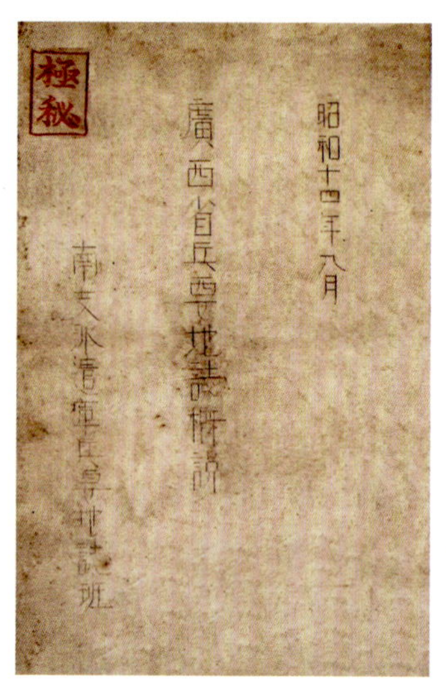

5-2 日军“南支那”派遣军编制的《广西省兵要地志概说》

除上述“中支那”方面第一班、第二班，还有“南支那”第三班，调查员为藤原武雄和江岛喜兵卫。他们以“南支那”派遣军兵要地志班的名义，于昭和十四年（1939）8 月完成了“极秘”三册油印本的《广西省兵要地志概说》。其所谓“极秘”不过是根据 1935 年版的国民党政府行政院农林复兴委员会丛书“广西省农村调查”摘译编纂的。其主要内容为沿革、位置、省界、面积、地势、山脉、河川、地质、地下水、气象、民族、人口、交通、农业、森林、经济区域、农村崩溃的成因及危机等 17 项，[1]对比 1944 年日军大本营陆军部编印的《广西省兵要地志概说》，后者更注重行军作战，特别是利用图表来简明扼要地展现兵要内容。

〔1〕［日］“南支那”派遣军编：『广西省兵要地志概说』，昭和十四年（1939），此油印本藏广西省档案馆。

（三）“走路”和“资料”—— 收集兵要地志情报的基本方法

“满铁”调查部的兵要地志情报收集工作的方法可以归纳为“走路”和“数据”两种。

“走路”即野外实地调查作业。“满铁”调查部成立伊始只有 14 人，他们主要进行经营“满铁”所需的旧习俗调查和关东军所需的兵要地志，因而在进行地形、水质、道路、资源、人口等项调查时，首先必须“走路”。研究人员把“走路”和“资料”看作一辆车的两个轮子而进行工作。“满铁”调查部完成的著名的“三大习俗调查”——《“满洲”旧习俗调查报告》《台湾旧习俗调查报告》和《华北农村习俗调查》就是“走路”的研究成果。

在“走路”时，通常由懂日语的当地人做翻译。如在调查编写《东北三省（“满洲”）土匪研究》时，调研人员就带着懂日语的中国人，随着调查向内地深入，在当地人之间秘密地交换着“哪儿的水不能喝”“东村有土匪”等至关重要的情报。[1]又如，“九·一八事变”前被中国官兵处死的日本军官中村震太郎，他在实地调查大兴安岭兵要地志时，就带了一名俄国人和一名蒙古人。[2]

由于深入地进行实地调查，在大正末期，“满铁”调查部即写出了《东北三省（“满洲”）土匪研究》的详细报告，报告中分析了土匪发生的三点原因：一、乘清朝后期政局混乱之际，一些头脑灵活、有才干、胳膊粗力气大的人，从吓唬和抢劫老百姓开始，后来就以此为职业。二、欧洲大战时，沙俄从山东抓去四万劳工挖对德作战的战壕。十月革命以后，苏联红军发给他们军马和武器，让他们穿上中国衣服派进中国东北，据说后来他们竟以此为职业。还有白俄的残余部队带着枪或者把枪支卖给中国东北常年的失业者，这两种人混在一起变成了土匪。三、各村屯为防范土匪的出没都组织了自卫队，武器弹药一多，可以随便使用，这就使某些人从自卫队变成了土匪。另据“满铁”调查部一老研究员认为：“‘满洲’所以容易出土匪，是由于‘满洲’马的步幅与旱田垄沟的宽度很有关系。”此外，报告中还有东北土匪的

〔1〕［日］草柳大藏著、刘耀武等译：《“满铁”调查部内幕》，黑龙江人民出版社，1982 年。

〔2〕关玉衡著：《中村事件始末》，《文史资料选辑》第 76 辑，文史资料出版社，1981 年。

十六条纪律、四条禁忌等。

5-3 直接参与侵华作战的“满铁”调查部人员

“资料”是编写兵要地志的基础。“满铁”调查部参与编写《苏联兵要地志》的岛野三郎是俄国彼得堡大学毕业的高材生，他收集兵要情报的方法是以各地来信为主。他给苏联以及芬兰、捷克、波兰、爱沙尼亚、拉脱维亚、立陶宛等地的白俄，特别是给犹太人写信，让他们邮寄与苏联气象、航空气象、水利、粮食、人口分布、农业发展情况以及西伯利亚的种族、风俗习惯等有关的书籍，或报刊上刊登的与此有关的报道，将这些资料边翻译边核对，从中得出苏联准确的情报。另一方面，岛野三郎与日本驻法国使馆武官土桥勇造、驻波兰使馆随员泽田中将等人通过信件上贴着的邮票背面的密码获取及时准确的情报。

“资料”收集中还需注重建立卡片，特别是政治领袖与军事干部的关系，详细地研究他们的经历和性格。“满铁”调查部派驻捷克的以研

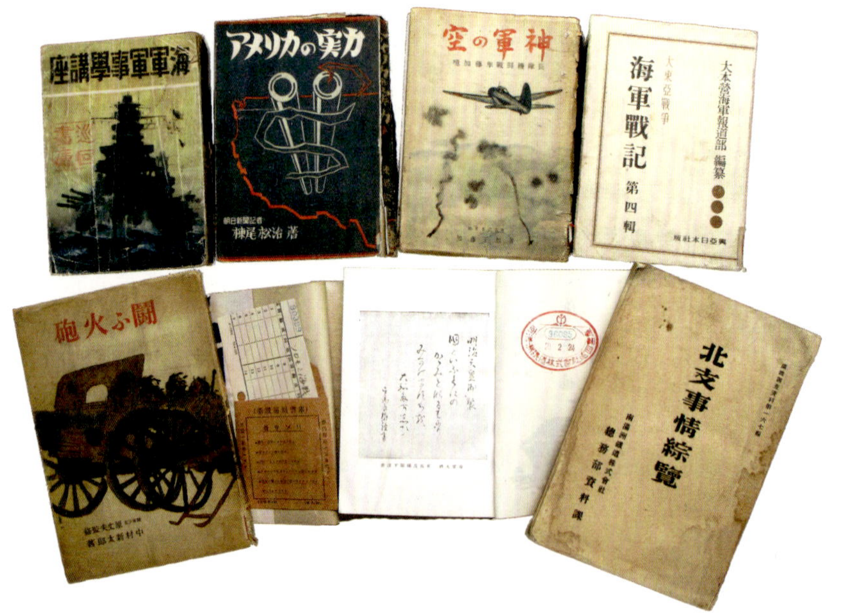

5-4 著者收集的“满铁”调查部图书馆部分藏书（书影）

究苏联情报闻名的普洛克霍维奇研究所的成田精太就利用这些卡片写出了被关东军列为重要作战资料的研究报告。为便于检索，“满铁”调查部将卡片数据按英文字母顺序进行分类。若一种数据多种分类，则以卡片系统来解决，即将同一种卡片多写几张，分别装进几种分类箱。

在“资料”收集方面极重视图书，特别是外国图书的收集。据说“满铁”调查部为研究而积累起来的资料，包括书籍、杂志、报纸（外国报纸）的剪报有 5 万多件。

只要是研究人员所需的书籍，“满铁”调查部就马上购买。例如日本研究人员白鸟博士在朝鲜半岛调查时，发现朝鲜文图书堆积如山，他当即付了订金，回家后无人肯承担其余的 15000 元书款，后被“满铁”支付了。这批资料成为日后出版《朝鲜历史地理》一书的重要参考资料。[1] 曾有这样的事例，日本派驻阿姆斯特丹的大尉久门有文，非常郑重地拿着一本书对即将回国的留英学生丸尾毅说，要将此书作为珍贵“礼物”送给陆军省。丸尾毅一看，原来是两年前在大连“满铁”调查部资料馆看到过的《大英帝国兵要地志》。久门有文为“满铁”调查部藏书之多甚为吃惊。

我收集到了一些“满铁”调查部图书馆的图书，以军事图书为多。其中有一本朝日新闻社记者栋尾松治写的《美利坚的实力》。从书的版权页和“满铁”调查部的图书章判断，此书 1941 年 2 月在日本东京发行，5 月远在东北的“满铁”调查部总裁室巡回书库即已收藏。另从书的目录可以看出日本人对敌对国家分析研究的切入点，除国防实力、外交政策、海外投资等，引起我注意的是书中分析美国人的性格、国民的感情、人种问题、社会阶层和劳工问题。这些恰是日军兵要地志中和《作战要务令》谍报中强调的调查内容。不知当年研究日本国民性的名著《菊与刀》的作者——美国人类学家鲁思·本尼迪格特——是否看到过此书，并有何感想。

与“满铁”调查部相比，关东军情报部收集数据的对象主要是苏联报纸杂志和军队的条令、教范。如《真理报》《消息报》《劳动报》和远东的《太平洋之星》《外贝加尔劳动者》《共青团真理报》，军队报纸有《红星报》《红海军》《非常警报》《远东方面军》，军事杂志如

〔1〕［日］草柳大藏著、刘耀武等译：《“满铁”调查部内幕》，黑龙江人民出版社，1982 年。

《军事思想》《军事通报》《空军》，政治经济方面的如《共产党人》和《经济生活》等。

鉴于关东军情报部门受“关于时局的情报所驱使，无法以扎扎实实的态度深入研究”，因此，关东军情报军官以“嘱托”“满铁”调查部的名义进行专门研究。所谓“嘱托”的“具体业务是彻底研究‘满铁’调查课收藏的大批有价值的俄文版文献资料……”这项研究工作进一步完善了日本陆军编制的《“北满”兵要地志》，并成为促进日后建设“北满”重要军事铁路的基础。[1]

同关东军情报部相比，“满铁”调查部收集俄文图书的范围要广泛得多。从《马克思恩格斯全集》《列宁著作集》《一九二七年提纲》到伏尔加《经济年报》等，应有尽有。1922 年，“满铁”调查部收购了号称“万金油”的世界最珍贵的俄文图书 12000 册。在此之前，“满铁”调查部资料室已有 9000 册有关俄国的图书。1923 年又派了 11 名职员去苏联和欧洲购买了近 2000 册图书，并立即组织大量人员进行翻译。此外，“满铁”调查部还从所藏的 20000 多册图书中，选出不能公开的和内容重要的书籍，对 50000 多页的原文进行翻译。在 1926 年完成“工农俄国研究丛书”6 卷、《工农俄国调查资料》36 卷，1933 年又完成“俄国经济丛书”91 卷，其间还不定期地出版俄文翻译调查资料。可见，“满铁”调查部在调查苏联方面花费了相当大的精力。因而，当关东军司令部提出某项调查要求时，“满铁”调查部马上就能提供充分的资料。例如，关东军和参谋本部根据这些情报，再加上谍报，于 1944 年末完成《远东苏军后方准备调查书》这样一部厚厚的兵要地志资料，并于 1945 年 4 月将这部“极密”的调查书发送至军以上司令部。这份兵要地志资料首先估计了苏联远东地区的人口、粮食、石油、煤、钢材，以及军需工业的产量，并且分析了远东苏军的后勤状况，判断日苏战争中苏联可能动员的兵力。作为这种分析的基础项目是苏联远东地区经济自给的现状，以及西伯利亚铁路运输能力。

日军参谋本部分析苏联远东在战略上的弱点有三：一、人口稀少；二、经济自给能力低下；三、苏军对西伯利亚铁路的依赖程度很高。苏军能有多少步兵师在远东地区作战，要受西伯利亚铁路运输能力的

[1]［日］草柳大藏著、刘耀武等译:《“满铁”调查部内幕》，黑龙江人民出版社，1982 年。

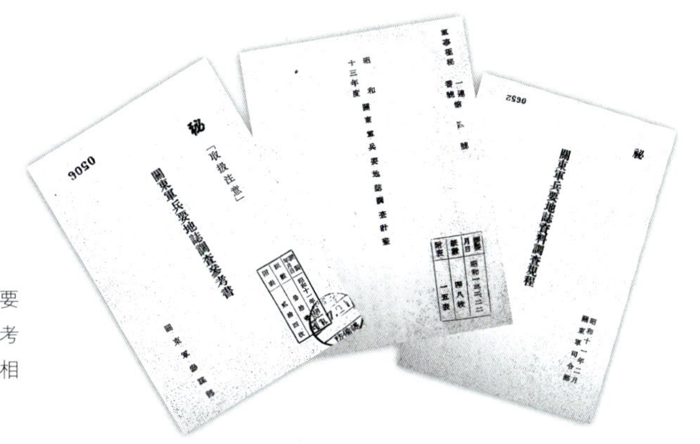

5–5《关东军兵要地志调查计划参考书》（书影）等相关资料

制约。这种看法，是从日俄战争的经验中得出来的。我在民国初年印制的《兵要地理》一书中发现西伯利亚铁路对俄国军队输送能力的计算公式，我认为这应是日军的计算公式。[1]另在林三郎《关东军和苏联远东军》一书中看到，日军直到“二战”时期，参谋本部仍然沿用这种分析方法。[2]

（四）关东军兵要地志调查计划

关东军参谋本部自1933年起陆续完成了一系列“极密”的兵要地志资料，以完善侵华、侵苏的战场准备。如《极东苏领及外蒙古兵要地志资料》《关东军兵要地志准备的现状》《兵要地志作战准备的综合观察（东部）给水部》《“满蒙”兵要给水调查资料》《“满洲”地形及地质第一编》《“满洲”东北部兵要地志》《关东军兵要水运志》《关东军兵要铁道志》《“满洲”西北部兵要地志数据》《作战地方的兵要地志》（其一绥芬河及东宁地区，其二土门子、东宁间苏、“满”国境地域，其三牡丹江以东沿线地域……其七穆棱河流域）。同时，关东军下属部队，如第三师团司令部1935

〔1〕沈克尼著：《近代我国军事地理研究方法管窥》，《甘肃社会科学》，1991年第5期。

〔2〕［日］林三郎编著、吉林省哲学社会科学研究所日本问题研究室译：《关东军和苏联远东军》，吉林人民出版社，1979年。

年完成的《“满”苏东北部国境接壤苏领内兵要地志数据》，第十师团司令部完成的《绥芬河及东宁附近兵要给水调查综合报告》等。

由日本关东军司令部《昭和十三年度关东军兵要地志调查计划》，以及《昭和十六年度“北支那”方面军兵要地志调查计划》可知，侵华日军每年都会在参谋本部的年度兵要地志调查计划之下，制定自身的年度计划。从1936年关东军司令部印发的计划，可管窥其工作流程和方法，其计划大致内容为：

第一　调查方针
第二　调查要领
第三　主要调查事项
第四　调查的具体计划
第五　报告
附表：昭和十三年度远东苏领及外蒙古兵要地理调查具体计划

该计划指出，鉴于日苏关系形势紧迫，按作战要求，应立即完成年度各方面的调查计划。调查重点是苏联远东以及中苏边境附近中国

5-6 研究锦州地形的关东军参谋

境内预设战场的兵要地理和军用资源，同时完成重要地域的军用地图测量。在主要调查事项中，该计划还具体指出苏联远东地区东部和北部的道路、森林、河川湿地、南部沿海地区的登陆点，并对往年调查的资料进行增补、“精查”。计划中将苏联远东及外蒙古兵要地理细化为资源调查、兵要航空、气象、给水、运输、通信、卫生，以及兽医等项，并列出了任务表，分别指派给关东军司令部及所属兵团和特务机关。

分配给关东军司令部的兵要调查任务较宏观，如主要作战地域的地名增补、关于国防道路的特殊调查等。分配给所属第三军的较为具体，如东宁以南三岔河至中苏边境地域地形断面的研究、下城子及小绥芬河平原和平阳镇平原连接贯通机动作战路的补充调查等。此外，军所属的师团和独立守备队的兵要调查任务更加具体。从计划看，主要是根据各部队作战任务，并对以往兵要地志进行补充，同时对重点方面进行所谓“精查”。

这份关东军兵要调查计划中还专门制定了哈尔滨、东宁、绥芬河、富锦等特务机关的兵要调查任务。如哈尔滨特务机关的调查重点是苏联境内东、西部及外蒙古，而东宁、绥芬河特务机关的调查任务是苏联远东铁路沿线以西及沿海地域的作战通道的晴雨状况及海岸便于登陆之处。计划中还规定，这些具体的调查项目应注意依据《关东军兵要地志调查参考书》。

（五）关东军兵要地志调查的规范依据

《关东军兵要地志调查参考书》（以下简称《参考书》），是1936年7月2日由参谋长板垣征四郎签发的。该书按参谋本部的兵要地志调查项目，依地形及地质、宿营及给养、主要城市、居民地及居民、交通、航空、通信、卫生以及用兵的观察等项，细化具体的调查内容（参见本书《日军兵要地志的调查内容及图表》），同时提出兵要地志调查报告的形式、调查要求等。

在这份《参考书》的“调查实施”中指出：

1. 每日的行动，天不亮出发，日落前投宿。投宿后整理当天的调查事项，并研究准备第二天的调查工作。

2. 调查所经过的道路，应对路外重要事项有正确认识。同时对低洼地要登上高地对其要点、要线进行扩展观察，以期对全局有宏观的认识。

3. 现地侦察，正确判定站立点的图上位置。若无地图，对通过的地方要绘制正确的要图。

我认为这份《参考书》有参考价值的是附表。其中“诸兵种通过标准表”列出步兵、骑兵、山炮、野炮、辎重、汽车通过平地和坡地道路以及曲半径的标准数据，诸兵种通过河川、桥梁、雪地的标准数据，人马所需给水量供应的标准数据，以及地形、地质各种名称的军事术语解说。如“连山地”，其解释为山相连绵亘之地。又如“比高”，其解释为某两点标高与实际高度之差，并绘图显示山顶、鞍部等名称。还有各种坡状地形的名称，以及桥梁各部位名称等，以及军马饲草的植物形态、名称等。

较《参考书》更为详细专业的是日军大本营陆军部 1945 年 5 月印发的《兵要地理调查参考诸元表》。此件列为“极密”，较具体地将美、英等国陆海空主要兵器的技术性能数据列成表格，成为兵要地志调查人员掌握判断地理条件对作战行动影响的量化标准，避免调查者对战场评述见树不见林的主观臆断。

值得一提的是关东军这份《参考书》第七章气象调查，对战场地方气象数据，如降雨、降雪、气压、湿度、温度、风向风速、日落日出的时间等予以观测统计，同时要求记述对作战的影响。特别是《昭和十三年度关东军兵要地志调查计划》中，将“兵要气象”更明确为：航空气象、瓦斯气象、炮兵气象等。其中炮兵气象中有注意“实施各方面视程观测”和“风和气温对弹道的测定”等细节。我所见的日本关东军司令部关东观测所编制的《“满洲”兵要气象志》，基本是按上述要求将延吉、吉林、哈尔滨等 64 个地方的各项气象数据列表记录，同时简要注记了当地气象对步兵、炮兵等兵种作战的影响。

六、日军编印的中国兵要地志纵横说

（一）日军调查、编印的中国兵要地志的种类

兵要地志为何物？通常不为人所知，即使在军队中，也只有司令部机关主管作战和情报的军官才能接触到它。《中国军事百科全书》认为，兵要地志是根据作战需要，对某一地域的自然地理条件和社会因素及其对作战行动的影响进行综合记述和评价的一种军事资料。它为部队提供有关地形、气象、经济条件、社会情况等资料，主要供战场准备、军事训练、拟制作战计划使用，是指挥和参谋人员了解、判定战区地理条件和实施军事行动的重要依据。〔1〕

日本学人野岛刚对往昔的日本军队的兵要地志的认知是："即关于'军事地理'的种种资料；这些兵要地志是战前以陆军参谋本部为中心，为了预先了解可能用兵的各地情势而编纂的资料。在这些资料当中，除了用日语与当地语发表的公开资料以外，还加上派遣到最前线的情报员所传回来的情报，可以称得上是'军队用兵指南'，因此自然也是极其重要的机密资料。"〔2〕八路军三八六旅旅长陈赓，1943 年在"关于情报工作"中提道，"敌人对我调查非常精密，兵要地形，负责人照片、履历"〔3〕。那么过去的敌人，历史上对我国兵要地志调查精密到什么程度呢？这是前辈抗日军人未及解决，也是我们后辈学人要研

〔1〕参见《中国军事百科全书》第 10 卷《军事地理测绘气象》，军事科学出版社，1997 年。

〔2〕［日］野岛刚著、芦荻译：《最后的帝国军人——蒋介石与白团》，台湾联经出版事业股份有限公司，2015 年。

〔3〕总装备部《陈赓军事文选》编辑组编：《陈赓军事文选》，解放军出版社，2007 年。

究探讨的问题。

日本早在明治二十四年（1891）就在陆军大学中开设兵要地理课程，其内容为国土形势观察、邻国的地理、地理与作战的关系等。而兵要地志即为兵要地理，或说是兵要地学的调查成果。据留学日本的蒋百里将军在《参谋勤务书》中记载，日本陆军大学兵要地理课程为："(一）平时预测作战地战略之关系；(二）邻国扼要地区之制度；(三）至要之交通路及其运搬力并地方之物资。兵要地(理)学于(陆军大学）第二年后教授之，务使学生常于图上判断地形之利害，以明用兵与地理之关系。"[1]

1924年，日本陆军大学第一学年的兵要地学教官是为中国人所熟知的板垣征四郎。在他的讲义中第四章是"北支那"，即中国北部：第一节北直隶地区（今河北省北部）；第二节山东省及南直隶地方（今河北省南部）；第三节江苏、安徽北部及河南地方；第四节山西地方。其讲述内容是中国北方军事和人文、自然地理，并将道路作为重点内容。板垣征四郎专门提示，"关内各道路，能通野炮的少，京津地区地形低湿，遇降雨增水，则影响作战"[2]。

这个中国人民熟悉的板垣征四郎，曾任日军参谋本部第二部兵要地志中国班班长。

侵华战争前夕，当过参谋本部中国班班长的竟是一连串中国人熟悉的名字：本庄繁、河本大作、板垣征四郎、影佐祯昭、今井武夫等。他们当年都是清一色的中佐。还有一个炮兵少佐田中隆吉。侵华战争中，这些熟悉中国军事地理的校官全都升任重要军职而成为将官，对中国人民欠下累累血债！

历史上日本一向以中国为假想敌，其军队的战争策划和指挥的首脑机关——参谋本部和大本营陆军部，每年都要修订对中国的作战计划，而兵要地志是其制定作战计划的基础。因而，日军参谋本部以及担负作战任务的兵团、部队每年也要依计划进行兵要地志调查。根据现存的日军首脑机关编印的中国兵要地志，我将其归纳为：各省兵要地志、重要方向兵要地志、特种兵要地志（包括江河兵要地志、气象

---

〔1〕谭徐锋主编：《蒋百里全集》第2卷兵学（上），北京工业大学出版社，2015年，第51页。

〔2〕[日]源昌久著：『陸軍大学校における科目「兵要地理」(陸)に関する—研究』,『空間·社會·地理思想』14號，P3-P16，2011年。

兵要地志、卫生兵要地志、航空兵要地志等），以及边疆少数民族省份的“事情”等类型。

1.中国各省兵要地志

迄今发现的日本编制的中国兵要地志，较早的有1917年侵华日军青岛守备军陆军参谋部的《青岛现状》。令人惊愕的还有1919年日军大尉长岭潜入新疆、手写的稿本《伊犁道兵要地志》，对伊犁地形、伊犁河的作战价值、博尔塔拉平原军事地理，以及日本“‘满洲’方面作战部队”一旦进入中亚作战时的部队编成、装备等做了概要论述。或许日本对新疆及中亚的侵略鞭长莫及，这本兵要地志只是个手抄本，而未见印发。

据日本政府防卫厅防卫研究所战史室编辑的《大本营陆军部》一书载，日军1923年对苏、对华的作战设想，“虽曾计划对辽西，特别是对渤海沿岸作战，但热河地方兵要地志的调查，尚未取得足以制定计划的成果”[1]。而日军《热河省兵要地志概说》是1923年完成的。

1925年以参谋本部作战课长畑俊六为团长，他率领参谋本部作战、要塞、船舶等课和陆军省的有关人员，以及海军军令部作战课的部员，历时一个月乘军舰依次侦察了从上海到汉口的登陆点。这一时期，日军参谋本部还制定了占领河北和山东半岛的战略要地，并在上海长江口岸附近选定了登陆点，进而占据浙江、福建及其以南海岸要地的方

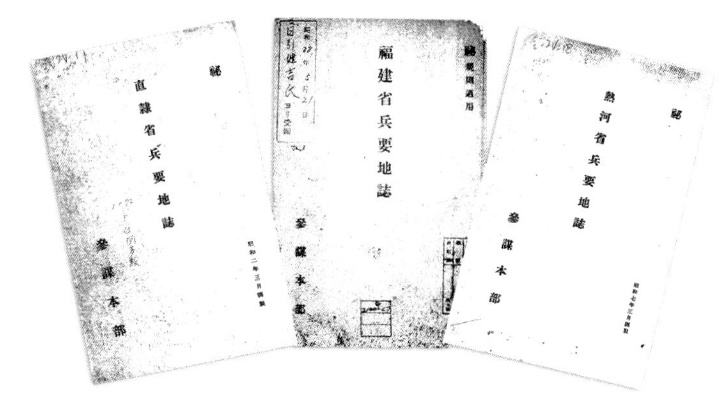

6-1 20世纪20年代日军参谋本部编印的中国各省兵要地志（部分，书影）

〔1〕日本政府防卫厅防卫研究所战史室编纂、天津市政协编译委员会译校：《日本军国主义侵华资料长编（上）——〈大本营陆军部〉摘译》，四川人民出版社，1987年。

案。我们发现，这一时期日军参谋本部编印了除新疆、西藏外的中国各省份兵要地志。如，1926年《直隶省兵要地志》、1928年《湖北省兵要地志》、1929年《浙江省兵要地志》、1935年《福建省兵要地志》等。这些兵要地志是为日军参谋本部制定侵华作战计划所做的战场准备的一部分。

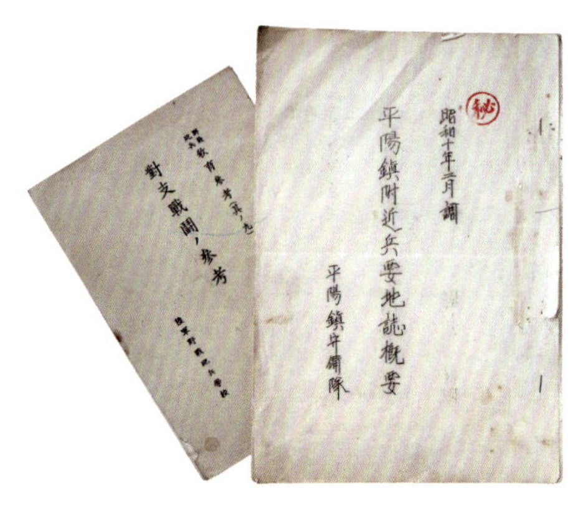

6–2 著者收集的日军守备队编制的《平阳镇附近兵要地志概要》等资料（书影）

1937年7月7日，抗日战争全面爆发，日军参谋本部根据侵华战争的需要，紧急汇编、整理中国各省的兵要地志，如山东、河南、云南、广东、广西、湖南、湖北等省。其中对河南、广东、陕西、云南等省，随着战争的进程及收集的情报资料不断丰富，日军还持续加以修订、补充。如《云南省兵要地志概说》有1940年和1943年两种版本，《广东省兵要地志概说》就有1937年、1938年、1944年三种版本。其中，值得注意的是，日军铁蹄尚未踏入的四川和陕西两省的兵要地志。日军大本营对华作战曾有针对川陕的“五号”和“五十号”作战计划，这两省的兵要资料需完全靠日军（情报）侦察而秘密获取。

日军不仅有中国各省的兵要地志，还有中国城镇要地的兵要地志。我找到一本1935年黑龙江虎林县日军平阳镇守备队编制的《平阳镇附近兵要地志概要》（图6–2）。这本只有9页纸的油印小册子，一如日军调查各省兵要地志的项目，包括地势、湿地的状态及天气对作战的影响，通信网情况，森林、河流情况，居民地及家屋、宿营力、给养力、给水等，还有用兵上应考虑的事项，即用兵的观察，并附有一张《平阳镇居民地家屋调查表》。我在《昭和十三年度关东军兵要地志调查计划》中见到平阳镇属日军第三军调查范围，看来此处是该部战区。

此外，我还曾见到1939年日军中苏边境地区守备部队编制的绘有本防区和对面苏联境内局部地形图的《兵要地志调查资料报告》。调查者为少尉石井正等三人，调查目的为中苏边境本部队南天山防御地段冰冻解化期间道路、森林、河川、湿地的特性和主要作战路的价值判断，包括手绘略图在内，油印 18 页。

2. 有关重要方向的兵要地志

1905 年日俄战争以后，俄国成为日本的主要假想敌。日本陆军教育总监部于 1932 年至 1933 年编写了《对苏军步兵作战》第一卷和第二卷。1933 年，日军参谋本部编写了《对苏作战法纲要》，作为大兵团作战的指导方针。日本军部将中国的东北作为对苏作战的出发地和战场。从大正末期到昭和初期，日军兵要地志的调查对象是与苏联相邻的中国大兴安岭的东侧地区和东部国境方面。日军设想：对苏作战，洮昂线西侧、大兴安岭东侧的泰来地区为第一会战地点；日军判断，苏军主力由齐齐哈尔、昂昂溪方向南下，日军则计划在洮南附近集中十数个师团北进，另派有力的支队沿洮儿河上游从大兴安岭斜向纵断，由兴安分水岭的伊力克得方面进出，向敌背后实施遮断。

根据这一作战预想，日本着手翻译了明治末年的《大兴安岭旅行记》，参谋本部又于大正十五年（1926）派出五个兵要调查组，穿越大兴安岭至海拉尔进行调查“旅行”。昭和二年（1927）至昭和四年（1929），日本军方又相继由大兴安岭向泰来、海拉尔、阿尔山方向以及兴安岭东侧、南侧和呼伦贝尔等“不毛之地”派出人员实施兵要地志调查。日军参谋本部 1929 年编印的《“北满洲”东部（吉林省延吉道依兰道）兵要地志》应该就是当时的成果。

历史上著名的“中村事件”，即以日本陆军大尉中村震太郎秘密潜入我国大兴安岭地区进行兵要地志调查，被中国军队以间谍罪处决而引起的。其任务是对战时日军沿兴安岭斜向纵断支队的宿营、给养、给水、行动的难易进行实地调查。

6-3 日军参谋本部于 1937 年编写的《上海及南京附近兵要地志概说》（书影）

日方的史料也证明了这一点，“中村和参谋旅行团成员之一的片仓衷大尉，都是陆军士官学校的同届同学……参谋本部的森纠大尉也到齐齐哈尔西北地区进行兵要地志的实地调查。在森纠大尉之前，除中村大尉外，5 月上旬在呼伦贝尔和外蒙古边界地区进行上述兵要地志实地调查的还有长勇大尉”。[1]长勇是参谋本部的军官，他的任务是在大兴安岭附近的铁道两侧地域进行调查。关东军的佐久间大尉的任务则是对作战时日军主力十数个师团的集中前进地区的宿营、给养、给水、行动进行兵要调查，并且实施以陆军大学兵学教官石原莞尔为首的“‘北满’参谋旅行”。

与此同时，日军参谋本部于1928年至1931年先后完成《长江下游地方兵要地志拔萃》《“北满洲”东部（吉林省延吉道依兰道）兵要地志》《“满蒙”兵要地志概说》和1935年《鄱阳湖周边敌情兵要地志缀》等重要方向的调查。

更为重要的日军兵要地志是1937年7月7日所谓“华北事变”（卢沟桥事变）和1937年8月13日“上海事变”（“八一三事变”）两个重要方向的兵要地志，即《平津地方（河北省北部）兵要地志概说》和《上海及南京附近兵要地志概说》。这两本兵要地志都是“事变”发生之后，日军参谋本部分别在一个半月和三天后匆匆编成的“急就章”，内容极简略。因而这两种兵要地志的“序”中都提示说，“有关军事设施、航空、气象、卫生及资源的情况概要记述，详细情况查阅军事要览及各特种兵要地志和资源调查书等”。

3.特种兵要地志

日军所谓特种兵要地志是指江河、卫生、航空、气象以及资源等专业兵要地志。如1937年8月陆军省编印的《“北支（那）”兵要卫生概要》，1939年8月驻蒙军军医部编印的《内蒙古西苏尼特附近兵要卫生蒙古人生活状态调查资料》，1939年10月戍军医部编印的《内蒙古贝子庙附近兵要卫生蒙古人生活状态调查资料》，1942年5月陆军省编印的《外蒙古兵要卫生志》，1942年2月参谋本部编印的《云南兵要卫生志》，1944年大本营陆军部编印的《“西北支那”兵要卫生志》等，甚至还有《“中支（那）”兵要兽医志》以及关东军司令部关东观测所编制的未注明年代的《“满洲”兵要气象志》。另外，日军专有江河兵要地志。

日军大本营陆军部在计划侵华战争时，重视中国战场上江河的障

〔1〕［日］关宽治、岛田俊彦著，王振锁、王家骅译：《“满洲”事变》，上海译文出版社，1983年。

碍作用。据我所见的有《扬子江案内全》，此书是日本海军第三舰队参谋长少佐冲野亦男于大正十五年（1926）在日军对长江沿岸研究的稿本基础上增补编纂的，在此书正文之前加上了我国长江沿岸上海、南京、镇江、安庆、武昌、宜昌、庐山等沿江重镇的地理和文化景观，以及沉船、浅滩等52幅照片。战史记载，1938年6月至7月，日军攻占安庆和江防要塞后，迅速穿过彭泽、湖口、九江，沿长江一路直逼武汉。这本简要的长江兵要地志对当年日本的陆海军作战行动起到何种参考作用，不得而知。

1937年11月11日华北方面军参谋长两次向大本营陆军部报告："现在攻取济南极有可能取得成功。""由于黄河结冰关系，在此十日内，为决定渡河的时期。如果错过时机，不到三、四月解冻后则不能行动。"日军参谋本部在1937年10月编印的《黄河兵要地志概说》，其重点在于陕西潼关以东，河北、河南、山东地段的黄河情况，并附有山东《东阿、青城间黄河渡河作战的研究》一章。

日军兵要地志中都有"航空"调查项，也有专门的《航空兵要地志》，如日军参谋本部根据1928年和1929年对华航空"出动经验"编写了《"北支那"航空兵要地志》，其地域包括河北、山东、江苏、安徽、河南、山西、陕西等省；1936年又调查编印了《"中支那"航空兵要地志》，包括江苏、浙江、安徽、河南、江西、湖北、湖南等省，记述了地形对航空作战的影响，机场、备降机场情况，轰炸目标，以及气象对航空的影响，等等。

4.另类的兵要地志——中国边疆省区的"事情"

日军对其未占领的中国边疆少数民族地区省份编有称之为"事情"的兵要地志，如1943年至1944年间编印的《甘肃事情》《青海事情》《西康事情》和《乌兰察布事情》等。其内容与一般兵要地志相较，缺"用兵的观察"一章，地形部分较概略，而偏重司法、民族、宗教等政治和经济内容。从日方资料中，我发现日军还编有《新疆事情》，但日军战败后大部分被销毁，目前未见其书。

日军参谋本部对战区的民族宗教问题的研究非常重视，从日本新近刊出的研究资料发现：1945年4月，日军参谋本部二部（情报）第七课（中国）曾抽调地理学专业的三个学生专门做《政治反攻关联地

6-4 日军《“中部支那”气象便览》（书影）和对我国资源的调查材料

带主要河川运输力的判断》，以及《“西北支那”诸民族调查资料》两项兵要地志资料。后一种研究报告中，对我国陕西、甘肃、宁夏、青海、新疆、内蒙古的民族类别、人口、分布、宗教、生产、语言、衣食住和民族性特征以及政治变迁等项进行研究。特别提及“统治要领”“民心动向”以及“利用价值”的调查。其中对西北各民族的“特性”中褒扬的词语有保守勤勉、勇敢精神、剽悍尚武、民情淳朴、忍耐力好等；也有顽迷固陋、轻举妄动、附和雷同、优柔寡断、愚昧粗野、狡猾、贪财、排他心、无气力等污蔑的语言。从这些语言也可管窥到日军兵要地志对我民族性调研的关注点。[1]

5.日本“现地军”的兵要地志

所谓“现地军”，即侵华日军的一线部队。日本的关东军是侵华日军的急先锋，也是侵华日军最早的“现地军”。关东军参谋部 1933 年至 1936 年对兵要地志调查颁发了一系列“极密”文件，以指导各年度对中国东北、内蒙古等地域的兵要地志工作。日本 2001 年出版的《苏“满”国境关东军国境要塞遗迹群研究》书中记载，关东军于昭和八年（1933）5 月，发布《北部黑龙江省兵要地志资料调查要领》及《“满洲”兵要气象调查的意见》，同年 6 月发布《兵要地志的作战

〔1〕［日］石井素介著：《终战前后的参谋本部“研究动员学徒”时代的回想——“皇军”兵要地理和应用地理》，（大阪大学，外邦図研究ニューズレター，No.6）。

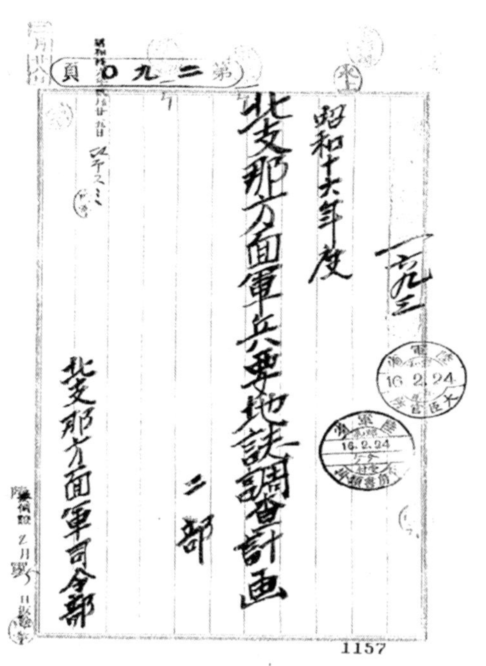

第二九〇頁

一九三

昭和十六年度

北支那方面軍兵要地誌調査計画

二部

北支那方面軍司令部

1157

6-5 1941 年侵华日军的《"北支那"方面军兵要地志调查计划》

准备事项》；昭和九年（1934）下发《昭和九年度关东军兵要地志调查的有关指示》，同年 5 月下发《关东军兵要地志有关意见》；昭和十年（1935）3 月下发《昭和十年度关东军兵要地志资料调查计划》；昭和十一年（1936）下发《关东军兵要地志资料调查规程》《"满洲国"及察哈尔兵要地志资料整理要领》《关东军兵要地志调查参考书》。此外，下属部队还有对给水调查的具体计划指示等，如《十四师团兵要给水调查实践要领》《第十师团给水调查计划》《骑兵集团兵要给水调查实施要领》。

关东军参谋部自 1933 年起陆续完成一系列"极密"的兵要地志资料，以完善侵华、侵苏的战场准备。如《极东苏领及外蒙古兵要地志资料》《关东军兵要地志准备的现状》《兵要地志作战准备的综合观察（东部）给水部》《"满蒙"兵要给水调查资料》《"满洲"地形及地质第一编》《"满洲"东北部兵要地志》《关东军兵要水运志》《关东军兵要铁道志》《"满洲"西北部兵要地志数据》和《作战地方的兵要地志》（其一绥芬河及东宁地区，其二土门子、东宁间苏"满"国境地域，其三牡丹江以东沿线地域……其七穆棱河流域）。同时，关东军下属部队，如第三师团司令部1935年完成《"满"苏东北部国境接壤苏领内兵要地志数据》，第十师团司令部完成的《绥芬河及东宁附近兵要给水调查综合报告》等。[1]

日本关东军十分重视兵要地志中的细节调查，当时中国军队缴获并翻译的日军《野战骑兵小队长必携》这类下级军官的手册中均记述了我国东北地理的细节。如"'满洲'之土地，稍遇阵雨，则忽成泥泞，因此发生黏着力，以致增加马掌脱落之事"。又如"水井水量一般均少。一小时之涌入量不过约为五斗。故对一个井口之分配人员约以百名（马匹则约为其五分之一）为限度"。

抗日战争全面爆发后，侵华日军一线部队直接对各战场兵要地志进行现地调查。如1939年侵华日军第十一军参谋部编的《"中支（那）"·"南支（那）"兵要地志资料》，其中汇集了审俘所获的中国军队部队长姓名及编制装备，日本陆军炮兵学校气象调查室制作的《"中支那"气象之参考》，伊集团编制的《鄱阳湖的水路状况》等。同年，侵华日军甲集团参谋部，即所谓"北支那"方面军编的《山西省东南部兵要地志概说》作为1930年9月参谋本部印发的《山西省兵要地志》的补充资料。此"极密"资料印了310册，其中发给梅津部队，即关东军最多，有50册。1942年"北支那"方面军还编印了《山东省北部（高苑·蒲台附近）兵要地志概说》，印发范围很窄，仅印100册，其中一半发给了所谓土桥部队，即侵华日军第十二军。此书除总部留存之外，其他十支侵华部队只有7到12册不等。1942年"北支那"方面军为实施"五号作战"计划，继日军参谋本部1937年编印的《陕西省兵要地志概说》之后，还编印了《陕西省兵要地志略说》。

（二）日军兵要地志的内容及特点

1.重视作战通道——日军兵要地志的特点

历史上日本军队兵要地志的调查编写有一定的规程和计划。我所见的有日本关东军司令部1936年编印的《关东军兵要地志调查参考书》

〔1〕参见〔日〕菊池実著:『ソ満国境関東軍国境要塞遺跡群の研究』，六一書房，2001年。

和《昭和十三年度关东军兵要地志调查计划》，1940 年日军“北支那”方面军司令部的《昭和十年度“北支那”方面军兵要调查计划》，以及 1944 年日军大本营陆军部《兵要地理资源调查报告例规》等。

根据日军参谋本部兵要地志班班长渡边正少佐记述的《兵要地志调查要目》，可知日军兵要地志调查的内容和要求。我见到的日军参谋本部（大本营陆军部）编印的中国各省兵要地志大体是按此体例编写的，只是由于对资料的取舍和编写人员的军事素质高低而详略不同。

历史上日本军队调查编写的中国兵要地志有详略两类。一类称“兵要地志”，内容较详细。如 1927 年日军参谋本部编写的《直隶省兵要地志》有 1200 多页；1929 年编印的《浙江省兵要地志》有 440 多页；1932 年编印的《热河省兵要地志》有 161 页；1935 年编印的《福建省兵要地志》有 280 多页。此外，我知道但未见到的尚有 1920 年编写的《河南省兵要地志》，1925 年编写的《湖南省兵要地志》等。这类兵要地志，多是侵华战争全面爆发前由日军参谋本部秘密派人到中国侦察编纂而成。

另一类则称“兵要地志概说”，这类兵要地志多是日军参谋本部或大本营陆军部在侵华战争中编印的。此类“概说”文字简略，但图表多。如 1937 年版的《广东省兵要地志概说》文字仅 38 页，《湖南省兵要地志概说》文字仅 44 页，《河南省兵要地志概说》文字仅 48 页，其余都是图表。

以 1944 年日军大本营陆军部编印的《广西省兵要地志概说》为例：从目录上看，全书共八章，即用兵的观察、地形及地质、气象、交通、航空及通信、卫生、宿营及给养、住民地及住民，以及附录、附表、附图等项，约两寸厚，文字加表格仅 57 页，其余全是折叠装订的附图。

日军参谋本部、大本营陆军部等首脑机关编印的中国各省兵要地志的体例内容，分析其第一、二章，即可管窥其概貌。

第一章，用兵的观察。按日本大本营陆军部关于兵要地志调查的要求，本章应对作战地方的地形、交通、宿营、给养、卫生、气象的特点进行观察，并注意对部队机动、后勤、宣传、谋略等作战要领进行评述，特别要求对其部队兵力、编制、装备的适应提出改善对策。研究日军首脑机关编印的中国各省兵要地志的第一章之后发现，只有少数兵要

6-6 日军《湖南省兵要地志概说》和《广东省兵要地志概说》（书影）

地志是严格按要求编写的，大部分则是按其要求精神各行其是。

日军的兵要地志中开篇“要旨”或“要说”是对区域位置与军事价值的高度概括和评述。如“广东是‘支那’南方的门户，香港及广东连接粤汉铁路依长江以南成伞状收缩的态势。地大物博的四亿人民，曾有长期抗战的企图，若将军需输入的通路遮断，近代工业不发达的‘支那’，想要维持高度的军备是不可能的”。寥寥数语道出日军对广东海上门户的战略判断。又如对云南的评价，日军说“为‘支那’西南边防要地”；在介绍面积、人口之后，说“事变”前“是未开化的蛮夷之地，战争爆发后成为援蒋的通道，其战略价值急速增加”。

日军对一些省的兵要地志，如广西和湖南兵要地志概说，则在“要旨”中按《兵要地志调查要目》的要求，提到“编制装备上的注意事项”，但多是略有军事常识就会想到的，并非创造性的积极建议。如针对云贵两省战场道路，建议“应加大进攻部队驮马编成，并随伴有力的道路构筑部队”，“雨季和火热期，应注意加大进攻部队的防疫、给水以及杀虫剂等防疫药物的供给”等。

还有些兵要地志在这一章中分析中国省区地形对作战行动的概略影响。如《四川省兵要地志概说》中，以巴山、楚西山地和扬子江三峡等地的用兵价值为第二章，即为“地形、地质”做铺垫。有些兵要地志突出战场的地理特点，如临海的广东省的兵要地志概说在“用兵的观察”中，首先指出八处重要的登陆点，如汕头、企望湾、海门湾、碣石湾、白耶士湾等，在书后附有这些登陆点的要图。战史证明，日军入侵广东省，是从其中的白耶士湾登陆的。

无论日军的“兵要地志”还是“兵要地志概说”，其内容都是围绕着侵略战争所需的各项战场情报而编写的。其主要内容是“用兵的观察”，这其中最重要的是“作战路”即战场通道调查。包括作战道路的名称、起止、公里数、路幅宽度、路面铺装、汽车通行情况以及沿途地形状况。所附的作战道路图也是兵要地志中附图的重点。以湖南和广西兵要地志为例，这一节仅文字叙述就分别占了两书文字的1/4和1/5。

众所周知，抗日战争中距第二次长沙会战仅两个月，1941年底又开始了第三次长沙会战，中国军队大胜！胜利原因之一是长沙的道路全部被中国军队破坏，使日军坦克、重炮不易通过，火力难以发挥。我想这大概是在其兵要地志中极重视“作战路”调查的日军始料未及的。这也从另一方面证明作战通道的重要性。较为典型的是日军《直隶省兵要地志》逐一分析了北京附近向四周辐射的160条通道。另从抗日战争中缴获日军的《山东省兵要地志》来看，其对道路侦察的详细，给八路军留下深刻印象。

第二章，地形及地质。日军参谋本部要求，对区域的地质、山地、平原、河川、湖沼、森林、居民地等地理要素进行战略战术上的评述，如山地的比高、起伏、状态、植被状况等对军队展开、运动、指挥、联络、展望、射击及方向维持的难易，河川的水深流速、河高性质、泛滥区景观、障碍程度、两岸地形、季节对水量的增减影响，以及桥梁、徒涉场等情况。综观现存的日军参谋本部（大本营陆军部）编印的中国各省“兵要地志概说”，其对于地形叙述过于简略，仅限于山有多高、水有多深的论述。而地形对步兵、炮兵、汽车行动的影响也只是片言只语。如《河南省兵要地志概说》中对伏牛山的描述:“标高二三百米，其东面临铁道附近倾斜急剧，一般岩石露头和断崖少，道路以外用兵困难。又，山上树木稀少，对展望妨碍小。”相反，侵华日军一些作战部队，如所谓“台湾军”编写的《东粤地区（汕头附近）兵要地志》中，对地形对作战行动的影响则十分注意，如其论述“潮汕阳一带，标高二三百米以下的山地便于马行动和山炮使用。山多黏质赤色软岩，构筑工事较为容易。枫溪附近甘蔗、柑橘园多，妨碍展望、射击和射弹观测”，等等。

2.图、表——日军兵要地志的主要表现形式

我认为重视图、表是日军兵要地志，特别是所谓的“兵要地志概说”的一大特点。日军兵要地志中，除第一、二章，其他各章一般，文字记述极简略，而多以图、表说明，为了便于迅速阅读甚至连地形也列表展现，如《湖南省兵要地志概说》湖沼概况表、《广西省兵要地志概说》山地及平地概况表就较为典型。特别是日军 1937 年《山东省兵要地志概说》有两个相同内容的版本，一本为文字叙述，另一本则将全部内容用折页列表说明，简洁明了（图 6–7）。

日军兵要地志中不仅有大量调查内容以附表形式显示，而且连兵要地志调查的技术、战术、量化标准也以表的形式印发。1945 年 5 月日本大本营陆军部下发了《兵要地理调查参考诸元表（其一）》，对航空、登陆、地面作战的各项调查数据即列表显示。

航空作战调查附表主要有：

关于航空基地的概要说明

适于建飞机场的观察资料表

敌飞机场及空降部队降落场地应调查的事项

6–7 以表的形式印发的日军《山东省兵要地志概说》（部分）

形

林

ノ遮蔽ニ利用シ得ラルル樹木ハ殆ト濶葉樹ナルモ高徐沿線ニハ針葉樹ヲ交フ、本省森林ハ軍隊ノ行動ヲ妨害スルモノ少ク利用ノ為ニハ小部隊ノ臨時應急的ニ供シ得ルニ過キス

家屋

家屋ノ抗力ハ概ネ垓工ト木造トノ中間ニ位シ殆ト全部平家建ナリ、壁ハ通常墼（粘土ニ稈ヲ入レ幅十八糎、長三十五糎、厚八糎ノモノヲ乾燥セシモノ）ヲ積ミ上ケ時ニ煉瓦ヲ用ヒ山地地方ニ於テハ多ク石材ヲ用ヒアリ、家屋ト連繋シ内庭ヲ圍繞スル圍墻ハ高サ約三米、厚サ三、四十糎ノ土壘（稀ニ垓工山地地方ハ多ク石材ヲ用フ）トス、圍壁ハ煉瓦石土ヲ單用又ハ混用シ市街ノ外壁ハ通常煉瓦ヲ用フルモ村落ハ土圍多ク山地地方ニ於テハ石材ヲ使用スルモノ多シ

縣城等ノ垓工壁ハ高サ十米内外、厚サ七米内外ニシテ頂部ニ銃眼ヲ設備シ野砲全彈ニ對シ抗力アリ而シテ圍壁内部ニ塡充スヘキ土ハ其外周約二十米以内ヨリ採リ其掘開セル跡ヲ外壕ニ利用セラレアルモ濠ハ逐次埋沒シ降雨期等ノ如キ特別ノ場合ノ外殆ト障害ヲ呈セス

村落ノ土圍ハ通常高サ三米内外、厚サ一米内外（石材ナレハ三、四十糎）ニシテ野砲彈子破片ニ對シテハ掩護概シテ確實ナリ然レトモ圍壁ハ一般ニ荒廢シ特ニ村落ニ於テ甚シク其抗力ハ漸次微弱化シツツアリ縣城ニ於テハ東西南北ニ穹窿形ノ城門ヲ有シ之ニ大ナル内扉ヲ備ヘ城内外ノ交通ヲ制限ス、家屋及村落ノ防禦力ハ圍墻及圍壁ノ狀態ニ大ナル關係ヲ有ス

運輸交通

港灣

各港灣ノ揚陸效程左ノ如シ

港灣	揚陸效程	港灣	揚陸效程
青島	一日一師團	芝罘	一日三分ノ一師團
威海衛	一日三分ノ一師團	蓬雲港	一日六分ノ一師團
龍口	内港ノミヲ用フレハ一日十八分ノ一師團ナルモ外港ヲ利用セハ増加シ得ヘシ	石頭灣	一日十分ノ一師團
石哥庄	一日四分ノ一師團	沙子口	一日四分ノ一師團
靈山衛	一日四分ノ一師團（舟ノ増加ヲ要ス）	石臼所	一日四分ノ一師團

陸運

膠濟線

判決

本線ノ輸送力ハ固定施設ヨリスレハ循環運行ノ為ニハ約十五列車（一萬噸）、現時ノ運轉材料ヨリスレハ尚一乃至二列車増加シ得集團運行ノ為ニハ下車點ヲ濟南トセハ約三十列車トス

線數　單線　軌間　四呎八吋半

最大停車場間隔　一四・七二粁（周村、大臨站間）　最小有效長　四五〇米

平均速度　旅客四〇粁　貨物二〇粁　通信線　七條

鐵道工場（四方工場）　加修能力（一箇月）

機關車　六—八輛　客車　一八輛　貨車　二〇輛

津浦線

判決

本線ノ輸送力ハ固定設備ヨリスレハ循環運行ノ為一四列車（約一萬噸）、集團運行ノ為濟南、徐州ヲ下車驛トセハ二十八列車トス現時ニ於ケル本線ノ輪轉材料ハ極メテ少ク一日十列車ヲ運轉シ得ルニ過キス本線ハ橋梁ノ抗力及轉車臺ノ直徑小ナルヲ以テ他線ヨリ車輛ヲ轉用スル時ハ現在使用シアルモノニ比シ大差ナキヲ要ス

線數　單線　軌間　四呎八吋半

最大停車場間隔　二一粁（德州、桑園間）　最小有效長　六〇〇米

平均速度　旅客三五粁　貨車二五粁　通信線七條

鐵道工場（天津、濟南、浦口）

濟南工場修理能力（一箇月）

機關車　大修　三　小修　五

客車　大修　四六　小修　一二

陸上運輸機關ノ内自動貨車ハ青島、濟南ヲ除キテハ極メテ少ク遠距離輸送ノ為ニハ鐵道及河川ヲ利用シ局地的輸送ノ為ニハ臺車ヲ使用シアリ

省内電信網ハ其總局ヲ濟南ニ設ケ一般電信業務ヲ管掌ス、濟南、濰縣、芝罘線及濟南、青島

(第十三表)

港灣ノ要素說明表

検討諸元		說明
要旨		港灣ハ其ノ種類ニ依リ之ニ具フベキ要素ヲ異ニスルモ一般ニ船舶ノ碇繫安全ナル泊地ヲ有スルノミナラズ人馬貨物ノ積卸敏活ニシテ水陸運輸ノ連絡良好ナル諸設備ヲ備ヘ且所要ノ臨港地域ヲ有スルヲ可トス
自然的要素	泊地　水深	投錨ノ為ノ所要水深アルヲ要ス(別表参照)
	泊地　水面積	港灣ニ必要ナル水面積ハ出入船舶ノ大小及隻數竝ニ港内設備ノ程度ニ依リ自ラ廣狹ノ差異ヲ生ズ　水面積ヨリ入港噸數ヲ概算スルニハ單錨泊(双錨泊)ノ場合三三平方米(二六、五平方米)ニ就キ總噸數一ト看做スコトヲ得、尚以上ノ外船舶ノ出入ノ為幅約四〇〇米ノ通航路ヲ必要トス
	泊地　港口	港口ハ其ノ位置適當ニシテ相當ノ幅員ヲ有シ且其ノ方向ハ地方風ニ對シ遮蔽十分ナルヲ要ス 港口ノ幅員ハ人工港ニ在リテハ約二〇〇米天然港ニ在リテハ約四〇〇米ヲ下ラザルヲ可トス
	泊地　泊地靜穩	船舶ヲ完全ニ碇泊セシメンガ為ニハ港灣ハ陸岸又ハ島嶼ヲ以テ圍繞セラレ泊地水面ノ平穩ナルコト必要ナリ
	陸上ノ餘地	臨港地域トシテ港岸ニ接シ陸上設備ヲ施シ市街ヲ設ケ鐵道ヲ施設スル等必要ナル餘地ヲ有スルコト必要ナリ
	氣象其ノ他	1、氣象ノ如何ニ關セズ船舶ノ出入碇繫竝ニ乗船上陸ニ不便ナラザルヲ要ス、颱風及海霧ノ障碍ヲ蒙ル地方ニ在ル港灣ハ其ノ價値ヲ減ズルコト少カラズ 2、以上ノ外港内外ニ淺瀨暗礁等ノ障碍ナク且潮汐干滿ノ差大ナラザルヲ可トス又淸水ノ豐富ナルコトモ一要件ナリ
技術的要素	碇泊設備	防波堤、航路標識、繫船標
	接岸設備	岩壁、棧橋
	陸上設備	給水給炭(油)設備、起重機設備、上屋倉庫設備、工場ノ設備、道路、鐵道、通信設備、警報器

6-8《兵要地理调查参考诸元表》中的“港湾要素说明表”

登陆作战调查附表主要有：

船舶主要诸元表

美国军舰吃水概况表

有关舰船基地的概况说明表

泊地的舰船队形推定图例

潜水艇行动所需水深概略标准

登陆作战与气象观察表

地面作战调查附表主要有：

主要物体耐炮弹爆炸效力表

美军主要火炮和战车性能表

水田对美军战车障碍程度判断表

美军行军速度表

可徒涉的水深标准表

冰上通过的冰层厚度表

随着1945年战争形势的紧迫，日军首脑机关深切感受到美、英的空、海军对其本土的威胁。这份表册将航空作战列为首要，其次是登陆作战，最后是地面作战。在罗列美军飞机主要战术、技术性能之外，还关注空降作战。如缅甸的英军一个空降兵大队的着陆场约为335平方米，美国海军航空母舰吃水深为8—10米，潜水艇为4—5米、登陆艇为0.5—1.1米等；又如美军的步兵、牵引炮兵、驮载炮兵、坦克等路上、路外，昼夜间的行军速度。这些都有数据列表。这份诸元表，实际上就是日军的“参谋手册”，为地理因素对诸兵种合成军队作战判断提供了量化标准。而这份具有现代合成军联合作战意识的《兵要地理调查参考诸元表》的出笼，距日本战败投降仅剩三个月的时间。

（三）日军兵要地志与作战设想

日军参谋本部战争指导课参谋堀场一雄大佐在其战后《日中战争指导史》一书中总结道："日中战争分为三个阶段：第一阶段自1937年7月至1939年3月，称军事阶段；第二阶段自1939年4月至1941年7月，称政治阶段；第三阶段自1941年8月至1945年8月，称持久阶段。"〔1〕其实日本军国主义分子在其侵略野心的驱使下，日军参谋本部对中国的军事测绘、兵要地志调查等战场准备早在明治时期就开始了。

1.1923年至1933年间日本对华的作战设想

日本自明治维新以来，向以中国为假想敌之一，每年度其参谋本部都要制定或修订对中国的作战计划，准备应付所谓"万一"。据日本政府防卫厅防卫研究所战史室编纂的《大本营陆军部》一书记载，1923年日军对中国的作战设想的要点为："主要目标在于完全平定'满洲'，特别是'南满洲'一带及'北满洲'的一部分。计划对辽西，特别是对渤海沿岸作战。"此外"从北朝鲜沿延吉—敦化—吉林道路的作战"，也有初步的计划。〔2〕

日军对于"满洲"，即我国东北总的作战设想是：以"平定间岛地区（延边）及'南满'铁路沿线嫩江以南的四洮线、渤海湾沿岸等地区，作为第一阶段的作战"。而对我国华北地区日军则计划"必要时以相当兵力在秦皇岛、塘沽、天津以及山东半岛登陆，占领河北及山东半岛的战略要地"。在华中方面，"虽在上海附近长江口岸选定了登陆点，但是否在此作战，尚需要根据情况确定"。日军还制定了攻占浙江、福建及其以南海岸要地的方案，并计划"根据情况，以沿京汉线南下的部队与沿长江西进的部队相策应，在汉口附近作战"。为此，

〔1〕［日］堀场一雄著、中国人民解放军总参谋部情报部译：《日中战争指导史》（原名《"支那"事变战争指导史》），1965年。

〔2〕日本政府防卫厅防卫研究所战史室编纂、天津市政协编译委员会译校：《日本军国主义侵华资料长编（上）——〈大本营陆军部〉摘译》，四川人民出版社，1987年。

1925 年日军参谋本部作战课长畑俊六大佐率参谋本部的作战、要塞、船舶等课和陆军省有关人员，以及海军军令部作战课人员乘军舰历时一个月，从上海至汉口的登陆点逐段进行侦察。

日军上述作战计划，其考虑对华作战的时机、中国国内政治形势以及第三国的态度等不确定因素，以至于日本对华作战的总方案，除小部分有具体计划，大部分需要临时决定。在兵力的使用方面，根据 1926 年度日军的动员计划为 32 个师团，其担任的作战地区除对付美国和俄国，而中国方面："满洲"为关东军 5 个师团；京、津和山东为 1 个方面军，即 2 个军 7 个师团；上海、汉口为 1 个军 3 个师团；福建为台湾军，1 个师团。[1]

2. 紧扣作战计划的《热河省兵要地志》

1923 年至 1933 年间，作为日军制定作战计划的基础——预定战场兵要地志，我所知道的有 1912 年日军参谋本部编制的《浙江省兵要地志》，1920 年《河南省兵要地志》，1925 年《江西省兵要地志》和《湖南省兵要地志》，等等。而我见到的有 1928 年《洮南 · 昂昂溪 · 扎兰屯西方兵要地志资料》，1927 年《直隶省兵要地志》，1929 年《"北满"东部兵要地志概说》《浙江省兵要地志》，1931 年《察哈尔 · 绥远省兵要地志》等。

日军 1923 年对中国作战的设想，提到对"热河地方兵要地志的调查，尚未取得足以制定计划的结果"[2]。而日军《热河省兵要地志》则是成书于 1932 年，即 1933 年中日间规模最大的战事——长城抗战前夕编写而成。

1932 年 4 月，日军第八师团进入东北，配置在辽西，受命准备秘密侵略热河。当时热河省是中国旧行政区划的省份之一，省会承德市，1914 年 2 月设立（1955 年 7 月 30 日撤销），行政区划位于今河北省、辽宁省和内蒙古自治区交界地带。

据时任中国国民党军北平军分会参谋团参谋长黄绍竑在《长城抗战概述》一文中回忆，日军进攻热河的计划是：一、由绥中线沿北宁

〔1〕［日］稻叶正夫编、天津市政协编译委员会译：《冈村宁次回忆录》，中华书局，1981 年。

〔2〕日本政府防卫厅防卫研究所战史室编纂、天津市政协编译委员会译校：《日本军国主义侵华资料长编（上）——〈大本营陆军部〉摘译》，四川人民出版社，1987 年。

铁道向山海关正面进攻；二、由朝阳、凌源、平泉之线进攻；三、由开鲁向赤峰进攻；四、由林西向多伦进攻。其中三、四路各军皆会师承德，然后再分兵进攻长城各口。[1]当我从战史资料中了解日军对热河作战的企图之后，再读日军战前编写的兵要地志，始知侵华日军战场准备的用心以及着眼点。

在日军《热河省兵要地志》的开篇“总论”中，该书简述热河省的历史沿革、地势概要、作战上的价值、交通线、宿营条件和给养、气象及卫生等项内容。其中“从作战上看热河省的价值”一章，只不过是短短二三百字，极其概略，如“热河人烟稀少，土地一般丰沃。但其物资、副食品、家畜以及军需工业原料，除兽毛皮类，几乎全无”。“本省南部地方给水不便。但适于大部队作战”，“本省位于‘满洲’西南部，是中国本土的察哈尔、经外蒙古与苏联的连接部，也是这个方面军事和政治的屏障和缓冲地带。从军事上看，其东面平、津为主要作战方向，战略上要注意”。

在第二篇“各论”中分章叙述热河的地形、宿营给养、输送力、气象卫生、通信网等作战参考资料。地形的调查项目有：山地及平原，道路、路幅、桥梁、道路网、桥梁道路网价值、汽车路、一般道路，以及河川、湖沼、森林、住民地等。其中“山地”有对当时热河省所辖的大兴安岭、阴山山脉等山地走向、高程、倾斜度，步兵、骑兵和车辆通过和障碍状况的简要记述。如“阴山山脉树木、地隙多，军队运动阻碍大，巅顶附近单兵攀登也困难”。此章节对每条山脉都附有山地照片和草绘的断面图以及位置略图。

平原地带记述了西拉木伦河、老哈河、滦河、大凌河中游流域，以及平原和阴山山脉西侧高原地带的位置、面积、土壤、农作物、地形对军队行动的影响。如阴山山脉西侧高原地带“住民地（户数二三户）相隔数里，军队在此地区行动，宿营给养要携行”，等等。

“住民地”中关注房屋、庙宇的种类、构造，如土造、瓦屋、石砌等，以及围墙等对步枪、火炮射击的抵御能力。在《热河省兵要地志》中突出了朝阳、凌源、平泉、承德、赤峰等地，日军预定攻击方向上的部队宿营、给养等条件，对当地居民的饮水、燃料、照明方式等方面的调查，记述详细，并有绘图或照片和辅助文字予以形象说明。对部

〔1〕 黄绍竑著:《长城抗战概述》,《文史资料选辑》第14辑，中华书局，1983年。

队宿营力的调查则是沿通道，特别是预定作战方向的通道，包括在开鲁、承德、林西、多伦、赤峰、喜峰口、北京等方向道路附近军队宿营的可能性以及军队容量进行判断。如开鲁可容宿步兵 1 个旅团，承德约 2 个师团等，并对上述区域部队冬季携行帐篷内外之日落、夜半、午前 6 时等不同时刻的温度，以及对 –23℃帐篷内外兵员的睡眠进行测试，并将结果记录在兵要地志中。日军为寒区作战设想之细，或始于明治时期八甲田山行军途中一队日军在雪地中全部冻毙之后。

1941 年 1 月日本陆军省颁布《严寒条件的行动》作为其作战指挥的依据《作战要务令》的附录，内容已包括严寒气象条件对作战行动的影响，步兵、战车、骑兵、炮兵、工兵及航空兵在战斗、宿营、卫生等方面的行动要则，还附有冰层厚度、人马的通过标准等。

反观 1933 年 1 月，热河战事爆发，由徐州、蚌埠开赴古北口前线的国民党第二十五师到达时尚是赤足草鞋，至于大衣等防寒服就更谈不上了。时至 1970 年日本自卫队《积雪严寒地战斗条令》中仍对士兵在寒区行动有多项试验结果供参考。如体感温度指数表，还有士兵在睡眠、坐下休息、平地行走、连续作业等条件下人体发散的热量表。〔1〕

日军《热河省兵要地志》在“地方井户数及其状况”中对其预定作战方向上的开鲁、林西、赤峰、朝阳、平泉等地的水井数、水质、水量都逐项记载，并对水井取水的工具方法绘图描述，如辘轳、吊桶（篮）等。当年，日军士兵有颇多爱好绘画者，以绘画记述战场景观。日本岩波书局 1940 年曾为一普通阵亡士兵出版《太田伍长的阵中手记》，太田即是善画者之一，书中就有他绘制的日军侵占北京城墙角楼、民居门面以及清华园的水井形制图等绘图。〔2〕

值得重视的是在《热河省兵要地志》的“地方政情”中，对朝阳、凌源、平泉、喜峰口等地居民“心理的归趋”，即对当地百姓的政治倾向和心态也进行调查。如“热河省自直奉战争以来，数次内乱，遭军队蹂躏，目前有恢复的曙光”。面对当地百姓连年灾荒饥馑，“官吏横暴、课以重税”，“彼等官宪军队苛敛诛求，住民无力对抗”，致使当地“衣食途绝”的饥馑农民“群投匪贼”。官宪、军队以及“匪贼”

〔1〕 参见沈克尼著:《日军严寒地带战斗训练》,《世界军事》，2012 年第 18 期。

〔2〕『太田伍長の陣中手記』，岩波書店，昭和十五年十月一日。

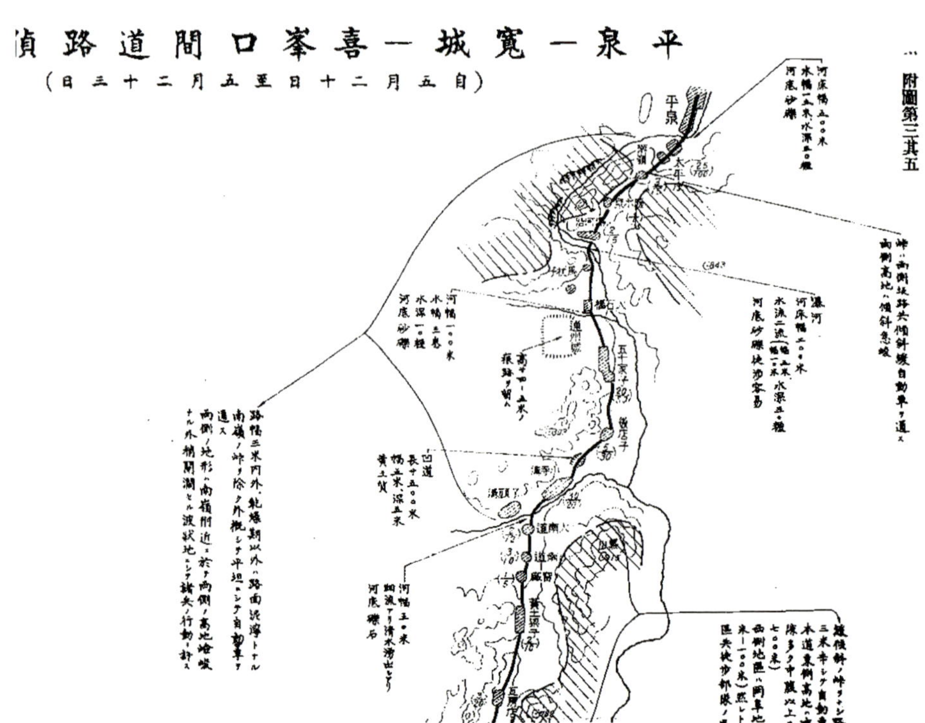

6-9 日军《热河省兵要地志》中的《平泉—宽城—喜峰口间道路侦察图》(局部)

到处出没，致使“良民”对当局颇为不满。主政热河的军阀汤玉麟榨取农民膏血，营造“离宫”，在兵要地志中也有所提及。当时日军兵要地志的政情资料，特别是对当地百姓的生活状况与当权者贪腐的记述，对照我国出版的《文史资料选辑》中汤玉麟的幕僚唐精武回忆文章《汤玉麟放弃热河的实况》，应属准确。[1]

日军《热河省兵要地志》如同日军所有的兵要地志一样，记录预设战场的给养物资，如可掠夺的农畜产品，当地居民的主副食品、马粮等，还有铁路、公路和水运的输送能力，搬运材料和工具，以及气象、卫生、通信等项目。而颇引人注意的则是最后一章“作战上的参考资料”即“用兵的观察”。其着眼点为：一、当地的特点及对外蒙古方面和中国北方作战的影响；二、作战上要考虑的要点，如作战部队的编成、装备、教育训练、战斗方式，以及飞机场的设定和局部地点的战术观察等方面。日军兵要地志调查有这方面要求。如1936年日本《关东军兵要地志调查参考书》，“用兵的观察”中专有针对战场条件和特点对

〔1〕 唐精武著:《汤玉麟放弃热河的实况》,《文史资料选辑》第14辑，中华书局，1983年。

作战部队编制装备方面及战术提出建议。我所见侵华日军兵要地志中，这方面做得认真的应属《热河省兵要地志》。该书对热河西南部作战的编制、装备上的建议概括起来有：主要道路两侧地形险峻，山地野炮运动困难，且难以充分发挥威力，在此方向上行动的部队应配属山炮；该地方运输工具以驮马、牛车为主，大车为数少，后方输送机关应计划编成以驮马、牛车为主的输送力量；中国方面电信、电话设备构成不完全，战时因战场广阔，有线设施保护困难，部队应以无线电为主——部队在此方向上行动，应配属无线电部队。同时，该书还建议为给水机关配备凿井机；寒区作战要有露营设备；对猛烈的黄沙尘，部队应配发防尘风镜；荒漠地带要保证行动方向正确，应配发夜光指北针；另因地形关系要携行测远机、滤水器、防寒和登山装具。

根据预设战场地形，日军在《热河省兵要地志》"教育"中，即训练项目中强调，在寒区作战演习中运用雪橇，并对寒区宿营、给养、被服、装具，以及在广漠荒野行动中夜间维持方向和距离测定进行深入研究。由此可见日军参谋本部的军官注重细节，对侵华战争的战场准备颇费心机。

由此我想起昔日侵华日军在热河之战后制作的军官小刀的刀柄。其上一面是日本兵脚踏长城的图画，另一面是中国华北地图的局部，北起赤峰，南至太原，平汉线北段的军事要地尽在其上。还有"七七事变"之后，侵华日军的香烟盒上也印有华北地图。其日用品也反映出强烈的战场意识（图 6-10）。

日军《热河省兵要地志》的最后部分"局部地区的战术观察"，专门对朝阳、凌源、平泉地形的攻防特点和喜峰口附近万里长城的价值进行分析。战史证明，1933 年日军对热河的进攻，喜峰口、古北口恰为日军攻击的重点，由此又证明日军对侵占热河早有准备，且目标明确。

日军《热河省兵要地志》对战场调查看似面面俱到，而在未来其主要突击方向的喜峰口并未记述中国军队所筑的野战工事。日军着手调查兵要地志时，中国军队早在 1932 年初冬即开始构筑野战工事了。

长城抗战中，中国参战部队有中央军、东北军、西北军、晋绥军。虽战事失利，但喜峰口之战中国军队第二十九军赵登禹部的大刀队杀出了威风，"大刀向鬼子们的头上砍去"的《大刀进行曲》在全国传唱，

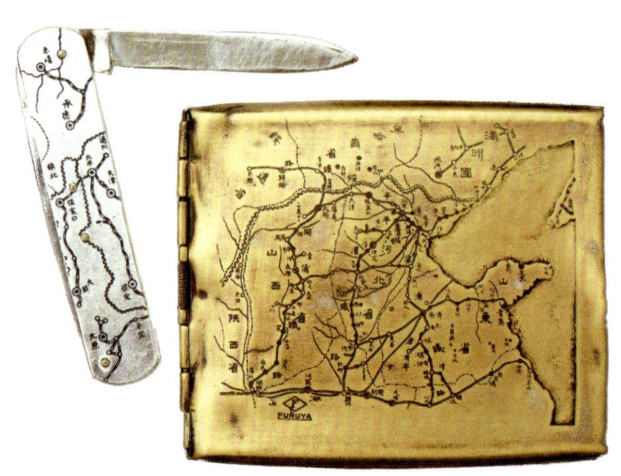

6–10 著者收集的日军小刀刀柄和烟盒上的中国华北地图

古北口附近地形要圖

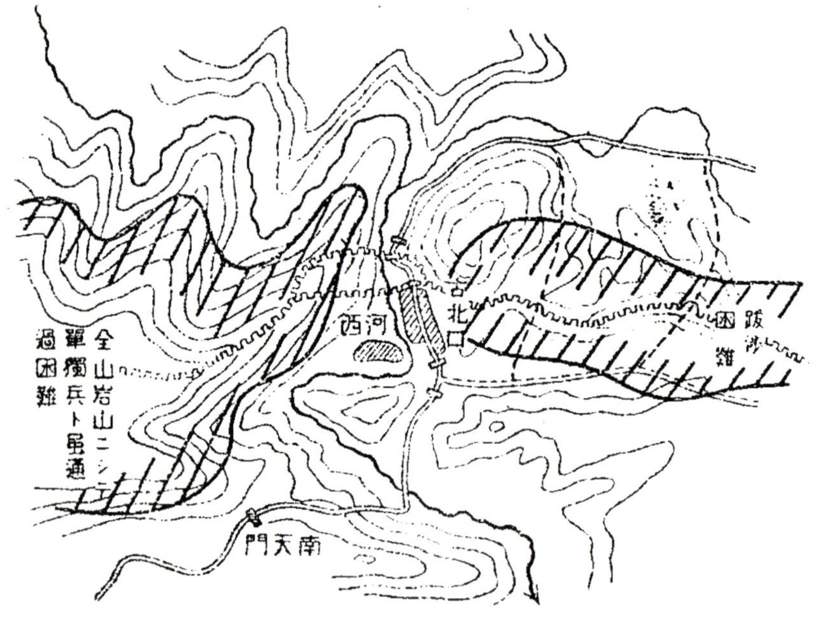

6–11 日军《热河省兵要地志》中的《古北口附近地形要图》

成为长城抗战史上的一抹血色亮点。

1933年，热河战事以《塘沽协定》告终。这一时期，日军全力研究对苏联的作战，其参谋本部着手调查编印《东部苏“满”国境作战地方兵要地志》。

3.1935年至1936年间日本对华作战设想及兵要调查

据日本政府防卫厅防卫研究所战史室编纂的《大本营陆军部》载，1935年至1936年日本对华的作战计划基本观点为：军阀割据、地方自治的色彩依然浓厚，因此，中国似无发生全面战争之虞；对华用兵虽可设想从山东出兵，但情况千差万别，均须针对情况进行适当处理。

“九·一八事变”后日军认为：对苏作战准备极不完善，而形势要求必须对之严加警戒。因此，日军对华作战之规模需要极力加以限制，即必须以最小之兵力达到作战目的。在华中、华南作战，日军与各国，尤其与英、美有利害冲突之虞，应尽量避免。在发展为对苏作战时，因陆军兵力难以抽调，故不能大量使用兵力。为此，考虑陆军应当尽量避免向华中、华南派兵。虑及对苏、美之关系，必须排除万难，为避免从局部战事发展为全面战争，要将作战限制在华北、华中或华南作为根本方针。此事对于不便运用兵力之陆军尤应重视。

虽然日军首脑机关的对华作战设想原则上声称“尽量避免向华中、华南派兵”，而1935年仍完成《福建省兵要地志》，其编写体例一如《热河省兵要地志》，第一篇“总论”，第二篇“各论”，但明显增加了福州、厦门等“主要都市”“宗教文化”“新闻杂志”“要塞”，以及暴露其侵略野心的“占领地统治的观察”等篇章。

然而，计划归计划，特别是日军统帅部所忌惮的“对华作战之规模需要极力加以限制，陆军应当尽量避免向华中、华南派兵”被“七七事变”和“八·一三事变”后的形势所击碎。日本军方低估了中国人民抗战的决心和能力，以为三个月可以灭亡中国，却不曾想陷入了中国全面抗战的汪洋之中。其后，日军参谋本部似乎再也无时间和精力致力于像《热河省兵要地志》《福建省兵要地志》这样文图并重的详细地志资料的编纂，而代之以文字简略、图表较多的所谓“兵要地志概说”。

（四）遭诟病的日军兵要地志

日军认为兵要地志是制订作战计划的基础资料。战后日军将侵华战争中的失利，乃至整个战争的失败归结于兵要地志调查的不足和错误。

侵华日军总头目冈村宁次对日军编印的中国兵要地志持批评态度。据冈村宁次在日记中回忆说："由国内出发时，参谋本部移交的作战资料中，有兵要地志班整理、保管的作战地区的军事要地志，现在看来，其内容不够充分。驻在中国的年轻情报武官的日常活动重点，大部分是探索中国军阀的动向及其相互间的关系，往往忽视用兵时所需的地势调查工作。结果在第一次（1932 年）、第二次（1937 年）上海附近作战中暴露出这方面的问题，而经历了一番苦战。"〔1〕

日军参谋本部总务部部长中岛中将也说："8 月 23 日，虽命上海派遣军在海军的协助下，迅速在上海登陆，但由于中国军队已占领登陆点附近严阵以待，登陆作战产生困难。加以根据错误的兵要地志资料，认为上海附近地形不能使用野炮以上的火炮，致使上海派遣军的编组劣于原中国驻屯军，仅配备有坦克一个大队、独立轻装甲车一个中队、野战重炮兵一个联队（缺一个大队）及迫击炮一个大队。但实际地形可以使用更大的兵力。而中国军队的军事设施意外坚固，以致陷入极度苦战。"〔2〕又如日军在进攻江西南昌时，因缺乏对当地的兵要地志的调查，时逢阴雨，吃了不少苦头。当时任第十一军司令官的冈村宁次发现这一问题后，反复查阅司令部备置的"满铁"调查部编辑的中国各省统计要览，得知庐山及其周围地区的降雨量全年以 3 月份最大，于是想到以兵要的观点摘录这些资料以供作战参考。他甚至将神田正雄编的《湖南省要览》也作为兵要地志资料。〔3〕我没有见到神田正雄的《湖南省要览》，但曾将日军参谋本部 1943 年编印的《湖南省兵要地志概说》中气象部分与东亚同文书院大正七年（1918）编印的《湖南省别全志》气象部分进行对比，果然后者详细。

〔1〕［日］稻叶正夫编、天津市政协编译委员会译：《冈村宁次回忆录》，中华书局，1981 年。

〔2〕日本政府防卫厅防卫研究所战史室编纂，天津市政协编译委员会译校：《日本军国主义侵华资料长编（上）——〈大本营陆军部〉摘译》，四川人民出版社，1987 年。

〔3〕同［1］。

不仅中国战场如此，日军将东南亚太平洋战争的失败也归罪于兵要地志的错误和不足。如曾任日军第二十五军情报参谋、战后成为日本陆上自卫队参谋长的杉田一次在《从兵要地志看中苏战争》一书中悲叹："因对兵要地志调查不够，而不得不进行苦战……陆军在所罗门群岛和新几内亚的作战（战斗）初期（相当时间内）甚至不得不依赖海图进行。为此，许多官兵因疟疾、登革热和营养不良等病而丧失了宝贵生命。"[1]

另外，《一亿人昭和史 · 日本的战史 · 太平洋战争》一书认为，日军在泰缅边界之战失利，是由于兵要地志调查不够而导致的。日本史学家藤原彰《饿死的英灵》一书也持相同看法，其中一章就叫"由于兵要地志调查不够，致使野外生存失败"。

不仅日军将官和战后学者诟病日军的兵要地志，我翻阅日军兵要地志也明显感觉其缺失甚至错误。

如日军川、陕两省的兵要地志，其作战情报的关注点及兵要调查方法值得参考，从参谋业务的观点看也有明显的缺失。一、忽略战场上重要城市的专项调查；二、不重视战区战史研究。这似是教条"八股"的日军兵要地志的通病。明治时期，师从德国军事教官和德军《操典》训练出来的日本军人沿袭普鲁士军人的刻板教条，日军兵要地志编写严格按其调查规程的八个主要项目，一成不变。日军"五号作战"的战役目标是攻占西安和重庆，但日军专为此项作战而编写的川、陕两省兵要地志，遵从其兵要地志的"八股"项目，并无作战目标西安、重庆、成都等主要城市的情报资料。日军兵要地志不从作战实际出发，其"教条"可见一斑。

（五）日军兵要地志的启示

信息条件下的联合作战对预设战场的兵要地志提出了更新更高的要求。我们今天探讨昔日日本的兵要地志的目的，在于鉴往知来，为我所用。这里简要概括几点我的看法：

[1]［日］杉田一次著、军事科学院外国军事研究部译：《从兵要地志看中苏战争》，战士出版社，1987年。

1. 日军高级军官重视兵要地志

侵华日军头目冈村宁次和1926年在中国陆军大学任教的日军矶谷廉介、板垣征四郎、土肥原贤二等军官，即对我国华北要地及长城沿线各口隘进行兵要地志的徒步侦察。这些人熟悉我国战场条件，在侵华战争中都提升为师团长以上的重要指挥岗位，成为侵华战争的急先锋。

2. 专业人员编写兵要地志

兵要地志的优劣是编写人员水平的体现。日军较为详细准确的兵要地志大多由专业人员编写，完成迅速。如明治四十一年（1908）清国驻屯军司令部编写的《北京志》，由日军驻北京的山本中佐制定《北京志》编写大纲，全书分39章，每章约万字，由日本驻北京的军官、军医，驻北京的邮政局长、警察教习、公使馆员、北京法政学堂和北京大学日籍老师等16人，根据各自专业编写，3个月便脱稿。又如熟悉中国国情的“满铁”调查部调查人员被派到“现地军”参与编写《“中支（那）”兵要地志》和《广西省兵要地志》。如请俄国彼得堡大学毕业的高材生岛野三郎编辑了洋洋50卷的《苏联兵要地志》。这些都是专业人员所为。

3. 兵要地志中的不足之处，日军则另寻地志，甚至旅行游记作情报补充

我认为兵要地志不可能像“军事百科全书”一样面面俱到。若对某一情况要做深入了解，还是要寻找专门的书籍。侵华战争中，冈村宁次曾利用“满铁”调查部统计资料作兵要地志的参考。我们以台湾为例，审视台湾地形，我用“山纵川横”四个字概括：山脉基本南北走向，而河流则是东西走向。这一纵一横就形成了诸多“关节点”——桥梁。对此，我分别查阅过1933年日本所谓“台湾总督府”编印的《台湾事情》一书，与1945年日军第十四方面军司令部编印的《台湾兵要地志概说》进行对比。专用于作战的日军《台湾兵要地志概说》没有专章提到桥梁，而《台湾事情》却有文字和列表对当年台湾的桥梁进行专门介绍。

此外，日本明治时期一些日本军官写的游记，如日野强大尉《伊犁纪行》，以及翻译的《大兴安岭旅行记》等，给我以启示：各地的旅游手册也是重要的兵要地志参考资料，其中地理位置、历史沿革、气候、交通、住宿条件、医疗卫生设施、风俗习惯等，都是兵要地志的调查内容，也是计划军事行动必须了解的情况。

七、日军兵要地志的调查内容和图表

（一）作战通道和交通的调查内容及图表显示

日军参谋本部编印的中国兵要地志，大致以1937年7月7日为界点，此前为以文字为主的兵要地志；此后为以图表为主、辅以简要文字说明的兵要地志概说。图表具有文字无法替代的传达效果，简捷、直观、准确。从统计制图学的角度看，日军兵要地志的图表采用了“山状动态曲线”来表示鄱阳湖标高水深，用“季节性变动曲线”来表现广西北海、南宁雨量和雨日，用“圆形比较图”来表现四川省主要作战通道和宿营力等情况。在此，我以日军参谋本部兵要地志班班长渡边正少佐记录的兵要地志调查内容[1]，辅以1936年日本参谋部《关东军兵要地志调查参考书》等资料，概要展现日军兵要地志隐秘的情报，同时选取当年日军绘制的中国兵要地志中的附图、附表，使读者对日军兵要地志的主要内容及情报表现方法，可以管中窥豹，了解大概。

日军兵要地志中“用兵的观察”将“作战路”列为专项调查，足见其重视程度。日军《交通教范》开篇便对道路利用做专门规定：“依地图、当地居民所言，以及各种情报概要判断其价值和利用的可能。必要时派遣军官进行现地侦察。”[2]主要事项为：附近道路对军队运动的影响，如步兵、炮兵和车辆通过时路面的坚硬程度，骑兵迂回路的选取和妨碍；捷路选取、路外行进的可能；炮兵和其他车辆长距离路

〔1〕『終戦前後の参謀本部と陸地測量部——渡辺正氏所蔵資料集』，大阪大学文学研究科人文地理学教室。

〔2〕［日］陸軍省:『交通教範』，大正十三年八月十三日。

外行进，在不良气候条件下的疲劳程度；等等。此外，日军明治至昭和时期的《测图教程》和《地形学教程》中都有道路测图的内容[1]，反映出日军从战术角度直至兵要地志中上升为战役乃至战略层次考虑作战通道的价值。这方面突出的是“七七事变”后，日军参谋本部对中国各战略方向和省区的兵要地志中，其“作战路”或包含在“用兵的观察”之中，或独立成章。

日军对战场道路调查的着眼点，1936年6月关东军参谋部秘密印发的《关东军兵要地志调查参考书》中罗列：

陆上交通：1. 汽车公路的设施经营及运行，一般情况，及作战上的价值；2. 种类、员工和从业人员（搬运工、修理工）的情况；3. 制造、修理、补给工厂的状况，制造修理能力；4. 征集利用的方法、外国势力的关系等。此外，还有搬运材料、劳工和各类车辆、桥、橇等各个类别，包括数量的分布，驮畜、民夫和征集利用的方法等。

1945年，“二战”行将结束之时，日军参谋本部兵要地志班班长渡边正少佐回顾，其兵要地志中关于“道路”调查的项目主要为：

道路网范围内各种比例尺地图的准备

采用合适比例尺的道路调查图，将下列事项注记在图上：作战价值的判断（沿途地区的宿营、给养、燃料、给水等），对该道路作战价值的影响，以及季节差异的考察；道路的质量，路上、路外各兵种的通行，气候季节的交替的影响，局部难行以及险段有无迂回路，不能通行道路的抢修对策，修理材料的取得，轻便铁道铺设的难易，该道路对空中及地面的遮蔽程度等。明显目标和桥梁，渡河点的景观，以及破坏阻绝道路相关的事项；各时节行军速度的调查，对道路价值的判断；若设立兵站，对补给和后方设施的研究报告。

以上日军对战场道路和交通状况调查的着眼点，依调查编写者的军事素质或多或少地反映在兵要地志中。特别是“七七事变”后的“兵

〔1〕参见『下士教科測図学教程』，教育總監部明治三十六年三月二十七日；『測図教程』，陸軍教導学校昭和十二年改訂；『地形學教程』，陸軍豫科士官学校昭和十六年三月。

要地志概说”之中，突出的是以图表的形式简明扼要地表现了作战所需的军事地理要素。例如1943年日军参谋本部秘密印发的《湖南省兵要地志概要》[1]在“用兵的观察”中，以文字极简要地罗列了湖南省以长沙和衡阳为中心的省内主要作战路，同时分别介绍了湖南向广东北部、广西、四川、贵州方向的作战路。文字叙述简单，如“岳州—新墙—大荆街—归义—湘阴—长沙之道(约2万米)。本道路幅4—5米，汽车路，现在彻底被破坏。驮马可通过”。整个湖南省的作战通道简要情况是以图的形式综合反映的，而道路、桥梁的质量和搬运材料及夫役情况则以表的形式呈现(图7–1、7–2)。

(二)地形与地质的调查内容及图表显示

日军参谋本部兵要地志中对地形与地质的调查内容主要有：

一、概说(从战略、战术角度综合全面信息，对区域地形与地质进行简要的结论性判断——作者注)

二、山地与平原

1. 起伏的状态、高地与谷地的比高(相对高程——作者注)。平原或山顶棱线谷地的景观、斜面的状态、草木生长的状态、地隙的状态，土质、地质的种类及对作战的影响等

2. 军队展开、运动、指挥、联络、展望、射击及方向维持的难易，地貌对飞机的着陆、起飞、化学战的影响等

三、地质

1. 地质种类、状态

2. 地质对诸兵种行动，包括筑城、对炮弹效力的影响

3. 气候季节和地质的影响，雨期、结冰期的状态，降雨(雪)后干燥所需的日数，风尘时期的景况(日军兵要地志中地质图，参见《中国军队缴获的“孤本”——日军〈台湾兵要地志概说〉》)

四、道路

五、河川(运河)湖沼及湿地概说，地方的水系、湖沼、湿地的分

[1] [日]参谋本部著:『湖南省兵要地志概要』，昭和十八年八月廿五日。

布状态及其特性

1. 战场价值判断

2. 障碍的程度，两岸的地形，气候季节交替和增减水期的水幅、水深和流速，河底的状况，泛滥地域及其景观，潮汐的影响，结冰和消融期前后的状态，流冰和结冰期的状态

3. 桥梁、船渡场、徒涉场的状态，架桥及修补所需要的时间，及有无材料，破坏阻绝及泛滥的观察，渡河点的选择地，河川两岸的景观；河中沙洲对作战的影响，进出是否方便，以及对渡河增援掩护、开进地、渡河法、秘密企图等河川战斗相关的战术、技术上的观察判断（图7—2[1]）

六、湖沼及湿地

1. 作战价值的判断

2. 种类分布、障碍程度、附近地形、湖沼及湿地连接地的状态、气候季节交替及结冰期的状态

3. 通过及利用的考察（图7–3[2]）

七、森林

1. 作战价值的判断及利用法

2. 位置、分布状况、树种、疏密程度（平均间隔和单位面积的株数），树下草的繁茂状况及对作战的影响（展望、通视、遮蔽、通过的难易、倒木的状况、宿营的价值等）（图7–4[3]）

八、耕地及耕作物

耕地分布状况、耕作物种类、收获时期及状态，以及对作战影响（展望、通视、遮蔽、通过的难易和宿营的价值）

九、海岸及港湾

1. 概说，绘制有价值登陆地点的大比例尺要图，搭乘效程，以及判断理由

2. 海岸及港湾的质量和设备

3. 海岸及港湾的自然要素：泊地及海岸、港湾入口、水深、海底地质、水面积、陆上的地形的使用，以及气象、海象（风信、气候、潮信）等影响

---

〔1〕［日］参谋本部著:『“满州”东北部（三江省地方）兵要地志概说』，昭和十三年五月三十日。

〔2〕［日］大本营陆军部:『江西省兵要地志概说』，昭和十八年十二月八日。

〔3〕同上。

4. 港湾的设备

5. 港湾的现状及未来的观察，港湾的改善计划、物资集散概况、出入船舶和物资积货的统计，以及未来港口前景的判断

6. 海运资材：炭、水、燃料、油、人力、装卸机械与海运器材的有无，以及征集方法

7. 登陆行动的有关事项（日军兵要地志港湾图，参见《中国军队缴获的“孤本”——日军〈台湾兵要地志概说〉》）

8. 预定敌登陆前的港湾、海岸的调查（图 7–5[1]）

（1）实施登陆作战是否方便，通向作战目标的前进路是否便利，敌防御配备的现状，有无掩护阵地，掩护阵地与登陆海岸的关系，以及迅速攻取的方法；登陆之后战斗和机动的难易，军队集结地域及而后攻击前进的方法，有无飞机场和降落场，附近有无岛屿；登陆点与登陆根据地的关系

（2）登陆实施：陆海军协同，与航空兵协同是否方便，敌舰队和航空基地的距离及敌之防备，输送船队防备是否方便，海面状况（水路、泊地、风向和潮流）、海岸状况（海岸地形、地质，可能登陆的海岸和区域，舟艇达岸是否方便，水际、波浪、潮汐的状况），陆地状况（显著目标、敌我据点的进出路）地形图、海图、水路志的异同之处；登陆点海岸的结冰状况及气候气象，是否需要破冰船及其使用要领等，附近有无便于登陆的岛屿和港湾

9. 登陆的水陆交通和通信等

10. 宿营及给养

值得指出的是，日本陆军对海洋的兵要调查内容很少。我在日本陆军大学 1941 年 3 月号的《兵学研究会记事》中发现一篇陆军研究海洋兵要调查的文章。文章认为，未来作战无论是在港湾还是海洋，对于陆军作战都有密切关系，因而了解海洋的概念、各种现象、船舶、航海，以及海图的使用等，有助于部队输送、登陆、陆海军协同作战。大致内容为：

〔1〕［日］大本营陆军部著：『广东省兵要地志概说』，昭和十九年二月一日。

一、海面：陆地的引力、潮汐、风、气压等概念、现象，并列举日本沿海及欧洲德、意、法等国之例

二、海底情况

三、海图的经纬度

四、海上的特性，海水盐度、温度、冰山、海水的运动，如波浪、潮汐、海流等，特别介绍潮汐

五、海图的使用

（三）气象要素的调查内容及图表显示

一、气象概况：地方气象的特性及对作战的影响的记述

1. 雨期开始与终结时期，该期间降雨状态及干燥期的状况

2. 结冰期和消融期前后状态，地面冻结深度，四季的气温、地表温度和气压及湿度等

3. 恒风的风向、风速及暴风雨

4. 雾、烟雾、黄沙、风尘等

5. 日出日落，以及黎明、薄暮的时间和特点

6. 作战的特异气象现象列举，如通视距离、夏季异常光、冬季吹雪等现象

二、气象相关的报告、长期的统计基础资料

三、测候站（所）的测候能力、准确程度，以及风向、风速对地形的影响，测候站（所）的经纬度、标高等，地势的因素

四、天候气象对当地居民和设施的有关注意事项

五、气象统计

1. 气温、地表面温度、气压、湿度、风向、风速、降雨雪、雾、烟雾、黄沙、风尘、暴风雨的气象统计，霜、雪、冰的开始和终期，日出日落时刻等有关统计

2. 地面气象附表，高空和中空的风向、风速、高层气温、湿度、气压等

3. 风向、风速、气温等日间变化对化学战影响，包括风向的重要性，以及早晨、白天、黄昏、夜间的风向等

4. 云的形状、云量、方向、云高、云厚，以及雾、黄尘、雷雨等的

状况，还有航空气象的详细报告

5. 收集各地公布的气象月报、年报等，据此年报和月报求出三年、五年、十年的平均值

（图 7-6[1]、7-7[2]、7-8[3]）

（四）交通的调查内容及图表显示

一、陆上交通

1. 铁道

输送力的判断、铁道管理运营利用及破坏和防护的事项。以下用要图、表记述：铁路纵断面及横断面图、各类工程断面图、车辆形状图、停车场平面图、列车运行表、机车牵引定数表、各种输送统计表、工厂能力一览表、铁道运输规则、铁道新设计规划等价值大的资料应尽量收集

（1）铁道成立历史、铁道管理机关的组织、重要人物的姓名和简历、营业状况简介

（2）线路的全长，铁轨间距，轨道单线、复线，轨道重量、道床的种类和状态、枕木种类及补充系统，道路的曲径状态；重要设施的技术状态（特别是桥梁、隧道的位置、长度的设计概要，桥梁的荷载重量），附近地形及有无防护设施、破坏的难易。铁道保护的状况、修理材料的收集和利用方法

（3）停车场的配置、间隔及附近地形，有无军队的集结地、乘降所和货场的结构和能力，侧线数及配置和有效长度，机车库、给水供炭设备及能力、通信和保安设备

（4）工厂及附属建筑场，工厂种类、面积及配置、从业人员、设备（特别是使用设备的种类、数量）、动力源、生产作业的种类及能力、原材料和燃料的种类及补充系统等

（5）从业人员的国别和人数，从业的时间、区域、勤务规划、工资、购买力、医疗组合的情况，从业人员的思想和厂方存有争议的事项

（6）运输材料及有关事项，机车的种类，客（货）车的形式（自重）、

---

〔1〕［日］参谋本部著:『北海南宁附近兵要地志概説』，昭和十八年四月。

〔2〕［日］参谋本部著:『四川省兵要地志概说』，昭和十七年七月八日。

〔3〕［日］参谋本部著:『福建省兵要地志概说』，昭和十年六月二十六日。

定员、搭载容量、构造等，特殊车辆有无、连接器和制动器的样式

（7）列车运行的有关事项：一列车连接车厢数，车辆的换算率、线路的容量，列车速度及行车距离，辅助机车的使用区域等

（8）输送效程：军队输送效程的判断（一日输送总吨数）

（9）军事输送的有关事项：铁道军事运输机关的组成系统和铁道管理机关的关系及法规，军队输送的实况，特别是列车组成与军队编成的关系

（10）轰炸及其他破坏的设施位置调查图（图 7-9[1]）

2. 汽车

（1）汽车路的设施、经营和运行状况，以及作战价值

（2）种类、从业员工（搬运工、修理工）状况

（3）制造、修理工厂的状况及修理能力

（4）征集利用的方法、与外国势力的关系（图 7-10[2]）

3. 地方搬运材料及夫役：各种车辆、橇、桥的种类和分布状况，驮畜、挑夫及其他劳动者的能力和工资，征集的数量和利用的方法，运载材料及工厂和修造能力

4. 水运：输送能力的判定，水运材料的征集数量及其利用方法。获知下列情况，以河川（湖沼运河）水运一览图，主要河川、湖沼、运河状况作为附图说明

（1）可航区域（汽艇及地方民船难航区）地势、各区航船的目的地，河川、湖泊、运河的状况及两侧地形、建筑物等关联情况

（2）季节气候、结（解）冰、潮汐等的影响，航路变化和通航时间

（3）水路破坏与否

5. 运行

（1）输送效程的判断（输送力及航行所需的日数）

（2）船舶种类、构造、承载量、乘员、航程、征集数量、征集利用的方法，通信，特别是无线电通信的设施

（3）汽船的出发点、终点、经过港、运营状况、船舶附属的从业人员、国籍、工资、思想等

（4）水陆交通联络设备

〔1〕［日］参谋本部著:『云南省兵要地志概说』，昭和十八年四月十五日。

〔2〕 同上。

（5）设想最大可能的后方补给设施等的研究报告（图 7–11[1]）

（五）通信的调查内容及图表显示

军事上可利用的通信能力、作战中通信破坏及防护的准备等。下述各项应予记录，并拍摄有线、无线通信设施的照片贴附于报告中。

一、电信及电话的通信网：通信网图（特别是电线杆及空中电线的摄影照片或写景图很有必要）

二、有线电信及电话

1. 绘制军用、民用、铁道用的通信线路图

2. 主要通信局所在地（特别是中央电信、电话局），各局联络状态、交换所的位置（附回线图），线路和道路的关系，联系主要都市海岸线的地形状况

3. 使用材料：通信机的种类，电线的种类、条数，建筑方式、建筑材料（种类、长度、新旧程度），电线的地上高、中段增幅设备，地下（水下）线路的埋设方法

4. 通信能力（直通距离、通信容量等）

5. 建设年代、修补程度及补线设备

6. 外国势力侵入状况，及从业人员的近况

7. 通信破坏手段

8. 通信窃取手段

三、无线电信及电话

1. 电台的机种、波长、能力、电源、电力制造单位，空中线的形式、辐射方向，天线的构造以及内部接续图

2. 所属通信所的位置、配置，从业人数、素质、技术和思想倾向

3. 建设年代、需修补的程度，主要对象通信所的电力补充系统

4. 占领利用法、破坏法的判断

四、无线电广播

1. 播出台的位置及配置、听众人数

〔1〕［日］参谋本部著：『浙江省兵要地志概说』，昭和四年绘制。

2. 播送能力（机种，特别是周波数、电力）

3. 建设的年代，以及需修补的程度

4. 外国势力

5. 利用法及破坏法

五、海（水）底电线

1. 登陆地点的位置，附近地形及海岸状况及与陆上通信网的联络关系

2. 使用器材的种类、条数及芯线数

3. 位置、建设年代和需修补的程度，以及从业人员

4. 窃取、破坏及遮断法

六、邮政

1. 制度、线路图

2. 递送机关的种类、能力，及主要城市间的投递所需日数

3. 邮政局、所的电信、电话状况（图 7–12[1]）

（六）航空的调查内容及图表显示

根据 1936 年《关东军兵要地志调查参考书》第五章“航空机场调查表”，其飞机场的调查内容大致如下：

一、飞机场

1. 滑行跑道的土质及地表面状态，晴、雨季节的气象条件下可否使用，以及注意事项；有无夜航设备，机库的状态，有无掩蔽部，机场附近有无修理工厂、种类及状态，飞机场附近有线和无线电通信设施；气象方面，雨期、解结冰期、暴风期及地方特殊气象等。修筑机场的作业方法、作业量、作业所需人员材料，以及所在地和取得的方法；周围的村落情况（有关宿营、给养事项），水及水质，可利用的电力

2. 绘制飞机场要图，内容为：飞机场的幅员地域、周围地形，影响飞行的高地、村落、森林、河流湖泊、烟囱、电线、高点线等；机库、工厂、附属建筑物位置、比例尺及恒风方向、重要防空设备

〔1〕［日］参谋本部著:『陕西省兵要地志概说』，昭和十三年五月三十一日。

绘制一般要图，内容为：街区及其他主要地点关系位置，铁路、公路的状态，可利用的通信机关和通信网，其他飞机场的位置及附近地形

3. 注意事项：侦察机、轻型轰炸机和战斗机的机场条件，地面坚硬、滑行跑道长 500 米、宽 150 米，与恒风成直角方向；地上交通、给水方便；重型轰炸机机场条件为滑行跑道长 1000 米、宽 200 米；其他条件同上

二、民用航空

1. 航空网和定期航空状况及飞机场

2. 航空公司的经营状况、机种、数量，航空人员的数量和国籍

3. 航空人员的培训机构及飞行员的技术

4. 飞机（含发动机）制造、修理工厂

5. 航空奖励的设置和方法

6. 航空业的外国势力

7. 对战时能否转为军用的判断

三、防空设施

1. 计划、设施、资材及其能力

2. 防空训练的状况

四、轰炸目标（若与城市要塞的记述重复，宜简略或省略）

1. 目标种类、区别

2. 目标的正确位置、形状、长度、色彩、质量（木造、石质等）；目标附近土质及容易发现的辅助目标的摄影照片或写景图（附图 7–13、7–14[1]。另可参见《中国军队缴获的“孤本”——日军〈台湾兵要地志概说〉》中的附图）

（七）卫生的调查内容及图表显示

一、卫生的概况：地方卫生的特点对作战和作战部队的装备、行动的影响及对策

二、地方居民的卫生状态及卫生设施：地方卫生（兽医）机关的状

〔1〕［日］参谋本部著:『“南支那”兵要地志军用资源概说』，昭和十八年十月二十日。

况及具体利用的方案

三、传染病（含兽疫）的种类、症状以及各季节传染病发生状态和对策

四、地方病：地方易发疾病的种类、状况、原因及对策

五、对马有毒害的小动物

（参见本书《日军的专业兵要地志——兵要卫生志概说》）

（八）都市的调查内容

一、主要城市

1. 政治、金融、经济及军事上的势力和价值

2. 地形于攻防作战上的价值以及对宿营、给养的判断

3. 城市各地区图的绘制，以及下列有关事项的记述：

（1）居民户口的情况

（2）街区景观，重要建筑物的位置、种类、构造，以及街区附近的空地景观

（3）城堡、围墙及其他防御、防空设施的状况，攻防便否，地标性目标、轰炸目标等

（4）电灯（发电厂及变电所位置、能力，及其警戒状况、送电状态等）、水道（水源的种类及位置、取入口、流水路、贮水池、净水地、净水及消毒的方法，给水能力及范围、水源取入口、贮水池、配水路等的警戒状况）、交通等设施

（5）市政（行政、征税、保安机关等）、司法、金融经济机构、市况等

（6）与第三国的关系设施

二、一般居民地

1. 分布状态、居民地外部与内部的景况；居民地攻防作战，及防空应考虑的问题

2. 宿营及给养上的价值判断（附图 7-15[1]、图 7-16[2]）

---

〔1〕［日］参谋本部著：『北海南宁附近兵要地志概说』，昭和十四年六月一日。

〔2〕［日］参谋本部著：『贵州省兵要地志概说』，昭和十八年四月。

三、居民

占领地统治应记述：占领地统治资料调查，占领地地域内迅速恢复治安秩序、安定民心，使作战部队节约警备兵力的资料搜集（参见《侵华日军眼中的中国人——日军兵要地志中的国民性和统治资料》）

1. 居民的种类及职业

2. 性情、特质、习惯、文化程度、思想、宗教特性、特殊结社、土匪等

（九）宿营与给养的调查内容及图表显示

一、概述

1. 地方宿营给养力及作战关系判断的记述（宿营给养力图表）

2. 广漠与不毛之地特殊条件的宿营、给养等的观察与考虑，应特别周到

二、宿营

1. 人口及户数

（1）人口：总人口、各村落城市的人口、种族、职业区分、人口密度和分布情况

（2）户数：平均户数，主要居民地的户数、户数与人口关系

2. 房屋的构造：地方一般房屋的构造、间数、围墙的景观图示；房屋的特点、宿营收容的人马数及防寒防暑的设施、收容能力扩大的方法，以及其他宿营卫生方面的注意事项等

3. 宿营力：以4000平方米的地域，大片房屋（兵营、学校等），其宿营力的判断，普通营舍和狭窄营舍最大收容人马数，仓库的利用数概算，粮秣、燃料的考察

4. 露营地：人口稀少的地区适于露营的地形、居民地利用的可能，给水、燃料的记述（附图7–17〔1〕）

三、给养

1. 野战部队给养的主食、副食、加工品、代用品，以及马粮征集的可能数和给养力，以一个野战师团的给养数计算

〔1〕［日］参谋本部著：『四川省兵要地志概说』，昭和十七年七月八日。

2. 给养品的种类、生产、集散消费的状态，征集要领

四、给水

1. 关于给水的判断，特别是给水兵力的判断

2. 地表水（河川、湖泊）及地下水（井、泉）状态，可供饮用的人数、水量、水质（附水质检查表），必要的净水法、运水法

3. 给水方面的地质、凿井方法、地层断面图（附图7–18[1]）

五、燃料

薪柴及代用品（树枝、壳秆等）、木炭、煤炭、油类，以及宿营地必要的燃料所在，征集的可能、数量，现地生产的手段，征集的要领和价格

（十）要塞的调查内容

一、江海岸要塞

1. 要塞的任务和价值

2. 要塞的编成、各防线的编成及质量，海（江）面防御设施及要塞修建年代、修缮状况

3. 要塞掩护的军港、商港，以及海峡、河川等的状况，要塞司令部及其弹药库、无线和有线通信所、水源地、发电所、仓库、工厂等重要建筑位置

4. 要塞的兵力兵备编成、弹药的准备、战备程度种类、要塞动员兵力和协同兵力判断，防空设施

5. 要塞近旁海、陆地形，气象、海象对登陆影响的观察

6. 对要塞现时利用及未来修改计划的判断

7. 要塞攻取的弱点，奇袭、空袭的可能，海军兵力攻击的相关判断

二、陆上要塞：与海岸要塞记述相同

（十一）兵要资源及经济状况

一、兵要资源调查报告，目的是在作战中获得战场资源，包括军需

[1]［日］『中国地志』(1)，株式会社，2010年。

品和国民必备的资源，及其生产消费流动等状态的调查

二、兵要资源调查报告分为作战用资源，如供作战之用的军需品原料，其他国民必需的原料品或制品，以及总动员时所用资源，包括工厂、事业单位和搬运材料、夫役及仓库等

三、调查通常指向地方区域主要城市，如市及主要县城的物资集散地的设施

四、兵要资源调查的结果，依以下表格及附图分类显示：

某地方资源调查表

作战用资源调查表

总动员用资源调查表

搬运材料调查表

夫役调查表

仓库调查表

工厂及事业单位调查表

某地方资源生产消费及流动情况图

某地方资源征集利用法

五、经济状况

（一）经济控制

1. 一国或一地区金融经济中心及其势力

2. 军事行动控制所需的兵力考察

3. 控制后的处置、管理和警备的方法

4. 控制地方经济、金融等对其他外国势力的影响等

（二）财政及税制

1. 财政计划

2. 中央及地方年出入预算状况，包括主要收入项目、贷款、公债、借入、公共事业收入等；支出的主要项目，直接的军事费用和间接的军事费用等

（三）年支出中军事费用的地位及舆论、政治势力的关系

（四）国家和国民所得

（五）国民所得与国民负担的关系

（六）国有财产

（七）国家经费中与军事有关的经费（如日本在乡军人会、财政、

国防献金等）

（八）税制：税种、税率、纳期、征税方法和机关等

（九）战时的赋税课金等

（十二）产业调查的内容

一、农业

1. 农业户数及人口

2. 农业机构及经营特点

3. 主要农作物的种类及收获量

4. 作物面积及单位面积的收获量、收获期、贮藏状态、适种及增收方法等

5. 农业的地质及气象

二、矿业

1. 资源储存情况

2. 矿区采掘概况

3. 矿区、矿物的种别、矿质及含有量

4. 埋藏量、可采掘量及矿产量

5. 设施经营的概况及未来的预测（图 7–19〔1〕）

三、工业

1. 工业概况

2. 工厂的利用

四、其他

畜牧业、水产业、林业等的调查报告：包括政府对各产业的政策保护支持、审查机构和年度计划、各种产业的法规条约、占国民经济的地位、各产业的地域分布和品种分布，以及各种产业的技术、经营形式和规模（与手工业、家庭手工业的区分），劳动力（数量、质量、供求关系等）就业状态；劳资纠纷事件，商业支配（直销、代理等）关系，生产管理（政府对生产者的策略）

〔1〕［日］参谋本部著：『云南省兵要地志概说』，昭和十八年四月十五日。

（十三）商业贸易及其他

一、各种商业，包括交通、运输的政策概要

二、各种商业法规条约

三、各种商业对国民经济的影响

四、商业机关（主要运输机关、仓库、领取所、其他各种团体）

1. 经营规模

2. 企业形态和结合关系

五、配给机关的地域分布和资本关系

六、品种配给的组织概况

七、国内领取：包括输出、输入日期，月别数量及价格，输送的经路和输送法、商业习惯等

八、海外贸易：包括国际借贷，输出、输入品的品种、数量、价格，贸易品运输船舶的国籍、吨位、商业习惯等

九、物价：包括各年品种月别物价表，物价指数，价格调节政策，度量衡彼此的比较等

（十四）金融及货币

一、金融及金融市场

二、金融机关

1. 银行

2. 保险

3. 信托

4. 其他机关

三、通货：包括货币制度、种类及单位，发行和流通状态等

（十五）外国经济势力

一、商业势力

1. 贸易上的地位（商品、船舶）

2. 投资（政府贷款及投资）

3. 条约关系

二、政治势力

1. 行政方面权益

2. 航空、通信、航行的权利

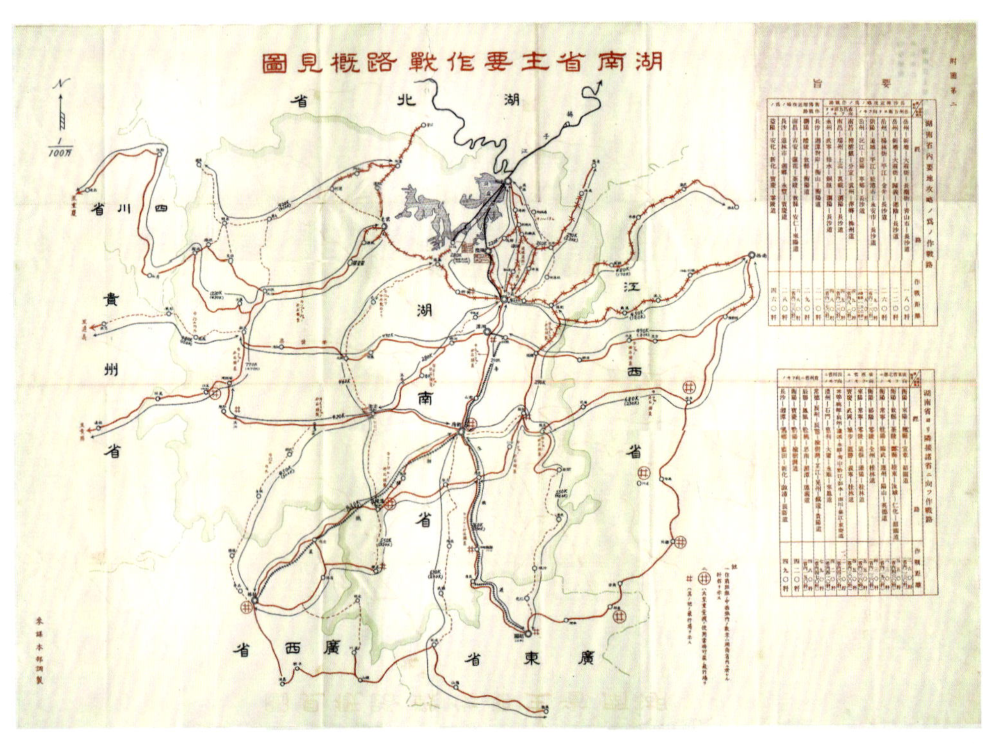

7-1《湖南省主要作战路概见图》

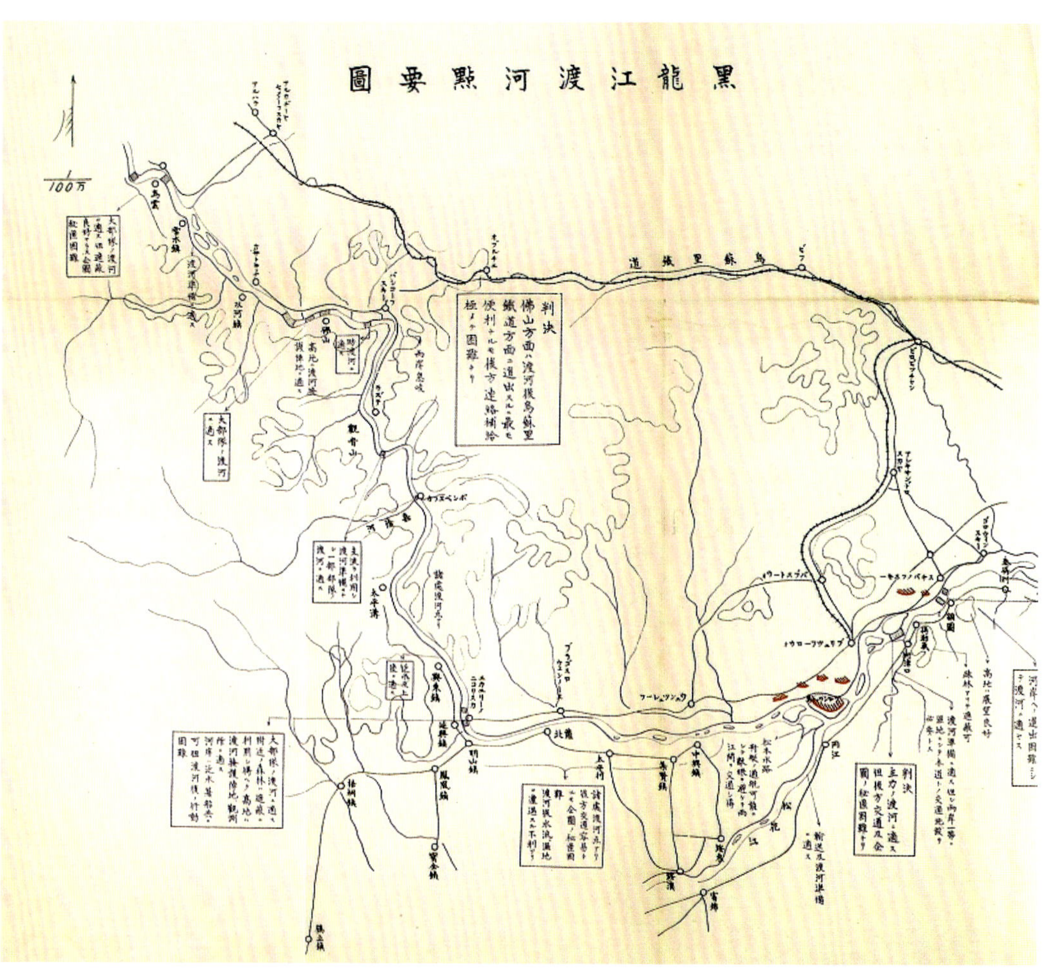
黑龍江渡河點要圖
100万
烏蘇里鐵道
判決
佛山方面ハ渡河擬烏蘇里
鐵道方面ニ進出スルニ最モ
便利ナルモ後方連絡補給
極メテ困難ナリ
觀音山

7–2《黑龙江渡河点要图》

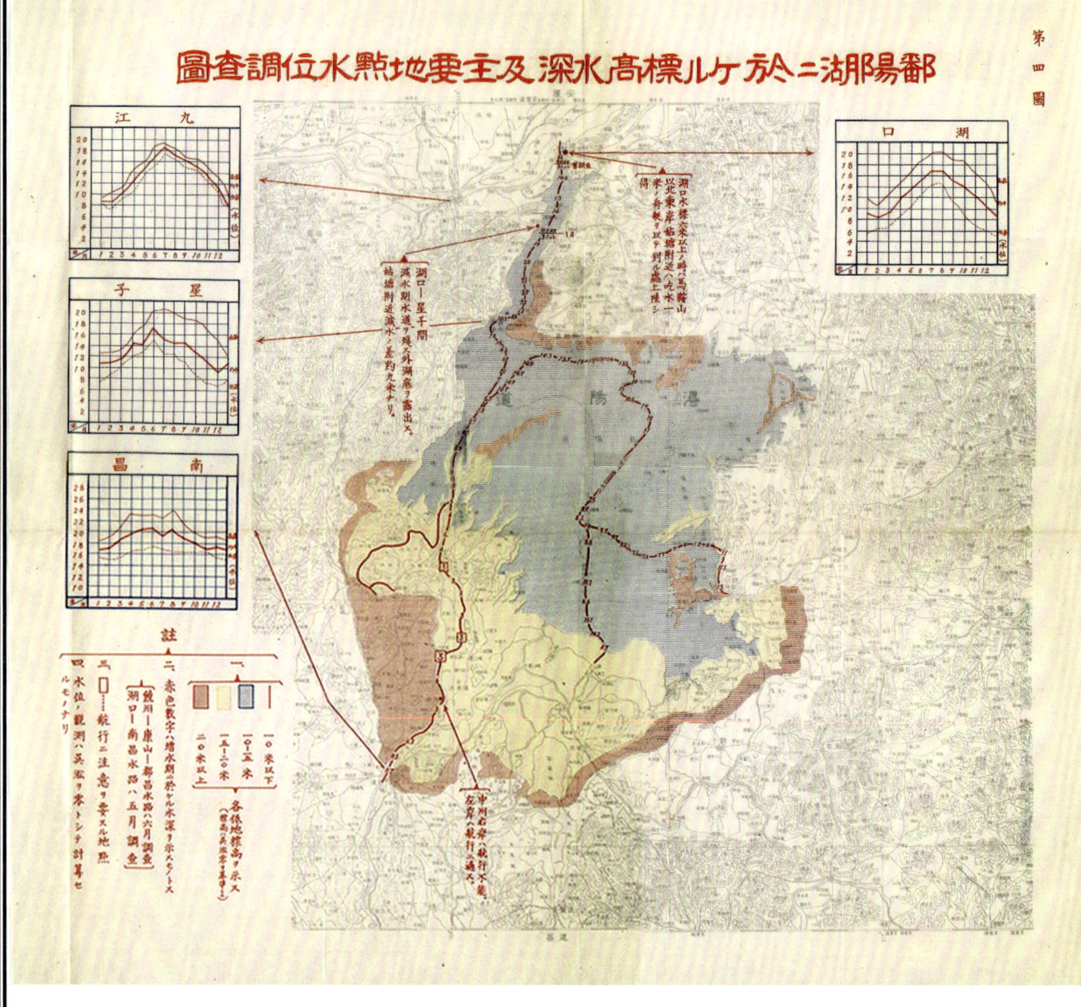

7–3《鄱阳湖标高水深及主要地点水位调查图》

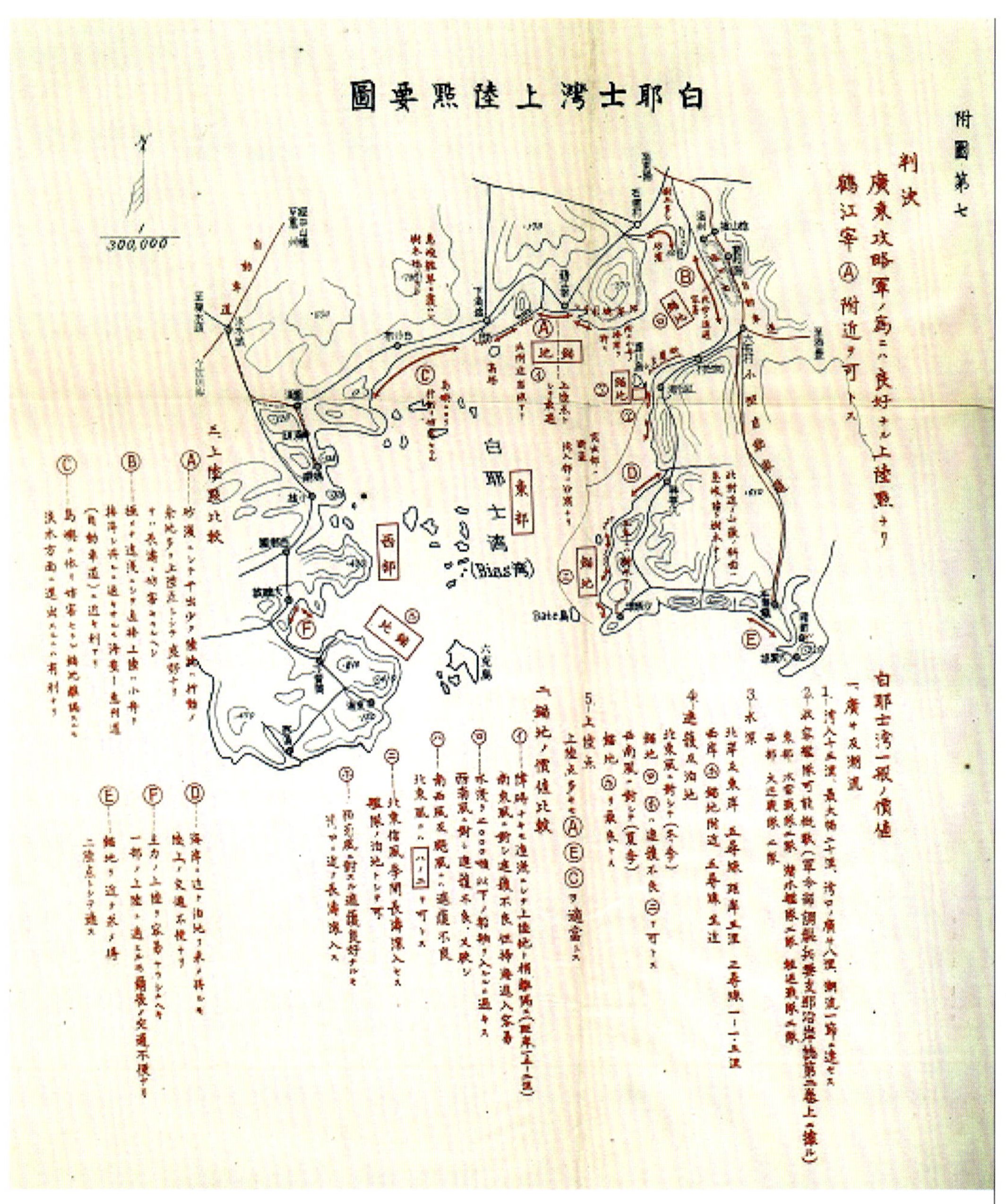
附圖第七
白耶士湾上陸點要圖
判決
廣東攻略軍ノ爲ニハ良好ナル上陸點ナリ
鶴江窖Ⓐ附近ヲ可トス
白耶士湾
東部
西部
(Bias湾)
1/300,000
三、上陸點比較
二、錨地ノ價値比較
白耶士湾一般ノ價値
一、廣サ及潮流
3、水深

7–4《江西省森林分布图》

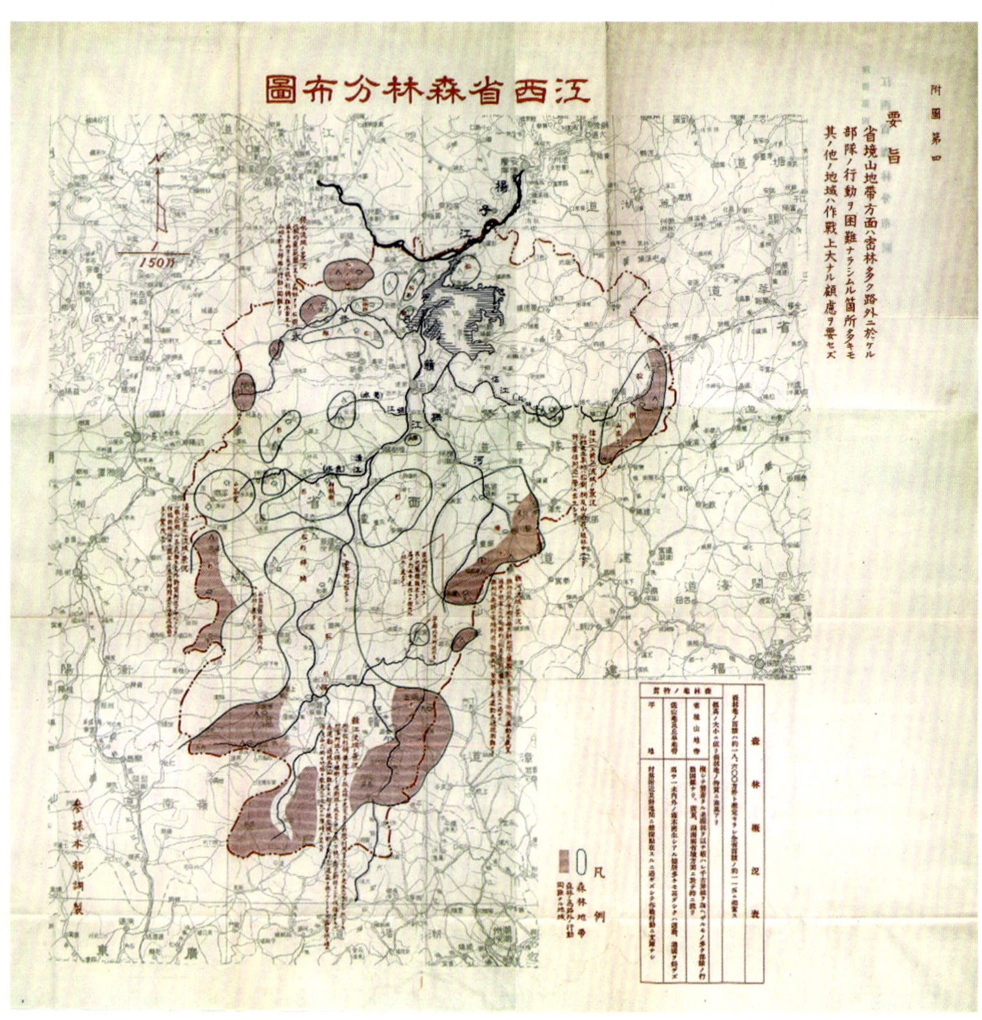

江西省森林分布圖
附圖第四
要旨
省境山地帶方面ハ密林多ク路外ニ於ケル
部隊ノ行動ヲ困難ナラシムル箇所多キモ
其ノ他ノ地域ハ作戰上大ナル顧慮ヲ要セズ
揚子江
150万
森林概況表
凡例
森林地帶
參謀本部調製

7–5《江西省森林分布图》

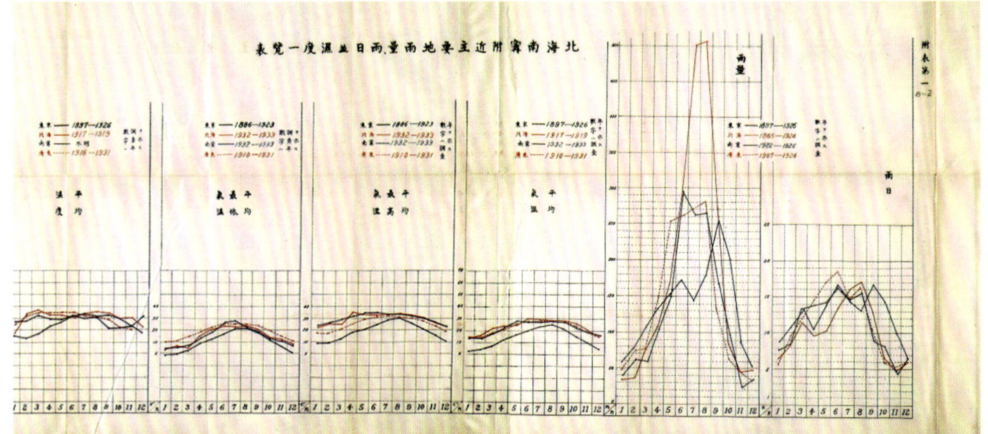

7–6《北海南宁附近主要地雨量雨日湿度一览表》

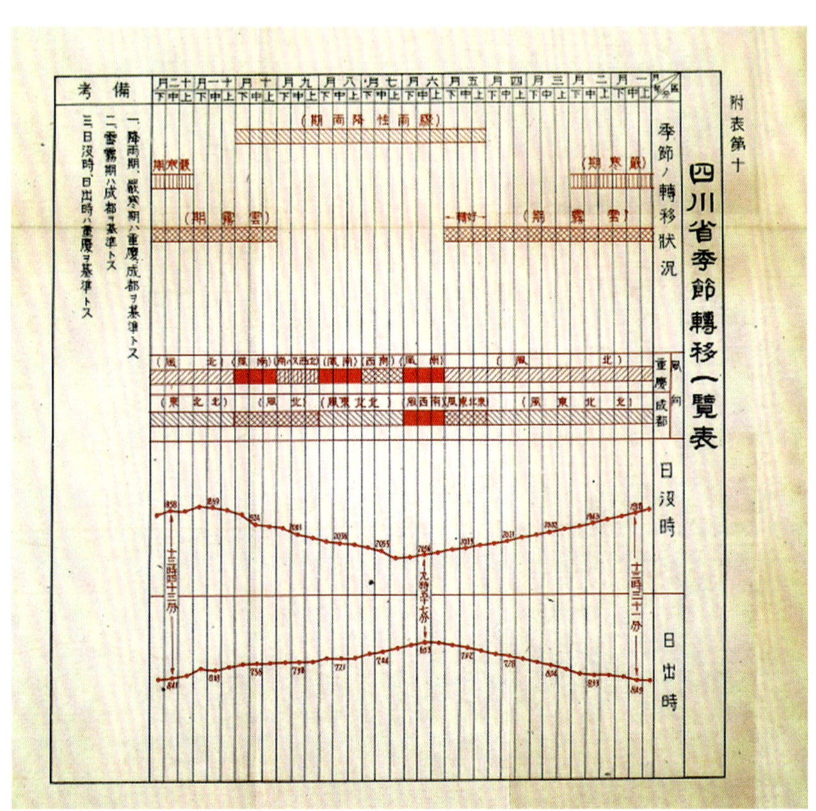

7–7《四川省季节转移一览表》

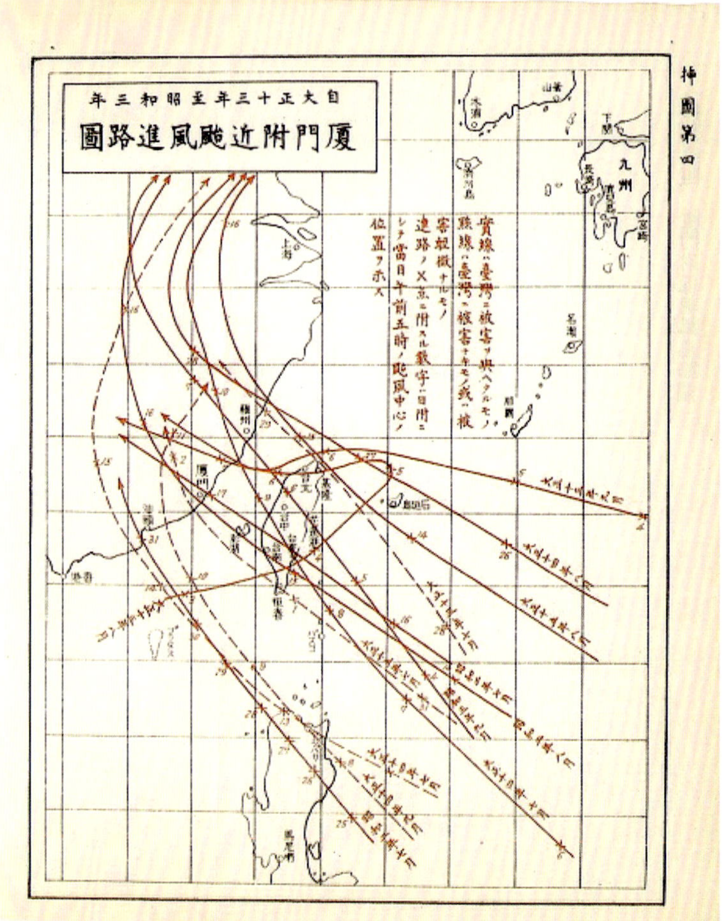

7-8《厦门附近台风进路图》

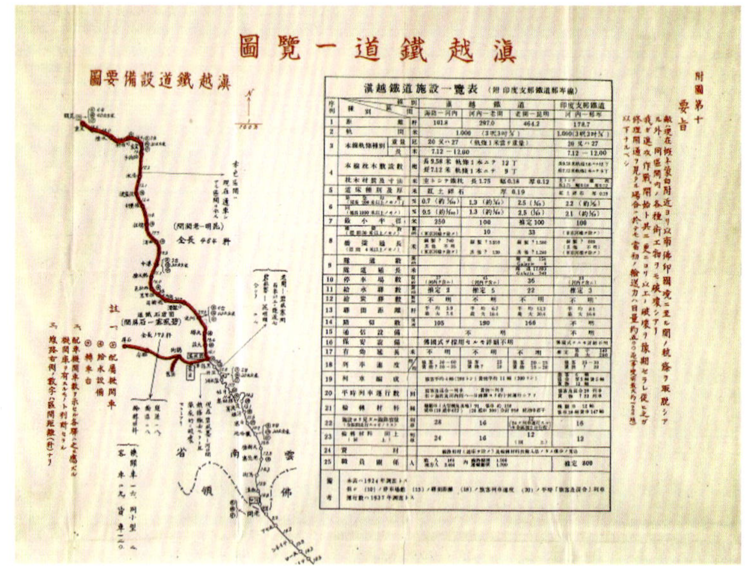

7-9《滇越铁道一览图》

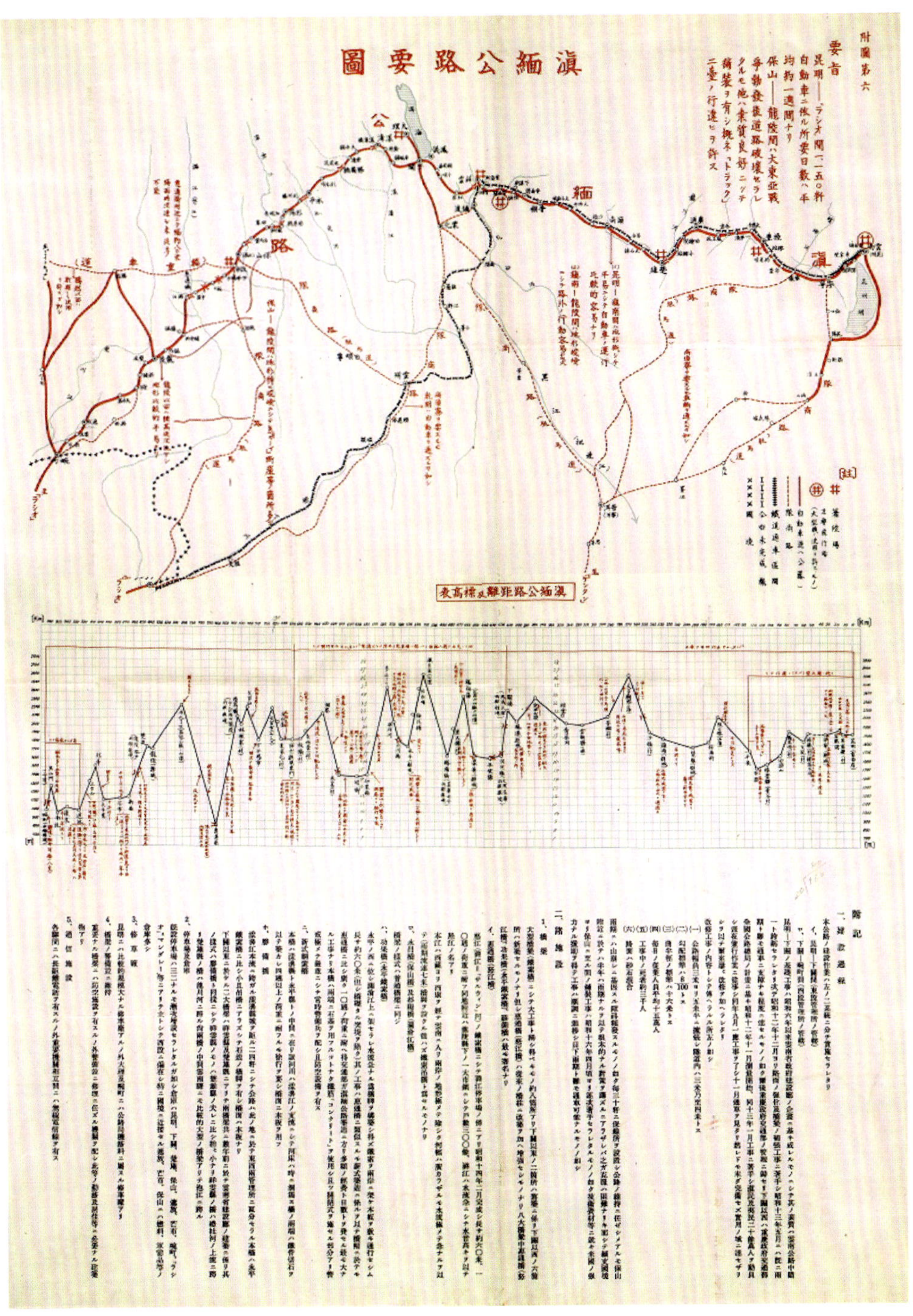

7-10《滇缅公路要图》

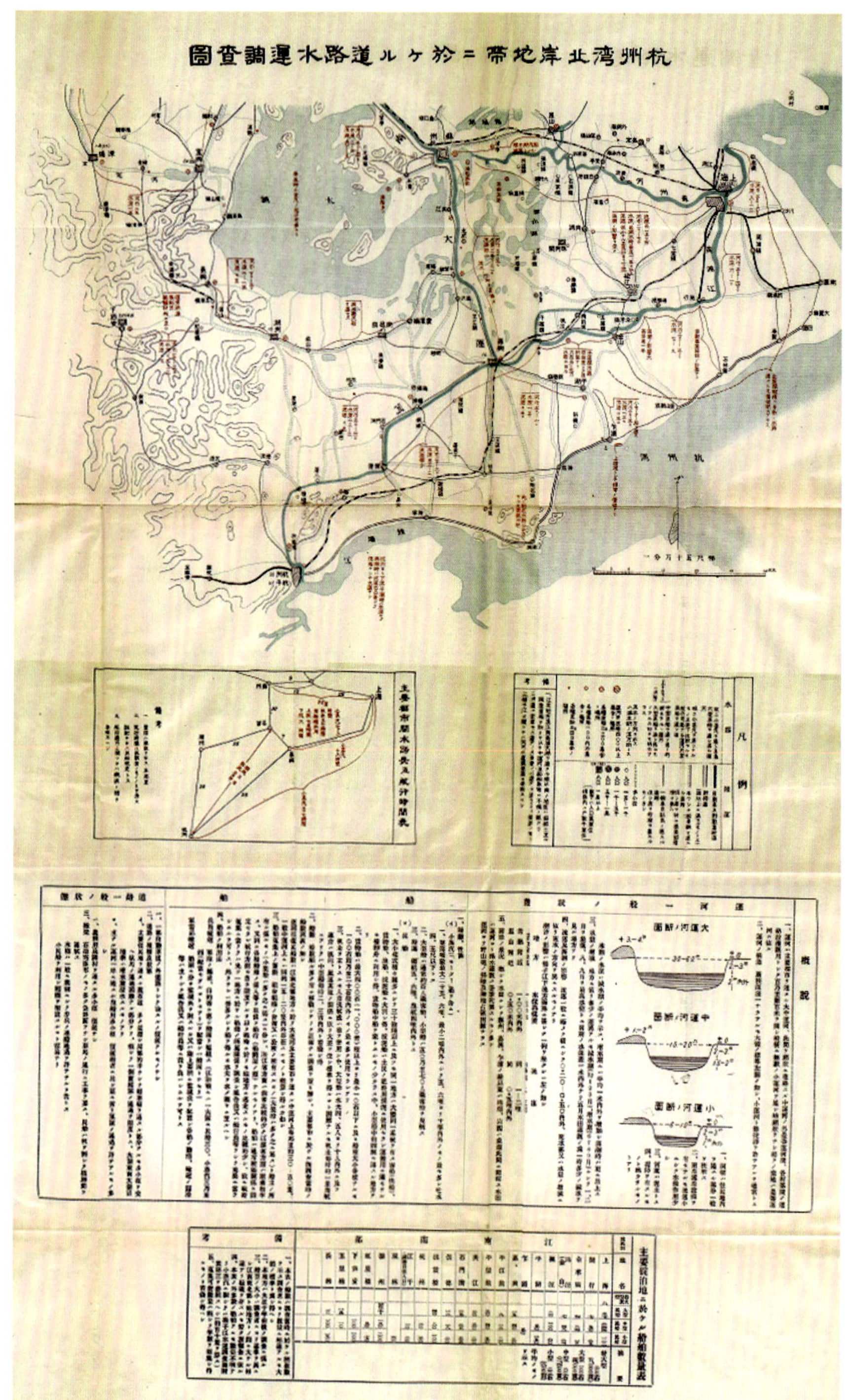

7-11《杭州湾北岸地带道路水运调查图》

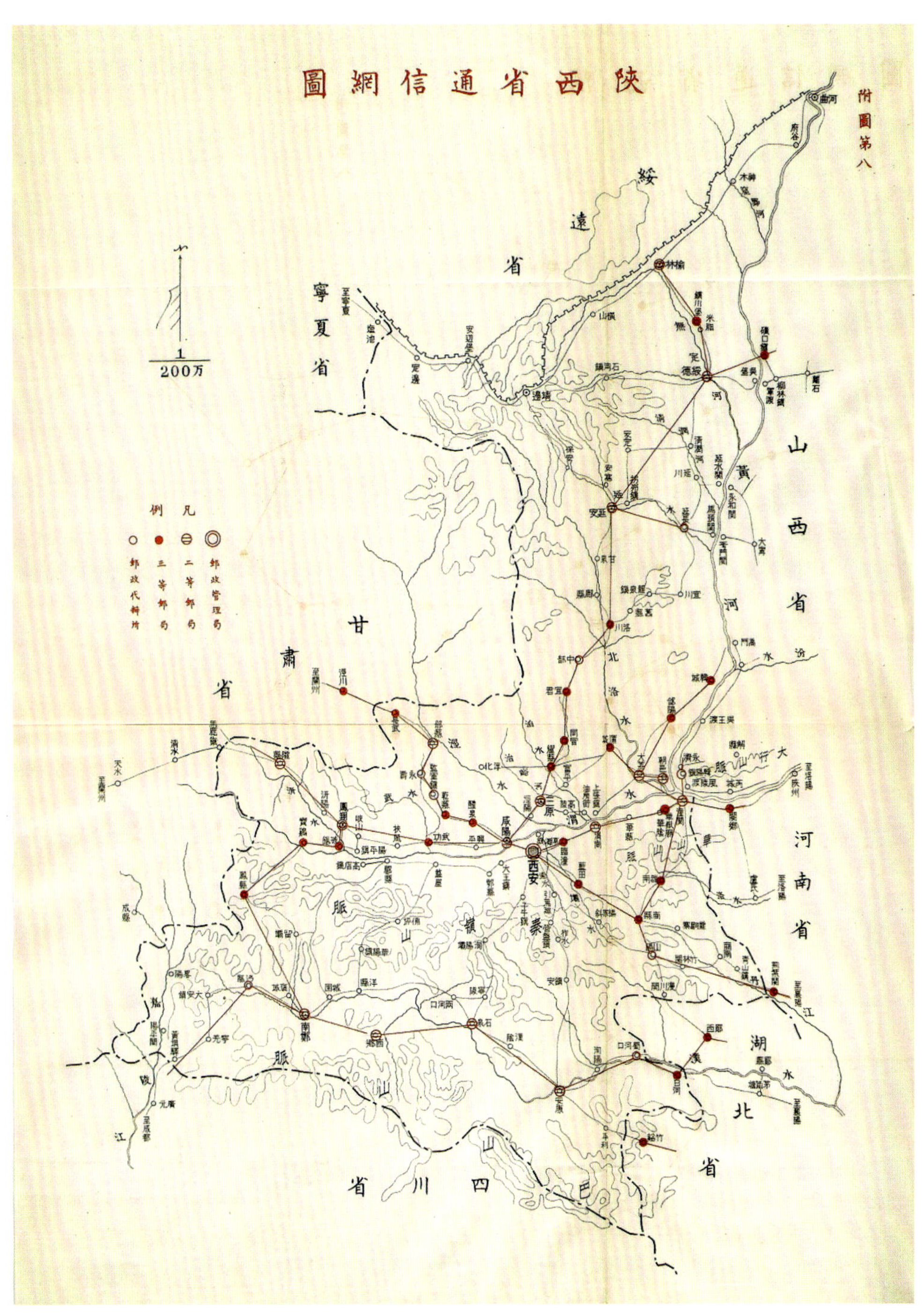
陝西省通信網圖
附圖第八
凡例
郵政管理局
二等郵局
三等郵局
郵政代辦所
1
200万
綏遠省
寧夏省
甘肅省
山西省
河南省
湖北省
四川省
西安

7-12《陕西省通信网图》

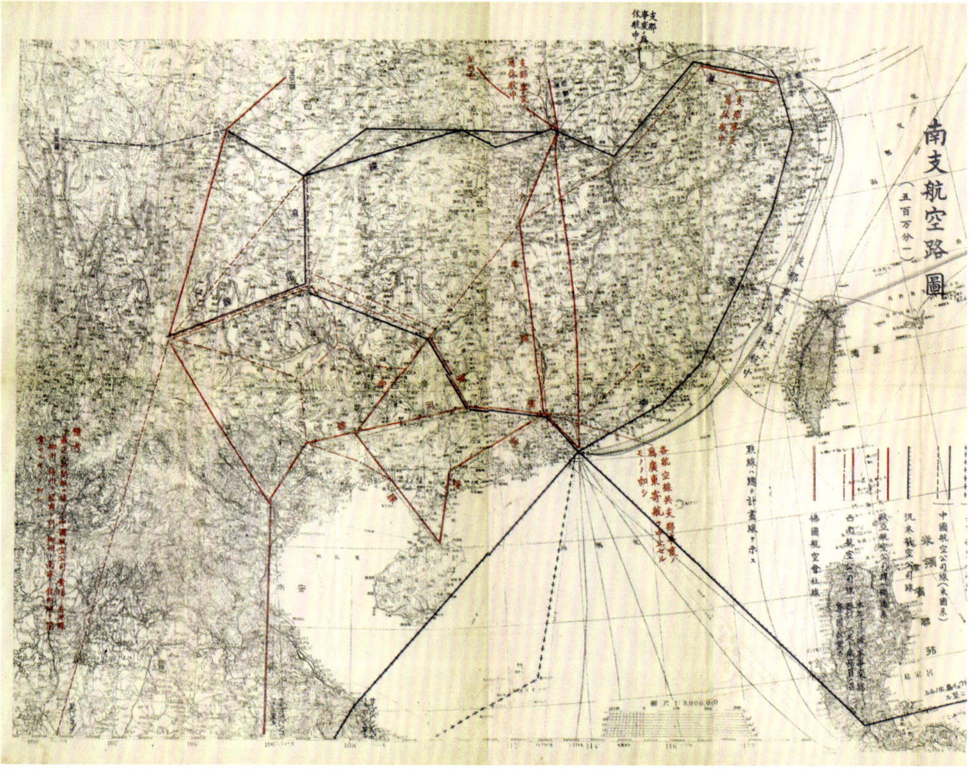

7-13《南支航空路图》

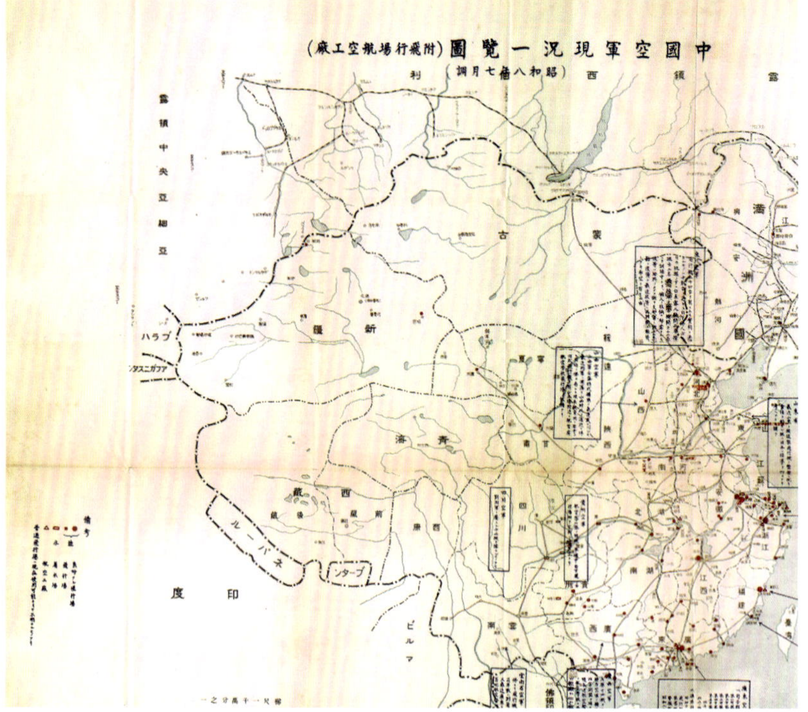

7-14《中国空军现况一览图》

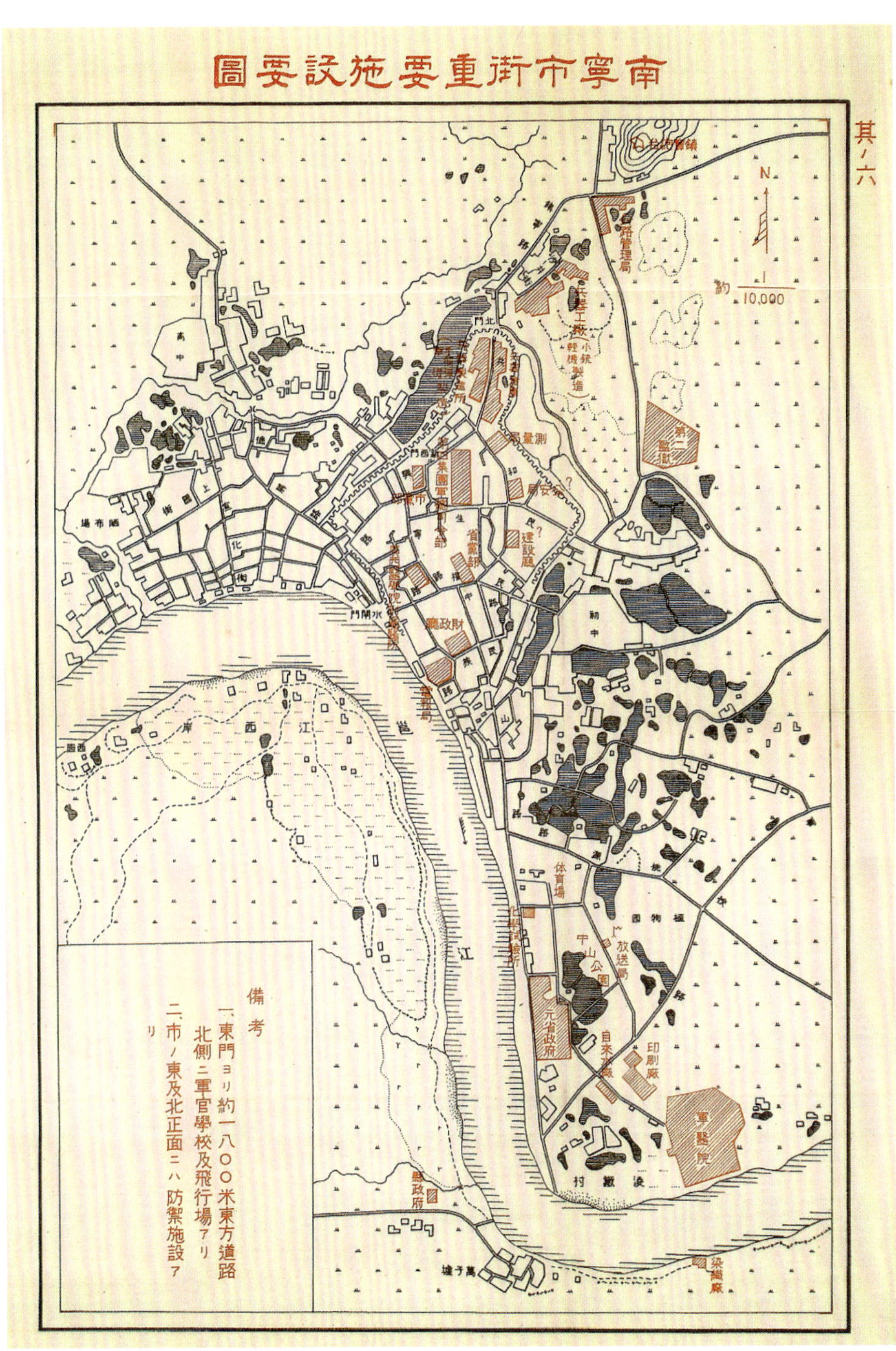

7-15《南宁市街重要设施要图》

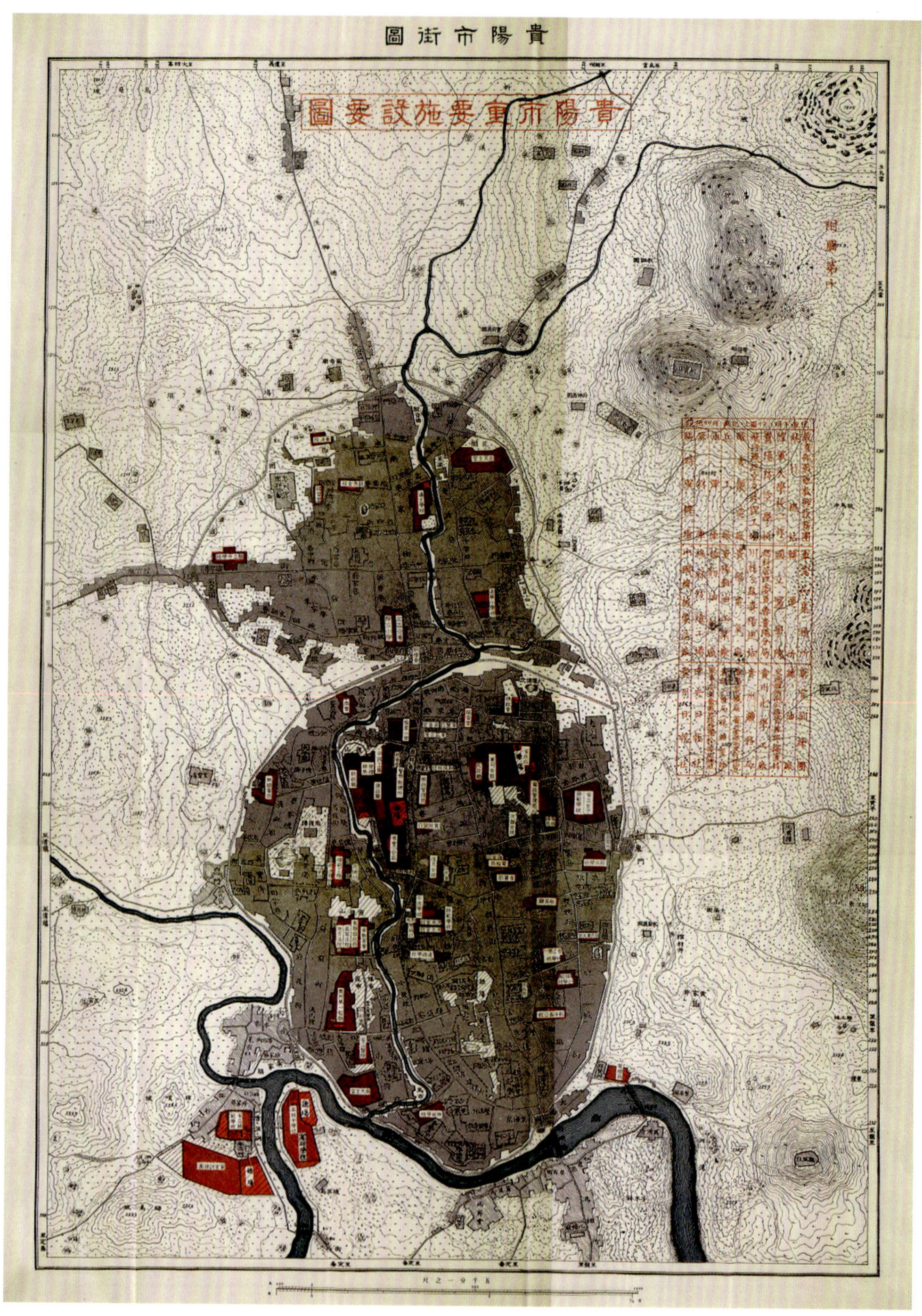

7-16《贵阳市街图》

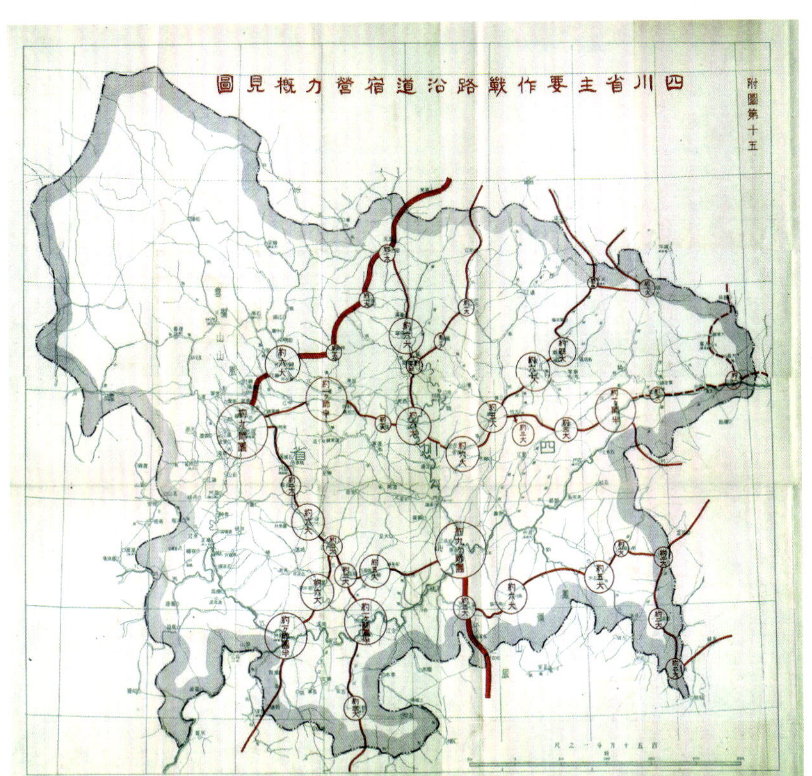

7-17《四川省主要作战路沿道宿营力概见图》

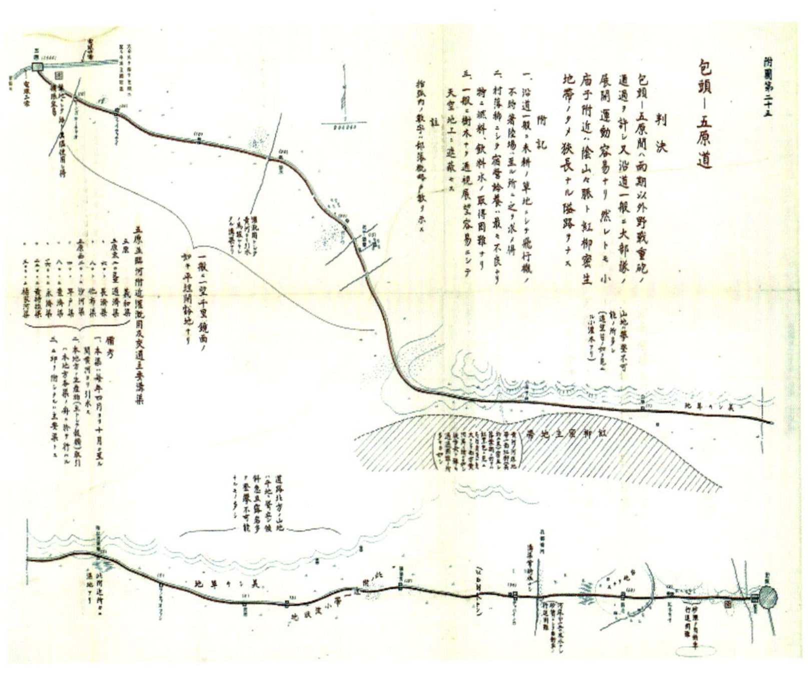

7-18《包头—五原道（给水要图）》

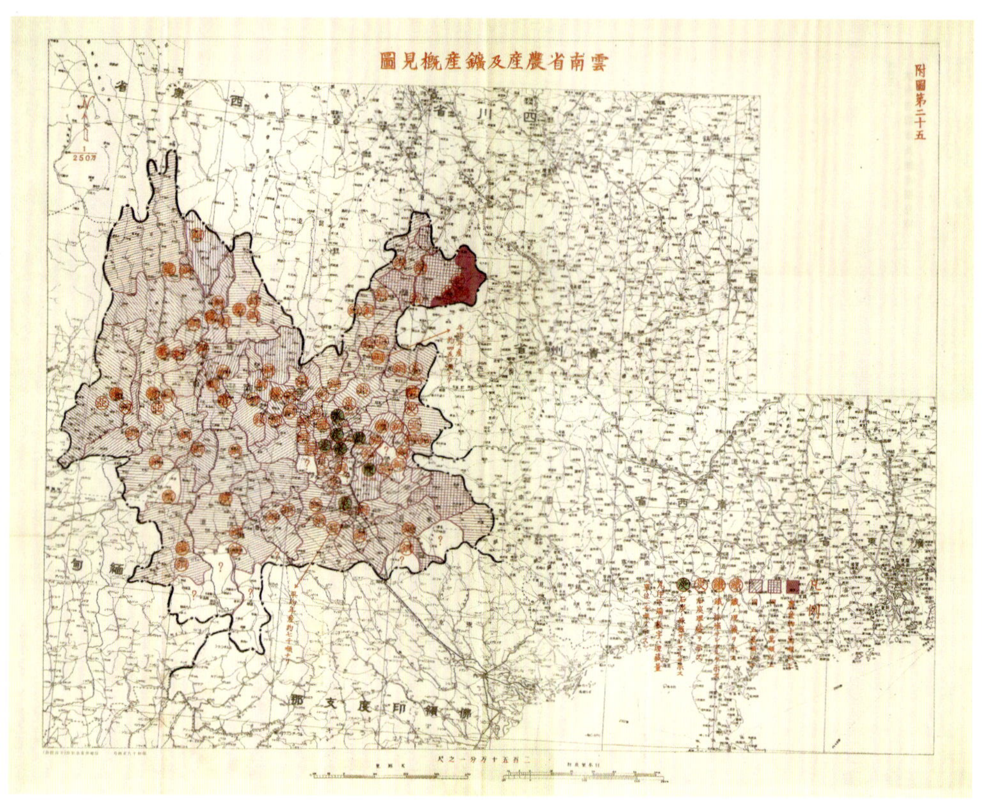

7-19《云南省农产及矿产概见图》

八、“用兵的观察”

——日军首脑机关对中国各战场的观察视角

（一）何谓“用兵的观察”

“用兵的观察”，即用作战的观点分析预定战场的各项条件，得出军队在区域攻防进退等军事行动的利弊结论，并提出建议。现存并发现的日军编制的中国各种兵要地志，多为其参谋本部或大本营陆军部等首脑机关秘密印发。其中，“用兵的观察”应代表了日军最高指挥参谋机构对中国各战场的军事判断。

“用兵的观察”是日军兵要地志的主要章节，是日军参谋本部和大本营陆军部等首脑机关对预定战场战略、战术的观察和评述。日军兵要地志中依编写年代，以1937年为分界，此前是作为结论放在全面叙述之后，之后则提纲挈领放在书前。这里从日军兵要地志中“用兵的观察”的概念和调查要求入手，对“九·一八事变”、“七·七事变”和“八·一三事变”三个战场方向，以及日军编印中国各省兵要地志中摘出“用兵的观察”罗列其作战观点，以供参考。

“用兵的观察”是日军兵要地志中的重要内容。侵华战争中的日军战略方向，如平津、上海和南京，或省区，如山东、广西，甚至到乡镇，如黑龙江边境的平阳镇，其兵要地志中都有“用兵的观察”这项内容。

1936年《关东军兵要地志调查参考书》“调查要目”中第一章是地形及地质，而“用兵的观察”则在第九章。日军要求在现有战时编制的基础上，根据各章记述的作战地域特点，作战部队如何结合这些特点进行作战予以概括、判断和叙述。具体可根据各章细论分别记述。

第一节　作战部队的兵力、编制、装备

对地理——宿营、给养、给水、卫生、气象上的观察

作战兵力、兵种配合、后方机关如何配属，现行编制装备是否适用，以及改善的对策

第二节　作战地域的作战要领

作战地域的地理特性，如何灵活利用以趋利避害，除作战要领之外的相关记述，机动战斗、航空、宿营、后方机关、交通等，以及谍报、谋略、宣传、治安的要领[1]

据日军原参谋本部兵要地志班班长渡边正的记述，1945 年日军《兵要地志调查要目》开篇是“通则”，即说明。而第二章即是“用兵的观察”。其中各项内容与 1936 年关东军司令部颁发的兵要地志调查的相关内容大致相同。迄今发现的日军 1937 年以后的各类兵要地志，其“用兵的观察”大多是第一章，即开篇章。

这里除日军对“满蒙”的“用兵观察”有战略判断予以列举之外，主要以选择日军 1937 年以后的“兵要地志概说”为主，考察其战场着眼点。

（二）“九·一八事变”前夕日本军界高层眼中的“满蒙”

1931 年 3 月，日军参谋本部印发作为军官训练教材的《“满蒙”兵要地志概说》中的第五章，即最后部分“作战的影响及本地方的特点”，也就是“用兵的观察”，仅从战术角度对所谓“满蒙”（我国东北三省和内蒙古东部）对外蒙古和中国北部两个作战方向，从地形、气象、居民地等项做简要分析。而真正暴露日本帝国主义侵略野心的则是时任关东军参谋长、曾任日军参谋本部兵要地志课中国班班长的板垣征四郎。1931 年 3 月他在陆军步兵学校作“从军事上所见到的‘满

〔1〕［日］『關東軍兵要地誌調査參考書』，ワジワ歷史資料ヤニター網，昭和十一年六月一日關東軍參謀部。

蒙'”的报告，这个题目实际是从战略角度谈“用兵的观察”。板垣作报告之后六个月，“九·一八事变”爆发。报告摘要如下：

“满蒙”在战略上的地位

现在，从战略上来观察，“满蒙”（大体上指东四省的范围）北以黑龙江、西以大兴安岭与俄国领土为界，东南以鸭绿江与朝鲜为界，西南以松岭、七老头、阴山等山脉与中国本土隔开，划出了四周天然的屏障，它本身就形成了一个战略据点。因此，自古以来占据此地的北方民族，在这个易守难攻的边境之地，利用天险，退而培养国力、整顿兵马，一旦时机成熟，就猛然奋起，越过天险，侵入中原，以统治汉民族。这种例子，历史上曾多次出现。辽是这样的，金是这样的，清又是这样的。最近以东三省为根据地的张作霖，虽然在关内曾屡遭失败，现在俨然不失为北方之雄，这虽有各种原因，但是主要因素是依靠“满蒙”在地形上的有利地位。

对朝鲜方面，也有好多同样的例子。远古的事例，不必举了，就从比较近的日俄战争前夕的形势来考虑，当时朝鲜力量微弱，毕竟不能阻止俄国势力的南下。如果俄国一越过国界而出兵，占领朝鲜，只是时间的问题。众所周知，实际上，这就是日俄战争的直接原因。假定在日俄战争中彼此之间的胜负颠倒了过来，那会造成怎样的形势呢？非常明显，俄国一定会永久盘踞“满洲”，震慑朝鲜东部，窥视日本本土，往西就会威胁中国的国都（北京）。果真如此，作为岛国的帝国的命运会怎么样呢？当时，中国从鸦片战争以来暴露了它的积弱已久的情况，已经变成了列国权力的舞台，而以此为开端，最终会遭到被列国侵害的悲惨命运。这也许可以说是它的必然途径。现在想来，还为之不寒而栗。

再看一下地图，考虑欧洲势力向东入侵的道路。中国的西域控制着绵亘于亚洲大陆中央的喜马拉雅、昆仑山脉（即大雪山）之险，要侵入是很困难的。自古以来，伊犁地方当西方交通之要冲，阿拉伯和印度等文明都是从这里进入中国的（另一方面，通过南方的海路）。铁路交通已经发达起来。现存海兰铁路（即陇海铁路）还没有完成，要进入这方面是不可能的；但是，最近土耳其斯坦铁路已经完成，自此以来，俄国势力就容易侵入进来，将来必须加以注意。外蒙古方面已经归入俄国势力范围，必须考虑它从张家口方面侵入进来，但是，现存连接外蒙古的铁路还没有完成，要这样做还不见得容易。这样说来，归根到底，西方势力向东侵入的道路只有通过西伯利亚铁路。俄国现在和往年不同，在前年——昭和四年(1929)的俄华冲突中，如果日本在"满蒙"没有任何力量，俄军也许会毫不犹豫地用武力占领"北满"一带，甚至敢于用武力占领"南满"。如上所说，由于帝国掌握着"满蒙"战略关键的据点，在这里形成了帝国国防的第一线：从消极方面来说，达到保卫朝鲜的目的；从积极方面来说，可以牵制俄国向东发展，并且对中国掌握着有力的发言权。

万一日本从"满蒙"退出，不但立刻会危及帝国的生存，并且立刻会破坏东洋的和平。所以，实际上，这个问题是超过了经济问题的重大问题。

…………

结论：我衷心认为，不能不得出这样的结论——从目前中国方面的态度来考察，如果单用外交的和平手段，毕竟不能达到解决"满蒙"问题的目的。众所周知，在对俄作战上，"满蒙"是主要战场；在对美作战上，"满蒙"是补给的源泉。从而，实际上，"满蒙"在对美、俄、中的作战上都有最重大的关系。由此看来，可以充分了解，"满蒙"在军事上有着何等重要的地位！[1]

8-1 曾任日军参谋本部兵要地志课中国班班长的板垣征四郎

[1] 复旦大学历史系日本史组编译：《日本帝国主义对外侵略史料选编 1931—1945》，上海人民出版社，1975年。

（三）“七七事变”和“八·一三事变”后日军对平津和淞沪战场的看法

1937年的“七七事变”后，日军侵华战争全面爆发。而平津地区的兵要地志作为日军制定作战计划的重要依据，则是1937年8月20日，即事变之后一个半月才由其参谋本部印发。而《上海及南京附近兵要地志概说》是1937年8月16日，即日军下达总动员令并派遣第三师团和第十一师团开赴上海的第三天匆忙印发的。这两本薄薄的小册子，是日军参谋本部为侵略战争匆匆赶制出来的“急就章”。

日军参谋本部在《平津地方（河北省北部）兵要地志概说》第一章《用兵的观察》中对战场的看法是：

平津地区是中国北部的政治经济中心地区，在政治、军事两方面都具有极大价值。

一、该地战略要线，列举如下：

（一）正定（石家庄）、沧州线

除了平汉沿线以外，几乎没有据点，需要聚集大量兵力，做适合的阵地。不过，扼守山西的咽喉，在政治、军事上是值得掌握的重要线路之一。

（二）保定、沧州或保定、天津线

该线可利用天津西部的湖沼湿地及马厂运河，利于节约兵力，作为阵地线路，值得获取。雨季由于浸水区域扩大，且河川水量增加，虽然会增大敌人障碍，但也会极大地约束我军兵力的使用，必须加以考量。但是，冬季结冰，占领该线时需特别注意。

（三）永定河线

该河从卢沟桥附近开始，下游可徒涉区域较多。河川防御，可用作设障。不过，河头镇东部地区及其他地区只有在水量减少时才可徒涉，需要注意。

（四）平绥沿线是可用于威胁该地侧背的唯一作战路线，因此，在该地作战时，需常对该方向保持警惕。

二、兵力及编组

该地的作战兵力，根据其目的不同略有差异。根据地势，为了加强战略持久，平津地区约需5个师团，平绥地区约需1个师团。

该地根据旱季和雨季的不同，军队行动会产生较大差异。旱季可进行车辆编成，雨季则可按驮马编制。

三、该地在战斗方面的注意事项如下：

（一）该地必须徒涉的小河川、沟渠、运河颇多，需准备轻装渡河器材，尤其雨季要充分利用当地可得的高粱秆。

（二）县城所在地以上的大市镇拥有围墙，其抵抗力各不相同。但大多能抵御野炮炮弹[1]，如要进行破坏，需事先考量。

（三）该地的河川水运发达，民船充足，便于征集，可作为小部队机动作战及后方补给而加以利用。

（四）村落通常为土筑围墙，其抵御能力不大（大多难抵御野炮炮弹）。另一方面，村落周围通常有树木，会妨碍射击。

由于河川常常泛滥，村落一般比平地高出2—5米，为防守方提供了良好的支撑点。

我们再来看“八·一三事变”中上海及南京附近方向日军兵要地志的军事视角。

据日本政府防卫厅防卫研究所战史室编的《大本营陆军部》“从华北事变扩大到中国事变”记载，关于“八·一三事变”，时任日军参谋本部作战部部长的石原莞尔当时坚持出兵仅限于华北，而不扩及青岛、上海的方针，主张“陆军不能出兵，上海日侨可由海军保护”，极力反对向上海方向进攻或积极攻取南京。

战后日本政府防卫厅防卫研究所战史室的编写者认为，当时派遣两个师团保护上海日侨的最大错误，是由于对中国军情与地形判断错误。其中，对于地形的判断错误，都归结于当时日军调查编印的兵要

〔1〕当时日本陆军装备的野炮有38式和90式两种。如38式野炮射程8350米，主要用于杀伤敌步兵、发射烟幕弹和破坏铁丝网等障碍。参见［日］宗像和广、兵头二十八著：『日本陆军兵器资料集』，并木书房，1999年。

8-2 担任日军参谋本部作战部部长的石原莞尔

地志。《大本营陆军部》中记载："上海的敌情侦察很不可靠，海军曾说能占领江湾镇一线。实际上，出兵时敌已到达吴淞镇。此外，据兵要地志班判断，在第十一师团登陆的附近，10月底以前为一片泥泞，无法作战，实际上却能完成作战。"[1]另外，日军参谋本部总务部部长中岛中将后来曾说："8月23日，虽命上海派遣军在海军的协助下，迅速在上海登陆，但由于中国军队已占领登陆点附近严阵以待，登陆作战产生困难。加以根据错误的兵要地志资料，认为上海附近地形不能使用野炮以上的火炮，致使上海派遣军的编组劣于原中国驻屯军……但实际地形可以使用更大的兵力。而中国军队的军事设施意外坚固，以致陷入极度苦战。"[2]

日军参谋本部编印的《上海及南京附近兵要地志概说》中"用兵的观察"对登陆地点的记述为："该地海岸线为扬子江、钱塘江沙土堆积，浅近海岸地形亦多沼泽沟渠。便于登陆地点极少，唯乍浦附近（金山卫）可以登陆，但该地为要塞地区，最近增强了防卫。扬子江沿岸土质泥泞、草丛密，且陆上地形湿地沟渠多，登陆后行动困难。加之长江的水路经常变迁，昨日适于登陆之地，今日则可能泥泞没人马之足。因而事前侦察最为紧要。"日军兵要地志《水网地带的作战》还提道："本地带内的村落、竹林、墓地及堤防、土堆作为攻防据点价值颇大。'支那'军队在该地村落防御中背水为阵可顽强抵抗。"

事实上，日军兵要地志的判断并没有大错。战争开始后，据亲历淞沪会战、时任国民党军十四师参谋长的郭汝瑰将军回忆："我下级官兵又缺乏战斗经验，凡遭敌强烈炮火袭击，不是往竹林里躲，就是到小山包去藏，这正是敌人求之不得的，敌人将所有的炮都对准竹林、

〔1〕日本政府防卫厅防卫研究所战史室编纂、天津市政协编译委员会译校：《日本军国主义侵华资料长编（上）——〈大本营陆军部〉摘译》，四川人民出版社，1987年。

〔2〕同上。

小山包打，竹林、小山包就成了弹巢，往往伤亡很大。”[1]从日军的兵要地志看，日军早就注意到这些明显目标，其中记录：“携带轻型渡河器材十分必要，可在现地征集竹筏和小木船等工具。遇水壕可用树、草填埋，作业时间30—60分钟，野战重车辆即可通过。”

我国战史提到，恰是日军在淞沪作战中携带轻型渡河器材，才使其在水网地带克服障碍、进展迅速。侵华日军将领将淞沪之战初期战场兵力、火力投送不足归结于兵要地志的失误，实是可笑。这种将战争失败、战役失利的原因推卸给兵要地志调查不足的例子，在日本战后的史料中屡见不鲜。

此外，淞沪之战中国民党军第九十八师第二九四旅五八七团在8月30日攻入孙家楼日军阵地时，曾缴获《陆海协同作战》《街市战研究》《“支那”军战斗法研究》三本教材，其封面上有“昭和十二年七月第二十二联队翻印”。昭和十二年即1937年，这也说明，日军自“七七事变”之后，匆匆开始了对华的应急作战训练。“八·一三事变”，中国军队虽损失惨重，但将主力用于长江方向，迫使日军主力由华北平原转战于华中湖泊山岳地带，展开持久战，争取数月时间，实现了沿海物资内迁的战略目的。

当年，日本陆军本是以俄国为假想敌、日本海军以美国为假想敌而进行战争准备，对中国并未过多考虑，认为万一有变，以陆海军中的一部即可胜任。据日本政府防卫厅防卫研究所战史室《大本营陆军部》记载，1935年至1936年的对华作战设想中，“‘满洲’事变后对苏作战准备极不完善，而形势要求必须对之严加警戒。因此，对华作战之规模需要极力加以限制，即必须以最小的兵力达到作战目的”；又说，“虑及对苏、对美之关系，必须排除万难，力避从局部战事发展为全面战争……”[2]可见日本当局当时并不希望将对华战争无限扩大，用以保存实力。

而当淞沪会战开始后，狂热的日本军国主义分子，特别是青年将校和参谋们极力推动日本当权者扩大事态，“惩罚”中国，最终导致中国全面抗战爆发。与之相反，石原莞尔似乎是个明白人，他在“七七”

---

〔1〕《郭汝瑰回忆录》，四川人民出版社，1987年。

〔2〕日本政府防卫厅防卫研究所战史室编纂、天津市政协编译委员会译校：《日本军国主义侵华资料长编（上）——〈大本营陆军部〉摘译》，四川人民出版社，1987年。

和“八·一三”两次“事变”中，都反对扩大战争。俞天任在《军国的幕僚》中总结石原莞尔对华的战略思想：“主张挑动在西北的国共内战，同时建设‘满洲国’，巩固华北，堵住俄国人南下，再向南洋渗透，得到马来亚的橡胶和文莱的石油，同时挤走英国人，争取把手伸到印度尼西亚，确保石油，然后和美国进行最终的战争。”〔1〕时至今日看到这个战略构想，依然让人不寒而栗。所幸石原莞尔因与日本当权者意见不合而辞职。日本陆军参谋本部的堀场一雄在战后著书《日中战争指导史》中说，日本统治集团各派系在侵华这一点上是一致的，但在侵华的策略和步骤上却主张不同。〔2〕可见当年日本军队中对侵华之争论还是很激烈的。

我们再看当年日军参谋本部在《上海及南京附近兵要地志概说》第一章“用兵的观察”中的作战观点：

一、登陆点

该地海岸线为扬子江、钱塘江沙土堆积，浅近海岸地形亦多沼泽沟渠。便于登陆地点极少，唯乍浦附近（金山卫）可以登陆，但该地为要塞地区，最近增强了防卫。扬子江沿岸土质泥泞、草丛密，且陆上地形湿地沟渠多，登陆后行动困难。加之长江的水路经常变迁，昨日适于登陆之地，今日则可能泥泞没人马之足。因而事前侦察最为紧要。海岸处的水位落差，受潮汐涨落影响最大可达1.2米，扬子江自上游至下游均大受影响。

登陆地点的细节情况一定要参照兵要地志图。

二、水网地带的作战

该地的水网使陆上交通变得极其困难，会给作战造成特殊影响。需考虑以下诸项事宜：

（一）携带轻型渡河器材十分必要，可在现地征集竹筏和小木船等工具。遇水壕可用树、草填埋，作业时间30—60分钟，野战重车辆即可通过。

〔1〕［日］俞天任著：《军国的幕僚》，中国友谊出版公司，2007年。

〔2〕参见［日］堀场一雄著、中国人民解放军总参谋部情报部译：《日中战争指导史》（原名《“支那”事变战争指导史》），1965年。

早期沼泽以外的水田及耕地，不会给野战重型车辆的通行带来困难。

（二）水路比地表低两三米左右，通过水上作战协助地面战斗是不可能的，但可通过水路进行隐蔽机动运输。

由于是带状运河，需要进行比空、陆更为详尽的侦察。

此外，在地上缺乏遮蔽物时，水上活动需轻装上阵。行李及携行物资等通过水路输送比较有利。

（三）事先要做好完备的舟艇准备，须考虑由于当地居民藏匿船只或乘船出逃所带来的船只搜集的困难。提前制定好搜集策略及处置措施十分关键。通过收购地方较大的船队来征集船只将十分有利。

（四）该地的村落、竹林、墓地及堤防、土堆等，攻防均可作为据点，价值甚大。中国军曾在该地的村落，背水防御，顽强抵抗。

三、地形判断

上述是在上海附近的作战中，水网地带战斗特点。以下所述，是以攻占南京为目的的地形判断。

长江的溯江作战不再像以前那样容易，须考虑扬子江岸要塞的增强、水雷的设置，以及中国空军的跋扈等因素。可利用铁路和公路，通过陆上线路迅速展开机动作战，并以机动作战为主，调用一部分兵力协同实施溯江作战。

陆路正面攻占南京，从地形上来说，作战须沿京沪沿线地区，及太湖西南地区两大正面并进。从地形上来看，前者地区地形障碍多，敌人抵抗势力大。因此，将后者，即太湖西南地区选定为主战场比较有利。

由于上述问题，须迅速占领江阴、无锡（太湖北岸）线及湖州（太湖南岸）、杭州线，为后期作战做准备。

在长江利用方面，应排除敌人江阴要塞的妨害，不仅可使水陆作战变得容易，江阴—无锡线还将成为重要进军路线。

此外，杭州不仅是中国空军的根据地，对于从江西、福建方面赶来的中国增援部队而言，还是侧翼掩护的重要据点。湖州不仅是通往南京公路及水路辐射交通网的重要枢纽，也是水网作战向一般地形作战的转换线。

而后作战，应以有力一部由芜湖进出，从敌人背后实施遮断。

四、编成装备

水网地带作战，重型车辆行动明显会受限制。因此，尽量派遣驮马编制部队较为有利。在南京附近的作战中，一方面，必须对攻占永久筑城工事进行预估和准备；另一方面，由于地形方面也无大碍，应尽可能多地配备飞机、重炮，以及机械化部队。

（四）日军对山东省“用兵的观察”

中国山东省，日本自明治时期就是其陆、海军窥视的方向。目前，我所见到的日军编印的山东兵要地志有二种：一种是1937年3月31日由日军参谋本部印发的《山东省兵要地志概说》；一种是1942年7月20日由侵华日军“甲集团”[1]参谋部编制的《山东省北部（高苑、蒲台附近）兵要地志概说》。此书虽仅限于山东局部地区，但内容较前者详细，而且密级定到最高，为“极密”。值得一提的是，1945年4月1日，我八路军鲁中军分区特务一连和泰安民兵大队，在泰莱公路伏击日军，缴获日军《山东省兵要地志概说》一册，该书详记山东公路状况。因此，特务一连和民兵大队受到山东军区司令部的嘉奖。

日军参谋本部1937年3月31日印发的《山东省兵要地志概说》，仅15页，无附图。密级为“秘·规则适用”。全书有用兵的观察、地形、运输、交通、通信、宿营、产业、气象等八章，并特别注明，气象、卫生及资源内容仅概要记述，详细情况参照各特种兵要地志和五十万分之一及十万分之一比例尺的兵要地志图。这本兵要地志全部为文字。同时，日军参谋本部还印发了一种将全部文字以表册形式印行的《山东省兵要地志概说》，更加简明，查阅迅速。这两种版本不同的《山东省兵要地志概说》似乎是为应对紧急情况仓促印发的。其“用兵的观察”内容摘要如下：

一、山东省位于中国南北经济中枢位置，拥有横断津浦铁路线、控扼陇海铁路线的优势。若占有山东省，可以与华北地区的作战部队相呼

〔1〕“甲集团”是侵华日军“北支那”方面军，“吕集团”是侵华日军第十一军，“波集团”是侵华日军第二十三军。参见［日］原剛、安岡昭男著：『日本陸海軍事典コンパト版（上）兵团文字符』，2003年。

应。为了确保战果，给予敌人致命打击，延长胶济铁路线、联络京汉铁路线尤其必要。

二、该省的作战兵力大致有三个师团。粮食等主要依靠后续补给，副食及马粮基本上能以此满足。兵团的编组可编制车辆，并以部分马匹混编比较有利。

三、黄河在该省境内，除津浦线，均无桥梁，在战略战术上形成了巨大障碍。因此，敌人利用之时，要迅速将其阻断。同时，我方利用时，则要采取切实的掩护措施。在南下作战时，为避开该障碍，可将该省作为前进的据点。

四、该省的铁路在实施作战时具有重大价值，而且战斗也大多发生在铁路沿线。因此，应尽可能地依靠铁路作战，使战果迅速扩展。另外，在详细了解铁路状况的同时，还要考虑现存转运物资的情况，提前准备好物资转运。

五、关于西进作战

（一）登陆点

该省的登陆地点选在青岛比较有利。虎头崖以西，大部队的登陆极其困难，甚至要利用龙口、虎头崖之间的海岸。但该海岸不能遮挡北风，且距离远、海水浅，需要特别考虑部队卸载的因素。

（二）前进路线

主力沿胶济铁路线前进。为了打破位于同线路上敌人的数次抵抗，派一个兵团沿潍县—寿光—广饶—济南路线前进。同时，为了逐个摧毁山地据点，可在南部高山地带抽调一部分兵力专门应对。另外，根据情况调派一个兵团从海州附近（岚山头）登陆，有利于一路西进，阻断津浦线。

六、南下作战

（一）主力军大致沿津浦铁路线南下最为合适。然而，济南—泰山之间因为有大部队的影响，通道变得十分狭窄（最窄部分为2000米）。

可分流一部分兵力沿长清—肥城路线，或长清—东阿—汶上路线前进。

（二）与津浦线并行的西侧前进路线，在济宁以南大多曲折，使用价值大减。

（三）为使津浦沿线的作战更加顺利，潍县（高密）—沂州—宿迁路线具有很大价值。该方面的作战兵力以混编旅团为宜，至多一个师团。但是，要注意根据该兵团兵力的多寡，将其机械化，增大其能力。

七、战斗上的参考事项

（一）住宅区

县城所在地的街市通常有围墙。围墙质量不一，没有统一标准。但大都能抵抗野炮炮弹，并且拥有侧面防御设备。其村落也多有围墙，围墙多为土筑，抵抗力较弱，只能抵抗野炮炮弹的碎片。住宅区的房屋初看防火，但屋顶可燃物多，攻、防均要注意。

（二）平原

除半岛部分及青州北侧地区，遮蔽物少，火力效果明显，需考虑正面攻击带来的损害。因此，尽可能采用迂回包围的策略来达成目的尤其必要。

（三）山地

山地等几乎为秃山，但对步兵来说，障碍极其少。若用一部分兵力将其占领，必须采取迂回包围的方式。但是，处处都是裸露的岩石，会阻碍军队行进，必须事先对此加以考虑，尤其是泰山山脉。

（五）日军对山西东南部“用兵的观察”

发现现存的日军山西省的兵要地志，是侵华日军杉山部队[1]司令部 1939 年编印的《山西省东南部兵要地志概说》。此书是根据 1930 年 9 月 1 日日军参谋本部印发的《山西省兵要地志》，以及全面抗战爆发前后侵华日军所获各项情报综合而成，也是日军战斗部队在战场现地调查编纂，因而密级定为最高的“极密”。

1941 年 6 月，八路军第一二九师三八六旅旅长陈赓在《司令部

〔1〕杉山部队，即日军“北支那”方面军。

工作的制度建设》的总结报告中指出，1941年开始就注重对侦察部队整训，侦察员训练的材料原则上确定“华北兵要地理的讲授，特别是山西”。1942年12月25日陈赓旅长在《1942年工作基本标准》中提到要“建立经常的社会与兵要地理的调查”。1943年6月11日陈赓在日记中总结“关于情报工作”中提道：“敌人对我调查非常精密，兵要地形，负责人照片、履历。”[1]因此节录日军《山西省东南部兵要地志概说》中关于山西东南“用兵的观察”：

8-3 八路军三八六旅陈赓旅长在山西前线

一、地形概况（参见图8-4）

该地广泛分布着南北走向的太行山脉及其各大分支。整个地区形成了海拔几乎在1000米以上的高原山地。可以视为平地的，除了西部向南流的汾河沿岸的河盂，以及与东部、南部的河北、河南平原相连的平原，其他平地仅有沁河、漳河流域的狭窄平原和潞安附近的高原平地。

因此，在该地作战，必须连续翻越险峻的山地。由于道路不够发达，缺乏较好的通道，不易提供作战补给，大兵团的运用尤为困难，只能派遣小分队进行各个击破。

二、山地概况

该地几乎全部为山地。太行山脉的主要脉络贯穿山西省东部及河北省、河南省，呈南北走向。其分支北部为东北—西南走向，中部及南部为南北走向，西南部为中条山脉。

太行山系自西向东逐渐增高，在河北、河南及山西省的交界处形成山脊，海拔约1500米。其与河北、河南的平原之间的相对高差约1000米，高山峡谷相间，交通极其困难，依靠仅有的公路沟通较大的县城。除此，只能通过河谷互通往来。山脊一般由岩石构成，遍布地隙（深约10米，

[1] 总装备部《陈赓军事文选》编辑组编：《陈赓军事文选》，解放军出版社，2007年。

最深达二三百米）。

该地西侧的太行山脉分支为霍山（绵山山脉）、中条山脉，其西侧山麓是连接汾河的波状高原。地隙相对较少，基本不会对各兵种的行动带来困难。上述两山脉的中部地区受到漳河上游及沁河侵蚀，形成了各分支山脉。山顶岩石裸露，多为断崖。与各河盂之间的相对高差约在500—800米之间。横跨断崖的各道路大多路况不佳，又由于河床较多，降雨时积水，往往会阻碍交通。

三、平原概况

该地可视为平原的地方只有位于汾河及潞安周边的高原平地。

潞安平原大致是由潞安—长子—屯留—潞城连线的地区，海拔约1000米。其周边被相对高差一二百米的丘陵山地包围。该平原一般地隙较少，道路发达，交通便捷，利于各兵种行动。周边的丘陵山地大多非波状，一直延伸至太行山系，且地隙较多，河川错综复杂，只能进行小部队作战。

四、地质概况

潞安平原及其北部相连地区（大致为榆社—潞安—长子—屯留—沁源连线内区域），以及霍县以南的距汾河东侧25—50千米范围内的地区为黄土地区。其他地区基本上是岩石地质。西北部有小片沙粒黏土地。上述地区的地质分布状况如附图第二所示。

该地的黄土地区一般土层深厚，浅则有数米深，深则达二百米甚至三百米。关于黄土地区特性如下：

（一）黄土是由各种岩石风化形成的垆坶质泥土，呈浅黄色，颗粒极其微细，通常呈垂直节理状剥落坍陷。其直立面具有相当大的稳定性，因此非常有利于工程建筑的良好保存。

另外，该地区的地隙、河谷、凹道等两侧一般为垂直断面。

（二）黄土具有多孔性，含有丰富的可溶解物质，雨水渗透性强。以此铺建的道路在降雨时会变得泥泞不堪，造成交通困难甚至中断。一到两天基本可以恢复通行，但道路上会留下凹凸不平的深印。道路两侧是近乎垂直的断崖，深约10—20米，某些地方会深达50米，通常不可能随意进出道路，只能沿凹道内侧通行。部队行动则必须严格遵守要

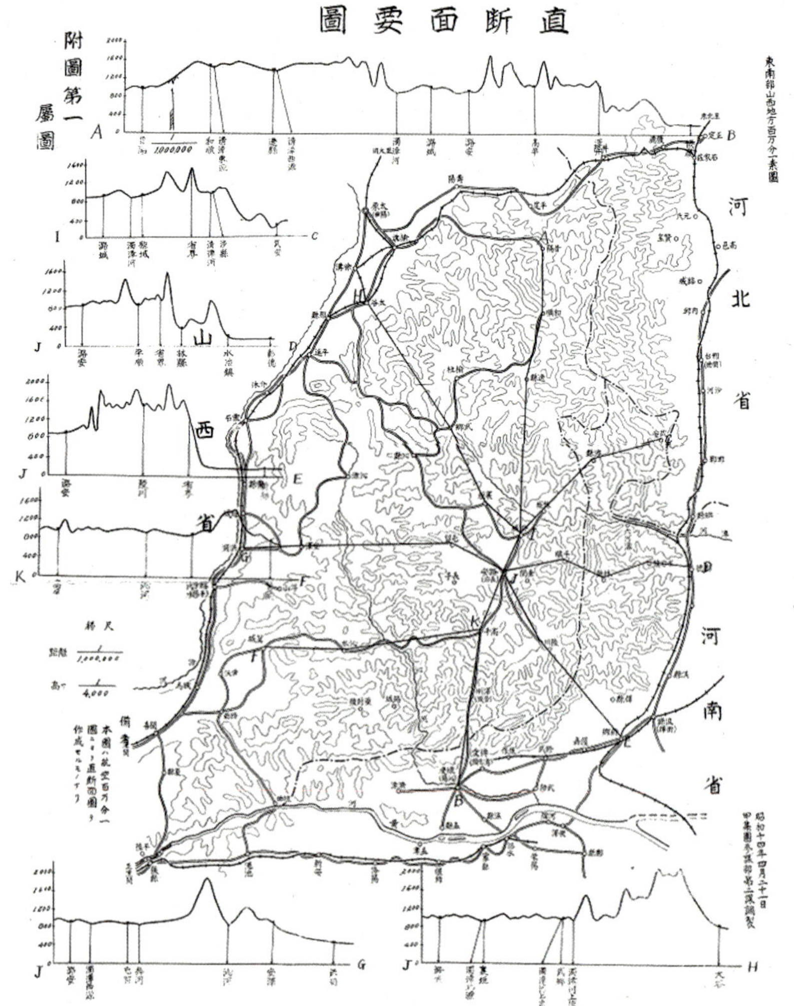

8-4 日军的山西省东南部地形《直断面要图》

领，由小路出入。因此，该地是敌军游击队伏击的绝佳地点，须格外注意。

（三）山地一般像丘陵一样，起伏轻缓，形成了山西独特的牛粪状山地。某些地方的斜坡上呈阶梯状分布，每个阶梯的高度约达 3 米，且为直立面，不利于部队上下攀爬。

（四）很多河流为凹字形断面，为保证渡河时车辆、部队、马匹等的通行，需提前安排出入路线，并做好相关准备。即便是水量不大的小河流，因为两岸均为断崖，仍会形成较大障碍。

（五）地隙遍布，有不少深达 10 米，因此道路外行动困难。（关于

黄土地区的战斗，请参照昭和十三年六月二十八日编写的《河南省黄土层相关研究》）

（六）日军对河南省“用兵的观察”

日军参谋本部对河南省兵要地志的调查，已获知的有1938年6月16日编制的《河南省兵要地志概说》和日军大本营陆军部1944年2月4日印发的《河南省兵要地志概说》两种。

1938年6月16日日军参谋本部编制的《河南省兵要地志概说》在大正九年（1920）印发的《河南省兵要地志》的基础上增加了新资料修订而成。全书38页，附表6张，附图21幅。密级为“军事秘密”。其“用兵的观察”较为概略，摘要如下：

若占领河南省则可以切断南北中国。并且，占领在北方具有顽强抵抗势力的大别山山脉，不仅能直接控制武汉，进而能完成统一中国南方的第一阶段。与此相反，对南方势力来说，占领大别山及伏牛山山脉，会直接威胁到北方势力的独立性。

黄河是作战上的一大障碍，在应对来自山东方面的进攻，及对此进行的防守作战之时，可以发挥其侧面掩护的作用。针对河南方面进行作战时，应将其作为兵站补给线路加以利用。

京汉线以东的河南省是中国中原的一部分，广袤的平原虽然有局部地区运动困难，但总体上不妨碍大部队用兵。

京汉线以西的山地及大别山山脉，是有利于持久作战的地形，适合大兵团作战。

日军大本营陆军部1944年2月4日印发的《河南省兵要地志概说》，内容较为充实。全书68页，附表插图65幅，密级为“军事秘密”。该书参考了1938年参谋本部《黄河兵要地志概说》，主要根据1943年8月侵华日军甲集团参谋部《河南省兵要地志概说补修资料》和1941年日军吕集团参谋部印发的《河南省兵要地志概说》增补修订而成。因而对河南省“用兵的观察”叙述较为具体：

一、河南省的价值

（一）该省自古以来就是中原群雄逐鹿的重要地域，还是黄河文化发达的中枢地区。

黄河流经河南与山西两省交界处的峡谷，在河南省的东部形成了肥沃的冲积平原，孕育了中国的文明。该省北部与山西省相接，将中国分割成东部平地和西部山地，同时控扼关中（西安平原）之地的咽喉。此外，南部通过与湖北省之间的伏牛山、大别山两大山系，与秦岭之险相连成线，控扼、分割中国中北部的重要通道，是展现该省历史性和地理性风貌特点的重要区域。

（二）该省面积约为16.4万平方千米，拥有人口约3300万，农业生产资源丰富（小麦平均年总产量约达310万吨，其他杂粮五谷也多产）。

然而，在徐州会战中败退的蒋军掘黄河之堤，河水改道南流，导致河南万顷沃土葬身水底，给该省带来了多年的灾害，也使来自徐州方面的我军进攻变得举步维艰。

（三）近代中国陆上交通大动脉的京汉、陇海铁路在该省交汇并通过，将中国南方与北方、沿海与内地联系起来，成为交通上的重要枢纽。

随着“中国事变”的爆发，这些铁路被迫中断（目前，黄河以南的信阳段京汉铁路，以及洛阳—开封之间的陇海铁路已不复存在），沦为了单纯的局部地区输送线。

（四）我方因此要加强对京汉铁路沿线要地的保护，再次发挥该铁路的作用，并且要使治水成功。鉴于该省上述自古以来的价值，应该会有助于“中国事变”的解决。

二、兵要地理的一般观察

（一）该省在地势上以京汉铁路为界，大致分为平原地带和山岳地带。

该线以东的地区是黄河及淮河流域平原，高度自西向东逐渐递减，形成了广袤的耕地，交通网络发达，人口稠密，大兵团作战容易。然而，新黄河河道宽广，并且变化无常，流水向南，形成巨大障碍。且河流两岸多伴有断崖，雨季低地河水泛滥，会在局部上制约部队行动。

西部山岳地带自北部起，形成了由秦岭山脉的数段残余山体构成的山系，相互联结，特别是南端成为大别山脉的重要通道。这些山地的相对高差并不十分显著，一般在黄土地带，地隙和梯田交叉，交通网不发达。而且与东部相比，人烟稀少，不利于大兵团的运用。尤其是伏牛山脉，不仅缺乏交通路线，道路周边也行动困难。因此，在地形上要特别注意的是，从洛阳及灵宝方向迅速进入卢氏及西平镇方面，从而斩断该省敌人的退路。

就该省的进攻作战而言，将山岳地带北缘拦腰截断的黄河，会对渡河作战的实施造成障碍。

（二）气候方面，大陆性气候特征显著。一般夏季（6—8月）闷热，冬季（12月至来年2月）西部山岳地带及该省北部平原均寒气凛冽，冬春之交（12月至来年5月）黄沙、风尘弥漫，秋季（9—11月）雾气多发，在实施作战任务时这些因素不可轻视。

（三）平原地带在进攻作战中，如果不考虑民需的话，大兵团在当地的生活供给，无论人马，均无大碍。但是与该省小麦的产出相比，稻米产出十分少，这点应予注意。

山岳地带物资大多贫乏，作战部队要同时做好充分的补给准备。

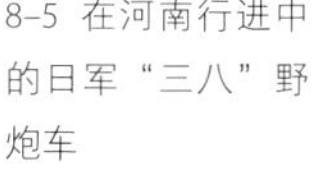

8-5 在河南行进中的日军“三八”野炮车

三、编制装备上的注意事项

（一）平原地带作战的部队，可编制车辆，并且要注意，旱季作战中，可运用强有力的机械化部队实施快速机动作战。

（二）渡黄河（包括新黄河）需要做好大河的渡河作战准备。另外，针对陇海铁路，要注意迅速阻止火车向西外运，以及对铁路的紧急利用。

（三）为了该省南部的作战，不仅要注意修缮位于敌我接壤地带的新干线道路，还要为新道路的迅速建设，准备强有力的道路构筑部队。另外，要注意关于汉水等其他水路的利用。

（四）为了广泛迅速收集利用当地物资，可以编制强有力的物资征集部队。

（五）注意制定对策，包括气候及卫生防暑（6—7月，特别是南部地区）、防尘（冬、春季），以及净水处理、预防疟疾（7—9月）等。

（七）日军对广东省"用兵的观察"

日军调查编印的广东省兵要地志资料，我所见的有1937年11月30日、1938年9月以及1944年2月等数种。其中1944年2月由日军大本营陆军部印发的《广东省兵要地志概说》系根据1937年版参谋本部编制的《广东省兵要地志概说》为蓝本，参考了下述资料进行增补：

1. 参谋本部1938年8月《"南部支那"气象要览》、1939年5月《东粤地方兵要地志》、1939年6月《北海南宁附近地志概说》、1942年11月《"支那"敌地飞行场要览》。

2. "支那"派遣军总司令部1943年3月编制的《"南支（那）"方面五十万分之一比例尺的兵要地志图》、1943年10月《全"支那"敌飞机场图》。

3. 波集团（第二十三军——作者注）司令部1942年9月编制《"南支那"汽车道路网图》、1942年10月《广东—韶关—桂林方面五十万分之一比例尺的兵要地志图》、1943年1月《雷州半岛附近兵要地志图》、1943年9月《广东飞机场、人口密度及通信网各图及"南支（那）"方面铁道网图》、1939 年 1 月《北江减水期状况》、1939 年 7 月《广东周边地区兵要通信地志》、1939 年 8 月《广东省西部（合浦、钦县、防城）兵要地志》、1939 年 10 月《北江沿岸的作战路》、1939 年 12 月《北江及沿岸状况》、1940 年 5 月《"支那"事变前后广东港中心水运概况》、1941 年 5 月《东江沿岸（石龙—惠州附近）兵要地志》。

4. 吕集团（第十一军——作者注）司令部 1943 年 7 月《粤汉铁路设施调查图》。

5. 第三飞行师团司令部 1943 年 1 月《在"支（那）"友军及敌飞机场要图集录》。

6. 1940 年 1 月《翁英作战参加兵团战斗详报》。

此外，广东省水路的情况参考了 1941 年 3 月水路部编制的《"南支那"海水路志》第二卷以及相关海图。这本 1944 年 2 月由大本营陆军部印发的《广东省兵要地志概说》全书 61 页，附图 12 幅，密级为"军事秘密"，是现存的日军广东兵要地志中叙述较详的一种。其对广东"用兵的观察"摘录如下：

第一节　要旨

一、广东省的价值

（一）广东省面积大约 22.38 平方千米（其中海南岛约占 4.16 万平方千米），北面隔山与其他省相连接，南面临海，东西延伸，从福建省境内到法属印度支那（今越南——作者注）国境。东江、珠江、北江以及西江的各个河流集中到本省的中部与海上道路相连接。粤汉以及广九铁路的建设成为陆上交通的重要干线。作为历史上中国南部地区最重要的省，其军事、政治、经济上的地位在全国来说占据重要位置。特别是香港、澳门以及广州湾的要地，被英国、葡萄牙以及法国列强所占领和租借。从此本省的情况变得复杂微妙，直到"中国事变"爆发。

（二）广东周边地区，即所谓富饶的广东三角洲地带是本省的中枢地带。我军先占领广东地区，接下来占据汕头地区，控制本省的咽喉，可以经由本省占领香港，进驻广州湾，进而一举扫除援助重庆政权的外国势力。但是位于粤汉铁路韶州以北、湖南衡阳现存的与湘桂铁路相连的敌方军事运输，以及军事资源开发发挥了巨大的作用。同时经由福建、江西两省北部到湖南、广西两省的道路与中国南部的主要线路，它的有效利用应予关注。

（三）敌方地区的军事设施中应该特别留意的是飞机场。南雄、韶州等广东省北部的飞机场，目前供在中国驻扎的美国空军使用。

（四）本省的人口大约为3300万（其中海南岛约占250万），劳动力丰富。

（五）农业产品主要是大米，每年收两次农作物，大米的年产量约650万吨。且本省人口过剩，粮食供给不足，每年从国内外购进约70万吨的大米。矿产资源是钨，年产量约2000吨，韶州东北地区的江西省南部是其主要产地。

二、兵要地理的一般观察

（一）对于广东附近相邻各省的进攻作战，在地形上要特别注意的是省境内的连山地带的突破，要利用西江、北江、东江等河流的水路。除汕头附近和临海平原，广东大部分险峻山岳地区受惠于江河的交通便利。

省内南部山脉的倾斜度逐次递减，给徒步行动的军队增加了障碍，平原大多是水网田地，大河的下游地区冬季干涸缺水，但平时水流的速度不允许徒涉。

（二）本省海岸良好，有很多港湾及登陆地点。但是澳门以东潜水艇基地受水深的影响，不如闽浙海岸。

（三）在气象上需要考虑的是夏季（4—10月）高温，湿度大（气温高达39℃，5—9月间，平均气温30℃以上）。7—10月之间台风来袭，伴有暴风雨，对作战行动有很大影响。航空作战上1—3月之间广州和雷州半岛方向的敌主要航空基地，因为云雾多，各航路飞行困难。1—3月云雾平均60%—75%。其他月平均25%—45%，对作战产生障碍。但是9—12月之间气象方面各项良好。

（四）卫生上，6—9月之间疫病猖獗，特别在酷热季节，防疫及防暑措施特别重要。

（五）临海及沿河的各个地方，人口稠密，土地肥沃，物资丰富，部队宿营及给养便利。而土地贫瘠、人口稀少、物资匮乏的地方，部队宿营给养能力弱。作战实施时需要顾及当地农作物收获时期的民众需求。

要保证主要作战道路沿线粮秣的现地征收，在贫困和马粮少的地区，要按部队定量的一半追加输送。

三、在编制装备上需要注意的事项

（一）与广东省相连接的地方主要道路均被破坏，并且省内山地多，特别是省境内附近多险峻的连山地带，需要作战部队在编制上增加驮马。

（二）省内水路运输发达，无论是战场机动还是后勤运输，要特别注意舟艇的使用。尤其要考虑对西江、北江、东江各个流域的作战编成。

（三）陆上交通发达、良好，驮马道需修补之处多，加之进攻发起时道路被破坏，因而编成一支强有力的道路构筑部队十分必要。

（四）为了打通粤汉铁路，首先要做好从广东到韶州之间的铁道修复准备，需要迅速修复现存的韶州以北的铁路，确保应急利用。

（五）关于作战物资，为迅速广泛征集粮食，应组织有力的征粮部队。

（六）夏季（4—10月）作战要注意当地的卫生防疫，需增加对供水防疫的药品（杀虫、驱虫、防蚊剂等），并准备特种战力增强剂（咳病预防剂、止咳剂）。

冬季夜间的气温较低，需要准备外套及冬季大衣。

（八）日军对香港“用兵的观察”

据知，日军参谋本部1938年编印有《香港兵要地志》，全书184页，但未见其书。而日本政府防卫厅防卫研究所战史室编著的《香港作战》引述了《香港兵要地志概要》，观其内容，应属于对香港“用兵的观察”。摘录如下[1]：

九龙半岛是由深圳河向南突出约30千米的半岛，其东西宽约30千米，以屹立在半岛中部的大帽山（标高939米）为中心，向东西各有一条漂亮的柏油马路通往市区。

〔1〕日本政府防卫厅防卫研究所战史室著、天津市政协编译委员会译:《中华民国史料丛稿·译稿·香港作战》，中华书局，1985年。

除去深圳河西南的沼泽地和错杂地区，半岛的大部分地方夹杂着断层孤立的山地。山地的斜坡上，除顶端是丛林和墓地，几乎全是松林和竹林。连接九龙码头和广东的广九铁路虽为单线标准路轨，但中国方面的一段，因“事变”早已不通。这条沿东岸铺设的铁路线，海岸线有很多隧道和桥梁，最长的隧道约 2420 米。

从北向九龙市接近的道路被该市北方高地所遮蔽。这些高地又为北方的大帽山、针山（大帽山东南）所俯控。半岛的东南方矗立的恶魔山（221 米），可以观察香港岛的东北部地区。

香港岛几乎都是花岗岩构成的山地，其中部分山地树林茂盛，另一部分则是秃山。最高的叫作维多利亚峰（扯旗山），海拔 551 米。

香港岛与九龙半岛之间的海面，几乎都为陆地所包围，是一年四季可防风浪的天然良港。其中最好的是维多利亚港。该港在北岸西半段的狭长带状平地长约 8 千米的区域内，排列着大大小小的码头。其中部的海军工厂和东部的大沽造船厂内，有军舰和商船用的船坞和修理设备。在九龙方面也有商船用的船坞。中国人的街道上多是一些小商店和住宅，狭小拥挤。欧洲人的街道则多是 4 至 10 层的高楼大厦，学校、教堂、官厅、银行、商店鳞次栉比。

在靠近海岸的平地上，有环岛一周的平整公路。在岛的中央有南北通向黄泥涌山峡的公路。除此之外就只有险峻的小路了。

作战时的人口总数，除军队外约 175 万人。居民大半是中国人，“事变”后流入当地的难民甚多。欧洲人在 1935 年统计约为 2 万人。香港岛的人口约 80 万，主要居住在维多利亚市区。九龙半岛人口约 78 万，其中在帆船或舢板上过着水上生活的估计约有 15 万人（数字前后不符——译者注）。

香港在气候上的特点是夏、冬都有季节风的亚热带气候。夏季在 5—10 月之间，气温经常超过 30℃，但冬季在 12 月到来年 1 月之间，仅下降 15℃左右。气候上的显著特点是温度较高。

香港最大的问题是供水。降雨量不定以致用水不足，这种情况经常在冬季发生。即使在一般情况下，岛内一半以上的用水都要仰赖于九龙方面（城门贮水池），用输水管隔海输送；不足部分，就依靠一些收集地表雨水的水泥筑成的沟向岛内几个贮水池输送。这两个水源显然是很脆弱的。因此，供水问题成为防卫本岛的一个重大弱点。此外，到达贮

8-6 日军二点五万分之一比例尺的《香港军事设施图》（局部）

水池的这些水沟的本身，也提供了许多通向山地的小路。

（九）日军对广西省“用兵的观察”

日军大本营陆军部昭和十九年（1944）2月1日编制的《广西省兵要地志概说》，该书文字为55页（包括附表），附图25幅，秘级为“军事秘密”。其主要参考资料为：

1. 南方军总司令部编制的《广西省兵要地志概说》（1943年11月）

2. 北部法属印度支那司令部编制的《广西省兵要地志概说》(1942 年 9 月)、《西南“支那”兵要地志资料其一——广西省兵要卫生资料》(1943 年 7 月)、《广西省西南部兵要地志资料》(1943 年 11 月)

3.“支那”派遣军总司令部及“南支那”派遣军司令部编制的《五十万分之一比例尺的“南支那”方面兵要地志图》

4. 其他现地作战部队提供的资料

8-7 日军大本营陆军部 1944 年编制的《广西省兵要地志概说》

这本《广西省兵要地志概说》开篇的“用兵的观察”，包括“要说”和广东省至广西省、法属印度支那至广西省，以及湖南省至广西省的主要作战路线注意事项。其内容摘要如下：

第一节　要说

一、广西省的价值

(一) 广西省的东和南为广东省，西与法属印度支那和云南省相邻，北面与贵州及湖南两省连接，为南中国海附近的内陆省，是对法属印度支那方向防御中国的重要地域。面积大约为 21.8 万平方千米，人口约 1300 万，自古以来是未被开发的蛮荒地区，但在“中国事变”前后被迅速开发。广东陷落后，缅甸以及法属印度支那成为重要援蒋通道。然而，我军进驻法属印度支那，这条援蒋路变成了秘密通道。随着“大东亚”战争的进展，美国空军在省内修建了桂林等地的机场群，是对日军空袭的前沿基地。因而本省价值为之一变。

(二) 以柳州为中心的湘桂、黔桂两条铁路与各汽车道，以及西江水路相连接，形成了重庆政权支撑中国南部的大动脉。湘桂铁路、衡阳和粤汉铁路连接本省铁路，使本省军事价值大增。

(三) 对我军来说，为确保桂林、柳州附近的重要区域，摧毁驻中国的美国空军对日本的进攻封锁，我轰炸航空部队对重庆政权联合打击，以切断中国南部的大动脉。而且，由此向贵州方面进攻重庆，可缩短攻击距离。这对敌人来说是极大的威胁，有助于摧毁蒋政权的抗战意志。

二、兵要地理的一般观察

（一）广东附近、雷州半岛以及法属印度支那北部到本省内重要地域作战，在地形上应特别注意对省内山地的突破（雷州半岛到南宁以及柳州地区主要道路的地势比较平坦），以及西江水系各河川要有渡河和利用水路的准备。本省四周被山岭围绕，省内河流多，水运发达，然而缺乏桥梁。省内多处形成丘陵性高原地带，特别是铁道沿线地区一般地势平坦，与铁路并行的道路发达，交通顺畅，不会阻碍大部队的通过和运用。但要注意石灰岩地区耸立的奇峰怪石地面。雨季主要河流泛滥，使水田等湖沼化。除了主要铺装路，其他地方都有泥泞。这些在作战上不可避免地会受到相当大的制约。

（二）气象上要特别注意6—10月的高温（平均最高气温30℃—38℃），以及高湿度（年均湿度65%—80%左右）。加之3月中旬至6月中旬有降雨（全省雨期到来降雨量一般是月平均200—500毫米左右），对作战行动产生很大的影响。从航空作战的角度来说各个方面一般没有大的问题，但是1—3月期间，除了从河内到南宁及百色的航空路线，大雾、降雨多，对飞行产生困难。连续几个月，飞行困难日平均达到60%—80%。

（三）在卫生上适合作战的时间是1—3月之间，6—9月之间疫病猖獗，加之酷热，防疫以及防暑的对策非常紧要。

（四）铁路沿线地区以及各河流域的平原地区，人口稠密，物资比较丰富，宿营以及补给较方便。反之，偏远地区土地贫瘠，人口稀薄，物资也贫乏，提供宿营及补给能力弱。

在省内实施进攻作战中也有民间需求的顾虑。在农作物收获期，湘桂铁路沿线以及该省东南部的主要作战路沿线的人均粮食供给可以满足，其他地方只能达到一半的定量，需要后续补给。马粮等粗饲料的征集比较容易，如稻壳类，但也需要一半的定量补送给养。

三、编制装备上需要注意的事项

（一）进攻作战的初期，法属印度支那国境地区及东、南各个省境地区担任进攻部队从本省区域到贵州、云南方向增加了驮马，同时，编成一支强有力的道路修建部队；进入省内后，铁路沿线地区行动部队可由车辆编成。

（二）省内水路发达，战场机动无论是前送还是后运，在部队编制中要特别考虑运用适合的船艇，为了渡河作战还要增加渡河作业部队。

（三）打通铁路作战方面，为了防止将火车等运输材料撤逃到省外，要迅速确保应急利用，同时要进行全面的重建工作。

（四）由于省内有强大的敌航空基地，要确保飞机场的迅速修建以及要妥善将其利用。

（五）在雨期以及炎热期作战，要增强供水卫生和防疫，以及药品器材（消毒剂、杀虫剂及驱虫剂等，特别是防蚊）的准备。还要注意准备特种战力增强剂（咳病预防剂、止咳剂等）。冬季（12月至来年3月）在山地地区作战的部队，夜间气温低，要准备外套及棉大衣。

（六）除主要城镇以外，山间蛮夷之地，不利于宿营。另外，并非每个地方的当地物资都很丰富，各地略有差异，部队应以露营为原则来决定装备。由于粮草携带不便，且携行量有限，因此需后期大量补送。作战期间需编制有力的征集部队，用于广泛迅速地征集利用当地物资，尤其是粮草。

（十）日军对江西省“用兵的观察”

日军大本营陆军部1944年12月8日印发的《江西省兵要地志概说》，密级为“军事秘密”，文字叙述相对较多，有81页，插图28幅。其依据的资料有：

1. 参谋本部于大正十四年七月，即1925年7月编制的《江西省兵要地志》、1938年7月《赣湘地方兵要地志概说》、1940年1月《“中支（那）”气象要览》、1942年11月《“中支”敌地飞机场要览》。

2. 日军“支那”派遣军总司令部1943年编制的《江西省兵要地志补修资料》、1940年10月《“支那”资源生产及贸易统计》、1940年9月《“中支那”气象部江西省的气候》。

3. 吕集团司令部1940年1月调制的《南昌作战兵要地志概说》、

1940 年 2 月《赣湘会战兵要地志概说》、1942 年 12 月《浙赣作战兵要地志概说》，1942 年 12 月《第三十四师团司令部浙湘作战地域兵要地志概说》、1943 年 3 月《南昌—赣江流域—吉安地域兵要地志》。

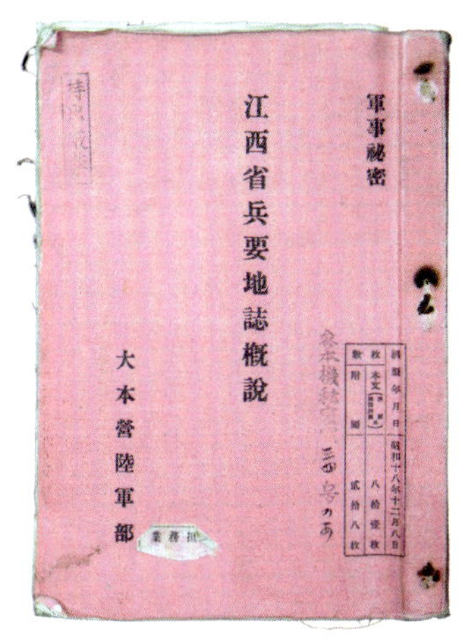

8-8 日军大本营陆军部 1944 年印发的《江西省兵要地志概说》（书影）

4. 波集团司令部 1942 年 10 月编制的《“南方支那”自动车道路网图》、1942 年 10 月《广东—韶关—桂林—衡阳间五十万分之一比例尺的兵要地志图》、1943 年 9 月《江西省兵要地志概说资料》。

5. 第三飞行师团司令部 1943 年 1 月编制的《敌飞机场要图集录》《重庆空军后方设施一览图》《敌飞机场及总站、航空总站配置一览图》《在“支”飞机场要图集录》。

日军大本营陆军部《江西省兵要地志概说》在“用兵的观察”中指出：

第一节　要旨

一、江西省的价值

江西省位于安徽、浙江、福建、广东、湖南以及湖北六省的中部，面积约 16.8 万平方千米，拥有人口大约 1400 万。自古以来，就与湖南、湖北二省一同是中国的中枢地域。

重庆政府抗战至今，江西无论作为中国西南各省的北方外围防御地带，还是作为我方针对扬子江兵站线的反攻基地，或者作为美国空军对日反攻战略的前沿基地，本省在军事方面有着相当大的价值。从经济方面来讲，本省谷物富饶，又是特殊金属资源，有着极其重要的价值。

交通方面，本省的水路交通和陆路交通均极为发达。南昌附近的重要地域也在我军手中。根据现状来看，本省依然依靠经过赣州的干线机动车道，与福建、湖南二省保持着联络。

军事设施中特别需要提到的是飞机场。它不仅是美国空军在使用，其作用不断增强。

二、地形

地势方面，东、西、南三省交界处地势较高，为山地。省内地势较低，为丘陵地带，而且向北呈递减趋势，在北部形成鄱阳湖平原。

河川以鄱阳湖为中心，全部注入其中。鄱阳湖四周的贫瘠土地因而变得肥沃。

地形平坦，各水系流域内的道路网络基本上都很发达，且各水系互通。

省内的主要作战的指导方针，一般应沿河流流向进行。省外作战的实施，须突破险峻的省界山脉。

三、气象

地面作战最为适合的季节为秋、冬季。航空作战全年均无较大障碍，以7—9月最为适宜。因为2月下旬至6月为雨期，降水及洪水多，可能会因此受灾。另外，7—9月天气大多酷暑炎热。飞行故障在7—9月发生较少。

此外，全年多云天气较多，其特征为冬、春季时省界山岳地带雾气多发。

四、航空

吉安、遂川、赣州等飞机场可停靠各型飞机，作战价值大。因敌方经常使用，所以省内临时着陆场地的设施较为齐备。

五、交通

本省是联络扬子江中游流域及中国东南沿岸地区的交通要地。尤其兼具鄱阳湖及赣江的水路优势。以南昌及赣州附近为中心的公路，是交通主干。

六、通信

敌方地区的通信中枢是吉安及赣州。各飞机场及省内外主要城市间的通信，通过有线或无线联络，基本上能实现通信顺畅。

七、卫生

春、秋、冬季无须过多注意个人卫生。但夏季应特别注意预防“疟疾”、肠道传染病以及“脚气”。同时，要做好周到的防暑卫生工作。

关于兽疫，应注意一年四季均会发生鼻疽、炭疽等。

八、宿营及粮食供给

该省物资较为丰富，主要交通沿线地区的居民大都富裕。尤其鄱阳湖畔、赣江、抚河及信江各流域，人口稠密，利于宿营及粮食供给。

九、资源

该省的资源以大米及矿产为主，主要资源年产量如表所示（略——作者）。

第二节　主要作战路线

一、攻占江西省要地的作战路

甲、由南昌向吉安附近方向的作战路

（一）南昌—樟树镇—新淦—吉水—吉安道（约260千米）

（二）南昌—樟树镇—清水（临江）—峡江—吉安道（约280千米）

南昌—樟树镇之间是辎重车道，樟树镇—吉安之间的赣江两岸均为自动车道，现在已经彻底被破坏，只能驮马通行，需加以修缮。沿路的地形一般为平地以及波状丘陵地带，不会对大部队的作战行动产生阻碍，适合主力推进。樟树镇附近以北是整片的平地，以南的赣江两侧形成了三四千米的带状平原，主要为水田。因此这一带平原除了注水期，其他时间段内不会对军队的通行产生阻碍。樟树镇以南的赣江河岸以及丰城东面地区，因为雨期泛滥，需要提高警惕。丘陵地与平地相接，以赣江左岸地区居多。在右岸地区的樟树镇以南（以樟树镇为中心），幅员3千米—4千米的地域至幅员15千米—20千米的地域之间，形成相对高程仅有200米左右、坡度和缓的丘陵地。其上小松树及其他矮灌木丛稀疏，便于步兵行动。平原地质为铁质红壤及细沙黏土，雨天容易变得泥泞不堪。丘陵地为砂质红黏土，大都比较坚实。

（三）补助作战路线

可作为迂回路线加以利用，如下所示：

1. 南昌—抚州—崇仁—荣安—永丰—吉安路线（约208千米）

抚州附近以北地区为重车通道，以南为汽车公路线。目前受到彻底破坏，只能通过驮马，需加以修缮。

崇仁附近以北是内外相对高差200米的平原及丘陵，可进行大部队行动。但夏季栌树茂盛，不仅影响视线，还会因到处生长而制约部队行动，须注意。

2. 南昌—高安（瑞州）—上高—分宜—安福—吉安道（约330千米）

3. 分宜以南为汽车道，该地以北只能通过驮马。道路多次横越赣江支流的许多河流，要想突破此障碍，需要付出相当大的努力。

乙、从吉安附近向赣江附近的作战路

（一）吉安—泰和—遂川—赣州路（约260千米）

路宽8米，是联系内外的汽车道。由沙质黏土及沙粒铺设而成，无碍于平时使用。但桥梁损毁较多，重车连续通过时要提高警惕。

地形为波状丘陵地，相对高差最大只有200米，倾斜度一般较缓和，因此不会对大部队的作战行动造成障碍。但是平地河川较多，需准备渡河器材。

（二）辅助作战路线

吉安—泰和—万安—赣州路（约230千米）

（江西向安徽、福建、广东、湖南等方向的作战路，略——作者）

第三节　编制装备

一、江西省的东、西、南部三地边界均为山地，地形闭塞，以至于我方位于南昌地区周边的占领地外沿［大致为建昌（南城）—吉安—萍乡线以北地区］的主要道路全部遭到阻断。在敌方的一线阵地，以及省界突破作战中，采用驮马为主的编制十分必要。经考察，省内平地及丘陵地相对较多，也适宜采用车辆编制。

二、利用省内十分发达的水路交通，需做好舟艇收集工作，并完善适于运用舟艇的编制装备，以免影响作战、机动及补给输送。

三、为修复受阻道路，以及修建用于山地进攻的道路，需组建道路修筑部队。另外，为多次横渡河流，提前准备轻装渡河部队十分必要。

四、为保证作战期间能广泛迅速地收集、利用当地物资，尤其是粮食，需要提前组建有力的征集队伍。

五、该省夏季炎热，水质状况通常不佳，且传染病多发，疟疾极度猖獗，因此需要做好周到的防暑、净水、过滤、煮沸、防蚊、消毒以及其他传染病预防准备工作。

（十一）日军对湖南省“用兵的观察”

日军参谋本部1943年调制的《湖南省兵要地志概说》，全书56页，附图14幅，密级为“军事秘密”。其主要参考资料为：

1. 参谋本部于大正十四年二月，即1925年2月编印的《湖南省兵要地志》、1938年7月《赣湘地方兵要地志概说》、1940年1月《“中支（那）”气象要览》、1942年11月《“中支”敌地飞机场要览》、1937年3月《“中支那”资源要览》、1940年4月《湖南省的煤炭》、1940年8月《湖南省的金属矿物》。

2. “支那”派遣军总司令部1941年6月《湖南省兵要地志》、1943年3月《鄂湘川黔兵要地志草稿》、1942年11月《“支那”人口密度及通信网要图》。

3. 吕集团司令部1940年2月《赣湘会战兵要地志概说》、1941年11月《第一次长沙作战西部第九战区方面兵要地志概况》、1941年11月《第三师团第一次长沙作战行动地域兵要照片集》、1943年5月《岳州、长沙、衡阳方面道路及河川调查报告书》、1943年7月《湖南省兵要地志概说补修资料》、1943年6月《汉口军联络部湖南省兵要地志概说》。

4. 波集团司令部1942年11月编制的《广东—韶关—桂林—衡阳间五十万分之一比例尺的兵要地志图》、1942年10月《“南方支那”自动车道路网图》。

日军参谋本部1943年编制的《湖南省兵要地志概说》中“用兵的观察”摘要如下：

第一节　要旨

一、湖南省的价值

湖南省地处湖北、江西、广东、广西、贵州以及四川六省的中部，占地面积约为21.5万平方千米，人口约有2800万。湖南省自古以来就与湖北省同为中国的中枢要地。在重庆政权抗战的现阶段，其与四川省并为最重要的资源地，特别是作为谷物产地，价值重大。

本省东、西、南三面环山，湘江、资江、沅江以及沣水各河流全部北流或东流形成沃野，注入洞庭湖。洞庭湖又有若干条连接扬子江的水路，由此，省内的水路交通极为发达，而且形成了与各个相邻省份之间的联络通道，特别是沟通了北、中、南以及中国内地的重要交通干线，在交通上的意义自不用说，在政治、军事方面也有很大的价值。

军事设施方面需要特别注意的是飞机场。它供美国空军使用。本省也是中、美空军对日反攻的主要基地。

二、地形

省境东、西、南三面是高山地带，其高度向省内递减为低地丘陵，至北部洞庭湖畔形成平原。大小河川在洞庭湖这个心脏部位如动脉般流动，形成了沃土。省内洞庭湖周边地区及湘江等河川流域，大部队路外行动困难。

三、交通及通信

水陆交通网发达，特别是以衡阳为中心的汽车路，以及粤汉及湘桂两条铁路，加之洞庭湖及湘江的水运，在用兵上有很大价值。

通信网主要以衡阳为中心的沿交通干线而架设，形成省内外各要地间的联络。

四、航空

衡阳、零陵、芷江等飞机场适于各种飞机起降，敌常使用，作战价值极大。省内也有临时的飞机降落场，设备齐全。

五、气象

最适于作战的季节是10月至来年2月间。3—6月乃是雨季，多雨水和洪水。7—9月又值炎热酷暑。全年多云天气多。春、冬季节，省内山岳地带多雾，应予注意。

六、卫生

夏季是各种传染病多发期，秋、冬季节省内北部气温日差稍大，全省全年多湿，在卫生保健上要注意。炭疽、狂犬病、牛疫等时有发生，军用动物的保健及部队食肉卫生要予以注意。

七、宿营及给养

主要交通线沿线附近一般物资丰富。居民较富裕，特别是洞庭湖湖畔及湘江流域人口稠密，宿营和给养补充便利。

八、资源

本省资源以稻米及矿产为主。畜产和林产之外，茶叶和桐油等也有少量产出。

主要资源参见附表（略——作者）。

第二节　主要作战路（略——作者），参见本书第七章《日军兵要地志的调查内容和图表》。

第三节　编制装备

一、湖南省境东、西及南三面环山，地形封闭，仅北面开放。主要道路悉数被破坏。因此，省内作战要以驮马编制。省内平原及丘陵地多，道路较发达，车辆编制同样需要。作战部队在编制上应以驮马、车辆并用。

二、省内水路发达，北方作战中第一线部队及兵站应考虑运用舟艇编成。

三、北方进攻作战，特别是省内纵深作战，要有有力的道路构筑部队，对被破坏的道路进行修复。另外，省内山地突破作战也要注意道路构筑。

四、省内作战要注意使用机械化部队和航空兵以迅速推进。

五、为迅速征集战场物资，如粮秣等，要编成有力的前送、后运的征集部队。

六、本省夏季甚为炎热，省北部地区水质一般不良，且传染病极猖獗，因而需要防暑、净水、过滤水、消毒等预防装备。

（十二）日军对湖北省“用兵的观察”

日军参谋本部1938年9月10日印发的《湖北省兵要地志概说》，全书38页，附图8幅，照片7幅，密级为“军事秘密”。其对湖北省“用兵的观察”摘要如下：

本省不仅位于中国的中枢地区，更位于中国大动脉扬子江的中心，再加上依傍汉水及其支流和洞庭湖等水系，成为南北交通要冲。加之京汉、粤汉等铁路在此会合，自古以来便享有九省通衢的美誉，是交通中心。而且工、农、商业发达，从资源占有率上讲，在中国各地中仅次于上海，掌握着中国的命脉，为此在政治、经济、军事上都占有极其重要的地位。本省自古以来便问鼎于中原。也就是说，本省的前景无可限量。而且，本省的重点在于武汉三镇。汉口作为南京上游最大的物资集散中心，也是扬子江内地的商业中心。

武昌是政治、军事要地。汉阳是各种工厂和武器、弹药及其他军需补给工厂的所在地。

而且本省东、北、西三面环山，东面依傍于扬子江的水运及其沿线道路，北方有京汉铁路及其沿线道路，南面依附于粤汉铁路及其沿线道路。在黄海和中国海沿岸，登陆部队应该向着湖北的中心——武汉——进军。

总的来讲就是压制上海，夺取南京，扼制武汉。这样不但会导致中国中部棋局之死，更可以阻断南北中国的往来，轻易地占有当地丰富、贵重的资源，征服全中国指日可待。

本省作战，应该是水陆两栖的编制装备，充分发挥水上机动的优势，推动战况进展。

（十三）日军对云南省“用兵的观察”

日军对云南兵要地志的调查，目前我见到的有4种。较早的是1940年9月20日日军大本营陆军部调制的《云南省兵要地志概说》，全书文字为37页，附图11幅，附表6张，密级为“军事秘密”。该书对云南省“用兵的观察”，其概要为：

一、云南省的价值

该省是未开化的蛮夷之地，与省外的交通联系极其不便。其他资源至今不详。除了锡与铜，没有什么特别的矿产。

作为面向中国的政治经济通道，与其他地方没有可比性。但这对于失去了主要领地，并且遭受沿海封锁，仅在内地保有残余势力的蒋政权而言，是最重要的也是最后的“血液”输送线。

“事变”以来，蒋政权为了建设和维持自法属印度支那及缅甸经由该省通往中国内地的交通线，付出了巨大努力。该省不仅与省外的交通联系需要翻山越岭，即使省内之间地形也是沟谷纵横。因此，很有必要贯通相互隔绝的众多高山峻岭。此外，雨季多有暴雨相伴，常常会破坏路基，阻断交通。

另外，该省是退避四川的蒋政权的外围屏障。

综上所述，攻取该省，就要首先夺取敌人的外围屏障。并且，阻断其补给路线，与空中轰炸相互配合，这对摧毁敌人的继续抗战意志十分有利。

但是，该省地形复杂，作战军队要突破据有地形优势的敌军的抵抗，以及克服当地相互隔绝的地形弊端，需要付出异常的努力。

二、作战路线

制约云南的第一步，在于攻打蒙自附近。夺取该地附近区域，也是本次作战中最困难的一步。确实，蒙自至昆明之间地势比较平坦，但与我军所寻求的盆地性高原的作战路线相反。无论从广西还是法属印度支那到达蒙自，都不得不突破难以避开的狭窄隘路。

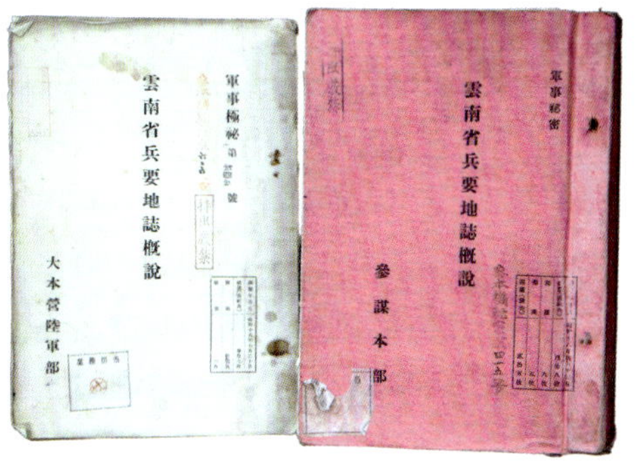

8-9 日军《云南省兵要地志概说》（两种，书影）

接下来，这部兵要地志，就自广西及法属印度支那方面到达蒙自附近的作战路线进行概述。

（一）百色—剥隘—

富州—江那镇—开化（文山）—马塘—阿迷（位于蒙自北方约60千米）

该路线为自广西南宁至蒙自的作战路线。基本上无碍于各兵种的通过。并且，沿路地形与其他地方相比较为平坦，只是路途非常遥远。

南宁—百色之间，约280千米。

百色—阿迷之间，约500千米。

（二）自法属印度支那至蒙自附近的作战路线

合香—马关（安平）—开化（文山）—蒙自（约220千米）

老开—河口—马关（安平）—开化（文山）—蒙自（约220千米）

老开—河口—新街—蒙自（约130千米）

合香至蒙自及老开至蒙自均为避开六诏山山脉之险，从盘龙河河谷方面朝蒙自附近迂回前进的作战路线，适合主力推进。

老开至蒙自是从红河河谷开始，越过六诏山山脉，径直朝蒙自附近前进的作战路线。但是线路周围行动十分困难，一旦受到敌人全力以赴的抵抗，将很难突围。

而且，滇越铁路贯通六诏山山脉的最险峻之处，沿线没有作战路线可寻，只有断断续续的通往土著蛮夷之族的局部崎岖山路。

另外，六诏山山脉以南的地区，除了高地以外，多为热带性密林地带，原始森林丛生，线路周围即使是单兵行动也十分困难。

三、其他

鉴于该省的地形，作战军需要编制驮马部队，而且要考虑来自敌人的破坏和阻击。为了通过峡谷或山腹道路，还要配备所需的技术部队及材料。

倘若当地是受各种疾病传染的地带，还要充实、提供防疫及给水等服务的诸卫生机构。

1943年4月15日，日军参谋本部在日军大本营陆军部1940年7月编印的《云南省兵要地志概说》基础上，依据1942年3月该部《西南援蒋路概说》，1942年印度支那防卫司令部《云南省兵要地志概说》，以及1942年“支那”派遣军总司令部和波集团司令部绘制的云南省五十万分之一比例尺的兵要地志图，还有林集团和其他现地部队提供的情报资料，编印了新一版《云南省兵要地志概说》，全书文字48页，插图8幅，附表5张，另附图25幅，密级为“军事秘密”。其“用兵的观察”更加具体，其主要内容为：

一、云南的价值

本省作为中国西南边防的重要区域，面积大约为40万平方千米，人口约1200万。云南省作为“中国事变”前未被开垦的区域，随着“事变”的发展，作为援蒋通道的价值也急速增长。由于太平洋战争的爆发，最长的援蒋路滇缅路被遮断，蒋介石政权把云南省作为西南防守的第一线空军基地，并强化云南省通向西北的空运线路。为加强运输，再一次打通滇缅道路迫在眉睫，同时也可以试探滇缅的反攻时机。

云南省作为现阶段蒋介石政权的空军、陆军基地，同时又和印度相呼应，作为反攻缅甸以及美国空军空袭日本的基地具有重要价值。因此我们须确保昆明附近的重要地域的安全，确保缅甸和法属印度支那的基地。将四川省的重要领地作为我们陆军和航空部队轰炸目标，摧毁蒋介石政权的作战意志。

关于本省的资源方面，锡和铜的产量居全国第一位，农副产品在省内可以自给自足。

二、地形

本省平均海拔为1000米，有山脉、峡谷以及高原等错综复杂的大范围山地。有可以阻挡由法属印度支那方面北进与国境线平行的东西走向山脉，有可以阻挡由缅甸方面东进的南北走向的相重叠山脉，以及众多河川作为天然屏障，使得从外部的攻击突破变得非常困难。

地质方面，一般是石灰岩地质，作战沿线附近的地表是除了一部分岩石地质，黏土地居多。

（一）滇越铁路沿线地区

连接蒙自—开化这条山脉以北、到达昆明附近的地区：一般是高原地带。大兵团行动一般可能在蒙自—开化这条线路以南的地区展开。此地区的地形对部队的作战行动来说相当困难，况且法属印度支那方面的作战路线靠近国境的地区被彻底破坏。作战兵团在编成装备上应予特别考虑。

1. 连接蒙自—开化线以北到昆明之间的缓斜坡高原地带：一般树

木较少，多是一些秃山及杂草。主要的道路也只是为了让部队的车辆行动而修建的。

2. 蒙自—开化线以南的地区是险峻的山脉地带（险峻程度可以和娘子关、八达岭相匹敌）：山腹地区有溪谷穿过，道路崎岖，且大部分是密林，部队通行非常困难。

（二）滇缅公路沿线地区

滇南以东到昆明附近地区：大兵团的行动是可能的。滇缅公路以西，特别是下关、龙陵—腾越线之间，沿路的主要城镇周边盆地之外，路外行动困难。

1. 龙陵—下关之间有高黎贡山、怒山、点苍山等山脉重叠的山地：各山脉的纵深大，倾斜急，以及有河川（怒江、澜沧江）的阻碍，部队路外行动非常困难。

2. 下关—昆明之间：下关以东的行动难度逐渐降低，特别是滇南到昆明之间的地形对于大部队的行动来说比较容易。

3. 昆明周边地区：昆明周边属于大范围的高原地带，易于大部队的作战行动。

三、气象

旱季（11 月至来年 4 月之间）连续晴天，适合作战。雨季（5—10 月之间）在作战时的选择上需要注意。

高原地带一般在夏季暑气会明显缓和，夏季气温在 25℃左右，即使在冬季，零摄氏度以下的气温也很少有。然而，低地，特别是云南省南部，国境附近的谷地呈现热带性气候，夏季炎热，温度高。空气中雾气，瘴气严重，且河流泛滥是本地特点。旱季一般是早上 9—10 点之间云层之间会出现大量云雾，需要注意。年降水量平均 1000—1500 毫米，最多月份平均 2000 毫米。

四、交通通信

云南省自古以来是未开垦的蛮夷之地，省内外的通信联络不便，最近机动车道路明显增多，其中滇越和滇缅公路尤其发达，加之滇黔公路是西南援蒋路的骨干，在用兵上有极大的价值。运输方面，除了机动车，还有人力车，其商路的价值不可小视。

局部发达地区利用铁路运输以及水运，而且运输力低下，很难期待运兵的运输力有所提高。

通信以昆明为中心，沿交通干线，有发达的省内主要城市之间的通信。省外的重要地区可能有无线通信。

五、飞机场

昆明以及云南诸飞机场是印度支那和中国空运所允许的大型重型飞机的起降点，而且作为中国及美国的空军根据地发挥了巨大的作用，其他的省内着陆场也是很发达的。

六、卫生

根据作战计划在卫生上需要注意的事项。

痘疮、回归热和“脚气”的预防。

夏季部队食物腐败的对策。

山地由于滤水器设备使用不便，饮用水的运送及药物消毒要予以考虑。

伤员山地的转送，因受地形限制，多靠人力搬运，应予注意。

七、宿营与给养

主要城镇有相应的宿营能力，但一般数十户或数百户的小部落的宿营难以满足设想。

目前物资较丰富，省内可达自给自足的程度，因而昆明方向进攻作战，粮秣的现地征集最为方便。在农作物的收获期，滇越铁路和滇缅公路沿线地区，预想进攻作战地域，以及敌军长期驻留的地区，考虑到居民的逃离，因而部队的粮秣大部需运输补送。

八、作战兵团的编成装备

（一）鉴于本省山地连绵，担任突破任务的兵团要加大驮马的编成，以及工兵、筑路与给水部队的配属。

（二）蒙自—开化之线以及镇南以东至昆明之间的地区，担任作战任务的兵团可以车辆编成。

（三）作战地域大部分地处穷乡僻壤，宿营条件和现地物资补给困难，部队应携行露营装备和粮秣，必要时加以补送。

（十四）日军对贵州省“用兵的观察”

日军参谋本部1943年4月编制的《贵州省兵要地志概说》，全书30页，插图、附表11幅，附图13幅，密级为“军事秘密”。此书系根据日本大正五年，即1916年参谋本部编制的《贵州省事情》编纂，另参考1942年“现地军”即侵华日军“支那”派遣军总司令部编制的《贵州省兵要地志概说资料》，及波集团司令部编制的《贵州省兵要地志概说（补修编）》等资料综合而成。其对贵州省的“用兵的观察”摘要如下：

第一节　贵州省的价值

一、贵州省地处云贵高原的东南要地，省南部是以东西走向的苗岭山脉为主体、平均海拔1500米的高原地区，占地面积约为17.7万平方千米。拥有人口约700万。

贵州省四周山峦环绕，省内亦是大小山脉纵横，东部对四川省防卫起到侧面掩护的作用，同时又在南边形成了天然屏障。

在“中国事变”前，贵州省属于未开发的蛮荒地域，省内外的联络都很不好。但“事变”后却突然受到重庆政府的重视，把南京、武汉方面的一部分的军需工厂和军事教育机构等转移了过去，不仅仅新的设施随处可见，蒋介石政权西迁以后更加加快了其交通建设。

特别是川黔公路（重庆—贵阳），途经滇黔公路（贵阳—昆明），连接滇缅公路（昆明—下关—畹町—“拉西奥”），构成了西南援蒋路线的骨干。而且，随着缅甸失陷，援蒋路线的滇缅公路被切断，它便一点点地与印度支那的支援空运路线相连接。从昆明经贵阳到重庆，虽说只是发挥了其作为陆上交通的功能，但作为一条对军队的调动、补给等方面都有着战略意义的重要道路被灵活使用。各机场、军事机关及工厂等，作为蒋介石政府抗战战斗力的维持依然不能轻视。特别要注意的是，机场在支援美国空军对日本在印度、中国内地以及中国中南方面机动空袭的作用。

二、关于本省的攻略问题：由于湖南、广西、云南或四川各省的交界处多山地，隘路突破困难，部队应在编成装备上进行改进。而且，省内除了主要的城镇，大多不适宜宿营，当地的物资也很贫乏。所以要在作战部队的宿营、供给和补给物资方面多予考虑。

除此之外，通常情况下当地全年湿气重、云层厚；南部山脉地带多雾，需要注意。

（十五）日军对四川省“用兵的观察”

日军参谋本部1942年7月8日编制的《四川省兵要地志概说》，系根据大正五年二月十日，即1916年2月10日参谋本部编印的《四川事情》，以及侵华日军的现地侦察报告综合而成。全书33页，附表20张，附图21幅。此书的各项情报资料紧扣日军企图水陆两线攻取四川重庆的所谓“五号作战计划”（参见本书《“五号作战计划”与日军川、陕兵要地志概说》）。其对四川省“用兵的观察”摘要如下：

四川省与我占据地，尤其是航空基地相隔甚远，且周围崇山峻岭，是天险环绕的要塞，自古以来就有“天府之国”之称，并拥有大面积盆地。武汉失陷后，蒋介石政权将抗战根据地设定在该省，建设西南、西北两条公路，由美、英、苏联等国家输入现代兵器，努力通过物质与精神两方面维持和培养战斗力。即便是在西南援蒋路线的功能丧失的今天，仍可作为长期抗战的号召地。

如果我们向该省进攻，有消灭敌人主要根据地的价值。如果敌军仍然使用其惯用的撤退手段，而大批部队的行动必定会遭遇相当大的困难。

进攻该省时，在用兵方面最需要考虑的就是该省的狭长山路、要隘和确保较长补给线的问题。作战实施成功与否的关键是要用驮马装备其先头部队，同时各战术单位都应增加驮马装备。而且需要配属强有力的工兵部队、道路修建部队和给水部队随行协同。由于其周围是山丘地带，物资匮乏，粮草也只生长于平原，所以部队补给只能依靠补送。

巴山山脉是境内的最高地带（海拔约3000米），气温低下，所以作战时需要准备防寒装备。加之该省周围多山地，有关该地的地志资料颇为缺乏，因而作战地域的道路、斜面等景观情况现在急迫需要通过拍摄统一的空中照片来获得。

该省地处东经102°—110°经线之间，北纬28°—34°的纬线之间，面积约为40万平方千米。

一、巴山山地的用兵价值

巴山山地（最高海拔3000米左右）与秦岭山地共同构成了四川省北部的最后一道天然防线。只要控制了这里，其内部的盆地就会迅速面临危机。

该山地的北侧斜面坡度急峻，且道路稀少。一旦进攻方开展猛攻，突破了其省境的分水岭，接下来就依次是坡度平缓的地带，用兵时的战术机动性会变得比较容易。

山地内的道路稀少，尤其是北侧斜面的路外行动颇为困难。川陕公路以及山间诸小路在用兵上的价值很大。

过去，山区内共产党军队横行造成的重创尚未恢复，房屋、物资都很缺少，不可避免地带来了军队宿营和给养方面的不便。

二、楚西山地以及扬子江三峡的用兵价值

楚西山地盘踞在湖北以及湖南方面西进进攻路线上，山虽不高，但占地宽广，地形错综复杂。再加上道路建设不发达，突破路上必定遭遇敌军步步抵抗，进军不会容易。

万县下游的扬子江流入该地域，初看会觉得是溯江作战更为有利。但所谓的三峡地段极为险峻，航行伴有很大的危险。而且所用船只必须是特殊制造的，一般船只很难做到专用，对船身的制约条件很大。对扬子江下游的观察发现，水路两侧的地形限制部队机动性，因而溯江作战极其困难。不过在扬子江的沿江进攻之前，可以先采取奇袭方式夺取并确保万县附近的隘路口。这样，长江在用兵策略方面来看便有很大的利用价值。

综上所述，进攻楚西山区，利用水路是很困难的。鉴于必须要强行突破山地，也就是说，要利用本山地唯一的一条横断大道，常德—辰州—秀山—黔江—彭水—綦江汽车道（川湘公路），路况良好，主要作战应该沿此路进行。

由宜昌上游长江右岸的巴东起始，经过恩施到达黔江之间的机动车道路，并非宜昌附近到巴东附近的良好线路，应该寻求水路方式。巴东附近地形狭窄，错综复杂，上路之后部队的行动颇受限制。利用此道路，作战之初会遇到很大的困难，要有这方面的思想准备。然而应该认识其对秦岭、巴山南下作战的策应价值。鉴于泰国、缅甸国境道路的修建的事例，只要有周到的准备和有力的工兵部队保障，努力开拓道路，也不是不可能的。

三、云贵高原余脉地带的用兵价值

南部的作战线路是，部队攻略昆明、贵阳之后，长驱直入，从云贵高原北上，直逼四川。

本省为山岳主要地段，穿越了余脉地带地势就不是特别复杂了，从省境附近开始，依次是较为平缓的斜面，一直延续下降到扬子江沿岸。

川黔公路、川滇东公路、川滇中公路均经过此地。如果汽车公路是主要作战路线的话，部队自然应当沿着此公路行进。该省所属的山地附近到处可见水田和蔬菜耕地，从军队给养方面来看，进攻云南的作战线路要比重庆、成都方面好。

四、四川盆地的用兵价值

盆地内部有发达的道路网，且水路纵横，大概处处要准备随时作战。但众多河流的两岸大多都有轻度的断崖，再加上暴雨时节水流湍急，横渡时会成为障碍。

川鄂（成都—万县）公路、旧成渝（成都—重庆）公路东西方向的横断盆地，自然形成了基干作战路线。

成都平原农产品丰富，在获取军用粮草方面有很大价值。而且确保万县附近就可以进入长江，利于通向湖南。

另外，自流井附近的盐井是中国屈指可数的产盐地带，确保了它，就是占据了国防资源的统治地位，很有利用价值。

（十六）日军对陕西省“用兵的观察”

迄今我所见的日军编制的陕西省兵要地志有两种。一是日军参谋本部1938年5月31日印发的《陕西省兵要地志概说》，全书32页，附表22张，附图9幅，密级为“军事秘密”。另一份是侵华日军“甲集团”，即所谓“北支那”方面军参谋部于1942年6月1日编制的《陕西省兵要地志略说》，密级为最高的“极密”。我们先看日军 1938 年参谋本部对陕西省“用兵的观察”，开篇便如是说：

陕西省是周朝、秦朝的发祥地，是多个王朝的帝都所在地。

该省基本位于中国的中央地域，是南北中国政治经济的分水岭。也就是说，从北方政权的角度讲，本省背依山西、绥远等地进可得；新疆、宁夏、甘肃等地资源，西北各省即可望风归入北方政权的势力范围。反过来本省若为南方政权掌握，更可通过山西、绥远等地，从背后搅乱北方政权。前面所述西北各省也应该隶属于南方政权之下，将其物资流动至南方。而且，可保障经新疆、甘肃通向四川的物资运输通路畅通和国外联络。

最近由于航空器械的发达，本省是一个完整的航空基地，若能控制，具有全局价值。

我们再来看 1942 年侵华日军“北支那”方面军参谋部为实施其“五号作战计划”（参见本书《“五号作战计划”与日军川、陕兵要地志概说》），汇集了 1937 年至 1942 年间大本营、方面军及第一军、驻蒙古军等部队综合大量的作战资料所编纂的《陕西省兵要地志略说》。其对陕西省的“用兵的观察”还概略提及了陕北的延安，内容摘要如下：

一、要旨

陕西省是中国西北边疆和中国本土相联结的要冲。陕南一带的地形险峻，是从北方对四川方向的天然防御屏障，我若占领可形成对山西—绥远、河南西部其根据地的威胁。并切断中苏联络的通道，有让其上述根据地全部覆灭的可能。而且利用本省的航空基地可以轻而易举地控制敌军的中枢。

本省中部是渭河沿岸地带，地势基本平坦，交通网发达，可以运用大兵团作战。只要确保了西安、宝鸡附近的地域，对四川、兰州等方面的进攻准备就变得可能。

北部是黄土高原地带，土地贫瘠。南部则是秦岭、巴山，地势险峻且错综复杂，应有军队的作战行动将受到相当大困难的思想准备。从河川山地方面来看，本省山区的断崖、平地的灌溉渠道相当发达，要注意妨碍部队行动的因素。

省内大部分地区人口稀少，物资匮乏，不要期待现地可以取得粮食，军队粮草只能依赖补送给养。

该省的面积大约为29万平方千米，人口约为980万—1200万（人口密度为每平方千米多于34人、少于42人）。其中有七成是汉民，三成是包括回族、蒙古族、满族、藏族人在内的少数民族。

二、渭河沿岸平原的用兵价值

在秦岭山脉和陕北高原地带之间，有一片东西向大约200千米，南北向约为30千米的东西走向的平原，渭河就穿流于此平原之间。该地域是从山西方面渡黄河西进，或由河南至潼关附近突破，沿着陇海线到达西安最近的作战线路。

特别是西安北部地区土地平坦，偶尔有山丘，也是较平缓的斜面，又与渭河相邻，诸兵种行动会相对容易。

但洛河、泾河、渭河三水则是相当大的障碍，加之黄土地带的地隙，所以此处的作战部队应该有有力的工兵、道路修建部队做保障，还必须备有渡河器材。从西安向西，平原面积逐渐减少。而该平原土地肥沃，农耕发达，使粮草补充稍宽裕。村落的边沿地带多树，有些地方有果园，树叶繁茂时期妨碍射击和展望。陇海铁路以及渭河水运可作为补给路线，其利用价值不可小觑。

三、陕南山岳地带的用兵价值

秦岭、巴山两山脉形成了天然的防御屏障，进攻方要自始至终沿山地或者由绵长隘路实施突破。尤其是由西安南下时所经路段极其陡峭，要想走过北侧艰险的道路也需花费很大努力。然而一旦跨越此段山地，地形将大不相同。四川地域开阔，军队的行进会变得容易。山地之内道路稀少，自古以来便有天险之称。应改造秦、蜀两条古栈道，使其通行难度下降。另外，关于本山地的作战策略是，主力纵向沿着川陕公路行进，其他各个平行路线也应自然形成纵队。但纵队之间在横向上的联络路线，除了汉水以外别无他路。穿过汉水流域的汉白路可以作为右方联络路线，并且可以派一支队伍从湖南省境出发，攻打汉中方面，策应突破秦岭的路线。汉中平原是介于秦岭、巴山之间的盆地，面积不大，作为交通要冲恰好可以作为作战的中间基地。由于此段山地时常受到云雾影响，航空方面的作战会大大受到气象条件的限制，要事先做好预测。

四、陕北黄土地带的用兵价值

本地区可以由鄂尔多斯以及山西北部进入，践踏省内中共的根据地——延安附近，或长驱直入西安方面，进而南下。

延安、延长以北的地区非常不发达且人烟稀少，很难利用大部队作战，不过运用骑兵部队将会非常有利。

延安、延长以南的地区道路较为发达，部队的行动稍微容易。榆林—绥德—延长—延安—洛川—耀州—西安道（榆西公路）是本地域的骨干道路，作战时应沿本线路行进。本地带由于受到黄土地影响，一到雨天路面相当泥泞，而且所在地的地隙会对军队的行动造成阻碍，加之敌军小部队的游击作战，这是必须要考虑到的因素。

五、黄河的用兵价值

黄河经由省境南流至山西方向。黄河是进攻陕西作战的主要阻碍。河岸的断崖大大限制了渡河行动。但从禹门口到蒲州附近之间的地段可以供大部队渡河，而且渡河后的行动完全不困难。禹门口至上游，适于小部队从各渡场奇袭渡河。

出于对河岸交通网和地形以及景况等的考虑，大部队由荣河、蒲州，再有一支小部队由禹门口附近渡河，而且避开流水期和多水期渡河，会比较容易。

（十七）结论

上述日军兵要地志中“用兵的观察”内容，对照日军参谋本部对兵要地志“用兵的观察”的调查要求，即“对地理——宿营、给养、给水、卫生、气象上的观察”大体概略体现。而对“作战兵力、兵种、配合、后方机关如何配属，现行编制装备是否适用，以及改善的对策”，则明显不足。其中“对现行编制装备是否适用”归纳起来日军强调三点：

1. 水网地带作战，重型车辆行动明显受限制；山地，主要道路被破坏；日军的上海及南京附近兵要地志，湖南、云南“用兵的观察”

中都强调“省内作战要以驮马编制”或“作战部队在编制上应以驮马、车辆并用”。

2. 为修复受阻道路，以及修建用于山地进攻的道路，需编制工兵、给水和道路修筑部队。这一点在江西、四川、云南、福建“用兵的观察”中都予以提及。

3. 为迅速征集战场物资，如粮秣等，要编制强有力的物资征集部队，以完成战场掠夺。这在湖南、广东、广西、河南、江西“用兵的观察”都予以强调。

日军参谋本部对兵要地志调查中“用兵的观察”还要求对“作战地域作战要领”提出看法。如“作战地域的地理特征，如何灵活把握趋利避害，除作战要领之外的相关记述，机动战斗、航空、宿营、后方机关、交通等，以及谍报、谋略、宣传、治安的要领”。上述内容，在我所见到的日军编制的中国各战场的兵要地志“用兵的观察”中多未涉及。这类战术内容缺略，更不要讲从宏观角度对各战场战略意义的判断。

我在研究中发现，参与日军兵要地志调查的编写者通常军衔较低。如 1919 年参谋本部派赴新疆伊犁调查兵要地志的是长岭大尉，1931 年派赴黑龙江的中村震太郎也是大尉（死后追授少佐），同时期在齐齐哈尔西北地区进行兵要地志调查的是参谋本部的森纠大尉，在呼伦贝尔和外蒙古边界的是长勇大尉。此外，1937 年在中国东北、苏联和蒙古边境地带进行兵要地志侦察的岛贯重节，也是刚从陆军士官学校毕业的第四十五期尉官[1]。1939 年日军杉山部队，即所谓“北支那”方面军司令部调查编印的《山西省东南部兵要地志概说》，其“作业责任者”是步兵中尉木场贞博、田口泉一二。又如 1940 年日军多田部队参谋部调查编印的《洛阳—西安间兵要地志概说》，其“作业担当者”为炮兵少佐前野荣吉、步兵大尉国清忠。不仅在中国战场，1944 年日军在调查对苏作战的择捉岛兵要地志时，派出的军官也是由石田大尉、远山少尉、佐藤文太郎等七名尉官和士兵。[2] 即使是 1945 年，日军参谋本部“总揽全局”的兵要地志班长渡边正也只是个少佐而已。军衔在一定程度上决定了军官的历练和见识。无怪日军的兵要

〔1〕［日］岛贯重节著:『福島安正と単騎シベリヤ横断』，原书房，昭和五十四年十一月。

〔2〕［日］中野校友会著:『陸軍中野学校』，原书房，昭和五十三年三月十日。

地志在“用兵的观察”中提不出像样的战略观点。成立于明治维新时期的日本陆军大学和海军大学，特别注重对战役的研究，而忽视战略的探讨。时至今日，日本军事研究者依旧沉迷于甲午战争和日俄战争的战役回顾。战略研究需要哲学。毛泽东说过，日本是没有哲学的。研究战略要有全局观，历史上的日本则着眼于局部。其结果是，日本在第二次世界大战的初期和中期几乎打赢了每一场战役，却在太平洋战争之后输掉了整个战争。

九、侵华日军眼中的中国人

——日军兵要地志中的国民性和统治资料

鲁迅先生曾以小说、杂文暴露中国国民性中的弱点，而学术上的探讨则是清华大学教授潘光旦1937年出版的《民族特性与民族卫生志》一书，他从“不求准确”“耐性太好”，以及勤劳、知足常乐、有私无公、无恻隐之心、言而无信、爱面子、婉转、客气等15个方面分析中国人的特性。侵华日军又是怎样分析和判断中国人的国民性为其侵略战争服务的呢？这里从当年日军的兵要地志中撷取部分观点。

日军《作战要务令》[1]中“谍报”一章，开头便讲谍报工作要对敌对国的国民性，作战区域住民的性情、对战争的适应，即耐受程度进行调查。作为制定作战计划基础的兵要地志，除战场地形、交通、水文、气象等调查项目，从历史的角度分析假想敌国的“国民性”也是其关注的内容，而且是战略层面考虑的问题。美国海军从1944年至1945年间曾对日本历史做过调查。当时海军上校埃耳斯·札卡里亚斯领导海军情报局的一个科对日本进行心理战，意图让日本最高统帅部投降。从当时日本人作战的顽强性来看，其军队应该都经过严格的武士道教育训练。如果认为日本会集体放下武器投降，似乎是极其荒谬的想法。

美国情报专家拉·法拉戈在《斗智》一书中指出，“二战”末期美国很需要关于日本人战败以后行为的材料，美国专家找到了这样的史料，就是日本被打败的氏族，从来不在战场上壮烈牺牲，相反地，他们总是投降，还叙述了投降的仪式。这份史料被收入札卡里亚斯的

〔1〕［日］『作战要务令』谍报，昭和十三年。

作战计划中并被采用。[1]美国这类研究，著名的要属文化人类学者鲁思·本尼迪克特的《菊与刀》，此书是作者受美国战略情报局之托而写成的有关日本民族和文化的研究报告。

（一）当年日本对中国国民性的调查

日本军队对占领区或预设战场有所谓“统治资料”的调查内容，也是日本兵要地志关注的要项。其中有当地“国民性”或“民族性”的调查和评述。

1944 年，日本大本营陆军部《兵要地理资源调查报告例规》第四篇为“占领地统治资料”，其规定要调查的项目有“住民、教育、思想及宗教”“行政及司法”“财政经济及资源获得”“交通及通信”“宣传”“外国势力”。这些内容，在 1908 年前后由所谓“清国驻屯军”编印的《北京志》和《天津志》中均有专门的调查记载，有关“外国势力”的章节尤其突出。

1945 年，日本临近战败，其参谋本部少佐渡边正整理的《兵要地志调查要目》第九章“都邑”中有“住民”一节，对作战占领地统治调查内容更加具体：一、住民的各类及职业；二、性情、特质、习俗、文化程度、思想、宗教的特性、特殊结社、土匪等。[2]

从现存发现的当年侵华日军编印的各种中国的兵要地志看，大多有所谓对占领地的统治资料和国民性的调查，内容记述与上述日军参谋本部或大本营陆军部的规定项目详略不同。其中较有代表性的是日军 1937 年编印的《长江下游地方兵要地志拔萃》，对中国江南地区汉民族有 17 条概括性总结：

一、个人主义。爱钱财和储蓄观念强，缺乏国家观念，不关心政治。

二、同业者合作，同乡人团结紧密，商业道德观念强。

三、爱面子。

四、极富附和和雷同性。

---

〔1〕参见［美］拉·法拉戈著、何新译：《斗智》，群众出版社，1962 年。

〔2〕［日］『終戰前後の参謀本部と陸地測量部——渡边正氏所蔵資料集』，大阪大学文学研究科人文地理学教室。

五、保守而尊大。

六、实用主义强，恩义感薄弱。

七、天命观念强。

八、形式主义重，巧于辞令。

九、富于妥协性。

十、上层人士极尽怠堕享乐之能事，而一般百姓极勤勉，性敦厚，身体强健，耐劳动。

十一、长于宣传，易被宣传所鼓动。

十二、猜疑心重。

十三、情况恶化时极脆弱。

十四、守成观念重。

十五、尊重祖先坟墓。

十六、对强者屈服顺从，对弱者虚张声势，也是他们天命观的反映。

十七、回避责任。

另外，日军对中国人地方特性总结为“长江流域一般懦弱，移住南方者多血性、进步，而北方人则是保守的”。1933 年 10 月 20 日，日军参谋本部为其军官训练而印发的教材《“南支那”兵要地志军用资源概说》中，“新思想和中国南方”部分明确指出：“中国南方是外来思想和文化的门户。近年来，中国思想界的大变化以广东的‘南学’（以湖南为中心的自由思想）与‘北学’（以山东、山西为中心的官学思想）对立。外来思想，即新思想，由广东北上，如‘三民主义’和中国的共产主义都由广东诞生。将来中国的支配指导思想，恐怕会以广东为中心。和平和战争时期，日本帝国对华的思想指导政策应着手于‘南支（那）制南支（那）’（即以华制华——作者注）的占领区统治指导思想，并推广到全中国。”

综观当年日军参谋本部根据现地侦察所获情报编印的兵要地志，除一些重要方向的“急就章”，日军对中国各省居民的特性大多有简要的评述，特别是对少数民族聚居省区。

我们以广东为例。1933 年 10 月，日军参谋本部印发的《“南支那”兵要地志军用资源概说》中说：

一、广东人“轻捷霸气”，与北方人比，易激动、反抗、排他、进取。

二、广东人较实干，国民革命、日俄战争以来“革命举事”失败何止十次。反之，北方人“喧哗，口论而已”。广东人赤足劳动者勤勉能吃苦。

三、排外、排日、气势横溢，其习性深刻。广东人习性勇敢，富有气魄，性慷慨；又，广东人自尊心强，气量小、褊狭，有炽烈的排他性。

四、教育较普及。如轿夫、半裸赤足的下层劳动者看街头贴的文字传单广告，车夫闲坐时看报纸是普遍现象；对广东人的统治指导方面，应比对其他无知蒙昧的中国人要深虑，否则会失策。

五、广东是中国近代思想的发源地。欧洲先进思想、苏联共产党主张最初的适用，近代教育和知识的传播，以及国民革命和三民主义的树立都在广东。

日本军方认为，广东人怀有社会主义和共产主义的倾向。如1924年，香港和广东沙面联合大罢工是何等顽强，足见广东人劳工运动的进步。因此，对广东的占领地统治以及兵站设施，应予以必要的注意。

日军参谋本部1938年9月编印的《广东省兵要地志概说》，则对广东人的态度变化很大，评述中好话不多，如“当地汉族人先天与一般中国人不同，比北方的中国人勇敢、富有团结力，敏慧、狡黠顽固，性极残忍”，“排外、排日思想旺盛”，“历来两广地方恶汉凶徒四处为盗，在此处作战要特别注意后方的警备”。同是日军侵华的兵要地志，日本“台湾军”司令部1944年编印的《台湾兵要地志概说》对广东人又是另一种说法：广东人“性勇敢、质实，克勤克俭，富于理智，虽厚交谊，但顽戾固执”。

日军对当年在台湾居住的福建人的看法是“性温和，长于商财，耐苦，可成为优秀产业人、经济人。敏捷，虽有轻佻浮薄之弊，但易服亦易叛”。日军1935年的《福建省兵要地志》中“对占领地的统治与观察”说：“福州人优柔，厦门人敢为。因此，在福州地区以威严使其屈服较容易，但在闽南地区，人们不怕威胁，以威严使其屈服必然会招致奋起反抗。这一点要引起注意。”日军参谋本部1933年10月的《“南支那”兵要地志军用资源概说》中，对福建人的看法是，“福州以北沿海一带人质朴，优待外来之人。福州、厦门人狡猾，嫌忌外来人。厦门以南有剽悍、贪欲之风。山地人一般剽悍，好争斗”。

抗日战争中，从武汉失守到1944年夏秋时节，日军占领长沙、衡阳，有将近6年时间，湖南大地成了中、日野战军主力激战、争夺的战场。中国第九战区官兵主要对手是以武汉为中心的日本第十一军。1943年日军参谋本部根据日军现地作战情报资料汇总的《湖南省兵要地志概说》中对湖南人没有一句坏话：“古来富有尚武风气，好学，士多，世淡利，慷慨进取。本省自古以来有出武将及硕学之士的传统，今日当地居民中军人和海外留学生比其他省多。其商人缺乏机敏，因而主要都市的商业多为外省人经营，以浙江、江西人居多。质朴勤勉为本省人的特长，农夫勤于耕作，劳动者、船夫、轿夫等下层坚忍力行……”

为较完整地了解日军兵要地志中对当地居民的看法，这里引述1938年日军参谋本部编印的《湖北省兵要地志概说》中“湖北省民的特点”全文，其中不乏出尔反尔、自相矛盾的说法：

湖北省民的特点

第一项　一般的特点

关于湖北省省民的特点，古谚语这样描述：“天上九头鸟，地上湖北佬。”大概意思是说，如果说天上有只恐怖的九个头的鸟的话，地上能与之相比的则是湖北人。这是尖刻的讽刺。其他省的人对湖北人抱有一种恐惧的心理。

湖北人天生聪明，爱读书，通情达理，但性情彪悍。因为历史上许多统治者大多是有能力的湖北人。尤其是湖北商人非常狡猾，善于巧言令色，洞察别人的心理，然后投其所好；利益分配时，如果和自己期望的不一样，敢于直接反抗。他们极端自我，除了自己的利益，对其他的毫不关心，相反却加害谩骂那些为国家公共事业贡献的人，这样蛮风的由来是从建国（民国——作者注）就开始的。建国时期人们大多没有礼教，特别是大正十五年（1926）九月，广东北伐军左派在汉口设立了政府，民心进一步恶化。

第二项　汉口人的特点

居住在商业中心的汉口居民，大多是新来的移民商人，主要是广东、宁波、山西以及本省黄陂县的人。劳动力主要以黄陂县居多，因此该地人的风土人情和黄陂人极其相似。土著居民仅占1/10左右，他们一般是富有勇敢的品性，特别是具有敏锐的商机判断，性格质朴且勤劳。在中国，可称为最勇敢省民的是广东人和湖南人，最勤劳的是山东人。而汉口人吸收两地人的优点，但是开埠以来，群集的人多了起来，原来那些美好的风气渐渐衰落，出现了轻佻浮薄的风气，甚至有诈骗倾向。现在外国人喜欢雇佣谨慎正直的人，以前外国人认为当地人很有信用，近年来当地人出现了很多缺乏道德的行为，使其名誉受损，对汉口的发展产生了不好的影响。另外，那些人把吸食鸦片、赌博、沉迷女色作为无上的快乐。虽然自革命以来严禁鸦片以及赌博，但是这种沉溺之风依然存在，造成一些有前途的青年去花街柳巷。以上是上流和中层社会的一般状况，如果观察下层社会的话，他们本质上是勤劳朴实的乡民，但是他们私下又有喧闹、打架、偷盗以及奸淫等不道德行为。随着最近“左倾”思想的传播，道德的颓废也随着他们的暴行而增多。

第三项　（湖北）各地方人的特点

1. 仙桃镇、沙市地区

此地人一般性情淳朴，有敢于反抗之心。在各个旅馆有这样的情况，要是本地人就会迅速安排住宿，且命人送上食物，没有拒绝提供供给的旅店。

2. 麻城地区

沿路富饶的地区比较多，居民一般来说都还富裕，识字，大多本性单纯善良，朴直，但是缺乏团结力。

3. 孝感、应城、天门、岳家地区

沿路的人极其不友善，特别是应城人对外来人一般比较刻薄，如同旅店一样，也时有拒绝本地人入住的情况发生。

4. 崇阳、岳州地区

当地人一般很少有机会接触外来人，所以对接待外来人很好奇，当地人一般敦厚朴实。

5. 荆门、宜昌以及扬子江右岸地区

官员风气良好，对外来人很友善亲切，特别是提供非常干净的旅店。

日军在1929年《浙江省兵要地志概说》中对浙江人的看法是，虽然浙江衣食住的所需品依靠外地，但人民生活小康。如“杭州人淳良且敢为，性情沉稳文静，尊崇华美；宁波人举止敏捷，思维缜密”。1943年日军的《江西省兵要地志概说》对江西人的评述为江西“北部水陆交通方便，受外来思潮影响，稍有些轻佻浮薄的缺点”。日军对广西人的评述似乎较为客观，如广西汉族的特质为“一般质朴彪悍，忍耐力强，刻苦勤勉”，其体格特征“比中国北方人身材短，体重轻，一般体力弱”。而对瑶族、苗族、壮族，日军则认为“一般勇敢、坚忍，有服从心。但褊狭顽迷”。对广西这些少数民族的体格，日军记述“一般强健，以善走路、动作敏捷著称”。此外，对广西汉族人的“派别”还有记述，如“居民主体为汉族，在龙州、百色一带有壮、苗等民族。汉族人中分桂林、容县两派。桂林派快活爱交际，容县派阴险而且排他。广西人有性极质朴、剽悍、忍耐力强、刻苦勤勉之风气，保持英雄崇拜主义的封建色彩”。

抗战中，日军两次侵入广西。戴安娜·拉瑞在《抗日战争的地域影响：广西》一文中说，广西军队骁勇无比，战绩斐然。就人口比例而言，广西参战人数远远多于其他省；在战争的某个阶段，广西男子有94万人在军队服役，大致相当于全省人口的1/15。这近似于“一战”时法国参战人口的比例（当时法国1/3的适龄男子在军队服役）。在战争头三年（1937—1939），广西兵员招募数量最高，50多万男子应征入伍，鏖战于北方。[1]

1938年7月日军大本营陆军部编印的《云南省兵要地志概说》对苗族等少数民族的叙述较为具体。苗族居住在“云南省中部、西部和南部，高度在900米以上的崇山峻岭之上”，“身材矮小，平均身高1.55米，头大，皮肤赤黄色，头发漆黑直状”，“性情一般鲁钝单纯，温和。受汉人影响较大的熟苗的风俗、礼仪、语言等汉族化，从事农耕畜牧，佛教徒室内挂观音或关帝像”。

---

〔1〕杨天石、庄建平编：《战时中国各地区》，社会科学文献出版社，2009年。

日军认为彝族，特别是白彝是“比较优良的民族，有独特的风俗和独特的文字，是乐天怠惰的种族”。日军对云南藏族的看法为：“面貌鼻根陷，眼色黑，口大、唇薄、额宽，皮肤黄铜色。性情温和，喜好音乐，舞蹈优美。但精神贫乏，对喇嘛的话盲从。”瑶族“容貌、风俗与汉族相似，使用汉字”，“山地居住的通常蒙昧，性凶恶。平原居住的较聪明”。对滇缅边境地区的佤族则说“居住在山岳之巅，用上等的木料造房屋，形成广大的村落……有顽强的抵抗意识”，“一般文化程度低，主要从事狩猎”，等等。

此外，1933年10月日军参谋本部印发的《“南支那”兵要地志军用资源概说》还说，西南少数民族生活在山间，土官、土司世袭各领地，一部分被汉族同化。云南省流行日本语，重要的政界、军界人士从日本士官学校和其他学校出身的人占有重要位置，将来这一阶层人接近日本的可能性大。不仅如此，日军恤兵部1938年印发的三卷本《“支那”事变战迹手册》“云南省”中也如是记载：“亲日的都市昆明，一厢情愿地说清末云南青年军官树起‘灭满兴汉’的旗帜，这些军官中，如李烈钧、唐继尧等与山县初男及陆相坂垣中将在昆明有过从，因而亲日。”接下来的一节是“抗日的据点昆明”，书中又不得不承认云南全民抗战的现实。[1]

日军参谋本部编辑的中国少数民族省区的兵要资料，被日本人称为“事情”。其民族宗教部分为重要内容，如1943年11月日军参谋本部印发的《青海省事情》一书中，将这部分内容干脆称为“统治资

9-1 日军恤兵部1938年印发的《“支那”事变战迹手册》（书影）

〔1〕［日］『“支那”事变战迹の栞』下卷『云南省』，陆军恤兵部发行，昭和十三年八月。

料”。日军认为青海“与西北诸省相同，居民复杂；蒙、藏、回、汉、番混居，以藏族最多”；“青海省政府为诸民族融合而努力，过去数百年相互争执是阻碍本省发展的主要原因”；“汉族和回族在省东部的湟水流域密集居住，文化水平高，从事农、工、商，在省里有政治地位。特别是回族军人有主宰权，但汉族占有商业优势。蒙、藏、番诸族以游牧业为主，在西康省和青海境附近拥有武装，是统治上的障碍”。

日军在《甘肃省事情》一书中，对省内各民族宗教的看法是：“甘肃省汉、回、蒙、藏诸民族杂居，其宗教、风俗习惯各异。民族及宗教对立是历来统治困难的原因，现在汉族统治下虽平稳，但有背叛的因素存在。”“汉族信道教，回族信回教，蒙古族、藏族信仰喇嘛教。”从地理位置来看，日军认为“蒙藏宗教的纽带是南北方向，而回族回教则处于东西方向伸展的交叉点”，并要求“注意”！

我国在历史上有颇多人文地域特色的谚语，如“燕赵多慷慨悲歌之士”“天上九头鸟，地上湖北佬”“无湘不军”之类。笔者很注意日军兵要地志如何评价陕西人与河南人，翻阅1938年日军参谋本部编印的《陕西省兵要地志概说》和《河南省兵要地志概说》，这个方面的调查却是空白。我听参加过抗战的老兵讲，中条山战役，国民党军有

9-2 云南抗日前线的中国娃娃兵

500名从陕西入伍的新兵，在弹尽粮绝之际，这些“陕西愣娃”面对脚下的悬崖和黄河，一拜天、二拜地、三拜爹娘，唱着秦腔全部跳入浊浪滚滚的黄河。而黄河母亲不忍将赤子们的遗体全部卷走，有许多就被“挽留”在河湾里，战后由当地百姓收殓埋葬。我每每听到秦腔《三滴血》中“祖籍陕西韩城县，杏花村里有家园……”，便会想起这段故事，禁不住唏嘘。这五百陕西儿郎，当与八路军的“狼牙山五壮士”、东北抗日联军的“八女投江”，同为我民族之魂。

（二）从“面子”与“没法子”解读中国人

不仅是日军作战之用的兵要地志记载占领区的国民性，我在侵华日军伊吹军医正《卫生勤务观察——“满洲国”及其接壤地带兵要地志》中也看到“‘支那’国民性，面子（相见当面说话），没法子（敬天，天命观），爱钞”等语，又在1939年3月驻天津的日本经济侵略组织“旭组河川运输部”秘密印发的《“北支那”河川运输及“支那”的河川》一书“‘支那’人的国民性和常识”中，看见日本人从“面子”和“没法子”的思维角度片面解读中国人的国民性。全文如下：

中国人有中国人的气质，这毫无疑问。中国人之间可以随机应变。因此，凡事都可以解决。但如果有日本人介入的话，事情就会变得复杂化。这不仅因为他们对国际意识的反应不能贸然地做出判断，还因为他们之间的国民性以及思维认识相通的原因。日本人没有认识到这一点，常以自己的思维意识作为基础去处理和解决问题，所以必然会引起纠纷。自古以来，中国人就具有豁达的国民性，但这种国民性在日本人看来已经过时，因为它涉及的是“面子”问题，涉及上至高官下至百姓的广大范围。这里指中国丰衣足食的民众，不包括下层的无产阶级。而下层的无产阶级，也同样主张面子，也就是说是一种极端的唯我独尊的国民性。恰当地处理面子问题的语言是“没法子”。“为面子竭尽全力而没有得到满意的结果时，说‘没法子’”；“用尽了办法而没有达到目的，说‘没法子’”。放弃责任也是出于面子而以“没法子”来处理。

日本人以自己特有的思维意识为人处世而被称为“一根筋（固执）”。在日本人看来“靠不住的中国人”，在中国人看来“专横的日本人”，这样一来造成了很大的隔阂，使其相互感情发生了对立。自尊心很强的中国人的国民性遭到了欧美物质文明思想强烈的渗透，无形中树立了白种人了不起的概念，欧美人也尽量以自己的优势自居。之后，中国人通过日本的侵略看出了日本财力、文化的劣势，十分敏锐的中国人的国民性逐渐开始发生轻视日本的倾向。“日本不如欧美(先进)”，为此，“排日”逐渐上升为“抗日”。“对欧美的崇拜”逐渐变为“依赖于欧美”，由此导致了本次不幸事件的发生。

事件的发生存在几种因素，而对中国国民性认识的欠缺加剧了事件的进展是最主要的因素。尽管文字相同，又是同肤色人种，从思维意识的相异到感情上的恶化使他们逐渐开始鄙视日本人。其实，这不仅仅是“他们的素质低，我们的素质高”此类“高与低”的问题，而是我们尝试了这种体验并且正在面对的问题。所以，深刻地理解这种常识是最重要的。其解决的办法不是日本同化中国，也不是中国同化日本如此极端的问题，而是日本人正确认识中国人思维方式的常识问题。并且，日本人也应该通过各种方式将自己的处世的常识传达给中国人。

在我们的家庭生活中雇的用人和专门做饭的人，他们难免会损坏餐具，那时我们会提醒他们今后注意。每当损坏了餐具之后，他们总是强调不是自己的原因，是因为手滑了、碰倒了、掉地上了等一些原因，但从不说“我今后注意”的话。这就是这个阶层的思维方式。

由于这些做饭的人他们有妻室，主人要给他们夫妇一间居室，妻子终日什么也不干。如果你说多付给他一些钱，让他妻子也干些活的话，他考虑到面子会做出不同意的答复，说：“我会好好干活的。”这就是这个阶层的面子问题。

当损坏了东西时，首先要表明自己的态度，说“我今后要注意”，而且，会让自己的妻子做一些什么事，不会让她“吃闲饭”，这才是日本人的思维方式与做法。中国人的这种“面子和没法子”贯穿了整个上流和中流社会。相对于我们的“忠君爱国”精神，他们的爱国精神接受的全部是“排日、抗日”的教育与训练。现在，即使是改变了面貌加入盟国的新中国，但“面子和没法子”依然如故，并且还在延续。

日本人对中国的占领逐年扩大，这一点很明了。因此，应该认识其国民性与思维意识性问题。如不这样做，只是一味地以优越感自居而实施高压的同化，必然会引起冲突。各地引起的冲突会招致什么？即使是一些小的冲突都会给两国带来不幸，所以要潜心研究这个问题。不管你本人去不去中国，日本国民都应该具有这方面的认识。如果把握不住这一点，不仅日中亲善不能实现，双方合作也就难以达成。

以前，中国的高官一直高唱日中对等的论调。日本人对此也是确认无疑，可中国并没有像对待日本那样强调与欧美的对等合作，反倒认为欧美技高一筹，日本不如欧美。这种鄙视同种人的做法激起了日本人的愤怒，但在愤怒的同时应该开展深入的研究。

希望对等是出于面子，在形式上以六比四也好、九比一也好，表现出自负也可以，万不可刺激他们。实力的有无不能只是在口头上，应该显现在实际中。

对面子不能夹杂一点点疑惑，要尊重和完全地相信它。但必须正确地信任，过于相信又会留下祸根。所以，应该在意识到“没法子”存在的同时，尊重面子。

研读当年日本对中国国民性归纳的“面子”“没法子”之语，萨苏告诉我，他在桑岛节郎《华北战记》中也看到日军对招远姜家、张家伏击作战中，关于日军对“没法子”的国民性记述：“分析战例我们可以看出，八路军对（日军）汽车的袭击，常常是缘于对日军杀害当地住民等残虐行为的报复。日本人总把中国人当成‘没法子’的国民，认为是低等的民族而加以轻蔑。实际上并非如此。他们这个民族自古以来就有着强烈的以牙还牙的观念。作为儒教国家，在没有遭受对手攻击的时候，便不主动攻击他人，他们实际是一个有着高贵理念的民族。”

日本系统研究中国国民性并直接为侵华战争服务的则是王向远先生著作中引述的1943年由曾任东亚同文书院教授大谷孝次郎撰写出版的《“支那”国民性与经济精神》一书。作者将“事变”即战争爆发过程中中国人的世界观及国民性的表现，归纳如下。

第一，在“事变”过程中，中国人炽烈而又激越的民族意识一直持续，尽管是自暴自弃式的，但重庆方面的“支那”军一直在顽强地抗战。

第二，由于没有自信力，一旦外部给予自信，便走向极端的自信，倘若在一个小局部显示了若干优势，就夸大其词，民众欢呼雀跃，士气大增。动不动就说什么四月攻势、冬季攻势等。

第三，对逼上来的对手一味憎恶，歇斯底里大发作，越发自暴自弃，继续抗战，因节节败退，徒使国土荒废，失去民生，也使日本方面疲于奔命。结果（中国）不断败退，致使失地赤化，哪怕“国家灭亡、赤色仅存”也在所不辞……

第四，“支那”事变作为“战争以上的战争”正在继续……蒋介石方面搞的是“彻底战”。这种“彻底战”，非中国人那样的虚无主义者所不能为。虚无主义的中国人对日本极度憎恶而歇斯底里，看到这一点就可以理解什么叫“彻底战”。……

第五，因为是真正的虚无主义者，所以一方面搞这种“彻底战”，一方面又涌现出大批机会主义者，做出和平姿态，使“事变”更加热闹。

第六，由于富有局部的合理性，长于算计，故往往使合理性走向非合理性，太算计却招致损失……对于日本方面当初的不扩大方针，中国方面却使之扩大，将日本军队引向上海、“中支那”（即中国中部）。循着同样的轨迹，为了对日胜利而把被他们同样视为“夷狄”的英、美、法、苏联引为朋友，依靠第三国的援蒋行为而持续抗战。而这些第三国的援蒋显然是从各自的利益出发的，并非出自真情实意。……

第七，由于只讲部分的合理性而堕入非合理性，陷于矛盾境地而不能自拔，而且还满不在乎。因此，当武汉陷落后，在重庆方面，正如周佛海所说：“没有一个人不想到讲和，而自己做主战论者。换言之，希望他人做汉奸，自己做民族英雄。”这种可悲的矛盾现象不仅在（西南）内地，而且在上海也随处可见。

第八，中国人性极尊大……稍有得意的事情便洋洋自得，是矛盾的乐天派。因而，即使一朝被攻下了一城，一夕被拔掉了一堡，节节败退，一般也没有什么失败感。失败时也以善战相安慰，无论遭遇多大的倒霉事也不气馁，看上去是高高兴兴的失败。……

第九，中国人就其社会性来看，不具备高度的“性格性”，故对于民族乃至国家的“性格性”不认同，对诚心诚意者不认同，不相信有什么信义的东西存在，因为有时日本未必都显示出高度的“性格性”，所以除汪派，（中国人）基本上都不能认识日本的“性格性”，认识不到日本的诚意。……

第十，中国人在看破对方的合理的打算方面过于敏锐，富于猜忌

心。……尽管日本方面已付出努力，宣抚工作却举步维艰……[1]

正是这些偏执的误判，使得日本侵略者低估了中国人民抗战到底的决心和意志。

（三）日本军队的“统治”与“利用”的调查

日军针对假想敌国，其参谋本部依据“帝国国防方针”和“用兵纲领”，除制定作战计划并每年修订外，还对作战区域有较为具体的统治计划，如现存于日本政府防卫厅防卫研究所图书馆内的昭和十一年度《“北支那”占领地统治计划书》。这份1936年拟制的13章、共计41条的机密资料，第一章便说昭和八年（1933年），日本军队参谋本部第二部调整中国占领地的统治计划。当年的统治计划是依据甲、乙两个方案的作战计划设想的。[2]

甲案：日本在我国华北地区展开作战，占领河北省的平津两市，外长城以南的察哈尔省，黄河以北的河南省、山东省及青岛市、山西省。

乙案：日本军队作战区域被限定在天津地区及察哈尔南部区域。这份《统治计划》的基本目标是获取华北国防资源，确保对苏联作战的后方“满洲国”和内蒙古方面的安全，以实现“华北分离”。

《“北支那”占领地统治计划书》的章节构成如下：

第一章　总则（第1—4条）
第二章　统治纲要（第5—7条）
第三章　要则（第8条）
第四章　统治区以及管区（第9—11条）
第五章　统治机关以及新政权之指导（第12—17条）
第六章　警备以及治安（第18—20条）

〔1〕王向远著:《日本对中国的文化侵略——学者、文化人的侵华战争》，昆仑出版社，2005年。
〔2〕［日］永井和著:『日本陸軍の華北占领地统治計画について』『盧溝橋事件六十週年紀念学術シンポジウム』(台北，1997年)。

第七章　资源之获得（第21—22条）

第八章　统治费以及金融（第23—27条）

第九章　运输交通及通信（第28—33条）

第十章　立法及司法（第34—35条）

第十一章　外事（第36—38条）

第十二章　宣抚（第39—40条）

第十三章　其他（第41条）

表1《统治计划书》和“纲领”“永久”计划的参照关系

表2《统治计划书》的内容

表3“纲领”的参照条

表4“永久”计划条

表5统治方针

表6没收事务

表7治安维持会

表8海军的警备合作

表9统治地区·管区

表10警备管区

表11警备兵力

表13统治机构

表14地方政权的区分

表16中央政权

表17傀儡政权的军队

表18日本军的配置

表19公安局的统治

表20保安上的措施

表21军管工厂

表22资源管制的要领

表23各种经费自给自足

表24防止资金流出

表26央行

表27中央银行的配置

表28铁路的军队管理

表 29 同上

表 31 道路、水路的军队管理

表 32 通信的军队管理

表 33 合资航空公司

表 34 立法、司法

表 36 外事

表 37 中立国民·权益

表 39 言论统治

日军在整个战争期间，除由军方拟制的与作战计划相配套的“统治计划”外，还纠集成立由御用文人组成的研究机构炮制占领区的统治策略。

1940 年 9 月 30 日至 1945 年 3 月 31 日，日军调集了文部省的行政官员、民间学者以及军人进行所谓“总力战研究”，对国体、总力战的本义、武力战、经济战，以及战争的历史、国际状况、战略、武器技术、占领地的经济运营等进行研究。其代表性的报告有《占领统治及战后建设史》《长期战研究》。

值得一提的是，“总力战研究”中民族研究的重要资料《民族研究纲要》，其基础资料是家族、氏族、部族的组织，地域和地缘集团、秘密结社等基本项目。从宗教与政治的关系、宗教集团的归属感情入手，找出民族主义和民族对立的原因。具体的调查对象是国外的日本人、朝鲜人、“满洲国”（中国东北）人、蒙古人等等。

日本派遣特务到占领区现地调查民族对立及发生的主要原因，宗教的经济利益、政治制度等情报，如效力日本关东军特务机关的荻原正三对甘肃省的研究课题是“汉族与回族的关系及回族内部的对立”。1936 年日本关东军开始着手“对蒙（西北）谋略计划”，派员潜入，组织推行蒋介石管辖区域内的回族的民族自决运动，妄图造成回、汉间民族对立，并培植伊斯兰教徒的亲日情感。此外，这份《民族研究纲要》中还有蒙古族与汉族问题、蒙古族与伊斯兰教徒和汉民族对立的主要原因调查，以及事例。

日本和光大学助教授中生胜美在《地域研究和殖民地人类学》一文中提到，日军兵要地志调查中利用民族学者进行民族调查的项目有：

人种风俗、习惯、国民性和对日本人的理解（态度）、语言等。他们从古（旧）书店入手收集相关资料，再根据官吏、妇女会、教师、长老、传教士、华侨的报告加以整理。如《蒙疆回教徒实态调查资料》中，有家族、职业、保险卫生、居住、被服、食物、社会组织、宗教、教育、娱乐文化、习惯等专辑。其中有宗教的信仰内容、祭礼、宴席，特别注意礼仪的观察记录。以上调查内容，不仅包括中国，日军在太平洋战争中对印度尼西亚、菲律宾等国的伊斯兰教也十分重视。其调查的目的是为日军占领和对亲日感情的培植、利用，从而进行民族统治提供依据。其中对风俗的关注包括：服装、礼仪、婚礼、丧仪、祭礼等，特别是对婚礼有详细的全过程记录。侵华日军多田部队报道部盖有红色“秘密”字样印章的《中国风俗习惯》的宣传册中提到理论宣传的有效性，有对民众实际生活、风俗习惯、感情，以及中国办事风俗的调查，并论述了北京的风俗习惯，为日本统治做正当化辩护。〔1〕

除上述日本对占领区的“统治”调研的资料，日军中也将“统治”的内容纳入兵要地志调查中。日本明治大学教授石井素介在《终战前后的参谋本部“研究动员学徒”时代的回想——“皇军”兵要地理和应用地理》一文中说道：1944 年 10 月间，大贯俊、小堀岩、石井素介奉命被派遣至中国东北佳木斯附近的日本开拓村落、黑河附近的满族村落、海拉尔以北的三河地区的开拓村进行调查。其中，大兴安岭西麓一隅之地的三河地区，有为避苏联动乱而集体迁到这里的白俄农民。日军调查人员主要对其寒区生活方法、牲畜的适应性进行观察，还参加偶遇的农家结婚仪式。石井素介承认，他看到了名义上“五族协和”的“满洲国”实际是关东军在“内部指导”。

前文曾提到，1945 年 4 月，石井素介与学地理的三位大学生以所谓“动员学徒”的名义，为参谋本部第二部第七课，即中国兵要地志课工作，所接受的题目是“武汉反攻关联地区主要河川输送能力判断表”和“‘西北支那’诸民族调查资料”两个课题。石井素介在文章中透露，“‘西北支那’诸民族调查资料”各项目的主要情报源为：东亚同文学会编《新“支那”年鉴》《新修“支那”省别全志》《苏联年鉴》

〔1〕［日］中生胜美著:『地域研究和殖民地人类学』,『地域研究论集』Vol.2 No.1，1999 年 3 月 10 日。

（1940 年版），以及“满铁”调查部竹内义典的《新疆的民族》，鸟居龙藏的《苗疆调查报告》，还包括下列日本军队调查编写的中国西北部兵要地志与各民族相关的资料，如：

内蒙古兵要地志缀（其五）

”西北支（那）“兵要地志调查资料（宁夏·鄂尔多斯）第八编统治资料

伊克昭盟兵要地志资料·住民

鄂尔多斯·伊盟兵要地志资料·住民

陕西省统治经济调查（政治篇）华北交通·富永机关（1945 年用）

第四次西北调查·其二：汉回蒙藏统治要领

第四次西北调查·中亚概况：苏联领地中亚细亚的产业概况和民心动向

西北情势判断资料：西北统治要领

西北情势判断资料：另册附图

1. 西北民族统治要领概况图
2. 西北民族现状图
3. 西北民族分布图
4. 甘肃省民族人口分布图
5. 西北民族概况图
6. 新疆省民族分布图
7. 突厥民族分布图
8. 新疆省苏、英、中的支配力概况图
9. 青海省民族分布图

上述日本兵要地志资料中，有军队特务机关搞的政治动向调查，也有统治要领和民心动向情报，以提供日军作战参考。其中值得关注的是《第四次西北调查·其二：汉回蒙藏统治要领》，以及《西北情势判断资料：西北统治要领》，可惜这种“极密”的资料未能公之于众。据石井素介回忆，《陕西省统治经济调查》内容有本省的政治形态；重庆方面孙文的三民主义和延安中共方面的新民主主义尖锐对立、相互指责，以及中共的民族理论对回族和“东干”（对新疆回族的称谓——作者注）领导方针的解说等。对社会治安状况，该调查特别指

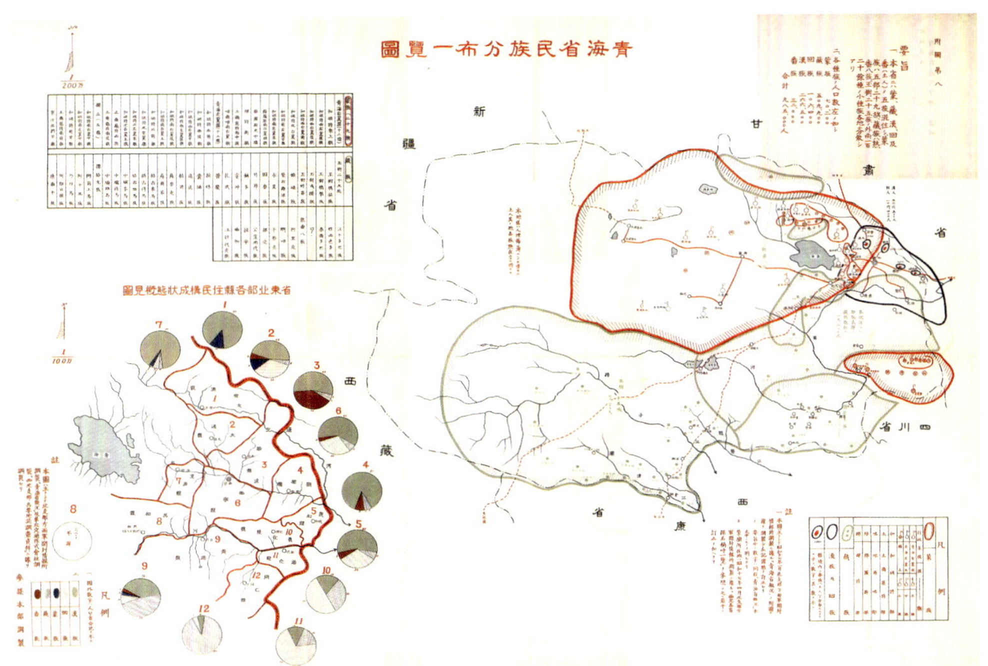

9-3 日军绘制的《青海省民族分布一览图》

出，“关中地区民国以来，历年的内乱，武器流散民间较多，民间还自有自己的武器”等。[1]

石井素介文中提到的中共的民族理论、对回族和“东干”领导方针等的解说，据知是源自 1941 年由中共罗迈（李维汉）、李春、牙含章等人在延安编写的《“回回”民族问题》一书。此书意在从理论上粉碎日军利用伊斯兰教和新疆乃至西北的民族问题分裂中国的图谋。

（四）日本军队对占领地的华侨“利用”的企图

1933 年 10 月 20 日，日本军队参谋本部为其军官编印的训练教材《“南支那”兵要地志军用资源概说》第七章“华侨”中提到华侨财力与中国军事、政治的资金关系：“华侨财力对华南中国现政权无论政治、军事都是原动力。华侨提供的资金是中国军队军事、政治向背的重大因素。我们无论是平时，还是战时不能等闲视之。华侨的物力提供从来都是国民革命的原动力和国民政府的柱石。因此我们在作战和各种

〔1〕［日］石井素介著：《终战前后的参谋本部“研究动员学徒”时代的回想——“皇军”兵要地理和应用地理》，（大阪大学，外邦図研究ニューズレター，No.6）。

相伴措施上对此应特别注意。”同时，日军还注重对华南占领地华侨的宣传，不仅注意华侨的情况，在印缅战场亦十分关注收集当地华侨的情报，如负责印度华侨情报收集的是米村中尉和星野少尉。日军在“二战”中导演的所谓印度独立运动，就是企图利用华侨反对英印当局。[1]然而，抗日战争的历史证明日本军队对华侨的“利用”是一场迷梦。

（五）日军对汉奸的“利用”策略

除去调查“国民性”，日军的兵要地志对占领区的各民族大讲“利用”。如1928年日军参谋本部对中国东北进行侦察的报告《洮南·昂昂溪·扎兰屯西方地区兵要地志资料》中就有一节“蒙古人的利用”，记述当地蒙古王公及居民对日本的态度，及“利用”的谋略建议。

日军对占领区“利用”方面着眼颇多的是1937年编印的《长江下游地方兵要地志拔萃》。其中“对地方官民的注意事项”一节，首先是“关于绥抚利用的注意”，我们看看日本人是如何收买汉奸的：

一、避免官吏蒙卖国的污名，保护其体面。

二、用金钱操纵，若他们表面有清廉的君子名誉心，当用隐秘的方法收买。

三、对中国人应保持威严。

四、与中国人交涉应注意其妥协性。

五、要利用中国人“自治”精神及“地方自治机关”。

六、应对地方官吏及“自治团体”以相当的委任。

七、绥抚利用以渐进的方式施以恩惠。

八、对他们大小的要求，名舍而实就。

汉奸，是日本占领军的合作者。抗日战争中这是一个并不算小的群体。据稻叶正夫编的《冈村宁次回忆录》中说：“后来在我任中国派遣军总司令的末期，估计向我军投降的重庆系地方军的兵力共

〔1〕［日］中野校友会著:『陆军軍中野学校』，原书房，昭和五十三年三月十日。

约 40 万人，其中华北部分即达 30 万人左右。”[1] 抗日战争期间，中国前线指挥官常抱怨汉奸太多，情报容易泄露。汉奸中的人也是形形色色的。在下层，没有受过教育而缺衣少食的人群容易被日本的小恩小惠诱惑而为求生下水，他们更多的是为了生存。在上层社会中，失意的军人和政客中有一些成为日本军队的合作者和帮凶，想借日军的力量恢复往日的权势和地位。汉奸是一群值得研究的群体和历史现象。

当年抗日战争中不仅有为数众多的汉奸，日军在东北还培植了一小撮叛卖祖国的少数民族特种部队。如由 360 名朝鲜族人编成“间岛特设队”，负责中朝国境线的监视任务；由蒙古人编成的第八六八部队，又称“浅野部队”，战时潜入蒙古人民共和国后方担任特种作战任务；由 300 名生活在大、小兴安岭的鄂伦春族猎人组成的“鄂伦春工作队”，平时担负对苏联兵要地志的侦察，战时则配合日本关东军和“满洲”军进行山地游击战；由 320 名回族人编成的“骑兵第三十九团”，企图在对苏联作战时由其扰乱敌人后方。[2]

（六）冈村宁次说“日本人的通病”

冈村宁次在其回忆录中说：“日本的‘中国通’对中国人的态度或看法，基本上分为两类：其一，认为考虑到中国人的性格，以诚相见未免愚蠢，应根据利害关系加以斟酌，审慎对待；其二，认为只要确实以诚相待，中国人也会对我信赖，并且乐于共事。我本人则属于后者。”然而事实上，

9-4 日军对占领区的“宣抚”

〔1〕〔日〕稻叶正夫编、天津市政协编译委员会译：《冈村宁次回忆录》，中华书局，1981 年。

〔2〕〔日〕藤田昌雄著：『もう一つの陸軍兵器史——知られざる鹵獲兵器と同盟軍の実態』，光人社 2004 年 2 月 29 日。

冈村宁次在华北是以“三光”政策对待中国人的。

日军兵要地志对中国人的评述，令笔者颇为刺目的是对居住在台湾的福建人和江西人都用了“轻佻浮薄”的字句。我曾问过日本教授日语中“轻佻浮薄”是否即中文中的“轻佻”，我似有些不解。读稻叶正夫编的《冈村宁次回忆录》，对日本人有如下评价：“时逢艰危，人人仍在背后说三道四，专事批评，这也是日本人的通病。”[1]看到这句话我心遂释然。注意，这不是笔者所言，而是冈村宁次由衷的悲叹！

〔1〕［日］稻叶正夫编、天津市政协编译委员会译：《冈村宁次回忆录》，中华书局，1981年。

十、“五号作战计划”与日军川、陕兵要地志概说

（一）日军“五号作战计划”

抗日战争中，四川、陕西是侵华日军铁蹄未曾踏入的省区，因而日军对该地区的兵要地志和地图全靠谍报侦察手段完成。日军川、陕两省的兵要地志应是其情报能力的反映。我手中有一部日军参谋本部1942年7月编印的《四川省兵要地志概说》，在日本驹泽大学做学术交流时又见到陕西省兵要地志两种。从成书日期和内容来看，这些兵要地志是日军夭折了的“五号作战计划”，即进攻川、陕作战计划的产物。如果说日军1945年编印的《台湾兵要地志概说》内容与其作战计划不符，那日军川、陕兵要地志则是紧扣“五号作战计划”编写而成的。

所谓“五号作战计划”，是1942年日军在太平洋战争初期取得胜利后，欲乘胜集中兵力向中国大后方陕西和四川发动大规模进攻，妄图一举歼灭中国军队主力，摧毁重庆政权，迫使中国政府投降。其计划分为两个阶段。

第一阶段，自1943年春季开始，日军计划首先从山西突破黄河防线进入陕西，攻占西安，而后西取宝鸡、南下汉中，攻占四川的广元；另一路由河南开封向西南进攻老河口，越大巴山进入四川北部。同时，日军自湖北宜昌沿扬子江（长江）溯江而上，进占四川万县地区，对成都、重庆形成包围态势。第二阶段攻取重庆和成都。为此，日军按计划进行战役准备，指挥机关进行沙盘推演。“北支”方面军参谋长安达二十三中将率参谋乘侦察机对秦岭、大巴山进行空中侦察，并到郑州西北勘察黄河对岸中国军队阵地，研究强渡黄河问题。日军还组

织参战各师团工兵部队进行舟桥架设演习，步兵则试验山地作战的合理编组，训练部队攀爬能力及消灭隐蔽在陡崖上的火力点，同时对陆空协同联络、后勤供应等进行演练。驻武汉日军针对宜昌以西山地地形复杂的特点，将担任进攻任务的师团，改成驮载师团，并吸取武汉会战中的山地作战运输困难、辨别地形易发生失误的教训，采取了补救措施。

10–1 著者收集的日军参谋本部1942年7月编印的《四川省兵要地志概说》（书影）和日军望远镜

日军这一系列秘密行动，均被中国军队侦知，并调动部队做了积极的应对预案和措施。随着美军在中途岛海战和瓜达尔卡纳尔岛的胜利，日军认为美国反攻在即，必须保持一定数量的部队随时调赴太平洋战场，而且在中国东北也需保持防御苏联军队的力量，中国战场的日军无力进攻川、陕，“五号作战计划”遂成泡影。

（二）从作战角度看日军陕西兵要地志

侵华战争中，日军调制的陕西省兵要地志，据笔者知见至少有五

10–2 日军进行强渡黄河的训练

10–3 日军在黄河岸边化装侦察

种。较早的是 1938 年 5 月 31 日，日军参谋本部编印的《陕西省兵要地志概说》，其内容是按常规的用兵的观察、地形、主要作战路、交通通信、气象、航空、宿营给养、卫生等八项，我称之为“八股”的兵要调查提纲逐项编写。其后，侵华日军寺内部队、驻蒙军司令部也分别编有陕西省兵要地志。而紧扣日军“五号作战计划”的则是 1942 年 6 月 1 日侵华日军代号“甲集团”即所谓“北支那”方面军参谋部编写的《陕西省兵要地志概说》。其中“作战路”的情报资料，对照日本防卫厅防卫研究所战史室编纂的《昭和十七、十八（1942—1943）年的中国派遣军》一书，大都是日军“五号作战计划”的攻击方向。[1]

“五号作战计划”第一阶段：日军设想第五方面军在山西南部、第十一军在武汉方面集中。第五方面军（根据作战时期，也可能是“北支那”方面军）以部分兵力占领潼关附近；集中兵力（第一和第七军，

〔1〕日本政府防卫厅防卫研究所战史室著、高书全译：《昭和十七、十八年（1942、1943）的中国派遣军》（下），中华书局，1984 年。

预定以七个师团为骨干），歼灭西安方面的中国军队，一举占领西安和宝鸡，以第一军固守西安平原。第一军占领宝鸡后，如条件允许，主力可利用宝鸡—凤县—汉中公路迂回，越过秦岭占领汉中平原，再进至广元附近，为下一步作战做好准备。另由第二十八军从郑州经老河口沿汉水，向汉中方向进攻。

日军“甲集团”编制的《陕西省兵要地志说》中第二项便是为“五号作战计划”中第一阶段攻取的目标——西安。该书第三项“作战路”中首先就是日军第五方面军当前任务及而后攻击方向（潼关—西安路），第二是日军第二十八军由集结地域郑州向潼关的进攻地域的开进通道（郑州—潼关路），还有日军第一军占领宝鸡后的攻击通道（宝鸡—双石铺—汉中路），以及第二十八军的攻击通道（襄阳—老河口—白河—石泉—汉中路）。

另据日本政府防卫厅战史室编的《大本营陆军部》一书记载，“奉命研究西安作战的华北方面军，在6月上旬通过与总部幕僚联络，知中央及总部正在考虑重庆作战，遂将原来的设想加以修改，制订了西安作战计划（‘五号作战计划’），由安达二十三参谋长（岛贯武治参谋随行）于6月15日赴南京向畑（俊六）总司令官报告。修改的要点为：将原来西北方面天水、兰州方面的追击计划改为向四川方面——汉中、广元方面尽力扩大战果”。[1]我在日军“甲集团”《陕西省兵要地志概说》中的“作战路”中也找到原计划的“追击”通道（宝鸡—天水路）。此外，日军《四川省兵要地志概说》中也有“天水南下作战路”一节。

日军“现地军”即一线部队编的兵要地志对作战路的叙述较简略，但比其参谋本部编的兵要地志中作战路的介绍要详细。如“潼关—西安路”，大意为：1. 路幅约7米，路面黄土，沿路有树木；2. 渭南以西凹道多；3. 秦岭渭河支流多处横过道路；4. 沿途物资比较丰富；5. 地狭处少，适于大兵团运用；6. 地形有机动余地；7. 南侧山脉数段阶状地形（高数十米），山背有森林覆盖，便于伏兵，本道路利用时，有伏击之顾虑；8. 本道路河川交叉，四季给水便利。

“北支那”方面军在其《陕西省兵要地志图概说》中还有“陕西

〔1〕日本政府防卫厅战史室编纂、天津市政协编译委员会译校：《日本军国主义侵华资料长编（上）——〈大本营陆军部〉摘译》，四川人民出版社，1987年。

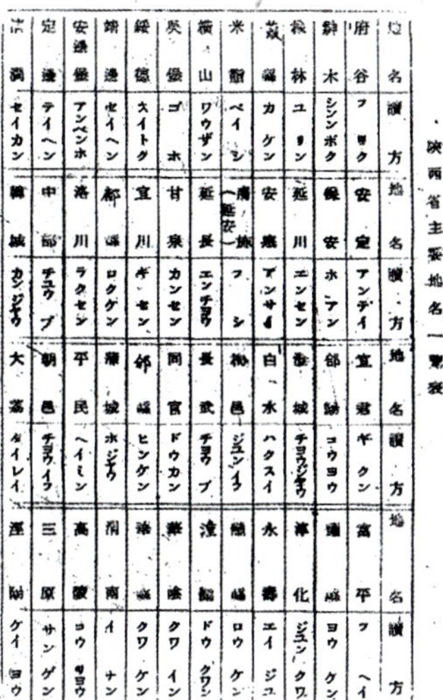

附錄ㄥ

陝西省主要地名一覽表

地名	讀方	地名	讀方	地名	讀方	地名	讀方
府谷	フ[illegible]ク	安定	アンテイ	宜君	ギクン	富平	フヘイ
神木	シンンボク	保安	ホアン	郃陽	コウヤウ	耀縣	ヨウケン
楡林	ユリン	延川	エンセン	澄城	チヨウジヤウ	淳化	ジユンクワ
葭縣	カケン	安塞	アンサイ	白水	ハクスイ	永壽	エイジユ
米脂	ベイシ	膚施(延安)	フシ	栒邑	ジユンイフ	隴縣	ロウケン
横山	ワウザン	延長	エンチヤウ	長武	チヤウブ	潼關	ドウクワン
吳堡	ゴホ	甘泉	カンセン	同官	ドウカン	華陰	クワイン
綏德	スイトク	宜川	ギセン	邠縣	ヒンケン	華縣	クワケン
靖邊	セイヘン	鄜縣	ロクケン	蒲城	ホジヤウ	渭南	イナン
安邊堡	アンペンホ	洛川	ラクセン	平民	ヘイミン	高陵	コウリヨウ
定邊	テイヘン	中部	チユウブ	朝邑	チヨウイフ	三原	サンゲン
清澗	セイカン	韓城	カンジヤウ	大荔	タイレイ	涇陽	ケイヨウ

10-4《陕西省主要地名一览表》

省主要地名一览表”，将陕西省的96个市县的地名加注日语的片假名拼出汉语读音。将战场地名加注读音，此为日军兵要地志中仅见。不仅如此，“北支那”方面军还将陕西十万分之一比例尺的地形图的地名加注日文片假名读音，并专为“五号作战计划”印制了盖有“川陕”印记的十万分之一比例尺的地形图，加红色坐

10-5 川、陕作战专用地图

标网格。

此外，兵要地志对秦岭、巴山山地作战编制装备方面的建议是：1. 担任突破兵团的加强驮马的编成，并加强独立的山炮和山地榴弹炮部队，以及独立的机关枪和臼炮、迫击炮部队，以上部队还要配备便于携行的攀登断崖的器材。2. 对作战部队增加独立的工兵部队、道路构筑部队和器材，以及给水和铁道部队与渡河器材。3. 作战地方大部为偏僻山间，希望得到宿营装备。书中还罗列“北支那”方面军掌握的山西、陕西、宁夏，内外蒙古等日军未侵占地域的作战资料，以供参考。此书是我所见到的日军最“负责任”的兵要地志之一。

（三）从情报角度看日军四川兵要地志

历史上日本侵略者对四川的情报侦察可追溯到1888年，日谍荒尾精以汉口乐善堂药店为掩护据点，向北京、天津、湖南、福州、四川等地发展建立“支部”。其中四川支部曾派精于地图测绘的石川伍一与松田满雄绕四川盆地一周，甚至深入藏东地区，完成了一部四川省大型的报告，并附有详图。这是日本获得有关四川方面最早的报告。

我所见日本编写较早的四川地志资料是大正六年（1917）东亚同文书院编写的《“支那”省别全志》第五卷“四川省”，内容重点是地理、交通、特产、矿藏、金融等项。[1] 此外，大正五年（1916）日军参谋本部编印了《四川事情》一书。日军参谋本部1942年7月编印的《四川省兵要地志概说》正是在大正年间编印《四川事情》的基础上，加上侵华日军“现地军”的侦察报告综合而成。从成书时间和内容来看，此书也是“五号作战计划”的产物。

日军《四川省兵要地志概说》是典型的兵要“八股”，即用兵的观察、地形、主要作战路、交通通信等八项简要文字叙述，其“精彩”部分是书中的图和表。

《四川省兵要地志概说》中有山川水系和分类的专图。如三峡要图、都江堰灌溉图、道路网图、主要作战路图、汽车道路图、通信网图、水运网图、飞机场和备降机场图、民用航空线图、主要作战路沿

〔1〕［日］东亚同文会编纂、发行:『“支那”省别全志』第5卷『四川省』，大正六年。

途宿营力、作战给养力以及农产品图等，还有东、西场的自流井、盐井位置图。书中附表有汽车道路情况表，交通部无线电台机关表，河川航船表，四川省季节转换表，气象、航空气象、人口、户数、密度、粮食和家畜数量表，等等。

日军《四川省兵要地志》中的图表，有些是从当时国民政府公开的资料中摘录的，有些图表则是派人到实地侦察获取的。如“四川省主要作战路概见图”（图 10–7），图中对四川省各作战路沿途主要城市以日军大队（营）和师团（师）为单位进行判断估算，如绵州（今绵阳）宿营力约为 6 个大队，重庆则为 9 个师团。对四川省内江部队宿营能力的判断竟为“约二大”，即步兵 2 个大队。当时日军编制，步兵大队 800—1500 人，辖 4 个步兵中队，一个机枪中队（8 挺重机枪），1 个大队炮小队（2 门 70 毫米步兵炮）。不知日军缘何得出如此“保守”得离谱的判断？此种作战路宿营力要图，日军参谋本部 1938 年编制的《陕西省兵要地志概说》中也有。如“西安潼关道沿道宿营收容力调查图”（图 10–6）将路途中主要县、镇的距离、人口户数、收容人数逐次标注。其中渭南为 650 户，收容量为 3540 人，西安为 1800 户，收容量为 98000 人。其计算方法和准确程度令我怀疑。

日军参谋本部第七课（中国课）对四川作战提出“给养可以在当地筹集”。我注意到，日军在兵要地志中关注了四川省的主要作战路的粮食，并为人、马之食绘出附图，以便为其部队所谓“现地自活”及“现地调达”即抢掠提供参考。我在 1942 年 4 月的日本军官读物《偕行社记事》中见日本陆军经理学校根据侵华战场经验撰写的《野战师团的现地自活》一文，即是对战场现地掠夺的描写。[1]

日军《四川省兵要地志概说》附表中，值得一提的是陪都重庆和要地成都的“飞行场素质一览表”（图 10–8）。表中罗列重庆广阳坝、珊瑚坝、鸡公岩、鱼洞镇、江津、白市驿各机场方位、跑道、可起降机种、通车情况，并绘有机场略图。此表使笔者联想起当年重庆上空的激烈空袭与反空袭，以及围绕着空袭展开的窃密与反窃密的谍报战。

在“五号作战计划”中，日军提出在渡河和秦岭山脉作战中，航空兵将发挥巨大威力。我注意到其《四川省兵要地志概说》中仔细标绘了

〔1〕［日］『偕行社记事』，昭和十七年四月第八百十一号陆军经理学校士官候补生斋藤实著：《野战师团现地自活》。

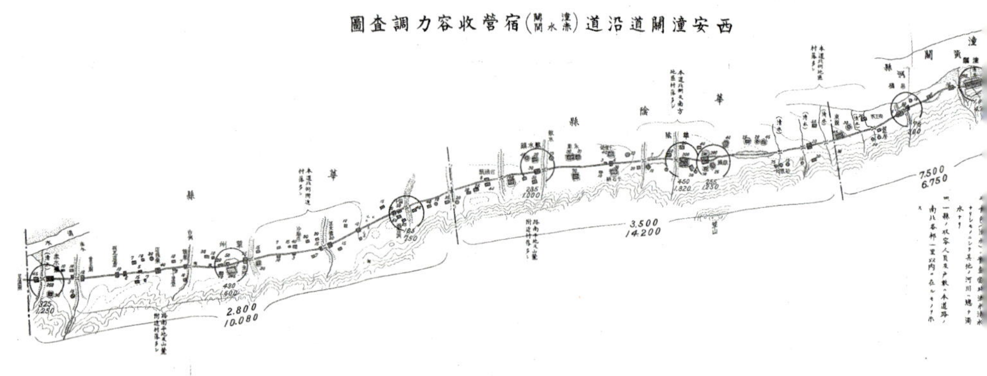

10–6《西安潼关道沿道宿营收容力调查图》

10–7《四川省主要作战路概见图》

附表第十三其一

飛行場素質一覽表（重慶飛行場群）

番號	飛行場所在地		判決	參考事項	飛行場要圖
1	重慶飛行場群	重慶（廣陽壩）	各種機ノ根據飛行場ニ適ス	一、戰鬪機ノ根據地ニシテ兵舍及格納庫ヲ有ス 二、重慶東方水路約二十五粁揚子江砂洲上ニアリ地盤概シテ良好ナルモ增水期使用不能ニ陷ルコトアリ別ニ水上機發着設備ヲ有ス 三、重慶ニ至ル自動車道アリ	恒風（強キ時）ハ北西 昭和一五、四 第三飛行集團調製
2		重慶（珊瑚壩）	各種飛行機ノ使用ニ適ス	一、現在民間飛行場トシテ使用中ナリ 二、附近ニ電柱アリ離着陸ニ注意ヲ要ス 三、增水期使用不能ノコトアリ 四、重慶ニ自動車ヲ通ズ	昭和一五、四 第三飛行集團調製
3		重慶（鷄公岩？）	各種飛行機ノ使用ニ適ス	一、重慶西南方約六粁鷄公岩？東南ニアリ 二、重慶ニ至ル自動車道アリ	昭和一五、四 第三飛行集團調製
4		重慶附近（魚洞鎭西南方）	各種飛行機ノ使用ニ適ス	一、魚洞鎭西南方約六粁揚子江ノ中洲上ニアリ 二、附屬設備ナシ	昭和一五、四 第三飛行集團調製
5		重慶附近（江津）		一、江津市街北方ノ揚子江ノ中洲ヲ利用シ飛行場トセルモノナリ 二、江津市街ハ重慶西南方約四十五粁揚子江右岸ニアリ	昭和一五、四 第三飛行集團調製
6		重慶附近（白市驛）	各種飛行機ノ使用ニ適ス	一、飛行場ハ重慶西南方約二十粁白市驛西側ニアリテ土質ハ赤土ナルヲ以テ上空ヨリ一見明瞭ナラズ 二、戰鬪機ノ根據地ナリ	昭和一五、四 第三飛行集團調製

10-8 日军编绘的《飞行场素质一览表（重庆飞行场群）》

10-9 日军轰炸重庆

10-10 轰炸重庆归来的日军航空兵

二十七个飞机场和一些备降场的位置，以期为其所用。“五号作战计划”中，日军强调利用汽车加快进攻速度。其四川兵要地志中对汽车路也绘图列表提供详细情报。笔者对比以上资料，发现《四川省兵要地志概说》较日军其他省区的兵要地志详细且认真。

“五号作战计划”中，日军第十一军将在战役第一阶段向武汉方面集中，根据情况可以部分兵力占领岳州、宜昌间扬子江右岸地区，打开扬子江水上通路，歼灭宜昌中国军队主力，然后十一军主力从扬子江沿岸地区进至万县、黔江附近……第十一军主力在战役第二阶段，大体在万县、梁山之间的地区及恩施、黔江、郁山镇，或根据情况在秀山之间的地区集结。

日军《四川省兵要地志概说》第三章“主要作战路”首先就是巴山山地南下作战路，这是日军“五号作战计划”主要的攻击方向（汉中—沔县—广元—剑州—梓潼—成都道）；另有十一军由湖北方向沿长江（扬子江）的“楚西山地横断作战路（附扬子江作战路）”，此兵要地志中，既有集结地域的通道，也有进行作战的通道，如“巴东—建始—恩施、黔江道”。由此可以判断，日军川、陕两种兵要地志“作战路”的内容基本是“五号作战计划”中军队行动方向的情报注释。除主要作战路之外，日军五十万分之一比例尺的《四川省兵要地志概说》图中许多山间通道走向都注明“谍者报”。

1942年7月23日，日军参谋本部第七课（中国课）受第二课（作战课）的委托，从兵要地志的角度对“五号作战计划”提出报告，认为此项作战虽属可能，但将是一场苦战，并提出“应注意的问题是，为了防止敌人凭借秦岭、巴山应付措施，必须设法对我方的作战意图进行保密。同时，有关防寒装备问题也不容忽视。秦岭、巴山气温将降至－20℃左右”。

我判断，日军参谋本部的高级参谋们一定了解由他们在刚刚完成的《四川省兵要地志概说》，以及此前“北支那”方面军编印的《陕西省兵要地志概说》中气象情报是极简略的，特别是秦岭、巴山的气温书中只有一句“秦岭、巴山等高峻山岳气温低下，尤应注意”。因而，他们在报告中特别对秦岭、巴山气象情报的缺略做了具体补充。

（四）日军川、陕兵要地志的缺失

“他山之石，可以攻玉。”今天我们读侵华日军川、陕两省的兵要地志，除其作战情报的关注点及兵要调查方法值得参考外，从参谋业务的观点看也有明显的缺失。1. 忽略战场重要城市的专项调查；2. 不重视战区战史研究。这似是教条“八股”的日军兵要地志的通病。

明治时期，师从德国军事教官和德军《操典》训练出来的日本军人沿袭普鲁士军人的刻板教条，其兵要地志编写严格按其调查规程的8个主要项目，一成不变。日军“五号作战计划”的战役目标是攻占西安和重庆。而日军专为此项作战而编写的川、陕两省兵要地志，严格遵从其兵要地志的“八股”项目，而无作战目标西安、重庆、成都等主要城市的情报资料。日军兵要地志不从作战实际出发，其“教条”可见一斑。当然，也有“灵活”的，日军的云南兵要地志中有“主要都市”一章，有昆明、蒙自、腾越等城市的概述。湖南和河南两省的兵要地志中有主要都市概见图或一览图，只是这在日军兵要地志中并不多见。

日本军队中有所谓“战史旅行”或称“参谋旅行”的训练项目，集体勘查昔日的战场，进行现地作业。日军兵要地志调查项目中无战史调研，因此日军编制的各种中国兵要地志中亦无战场的战史内容。[1]当年日军拟制“五号作战计划”时，日军参谋本部第七课桥岛芳雄少佐对四川作战提出：秦岭不是了不起的天险；作战须于8月开始，这是战史上一向奉行的时间。不知桥岛少佐读的是中国哪一部战史，但他提醒秦岭山上给水困难，马谡即困在山上扎营，被断水而败退，则是举的《三国志》或《三国演义》的例子。他还说，比富士山还高的秦岭，海拔4000米，非在夏季不能跨越。

虽然日军的兵要地志中无战区或战场的战史内容，但有的日军部队还是注意重要方向上以往的战争经验，如有“中国通”之称的冈村宁次的部队于1941年曾编印《西安攻略路线的历史观察》。

（五）破产的“谋略”

耐人寻味的是，据日本防卫厅防卫研究所战史室《昭和十七、十八年（1942、1943）的中国派遣军》记载：日军“北支那”方面军根据1942年5月25日日军田边参谋次长的指示拟制西安作战计划时，企图在西安作战之后摧毁延安，提出：

> 一、荣河、蒲州（永济）、潼关间的黄河渡河作战；
> 二、西安以东地区的歼灭战；
> 三、向宝鸡、天水（秦州），根据情况包括兰州（皋兰）方面的追击战；
> 四、从四周发动对延安的击溃战。
> ……[2]

日军对国民党军队运用的是歼灭战、追击战，而对延安的八路军是“击溃战”。另外，据我所知，在日军“北支那”方面军列出的晋、陕方面的作战资料中，无延安专项的兵要地志，只有一种1940年筱冢部队编印的《西安—三原—洛川—延安兵要地志资料》。而彼时八路

〔1〕参见沈克尼著：《论兵要地志的战史调研与编写》，《军事史林》，1989年第4期。
〔2〕日本政府防卫厅防卫研究所战史室著，高书全译：《昭和十七、十八年（1942、1943）的中国派遣军》（下），中华书局，1984年。

军百团大战、冀中反扫荡等使日军在华北陷入恼羞成怒的“治安战”，为何作为共产党根据地的延安，无专门兵要地志资料，是侵华日军情报能力不够，还是延安防谍甚严？

对于“五号作战计划”，日军高层智囊也存在着不同的思考，当时的参谋本部田中第一作战部长就考虑“攻占重庆后的抗战中国，有落入中共之手的危险，对此点如无十分把握，进攻重庆作战，则不过是极其冒险的投机行为”。而侵华日军的“北支那”方面军初时受领“今年 9 月间进行西安作战，根据情况明春进行四川作战”的设想时，并未全面赞同，“认为应该利用国共矛盾，不触及同延安对峙的第八战区”，也即朱绍良、胡宗南在陕甘宁边区的国民党部队。日本企图利用国共两军互相牵制，以收渔人之利。

这些阴谋随着“五号作战计划”的夭折，同日军川、陕兵要地志一同成为历史。

十一、中国军队缴获的“孤本”

——日军《台湾兵要地志概说》

（一）日军从作战角度看台湾

1945 年 8 月，日本战败投降。11 月，当时的国民党政府派陆军第六十二军、第七十军接收台湾，并成立台湾警备总司令部。蒋介石和台湾受降主官陈仪都曾留学日本学军事，深知日军对兵要地志的重视。台湾警备总司令部二处（情报）收缴的日军文件资料中最初没有《台湾兵要地志概说》一书，后根据情报得知，日本第十方面军司令部（即所谓“台湾军”）曾于 1945 年 2 月间在台北监狱工厂“刑务所第二十二号制造工厂”印制了 210 册《台湾兵要地志概说》。在国民党军队抵达台湾之前，日军将机密资料大多焚毁，仅存的一部被国民党军队寻获。1947 年 5 月，台湾警备总司令部将此书翻译、印发作为参考，认为此书是日本侵台以来至 1943 年间的 50 年资料的积累，“内载台湾各种兵要地志颇为精详”。此书也曾是蒋介石的案头之书，他去世之后，此书移送其纪念馆陈列。

《台湾兵要地志概说》全书分为概说、地形及地质、气象、交通、通信、航空、卫生、宿营及给养、电气、附属岛屿，共 10 章。文字部分的内容较日军参谋本部编制的中国其他省份的兵要地志概说要多。翻译成中文后，附表有 137 页，而 14 种附图是文字的重要补充。其中有地势概览图、地质图、森林分布图、主要港湾图、月别雨量分布图、铁路线、电信电话线路、飞机场、土著居民分布、给水状况图等，以及 13 幅台湾兵要地志图和 6 幅横断道兵要地志图。作为附录另册的有潮汐及潮水高度表。有人说:“一部台湾糖业史,就是一部日本殖民史。”书中有36幅甘蔗田位置图,由此可知当时甘蔗在台湾经济上甚至军事上的地位。

日军《台湾兵要地志概说》从用兵作战角度评述台湾的主要有两处:一是第一章“兵要地理之一般视察”,即“用兵的观察”;二是附图“横断道兵要地志图”的文字说明,但军事评述粗浅。书中其余各章节内容多是资料数据的堆砌,很少有军事利弊的评说。

1.日军对作战的分析

日军认为,台湾西部可容大部队机动,而山地陡峻,交通阻碍,大部队难以统一运用,但适于游击作战。

我看到日本“台湾军”在其兵要地志中对台湾山地“3000米以上的高山有62座”的记述时,颇感惊讶。熟悉台湾地理的人都知道,台湾这个海岛,“拥有200多座3000米级高山,相对于台湾3.6万平方千米的面积来说,高山密度之高,位居世界第一。仅中央山脉3000米以上的高山数量即有180座”[1]。

台湾被日本占领达50年之久,日本曾先后测绘了6套不同比例尺的地形图。日本人先从大地测量开始做起,在台湾全省建立了完备的三角点测量网。据说日本测绘的6套地形图较为精确,依年代为:1895—1896年间测绘的五万分之一比例尺的台湾地形图;1904年测绘完成的二万分之一比例尺的台湾堡图(共计466幅);1905年以台湾堡图为底图编绘完成的十万分之一比例尺的台湾地形图(共36幅);1907—1916年间测绘完成了五万分之一比例尺的台湾蕃地地形图(共68幅);1921—1928年间测绘完成了二万五千分之一比例尺的台湾地形图(共177幅);1924—1938年间又完成了五万分之一比例尺的台湾地形图(117幅)。[2]我慨叹,日

11-1 日军侵占中国台湾时期的最后一任“总督”安藤利吉大将

[1] 杨建夫著:《台湾的山脉》,台北,远足文化事业有限公司,2010年。

[2] 参见沈克尼著:《我手中的战利品——侵华日军地形图和测图教程》,《轻兵器》,2005年第10期。

11-2 日本“台湾军”司令部

本军人作了大地测量，会在兵要地志这种仅供军队领导机关使用的作战资料中犯如此低级的统计错误？

我在日本学人中生胜美的文章《地域研究和殖民地人类学》中看到，1945 年 3 月“台湾军”调查兵要地志时有个叫国分直一的二等兵掌握民族学知识，即派他到宜兰沿浊水溪上游依地图徒步勘察，将预想美军登陆的地段进行兵要地志项目调查，并注记在地图上。[1] 或许台湾兵要地志中的错误之处就是源自这些非专业人士？

2. 日军对给养和“危害预防”的认识

《横断道兵要地志图》的文字概述中提道：

> 指挥掌握　通过山道多成一列，到处有山崩和铁索桥，多人徒步通过很危险，而且需相当时间；中队（连）以上通过山道纵列长，不便掌握。
>
> 给养　山间无大村落，露营不可能，部队应携行燃料，有时还须带饮用水，高山炊事须带高压锅，高山夜宿，即便在夏季也需冬衣毛毯。

〔1〕［日］中生胜美著:『地域研究和殖民地人类学』,『地域研究论集』vol.2　no.1,1999 年 3 月 10 日。

当今台湾的求生专家都十分强调山地慎防失温。失温是指人长期暴露在寒冷的环境下，身体丧失过多的热量后体温逐渐降低，生理机能随之减弱，甚至导致死亡。台湾虽地处亚热带、热带地区，而冬季却易发生寒潮，一旦发生似万马奔腾，侵袭中央山脉北部山峰。“台湾军”认为，应对猝不及防的寒潮，要多带御寒的衣服、雨衣，及时择地休息；遇浓雾更应停止一切活动。抗日战争时，有两则类似战例。1937 年 8 月，正当夏季，侵华日军筱原混成旅团被紧急派往华北察哈尔方向作战。时任关东军第二师团长的冈村宁次因熟悉中国兵要地志，不顾该旅团官兵着夏装的一再请求，严令全旅着冬装出发。地处高原的察哈尔不久便冷起来，其他着夏装的日军部队全都挨冻。[1]另外，抗日战争中，中国国民党军霍揆彰部与侵华日军激战于滇西的高黎贡山。由于霍部对当地兵要地志调研不够，有不少士兵在山上因衣单而失温冻死。因而日军台湾兵要地志中关于“高山夜宿，即便在夏季也需冬衣毛毯”的记述，是对热带高山立体性气候的正确认识。

日军在《横断道兵要地志图》“危害预防”一章中提到，密林中湿滑生苔的路面穿草鞋为宜，并要求注意毒蛇猛兽，特别提到慎防水源中的水蛭。

日军《台湾兵要地志概说》文字中提到“横断道兵要地志图”，但并未附在书中，其应属日军绘制的台湾兵要地志图的专题图。值得一提的是，日军还有一套十万分之一比例尺的《台湾兵要地志图》，共 12 幅，其军事要素记述标绘详细。此图为冈村宁次在战败后送给蒋介石的。1949 年 12 月，此图为中共地下党从国民政府国防部三厅密室中携出送照相馆拍摄并送出。

3.日军《台湾兵要地志概说》节选

为较全面地了解当年日军如何以“用兵”的角度看台湾，下面将《台湾兵要地志概说》第一章“概说”全文摘录。此书系当年国民党军队翻译，半文半白，原文标点照录如下。

〔1〕参见沈克尼著:《台湾军队的野战生存训练》,《轻兵器》，2003 年第 8 期。

一、兵要地理之一般视察

（一）地形及地质

1. 概况

本岛面积3.5万平方千米，中央山脉纵贯南北，划分东西，东部与西部面积为1 ∶ 2。西方平地广阔，虽可容大部队之机动，而山地地势峻峭，阻碍交通，大部队统一运用，自甚困难，但适于持久游击战。

东部、西部两地间之交通输送，惟赖船舶及迂回南北之汽车路，且该路有暴露于长距离海岸之缺点，故对于东部各地须有离岛作战之准备。

2. 山地

中央山脉为本岛之脊梁，与此平行者东有海岸山脉，西有新高山脉、阿里山脉，3000公尺以上之高山62座，地势极为峻峭。高山地带1.6万平方千米，即俗称为蕃地，置于行政区域之外。该处并无完全道路，即驮马亦不便通行，自东至西之横断数路，仅可容徒步军队通过，且须横越1700—3000公尺之高地。冬季常有积雪，高山草地及针叶树林地带，徒步军队虽可通过，而阔叶树林地带以外之原生林，及二次林地带后生树藤蔓等异常繁茂，非经采伐，则难通过。

3. 平地

平地之大部分，位于西方，由大肚溪至台南附近一带，地势尤为平坦广漠。本岛平地之大部分，乃为水田，此外为灌溉用之水池、水路、沟洫、河川，对于路外之军队运动，甚有影响。海岸地区之耕地防风林、部落之竹林道树等，均有利用价值，但于展望妨碍亦大。中南部各地蔗园甚多，情形亦同，甘蔗生长期间，约在8月至翌年3月。

4. 地质

水成系统最为发达，冲积层、洪积层地带固不待论，即岩石亦多脆弱，虽易于构筑工事，殊虞未必坚固。

5. 道路

平地一带道路网，虽甚发达，而少桥梁，以致雨季交通常受阻碍。固有汽车路本质虽佳，新建道路尚未完整，而山地道路发达尤缓。

6. 河川及湖泊

因地势关系，河川辄多急流，每值大雨冲刷，岩石、砂砾滚滚而下，巨大河川，多成为广漠之沙滩，桥梁不能随道路发达，此为其主因。但干爆季节，可设徒涉地点。新竹县辖有灌水用蓄水池14000余处（总面积 8000 余甲），台南县海岸有 10000 余甲之养鱼池（一池约五甲）。为各该地形之特异性，对于作战运动甚有关系。

7. 海岸及港湾

登陆较易之地点，为新竹海岸，高雄、鹅銮鼻间，新港、大武间，花莲港附近及兰阳地区海岸，其他概不适宜。但全线登陆，殆非不可之事。

可容 10000 吨船舶之港湾为基隆、高雄、马公及苏澳，但大船可靠岸之处，仅有基隆及高雄两港而已。花莲港可容 3000 吨以下之舰船，西部海岸可停泊帆船、渔船等之港湾甚多。

（二）气象

本岛气候，亚于热带，而因拥有高山地带立体气候与温带相近。

1. 温度

全岛平地平均温度 7 月最高约 27℃以上，2 月最低约 17℃。

高温期间甚长，且温度亦高，故感闷热疲乏。北部各地，冬季冷湿，对于此点卫生尤其宜注意。

2. 降雨

全岛雨量夏多冬少，高雄县、台南县夏冬雨量之差显著，台北县各月雨量类多平均。视察各月降雨日数，台北县以 12 月一来年 3 月为多，雨量虽不及夏季，而阴雨连绵，此为北部之雨季。

高雄县及台南县，5 月—9 月之间，雨量及降雨日数均多，此为南部之雨季。10 月一来年 4 月为干季，6 月—8 月雨量特多，河川水涨，交通殊多阻碍，而干季与此相反，雨量极少。花莲县每月降雨日数似北部，台中县则近于南部，新竹县、台东县类多平均，而山地则一般多雨。

3. 风

9 月至翌年 5 月间，东北风劲，冬季尤甚，海上波涛汹涌，小船航海不易。7 月—9 月间，为台风季节，平均雨次，多则六七次，4 月—6 月为一年中最平均之季节。

4. 航空气象

东北风季，北部海面陆地及台湾海峡一带，暗云低迷，飞行困难。夏季大雨，亦多阻碍，但仍可飞行。岛内岛外各地往来，全年多属可能。唯高山地带多雾，航空气象，最不安定。

5. 潮汐

涨落之差海岸全线 1—6 米，以新竹县后龙附近为最大。

（三）交通

西部平地一带，交通最为发达，基隆、高雄两港相连之铁路，及其支路所有官私“公共汽车”路线，均甚发达。台中以南之平地一带，有糖厂铁道网，尤为该处交通机关之特色，于军事上甚有价值。东部各地，交通线之发达，远不如西部各地之速。

（四）通信

有线通信，除总督府递信部所管电信电话线外，有铁路专用电信电话线，警察专用电话线，电力公司、制糖公司等民间所有之电话线，范围最广者，为警察电话，遍设于行政区域内各地以及蕃地各驻在所（岗警驻所）。无线通信，最近亦已相当发达。

（五）飞机场

飞机场之建设，前年以来大有进步，目下陆海军及民间飞机场，共有60余处。

（六）卫生

本岛居民卫生思想，甚为进步，医疗设备，亦大有改良，但尚未达令人满意之程度，呼吸器病甚多，伤寒及赤痢尚易于传染，不可忽视。“疟疾”为风土病之一种，以东部及南部各地为甚，防遏成绩虽著，至太平洋战争爆发后，已有再起之倾向，最需注意。

（七）宿营及给养

平地虽便于宿营给养，而山地人烟稀薄，适与此相反。

1. 粮食

就台湾全岛而言，目下主要粮食，尚无不足，而制豆酱及酱油原料所需之豆类不足，乃至粮食上之弱点。

2. 给水

海岸之一部分，虽有水质不良，及干季缺水之事，但尚不感困难。

3. 燃料

海岸一带平地燃料不足，以台南县海岸及澎湖岛各地为甚。

4. 饲料

大麦、燕麦等，饲料之产量极少，冬季北部寒冷，南部干燥，供给鲜草，均甚不易。

二、资源

（一）农产

本岛为农产资源之宝库，米、糖、山芋以及纤维油料等，虽对于战略大有补助，但该岛化为战场，资源功力不足，遂使主要粮食之生产，亦受相当影响。蔬菜产量，冬季虽甚丰富，夏季锐减。

（二）畜产

以猪为大宗，鸡鸭饲养亦多，但因近来饲料不足，产量锐减。水牛、黄牛供农耕及曳车之用，马在岛内生产甚微。

（三）林产

扁柏、红桧等品质特佳之针叶树以外，并出产榉、樫类各种阔叶树。

（四）水产

食盐28万吨，工业盐19万吨。近海鱼类虽甚丰富，因燃料不足最近产量锐减。新竹县淡水养鱼，台南县海水养鱼事业，均甚兴旺。

（五）矿产

第一为煤，每年产200万吨（埋藏量推定4亿吨），石油仅3000千升（kilolitre，原油），产量甚微，此外并产金、银、铜等。

三、地方特殊状况

（1）土著

所谓土著者，乃日人据台以前在此居住之诸民族也，大别之为汉族及高砂族（高山族）。汉族按其原籍分为闽族（福建居民）与粤族（广东居民），复细分为七系，此等汉族人数，约占本岛全体居民之九成，通常称本岛人乃指此人群而言，与高砂族有别。广义土著之全体，概称为本岛人高砂族为先来本岛居住之民族，其种族有八，但其中唯有平埔一族系自汉人移住之时始接壤交通，或介在其间居住平地，其风俗言语等同化于汉人，文化程度亦较其他种族显有进步，故与通常之高砂族有别，高砂族乃300余年前汉人领有本岛以前分布于全岛，而逐渐退入深山，但就理蕃政策而言不宜使其居住深山。民国二十一年以后，怀柔、强制两策兼施，拟定每年移住计划近于平地，或集团移徙于交通较便之地，其性质至为淳朴直率。

（二）居民地

本岛市区，多已改正，对于狭隘不洁原有市街，虽已大加整顿，但各地小市街则多未脱旧态，此等市街，人家栉比，街衢狭隘，内部交通甚为不便，故为据点之价值极少。村落四周，因防土匪来袭，内外均以有刺竹林围绕，阻其通过。盖因日人据台时屡遭以村落为据点之少数敌人之攻击，而甚感困难，故有此种设备。近来虽芟除甚多，但仍不失为本岛地方部落之一特征，又于村内及其附近，处处凿有小池，用以饲养水牛及鱼类，而村内小池蓄积污水，污秽特甚，亦为障碍物之一种。又防猪只奔逸，往往在邻接小路或村口植以竹栅，拔除虽非甚难，而斥候急待通过村落时，则应注意。村落情况，已如上述，故于战术上，市街及大村落无妨视为一障碍物，加以利用，以竹丛围绕之村落，亦可用为据点。

（二）《台湾兵要地志概说》中的缺略和“精详”

我怀着极大的好奇心翻阅日军《台湾兵要地志概说》——这部被国民党军队缴获的“孤本”。因为侵华日军所谓“台湾军”曾出过一些军事“干才”，诸如被日军捧为“作战之神”的“台湾军”研究部主任参谋辻政信大佐（上校）和林义秀大佐共同编写的南方作战“极密”手册《一读必胜》。[1]这本印发了40万本的小册子，战后被日本的战史编写者吹嘘为“作战的宝库”（详见该书《日军海南岛兵要图文与〈一读必胜〉》）。又如，我见过“台湾军”编写的《东粤地区（汕头附近）兵要地志》，其地形对作战行动影响的评述，较其他“现地军”即侵华日军一线部队编印的中国大陆兵要地志要详细。

然而《台湾兵要地志概说》一书，并非像国民党军队翻印者所说的处处“精详”。此书与日军当时参谋本部或大本营陆军部，以及所谓“现地军”的中国各省兵要地志相比，在“概述”即“用兵的观察”中少了最为重要的“作战路”文字说明，仅在附图中有“主要道路网”。相比而言，如日军《广西省兵要地志概说》罗列了广东至广西、法属印支（越南）至广西、湖南至广西方向多条作战通道的起止、里程，以及沿途地形。又如《湖南省兵要地志概说》罗列要地长沙、衡阳的进攻通道，以及湖南通向广东、广西、四川、贵州方向的各条作战通道的通行和被破坏的情况。或许是台湾已被日军占领长达50年之久，

〔1〕参见［美］亚瑟·查齐著、胡修雷译:《图文第二次世界大战史——肆虐的太阳旗》，中国社会科学出版社、海南出版社，2004年。

不存在攻取的问题，书中仅有“道路”一节，而且仅是以下几行文字：

一、本岛固有道路，乃通于村落、山林、耕地之天然道路，近年开通南北纵贯道路，而西部平原地带之东西路线整备特速，但通于南北之路，所经河谷东西分流，且流水状况特殊，桥梁架设困难，致发达甚缓。

二、本岛道路之弱点如次：西海岸南北路线：1. 西螺溪无桥梁，涨水时不可不迂回，以至于上游之集集（地名）。2. 下淡水溪桥为水涨时，东西唯一联络之路。横断（山地）道路此路用以理蕃，现修理尚未完竣，且有铁线桥（吊桥）多处，驮马不能通过，然此横断道路乃东西作战上之交通路，修理扩张，刻不容缓……

不仅是道路，桥梁更是在日军《台湾兵要地志概说》中重要缺失。对于台湾地形，我用“山纵川横”四字概括：台湾山脉都是南北走向，河川都是东西流向。山川一纵一横，便形成了众多的关节点——桥梁。在昭和八年，即 1933 年，日本所谓“台湾总督府”编印的日文《台湾事情》中“道路桥梁”记载，当时台湾建成和计划中的桥梁有 800 座，并列表登记了其中 44 座桥梁的位置、长度、结构。如基隆、屏东纵贯道，长 50 米的石牛溪桥为钢筋混凝土桥；台中、竹山道，长为 243 米的浊水溪铁索吊桥等。另外，《台湾事情》用了若干照片作插图，而《台湾兵要地志概说》一幅照片没有，是否是“台湾军”以防御美军为主的观念使然？这一点迥异于以苏联为主要假想敌的日本关东军编制的兵要地志，以及 1937 年以后日军参谋本部印发的中国战场各省的兵要地志概说之类的作战备考资料。

11-3 著者收集的 1933 年“台湾总督府”编印的《台湾事情》（书影）

通过对比《台湾兵要地志概说》和《台湾事情》两书，我充分理解了侵华日军头目冈村宁次大将为何将“满铁”调查部的资料和其他一些地志作为中国战场各省兵要地志的补充的原因。

台湾地形多山，而日军《台湾兵要地志概说》却无山地的专门介绍，更不要说

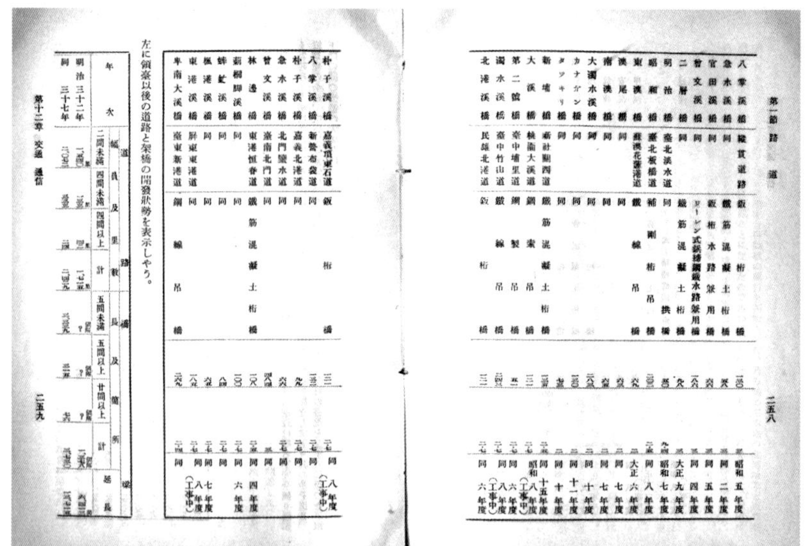

第一節 道路

橋名	路線	構造			竣工年度
八掌溪橋	縱貫道路	鐵筋混凝土桁橋	[illegible]	[illegible]	昭和五年度
急水溪橋	同	鐵筋混凝土桁橋	[illegible]	[illegible]	同 二年度
官田溪橋	同	鈑桁水路架用橋	[illegible]	[illegible]	同 五年度
曾文溪橋	同	ローレン式鋲接鋼鐵水路架用橋	[illegible]	[illegible]	同 四年度
二層橋	同	鐵筋混凝土桁橋	[illegible]	[illegible]	大正九年度
明治橋	臺北溪水道	同 拱橋	[illegible]	[illegible]	昭和七年度
昭和橋	臺北板橋道	補剛桁吊橋	[illegible]	[illegible]	同 八年度
東澳橋	蘇澳花蓮港道	鐵線吊橋	[illegible]	[illegible]	大正六年度
溪尾橋	同	同	[illegible]	[illegible]	同 七年度
南澳橋	同	同	[illegible]	[illegible]	同 七年度
大濁水溪橋	同	同	[illegible]	[illegible]	同 十年度
カナガン橋	同	同	[illegible]	[illegible]	同 十一年度
タツキリ橋	同	同	[illegible]	[illegible]	同 十年度
新埔橋	新社關西道	鐵筋混凝土桁橋	[illegible]	[illegible]	同 十五年度
大溪橋	桃園大溪道	鋼索吊橋	[illegible]	[illegible]	昭和八年度（工事中）
第二館橋	臺中埔里道	鋼製吊橋	[illegible]	[illegible]	同 六年度
濁水溪橋	臺中竹山道	鐵線吊橋	[illegible]	[illegible]	同 八年度（工事中）
北港溪橋	民雄北港道	鈑桁橋	[illegible]	[illegible]	同 六年度

二五八

橋名	路線	構造			竣工年度
朴子溪橋	嘉義頂東石道	鈑桁橋	[illegible]	[illegible]	同 八年度（工事中）
八掌溪橋	新營布袋道	同	[illegible]	[illegible]	同
朴子溪橋	嘉義北港道	同	[illegible]	[illegible]	同
急水溪橋	北門鹽水道	同	[illegible]	[illegible]	同
曾文溪橋	臺南北門道	同	[illegible]	[illegible]	同
林邊橋	東港恒春道	鐵筋混凝土桁橋	[illegible]	[illegible]	同 四年度
莿桐脚溪橋	同	同	[illegible]	[illegible]	同 六年度
[illegible]溪橋	同	同	[illegible]	[illegible]	同
楓港溪橋	同	同	[illegible]	[illegible]	同 七年度
東港溪橋	屏東東港道	同	[illegible]	[illegible]	同 八年度（工事中）
卑南大溪橋	臺東新港道	鋼線吊橋	[illegible]	[illegible]	同

左に領臺以後の道路と架橋の開發狀勢を表示しやう。

年次	道路 幅員及里數 二間未満	四間未満	四間以上	計	橋梁 長及箇所 五間未満	五間以上	廿間以上	計	延長
明治三十二年	[illegible]	[illegible]	[illegible]	[illegible]	[illegible]	[illegible]	[illegible]	[illegible]	[illegible]
同 三十七年	[illegible]	[illegible]	[illegible]	[illegible]	[illegible]	[illegible]	[illegible]	[illegible]	[illegible]

第十二章 交通 通信　二五九

11-4 日本《台湾事情》中的桥梁附表

对山地的攻防战守的评述了。但该书对台湾的河流十分重视，并将主要河溪概要罗列如下：

1. 宜兰浊水溪

由南湖大山泻出宜兰平地，东港附近河口虽有沙洲，而载重百石以内之帆船，则须待满潮时，出入东港泊地，宜兰附近下游可驶载重 20 石之小船。

浊水溪宜兰河（浊水溪支流）平水季节，由干路附近向上游徒步虽易，而浊水溪水量，则较宜兰河稍大。

2. 淡水河

容纳基隆河、新店溪及大嵙崁溪诸流而出淡水，水量多而水流速度颇缓，受潮水涨落之感应，台北附近潮差为 1.5 米，基隆河上游部分流寮溪底，两岸处处绝壁，下流速概不甚急，八堵附近上游有徒涉地点，下游水量甚多。至松山附近一带，处处有徒涉地点。但两岸形成 5—10 米之断崖，河水远低于平地，且甚迂回，故成为此谷地内之大障碍。松山下游河面渐广，水落季节，可发现徒涉地点。

新店溪，新店上游深谷急流，山根到处激突，迂回成为险崖，新店下游处处虽有急湍，而流速渐缓，景尾附近下游可通河船，新店下游处处有徒涉地点。

大嵙崁板桥下游，无徒涉地点，上游可驶载重 10 石之河船，而至大溪。

3. 凤山溪及头前溪

两溪在旧港附近流入于海，平时水量虽少（头前溪较凤山溪稍多），而水急且大，涨溢殊甚，一时交通为之完全杜绝。但水落亦速，凤山溪新埔附近上游左岸，殆成一派断崖，头前溪新竹附近，下游不能徒涉，二重埔附近上游左岸 2 米左右之断崖甚多。

4. 中港溪

于竹南附近通海，由斗换坪附近上游通峡谷间山根到处激突，成为断崖，斗换坪下游水流甚缓，除铁道桥东方左岸断崖外，两岸低平，水量甚少，除两岸断崖部分外，平水时可徒涉。但有河口以至铁道桥，须视潮之涨落为准，潮满时不能徒涉。

5. 后龙溪

自后龙通海，水量少而流缓，到处可徒涉。但至后龙附近为止，则以潮之涨落为准。满潮时不能徒涉，两岸概多低平。

6. 大安溪

源发于中央山脉，大霸尖山附近，西流至于卓兰附近，始可望见西方平地。卓兰下游铁砧山附近有河床约 5000 米，宽 1000 米乃至 4000 米，砾石大可一尺，时见巨岩累累。下游处处土沙混积，茅草杂生，而一般河床多属赤露，毫无遮蔽。两岸多崩坏断崖，即平地部分亦达 4.5 米，乃至 20—30 米之高。临河岸之高地，多从山巅崩坏，直抵河床，右岸状尤雄奇。由铁砧山附近以至下游河口一带，河水恰似扇形，有若干支流成为三角河碛。平水时到处可徒涉，此处流积砂砾，两岸平地隆起，河床间之地区为隐蔽之村落及耕地。各支流之两岸，多为榛莽，间以石砌防堤，军队运动甚受阻碍，步兵以外，不能随处作路外之通过。

7. 大甲溪

发源于次高山之南，而西流至东势附近，乃出平地，东势下游状况与大安溪完全相同，左岸丰原附近约 3000 米间无断崖，且多隐蔽，与大安溪同，为守军在本岛西部南北作战战术上之大障碍。

8. 大肚溪

大肚溪在乌日附近，与埔重、南投、台中平地诸流汇合而大增，其水量流向西北至塗葛堀附近通海，流速常缓。乌日之东方五张犁下游约六重间可通舟楫，乌日下游平水时，处处有徒涉地点，但其位置常随水流变动。

9. 浊水溪

浊水溪与中央山脉发源之若干溪流在水里坑汇合，水量渐大，一至平地，即向西南分为多数支流。本流则向西北（恰成喷射状）流入台湾海峡，其主要者为西螺溪、新虎尾溪、虎尾溪，是本岛之第一大河也。自水里坑附近至下游铁道桥一带，多为激流，且河底有大石，不能随处徒涉，但水落时社寮及竹山附近，则有二三徒涉地点。

自铁道桥附近至北斗附近一带河底渐变为砂砾，平水时虽可随处徒涉，但往往有泥深没足之处。北斗附近下游水流渐滞，水深增加，且河底积有泥沙不能徒涉，清水溪除洪水季节外易于徒涉。

浊水溪因上游地势关系，水流急激，滔滔泛滥，故在雨季往往渡河半途而遇洪水。

又此溪之水，在铁道桥附近引入嘉南、大圳等处，被利用之水量甚大，故下游水量锐减。

10. 嘉义、凤山间诸河川

嘉义、凤山间诸河川之流域，多不甚广，故水量少，障碍之程度亦小。唯河口地多低洼，易受潮汛影响，距河口约二里之区域内，满潮时不能徒涉。牛稠溪及八掌溪河床低于平地，通常在断崖壁立之塘隙内，迂曲流行，纵贯道路附近，底质均为土沙，流速甚缓。二溪两岸情形如属可能，则到处均可徒涉。

急水溪铁线桥（地名）附近上游到处诸兵种均易通过，而下营附近下游河水停滞，深度大增，且此部分之两岸与此溪相连之池沼甚多，雨季妨碍交通特甚。

曾文溪河床较上列诸溪为广，且沿岸多敞开，铁道附近河宽 1000 余米，水面宽 30—50 米，曾文附近之下游平水时可随处徒涉，而河底时亦埋没。

此溪除水落季节外，曾文附近下游可通舟筏。

盐水溪自三崁店以至下游，水面宽约 100 米，水量较多，水流颇缓，航运稳便。

三崁店附近水深 1 米左右，盐行下游水深 1.5 米左右，三崁店上游水深骤减，可供诸兵种之徒涉。

二层行溪，河面宽度在阿连附近约 50 米，在主要公路附近为 100 至 150 米，水量不大。平水时无碍徒涉，而于种稻期间因于大湖附近，堰水以供灌溉，于其上游二里余中路一带，完全不能徒涉。

11. 下淡水溪及东港溪

下淡水溪，上游称为楠梓仙溪，及荖浓溪，其一，发源于新高山寥寥无几，它则发源于八通关，两溪相并南流出于屏东平地，复于旗山里港间相合，水量渐增更并入武洛溪、番子寮溪。屏东附近下游河面宽度 3000—4000 米，至东港而通于海。

此溪水量之增减以季节为准，盖 5 月—9 月为水涨季，由里港附近（时为旗山）之下游，绝不能徒涉。两岸交通除经屏东附近及旗山之桥梁外，则赖各地舟筏，勉强通行，舟筏之数不多，竹筏宽 1—3 米，长 10—15 米，屏东以北约可载 5—15 人，屏东以南约可载 20 人。

通下淡水溪之诸流，因近水源大雨后，水落甚速，故虽在水涨之季，多亦可徒涉。

10 月至来年 4 月即平水季节，期间 12 月至来年 3 月水量减少最甚，平水时，里港附近上游到处多可徒涉，而里港附近下游徒涉地点之外河床泥土没足，不独马匹即一兵亦难徒涉。

里港附近下游之重要徒涉地点如下：

大树脚、六块厝、下蚶庄、五房洲，潮汐影响及于五块厝附近，而潮水涨落之差，高潮时约为 60—90 厘米。

自河口以至溪洲附近（或至旗山）有舟筏之便，以使用竹筏为主，竹筏宽 6—7 米，长 17—18 米，载重通常约 3 吨。

自东方山地，西流于屏东平地之诸溪，平时水量甚少，可自由徒涉，每值大雨溪水涨溢，交通为之杜绝。

东港溪平水时水量不大，随处易于徒涉，而河口乌龙附近，水深骤加达于 2—4 米，且受潮汐影响。而灌水涨落之差，高潮时多为 60—90 厘米，该溪之底质为泥砂，诸兵种能徒涉。

12. 卑南大溪

卑南大溪，上游称为新武路溪，发源于中央山脉关山附近，自新开园附近，南流成为卑南大溪，经台东平野北部入海。此溪多为急流，河底砾石甚大，一般车马交通殊感困难，自新开园附近至摆仔摆附近一带水深70—80厘米之部分甚多，易于徒涉，其下游水面宽阔水量增加，徒涉甚难。

13. 秀姑峦溪

发源于新开园西北山地，北流于中部台东平野，在瑞穗附近与自北方拔子西方山地南下之妈兰钩溪汇合，东向，将海岸山脉南北两断而通于海。

玉里附近河面宽约300米，水深虽不过60—70厘米，而河底有巨岩、大石，马匹车辆难于通行。

玉里附近下游河底均为砂砾，流速亦缓，而自公馆至下游瑞穗之间，左岸成为断崖，雨季水涨之际，左岸交通绝不可能。妈兰钩溪于拔子附近，平水时殆将干涸，而在瑞穗附近河面宽约300米，两灌分流，水宽约50米，水深各70—80厘米，均为急流。

瑞穗下游河面狭窄，水量甚大，而水流迂曲，半为深渊，半为急湍。河口附近，河面宽度及水深顿增，河宽1500米，水深2—3米，海上若有风涛，则余波涌入河口，小船渡河时感困难。

14. 花莲港

上游称为加笼笼溪，发源于马太鞍西部山地，北流至花莲港附近入海，处处虽有断崖而流速多不甚急。

贺田附近上游，处处有徒涉地点，其下游水量甚大，通常不能徒涉。

诸支流中之较巨者，为万里桥溪、“加岗”（译音）溪、木瓜溪均发源于西方中央山脉，而东流横断花莲港至台东之道路，干燥季节，诸溪均可徒涉。

台湾的河流除淡水河、基隆河等几条称河之外，其余全部称为溪。我曾请教台湾人河与溪的区别，回答是通航的叫河，不通舟楫的叫溪。我不满意，去翻阅台湾地理学界泰斗王鑫先生的《台湾的河流》一书，也未找到答案。

台湾陈福成中校的《决战闰八月》书中附图，台湾四周临海适合登陆之地都有河川，如台北西北方向上的淡水河口、台中西侧的大肚溪、台南的曾文溪、台东的卑南溪等。在《台湾军略地理》对海岸线滩岸的叙述中，南坎溪至中港溪地区，“本地区海滩之后岸有足够之纵深，交通状况良好，便于岸勤作业及大部队运动，尤以竹围附近直逼中正机场”。中港溪至大安溪地区“全长49千米，其中水尾子、白沙屯、新埔等处登陆后立可截断南北交通。”因而渡河问题是很重要的。我见台湾许多溪的河床很宽，而溪流从高处看宛若一条纤细的游蛇，如不遇暴雨、山洪，枯水期的溪流似乎对步兵、装甲兵的行动构不成太大的障碍。

据说台湾军队“急迫渡河”的求生训练要求在入水前“宜将鞋袜脱掉，用根坚韧的竹竿作支撑物，可使站立更稳固，并可用来探测溪流坑穴”。但我以为，涉渡河流应避免赤脚，一则穿鞋涉水使脚站立稳固，二则可避免脚被砾石划伤，如脚被划伤，生存和作战行动能力大大下降。

当然《台湾兵要地志概说》也有“精详”之处，毕竟日本统治台湾长达 50 年之久，资料积累充分。如“气象”一章中有山地气象、航空气象、台风等项。系从“台湾军”1944 年 11 月编印的《台湾兵要气象志》一书中摘编出来，潮汐部分也专册作为附录，各地邮电局的电台登记也列表详细。值得一提的是，“附属岛屿”即澎湖、琉球屿、

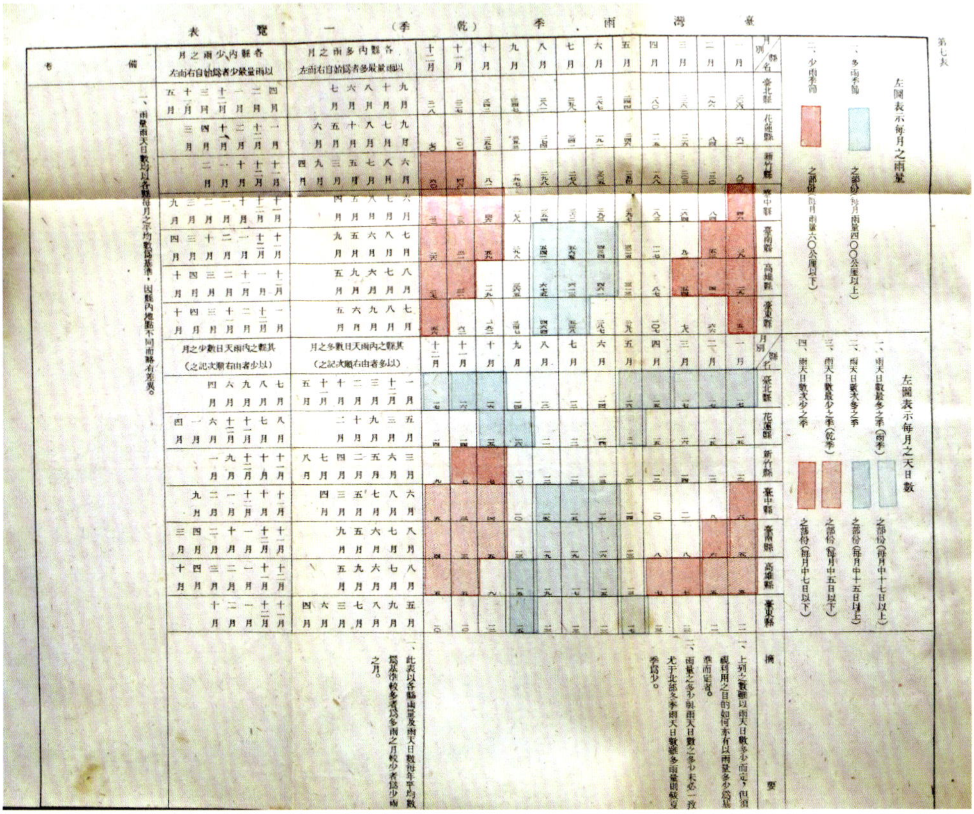

11-5 日军绘制的《台湾雨季（干季）一览表》

火烧岛、红头屿的地形、道路、气象、卫生、宿营及给养记述也较详细。日军宿营的着眼点是寺庙和学校，例如琉球屿“地贫屋小，甚污秽，不适于军队宿营。唯兵营旧址（约可容 170 名），国民学校（约可容 500 名）可供宿营之用”。我曾见过日军参谋本部和“冈部队”（南方军）编制的大量菲律宾、印度尼西亚、新几内亚、所罗门群岛的兵要地志图。相比之下，台湾兵要地志中对“离岛”的调查较为认真。我们来看日军对台湾最大的“离岛”——澎湖的记述：

澎湖列岛，隔澎湖水道与台湾西岸相对，以澎湖本岛为中心，集大小 64 岛屿（散布南北约 65 千米）而成，其中有居民者 28 岛，列岛总面积不过 32 万平方千米，而其位置则扼台湾海峡之全部，且远制华南沿岸，列岛价值在澎湖港，该港处于澎湖本岛、白沙岛、渔翁岛环绕之中，港内宽阔，可容纳多数舰船。距其南方约 25 千米，有八罩岛，有可为攻击澎湖要塞据点之价值。

一、地形

地形状如多数扁平圆台联结以缓徐波状之地，自海上望之恰似浮一巨大平盘。全岛概甚低洼，最高地点尚不过 60 米。故风力常强，且港内舰船情况有被外海窥见之不利。全岛之树木、河川池沼开垦已遍，到处展户自如，运动不感困难。唯有仅见起伏及若干村落稍为遮蔽，处处有形似地隙处无水壕沟。对于人马通行略有妨碍而已。旱田以种植甘薯、花生、蜀黍等为主要产品，蜀黍高达 2 米左右，与军事上大有关系，唯其期间甚短，仅五、六两月，土质乃有玄武岩崩坏集积而成。地盘甚浅，常在地下一至二米即达岩层，岩石露现部分甚稀，土工作业除土易而积土难，对于弹丸穿透破坏之抵抗力比较微弱。天晴风劲时泥沙虽易飞散，降雨则甚少泥泞。

二、道路

本岛路旁旱地人马车辆亦不难通行，故固有道路虽有幅员狭窄、倾斜峻峭，或曲半径过小之部分而鱼贯行进，路旁旱地或施以仅少工事即野炮亦可通过，故破坏或阻断道路扼制敌人前进之企图殆皆无效，主要道路网如附图第十三（略）。

三、海岸及港湾

各岛面积甚小，而到处海角港湾凸凹出入，海岸线与面积比较愈见其长，岛之各部概况如左下：自澎湖本岛东海岸，经白沙岛东海岸而至渔翁岛北海岸之间多屈曲，一般概为沙滩，距海远而浅，且沿岸暗礁沙洲甚多，故舰船驶经该处甚为危险，以舰载小艇驶近海岸亦极不易。澎湖港北口附近亦散见多数礁洲，虽一小船一小艇通过其间均极危险，在此海岸可供舰船抛锚停泊或小舟抵岸之地点，唯里正角半岛之颈部东岸附近而已。

澎湖本岛南海岸至渔翁岛西海岸间，海水多、深而急，近者距海岸仅数米，有 9 米之深，远有距海岸二三百米乃有如此之深度。此处礁洲甚少，舰船甚易接近海滨，但海岸多为峻峭断崖，登陆行动殊多困难。澎湖港乃由澎湖、白沙、渔翁三岛围绕而成，南口广约 2000 余米，中央有浅滩，北口在渔翁岛与白沙岛之间，浅滩由东、南两面扩展，共同成一水路，吃水 5 米以下之船只始能通过。此港难为东北风季中适于避泊之处，而对其他风向则无充分保障，唯由此港向东南弯转之马公港，对于任何气候均甚安全。

马公港为澎湖港支港，海湾深入 4000 余米，近岸多石花礁，而港之中央有一岩，潮落始现。港宽约 120 米，水深 12.5—14.5 米，适于吃水深之舰船抛锚停泊，而可避任何方向之风之安全港也。澎湖岛之南约 4500 千米有八罩岛，岛之西海岸水深约 14 米，底为沙质，可为西南风季中之锚地，该季节中最好锚地在岛之东面将军水道北口附近之石岸岛，与北方船户礁间水深十七八米底同为泥沙之处。

四、宿营及给养

本岛到处寒村陋邑，不足以供军队宿营，唯马公街（至民国三十二年末止户数 5010 户，人口 29135 人，内有日本人 3551 人）可收容相当人数，澎湖医院虽可供卫生勤务之用，但收容力亦小。可供征发之给养品绝无，米全无生产，悉赖台湾本岛接济，甘薯、花生、蜀黍各约 3000 甲，其次粟玉蜀黍各有三四百甲之收获而已。岛内农产粮食对于岛民之需要丰收时约可支 8 个月，平收时仅支可约半年。加以雨小而暴风屡发，以致频年饥馑不以为奇，蔬菜产额亦少，鲜果可谓皆无，亦非过言。淡水缺乏且水质不良多含盐分，而干燥季节井多涸竭，薪炭生产全无，农民多以稻秆、草根、牛粪等为燃料。

五、气象

（一）气温

本岛较诸纬度相同之他地冬季稍冷、夏季较凉，盖因冬季东北寒风屡起，夏季则西南清风徐来之故也。自创设观测所以来迄至民国元年平均气温为22.5℃，最高33.9℃，最低7.3℃。

（二）风

风多而强，最强风速达40米/秒，一年间暴风日数143日，每年10月—翌年5月间，东北风屡起，自11月—翌年1月间风力尤强，夏季多西南风。而屡有强风飓风来袭，势甚猛烈，沙砾飞扬，波涛汹涌，益以骤雨，殆有不可向尔之概。

（三）雨

5月—8月间多雨，但较诸台湾本岛为少，一年间降雨日数计93日，此项日数若不甚少，而雨量甚少，一年间平均约仅965厘米，故军队宿营行动，虽便，而水涸堪虞。

六、卫生

澎湖岛卫生概况尚佳，向无恶疫流行，唯亦有发生伤寒、白喉之年。

（三）图文互补的《台湾兵要地志概说》

图文互补历来是日军兵要地志的一大特点，《台湾兵要地志概说》中，文字部分对台湾机场的描述，只是两段话："飞机场之建设，前年以来有进步，目下陆海军及民间飞机场共有60余处"，以及"岛内飞机场之状况如附图第九"。台湾日军航空兵主力第八飞行师团，兵力遍布琉球和台湾。书中所附"飞机场一览图"（图11-15）中的48处机场要图，使人对台湾机场部署有宏观的印象。但我发现图中凡陆军航空兵的机场，如桃园、屏东、嘉义等，都是按日军参谋本部关于机场兵要调查的要求，注明跑道长度、土质、掩体数、宿舍数和附属设施等内容而记录的。而日本海军航空兵的机场，如大湖、旗山、冈山等，

11-6 “花莲港日军投降的战斗机自杀机”

只有略图和跑道长宽数，而无其他资料。日本陆、海军间的门户壁垒，在当年台湾兵要地志中也由此得以管窥。

在美军的轰炸之下，驻台湾的日本航空兵选择一批机场作为平时“秘匿机场”。飞机以树林、掩体而伪装藏匿。每次出击之前的黄昏或当日清晨飞至“出发机场”待命。如日本海军七六五航空队，平日驻台南一带机场，出击时飞到新竹、宜兰出发机场。日本陆军的“秘匿机场”有十余座，以中南部居多。南部以北港、北斗、北部为树林口的陆军“秘匿机场”驻日本“特攻队”。而日本陆军航空队驻台湾的主力之一第二十二飞行团，则是以八块、宜兰为机动基地。所谓“出发机场”有9座，分布在便于出击的台湾北部。其中八块、宜兰、花莲港是具有“秘匿”、出发双重特点的重要基地。[1]

此外，港湾、泊地，包括基隆、花莲、苏澳、高雄等港湾图中，潮汐、风、港设施、补给等项要素注记详备。它相比日军《海南岛概说》中榆林和三亚港的简略记述实是天壤之别。我们来看《台湾兵要地志概说》中“海岸及港湾”的记述：

〔1〕杜正宇、谢济全、金智、吴建升著:《日治下大高雄的飞行场》，台北，新锐文创秀威资讯有限股份公司，2014年。

一、概况

本岛沿岸殊少屈曲，东海岸水深且急而多断崖绝壁，西海岸则远而浅，堪称港湾者甚少，唯有基隆、高雄二港，可应近代港湾之需。

本岛港湾基隆、高雄以外有花莲港新港（轮船可出入），新高新港（正在建设之中），苏澳港、安平港。

本岛登陆地因沿岸良港稀少，大受气象之影响，盖冬季东北风劲，海上情形险恶，怒涛汹涌，北部及东部海岸尤首当其冲，登陆动作殊多困难，即在其他沿岸若非慎择气候晴朗之日，则于冬季登陆困难在所难免，唯自高雄附近至恒春半岛间，及新竹附近之沿岸较易登陆。

夏季西南风起，除西南部沿岸外，各地登陆、运输均易，唯夏季时有强烈台风来袭。故欲在本岛登陆之军队，无论任何季节，必须先在近海觅得安全根据地，且须于登陆后，速即占领有利之港湾，设立根据地。

二、高雄、苏澳、基隆、花莲港各港之状部。（图 11-10、11-11、11-12、11-13）

三、三貂湾

湾口甚大，向东北露现，东北风季不甚安全，但于西南风起时，舰船下锚停泊稍便，起卸地点，以双溪川口附近为佳。该处乃一沙滩，洋面水深，亦甚适宜，民国十七年前五月下旬，[1]近卫师团，约有半数自该处登陆，是时因有风流登陆甚感困难，运船 16 艘起卸需时约达 4 日。

四、淡水港

位于淡水河右岸，与淡水街相接而有锚地，各处水深虽不相同，而距护岸 100 米之内潮落时有 3—8 米，底质为沙或沙土混合，护岸 30 米以内，用为船艇停泊之处，更进 30 米，近于河心之水面，乃充航空，对于锚地一带之风向遮蔽甚周。

河口水路现受限制，大船进口困难，而锚地水面较广，可泊 200 吨之机帆船数十艘。自锚地进至港口水深渐减，港外有流沙积成之沙洲，

〔1〕作者注：此处应为 1885 年。据宗泽亚著《清日战争》记载，是年日本“决定增派近卫师团从台湾东北端岬角——三貂角登陆，在旧西北高地与 100 名清军交火。数日内，日军攻陷了澳底高地、丹里兵营、瑞券高地”。参见宗泽亚著《清日战争》，北京联合出版公司，2014 年。

为船舶出入之难关，故初次进口之船舶，必须雇用引港。沙洲虽可利用满潮，而吃水 4 米以上之船舶，进口仍感困难，港湾设备无特别可记之处。

该港每因夏季台风发生洪水，水深受其影响，变化甚大。锚地附近则因近年流心向左岸移动，水深有渐减之倾向，恐将丧失航空使用价值，故于上游左岸，正在建筑制水防堤以资挽救。

五、旧港泊地

旧港（向为商港）西面为帆船泊地，而轮船锚地，则在距 1.5 海里之洋面，无遮护风涛之设备。

六、中港（竹南）泊地

河口外约一海里之处有洲，中央有一小流，形状虽近有变化，半潮以上小艇可入。帆船泊地在塭子头附近，足以避风，多数民船均可完全收容，距河口沙洲外缘约 100 米之处遮蔽，稍偏南之风虽可暂停泊，而非适当之锚位也（风强时不适于停泊）。

七、后龙港

后龙港（向为商港）于溪口公司寮附近，为帆船泊地，半潮以上舟艇可入港内（高潮时 40—50 吨之帆船可入），洲外水深 7—15 米之处，可得锚地，而西北两方面完全暴露，故潮高时，不适于抛锚。

八、大安港

大安溪本流之南西约 1.5 海里，及大安港之小流为中国式船艇泊地，距岸 1 海里艇船虽可抛锚，若非西南风起，风力微弱时，卸下舟艇操纵殊感困难（日军侵台时曾以该处为补助海运地点供其军队南进之用——作者注）。

九、新高港（梧棲港）

民国二十八年以来，进行筑港工事，民国三十三年八月工事中止，因航路埋没，短期间内，机帆船及大号渔船进出港口均感困难。艇船锚地，距岸虽仅 3 海里，而完全暴露风浪之中。

十、涂葛堀地

在大肚溪河口右岸，帆船泊地在大肚溪本流，北面支流之一端，距大肚溪流口 1 海里之洋面，艇船虽可得水深 13 米细沙底质之锚地，而于各种风向完全暴露。

十一、海口泊地

在旧虎尾溪之汊口附近，当沿岸弯曲部分之南阴，有水深 7—10 米泥底之泊地，东北风起时，适于船舶避泊。

台湾西岸港湾泊地，因河川土沙流出殆已废坏，仅有海口泊地为西岸中部唯一之泊地，但该处沙堆浅滩，似向南方扩展甚为显著。

气象：10 月—翌年 3 月间偏北风强（4 米 / 秒—5 米 / 秒），其中 11 月—翌年 2 月间风力强（7 米 / 秒以上之风力每月一至二次）。平均一月间约三分之一气象平稳。

4 月—9 月间平稳，中国式小船交通称盛（海口风力强弱之比例与澎湖岛同）。雨 6 月至 7 月间最多，10 月至 12 月几等于无。

十二、布袋泊地

在外伞顶洲，陆岸间，暴露于澎湖水道。

气象：3 月—7 月上旬多偏南风而微偏于西，8 月—翌年 3 月上旬风常偏北，而多北、北西之风，11 月—翌年 1 月间，偏北风最强，连日台风，1—2 星期后，可得 1—2 日之静稳。3 月—8 月、9 月多变向风，屡有偏南偏北之强风，而以 8 月上旬为最多。7 月海上最为静稳，6 月—8 月多雨，4、5 月间多雾，风雨表升降准确，若有变动时，气候必有异状。

潮涨流于北方，潮落流于南方，流速每小时 1.5—2.8 海里。

十三、安平港

距岸 2 海里，有水深 7—12 米泥底之泊地，可泊轮船（载重 3000 吨者十数艘），而港湾及湾口附近，因季节风起汊路常有变动。

轮船及帆船虽可利用满潮勉强出入（风向变化后 2—3 个月内不能航行），而起卸多数人马材料，则由外海直接卸下到沙滩为便。

港内小澳适于民船避风之用，可供 20—50 艘之小艇下锚停泊。

气象：9 月至翌年 5 月间偏北风强，6 月至 8 月间，偏西南风强，一般风速 12 米 / 秒以上之时，不能起卸，夏季尤多大风巨涛，因风涛不能起卸之日数，冬季约每 5 日一次，每次约 2 日，则约第 7 日一次，每次3日，夏季自15时起（下午3时）波涛高涌往往中止起卸，5月、6月至10月最为静稳，5月、9月多雨。

十四、东港泊地

东港溪以河口南方附近一带为泊地，距岸60米以外水深急变，仅100米间水深由20米变为100米，南屏丛林附近为东北风季之锚地。

东港溪口有东港渔港，锚地水深潮落时1—1.3米，为沙土底质。渔船澳可泊20吨之渔船约20艘，航路乃自渔船澳沿迂典之流路，通于外海，处难行流路，每值洪水均有变动，渐有埋没之倾向。现利用满潮载重25吨船只可以出入，而于潮落即小渔船之出入，亦感困难。渔船澳之西南地带，有防风林，遇有暴风可资遮护。港湾设备无特别可记之点。

十五、琉球屿

在岛之东南距岸60米，水深30米，底为沙质。曾有船在此停泊数日，屿之四周无他锚地。

十六、大板埒锚地

距岸100米，水深1.3—1.5米，底质为沙，锚地甚佳，除夏季暴露于南方外，对各方之风尚可障蔽，海面静稳。

十七、新港泊地

显雾于南方，而三仙台以南之地势稍可遮蔽东北风，由“加亚加伊（译音）”鼻，展至南方之岩脉，成为防波堤。东北风强而尚适于锚泊，唯泊地狭隘，难于收容多数船舶，因其底质为砂岩，暴风季节不甚安全。

十八、成广澳泊地

成广澳距岸100米，水深21米，底质为沙，适于暂泊。

十九、火烧岛南寮湾

距岸20米，水深7—13米，底质为岩及砂，虽非良好锚地，冬季东北风强，尚可安全停泊。

当黑潮之冲，海流速度每小时2—4海里，鼻头角附近有激湍，西南风起时势力愈增，东北风强时，势力减退。

二十、红头屿八代湾

湾口南方及西方敞开，底质为细沙，有良好锚地，西北部适于停泊，以避冬季偏北风。

二十一、澎湖岛

海角港湾互为凸凹，海岸线甚长，断崖绝壁，不即下临海水，崖下常有潮落即现，而易于通行之平坦磐石或狭长之砂砾地带，为此海岸之特征，岛之四周，岩礁甚多。

澎湖港南口中央部分，有水深9米之浅滩，北口在渔翁岛白沙岛之间，东西两面，浅滩扩展间，成一水道，吃水4.5米以下之船舶乃可勉强通航。

马公港海岸附近多石花礁，港之中央有一岩，潮落乃现，港宽120米，水深13—15米，适于吃水深之艇船下锚停泊，且能避各种风向之风，实为台湾第一之安全港也。

八罩岛，西海岸水深13—15米，底为沙质，可阻南来潮流波浪，故可为西南风季中之锚地。

侵华日军在《台湾兵要地志概说》中将居于台湾的人分为日本人、台湾人、土著，把来自大陆地区的中国人列为“外国人”。而文字中对土著的高山族称为“高砂族”，而且只有做背夫的片字只言，“高砂族挑担能力，壮年者25—30斤，每日行程20千米”。但在所附《土著居住分布要图》（图11-16）中将高山族的分布、人口数，以及民族特点以图表形式编绘，一目了然。

日军认为大野儿族为高砂族中“性最彪悍、狞猛排外、好争斗”，亚米族“性温和顺化，营农业、刻苦耐劳”，培旺族“稍彪悍性伶俐”，保隆族“虽钝重，但狞猛固执”，曹澳族“性彪悍，但服从官令”，晒塞族“性温和，渐近于本岛人之习惯”，夜美族“最原始，但性温和，从事渔农，擅长在海中之工作”。其族名我认为是翻译问题，据语音判断，大野儿族似为当今所说的泰雅族，亚米族似为阿美族，培旺族似为排湾族，晒塞族似为赛夏族。而夜美族为达悟族，曹澳族为邹族无疑。图表中，日军对当年在台湾居住的福建人的看法是“性温和，长于商财，耐苦，可成为优秀产业人、经济人。敏捷，虽有轻佻浮薄之弊，但易服亦易叛”；广东人“性勇敢、质实，克勤克俭，富于理智，虽厚交谊，但顽戾固执”。

从日本近年出版的《证言台湾高砂义勇队》可知[1]，日军曾7次强征台湾当地人民参加侵略战争。日军还曾组建过一支由80名台湾高山族士兵组成的特种部队“薰空降队”[2]，在太平洋战场偷袭美军，而大批被强征的台湾当地青年成为日本军国主义者的炮灰，客死异乡。

另据《陆军中野学校》记述，日军曾在台湾挑选岛内六百名高砂族青壮年组成所谓“高砂游击队”，隶属于日军第十方面军，队长为中岛和义大尉，在阿里山秘密进行游击战训练。此外，还有配属第四十军的“第一高砂游击队”，担任中央山脉西面的防务。另还有第十游击队，队长为中野学校高级副官坂口裕中佐。这些由当地高砂族青年组成的武装在日本投降之时亦鸟兽散。[3]

地方警备也应是兵要地志记载的内容。日军兵要地志中未提及从明治以来历年当地山胞的反日斗争，如“雾社起义”，也未提及台湾的警政系统。恰是当时高效的警察机构在国民党军队赴台受降之初“为我所用”，临时担负了地方社会治安的任务。[4]

（四）日军《台湾兵要地志概说》内容与其作战任务不符

日军将兵要地志视为拟制作战计划的基础资料，其《台湾兵要地志概说》成书于1945年2月。随着美军在太平洋战场的节节进逼，1944年初，日军大本营为防范美军机动部队来袭，确保琉球、南西诸岛、台湾等所谓“绝对国防圈”的后方要地，以及南方交通线，制定了“十号作战计划”。1944年3月22日，日军大本营发布命令，“台湾军”

〔1〕［日］林えいだい编著：『证言台湾高山义勇队』，草岚馆，1998年。

〔2〕［美］拉菲尔·斯坦贝格著、丁翠玉译：《重返菲律宾》“时代生活”，中国社会科学出版社、海南出版社，2004年。

〔3〕［日］中野校友会著：『陆軍中野学校』，原书房，昭和五十三年三月十日。

〔4〕黄涛、林伟俦、侯梅著：《国民党第六十二军赴台湾接受日军投降纪实》，《广东文史资料》第23辑，广东人民出版社，1979年。

由防卫转为作战部队，由原本隶属防卫总司令部转由大本营直辖。提升基隆、高雄、澎湖三处港防要塞的战备等级，设立“台湾军筑城班”，负责上述三座要塞以外区域的军事筑垒，重点是宜兰、花莲、台东、恒春以及枋寮五处反登陆要塞，企图实施全岛要塞化。

日军依据《岛屿守备部队战斗教令》，在各沙滩的侧防岬角构筑野战工事，并在各要点设永备工事。〔1〕《台湾兵要地志概说》书成之时，美军已攻占硫磺岛，距日本投降仅 6 个月。当时“台湾军”的主要任务是防御美军由菲律宾方向的跨海攻击。而日军第十方面军司令部编制的这本兵要地志的内容，并非紧扣其防御作战任务，而是着眼于在台湾南部预设战场，按照日军师团指挥依据的《作战要务令》中关于防御战斗的原则，研究适于抵抗的主阵地、主力炮兵阵地，便于步兵、炮兵有效发挥火力，而敌难以发挥的地形；对敌战车顾虑大的方向和障碍物的利用，以及敌步兵、炮兵协同战斗困难的地形和利用等项的研判。〔2〕这本《台湾兵要地志概说》仍按日军参谋本部规定的兵要地志调查规程，按部就班地罗列“八股”项目。

太平洋战争爆发后，台湾日军从平时数万人增加到 16 万人，防御盟军攻取台湾。据接收台湾的国民党第六十二军第一五一师师长林伟俦将军回忆，日军第十二师团（久留米师团）师团长人见秀三中将向其透露，台湾以东，从最南的鹅銮鼻，到最北的猫鼻头角等海岸线，都是石壁矗立、风高浪涌的地区，大兵团不便强行登陆。西海岸线基本是浅水沙滩，无险可守，便于美军集中登陆突破。其中，从最南端的恒春、猫鼻头角，到高雄以南的下浅水湾，全长 40 千米的海岸线，前面是深入海约十余里的沙滩，后面是一望无际的原野（登陆后约三四十里，才是台湾山脉最南端的南大武山），是很好的登陆地点。北端的淡水、新竹和中部的彰化、台中等海岸线，不但前临浅滩，背倚平野，而且海岸边都有纵深十余里的灌木林，极便于登陆后隐蔽行动，也是理想的登陆地点。

日军判断，美军如对台湾发动进攻，只能利用菲律宾为根据地。

〔1〕黄智伟著:《全岛要塞化——“二战”阴影下的台湾防御工事（1944—1945）》，台北，如果出版社，2015 年。

〔2〕［日］『作战要务令』，昭和十三年。

美军对台中及以北海岸发动突然袭击，其庞大舰队就很难躲过澎湖列岛及福建日军的监视。因而，美军主力必然在台南高雄港至恒春、猫鼻头角这一带海岸线，抢滩登陆。然后攻占屏东，并以此为立足点，扩大占领台南、台中以至整个台湾。日军估计作战重点不在台北，因而其主力部队也不在台北地区。

根据以上判断，日军对台湾的防御计划基本采取后退配备，即运动防御。美军集中兵力登陆时，日军一线守军，主动后撤至山地固守，待美军主力进至预定地点，趁其立足未稳，以主力迂回其侧背包围歼灭。

日军具体部署为，以第十二师团为一线部队，除以极少数的兵力防守沿海岸线外，主力部队部署于屏东市东南的大武山、南大武山一带。依托既设的永备工事，辅以纵深数十里的野战工事阻击美军，并将美军主力吸引和胶着于该地区。日军主力部队，约三个师团及两个独立混成旅，则集中于嘉义、台南等铁路、公路沿线，待登陆美军被日军第十二师团吸引于屏东东南的南大武山之后，即沿铁路、公路向高雄和屏东攻击前进，从右翼迂回美军侧背，将其包围歼灭于南大武山以南地区。

高雄地区，日军驻有一个独立混成旅，准备配合要塞守备部队，凭险固守，牵制海面美国军舰，并确保南下围歼美军之日军主力部队的侧翼安全。日军航空兵则集中于嘉义、台中机场，配合地面部队作战。台北地区，则以基隆、淡水、新竹、彰化等地为防御要点。除基隆做顽强固守之外，其余各地采取后退配备，即运动防御部署。如美军进攻，均主动后撤让其登陆，然后予以包围歼灭。[1]然而这一计划，随着日本的投降，日本“台湾军”不战而降而成为泡影！

---

〔1〕黄涛、林伟俦、侯梅著:《国民党第六十二军赴台湾接受日军投降纪实》,《广东文史资料》第23辑，广东人民出版社，1979年。

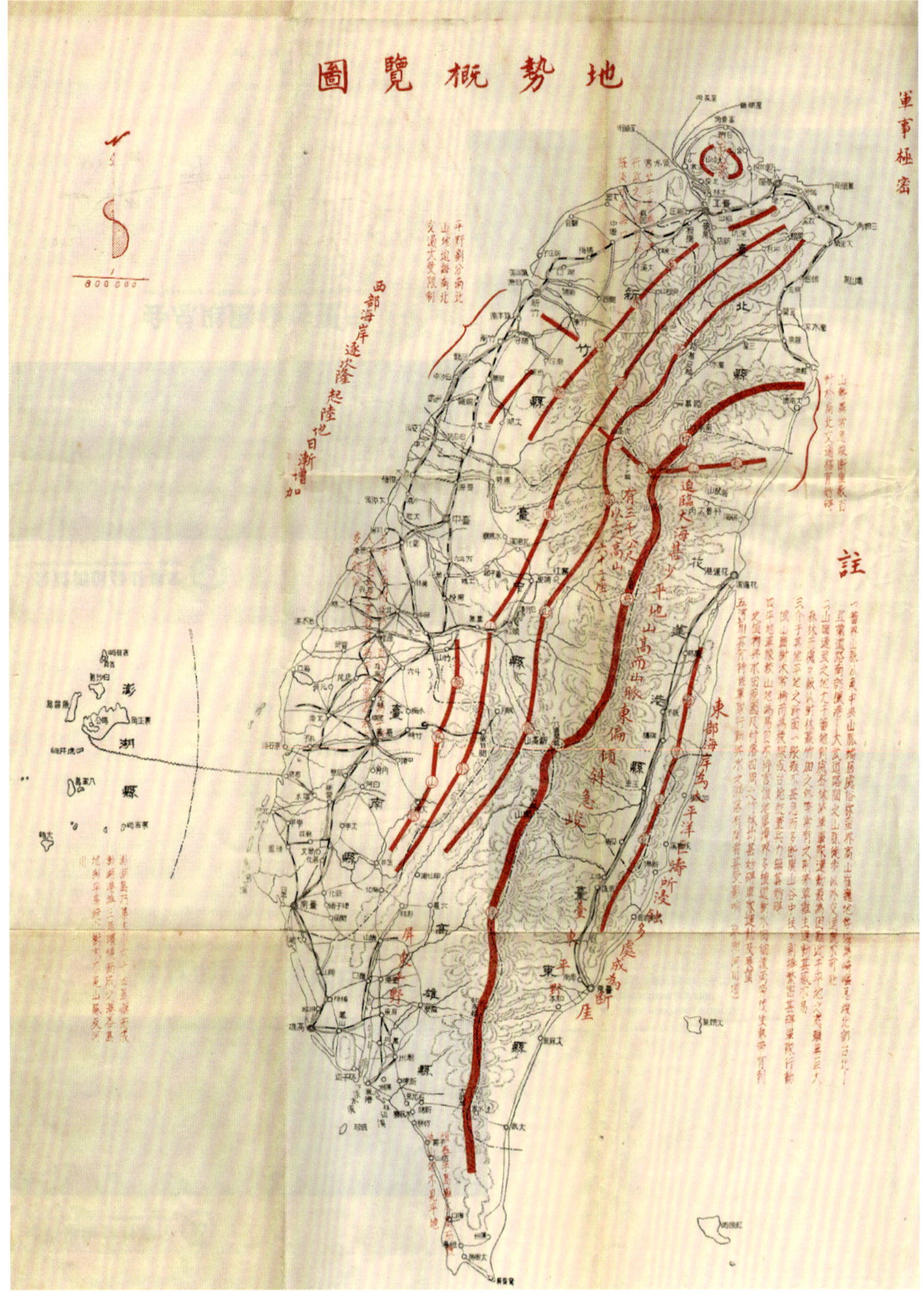
地勢概覽圖
軍事極密
西部海岸逐次隆起陸地日漸增加
有三千公尺以上之高山六十二座
迫臨大海甚少平地山高而山脈東偏傾斜急峻
東部海岸為太平洋巨濤所浸蝕多處成為斷崖
註
新竹縣
臺北縣
臺中縣
臺南縣
高雄縣
花蓮港縣
臺東縣
澎湖縣
屏東平野

11–7《地势概览图》

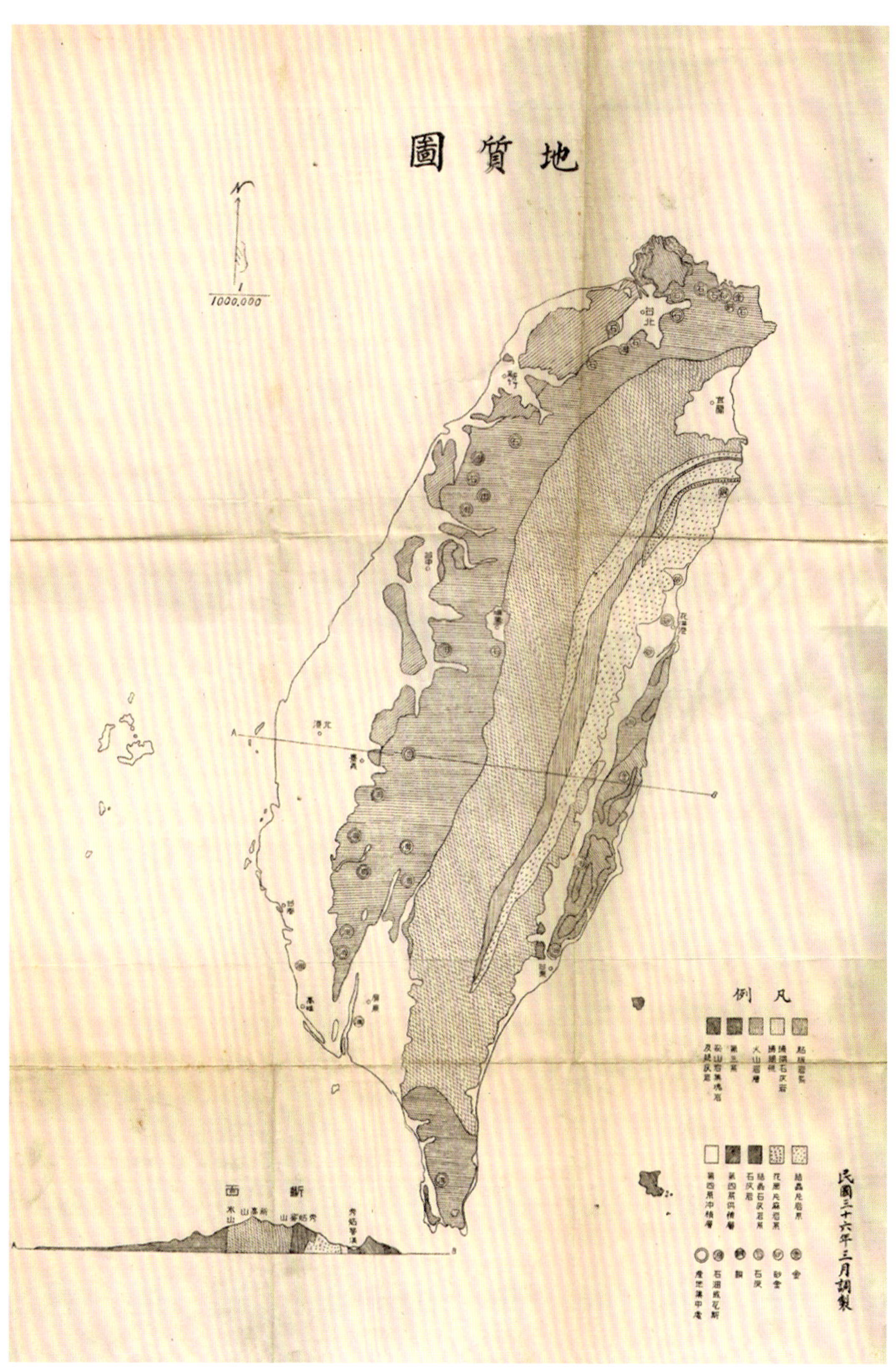
地質圖
1
1000,000
台北
A
B
凡例
第三系
火山岩層
花崗片麻岩系
結晶石灰岩系
石灰岩
第四系洪積層
第四系冲積層
金
砂金
石炭
銅
產地集中處
斷面
民國三十六年三月調製

11-8《地质图》

森林分布圖
註
1
1,000,000
次高山
合歡山
新高山
凡例
針葉樹林
針闊混淆林
闊葉樹林
竹林
草生地
番人開墾地
民國三十六年三月調製
第三號

11-9《森林分布图》

高雄港港灣圖
凡例
民國三十六年三月調製

11-10《高雄港港湾图》

蘇澳港港灣圖
蘇澳港
民國三十六年三月調製

11-11《苏澳港港湾图》

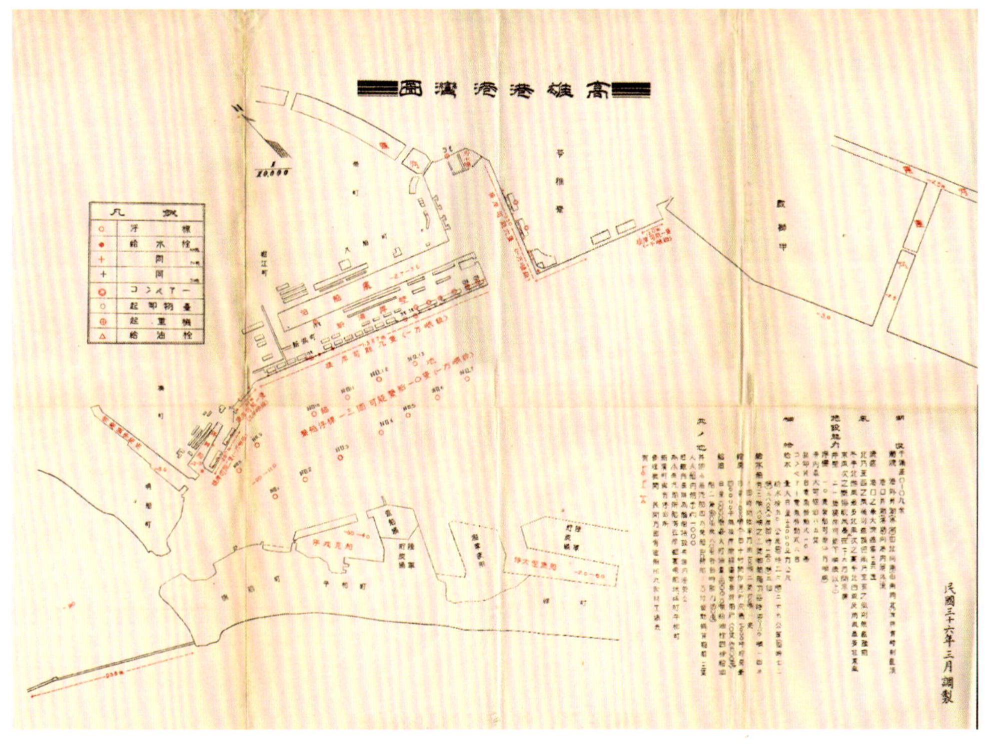

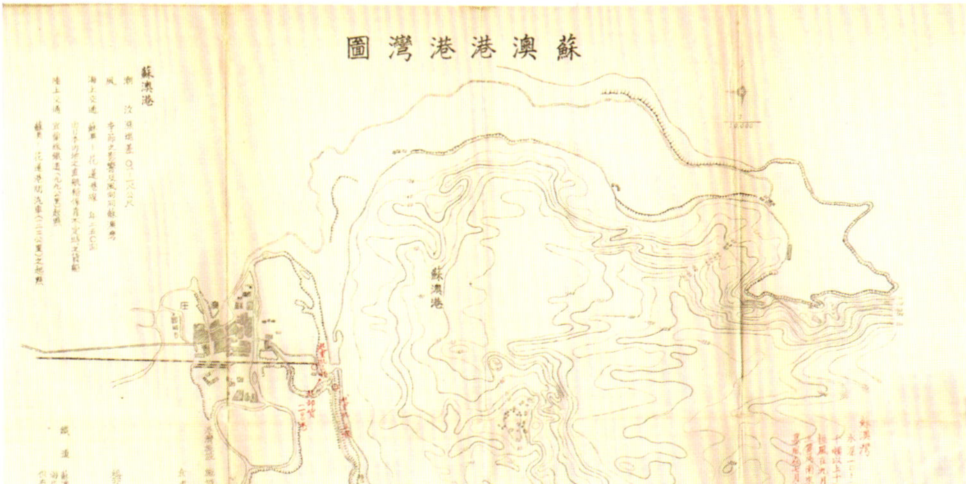

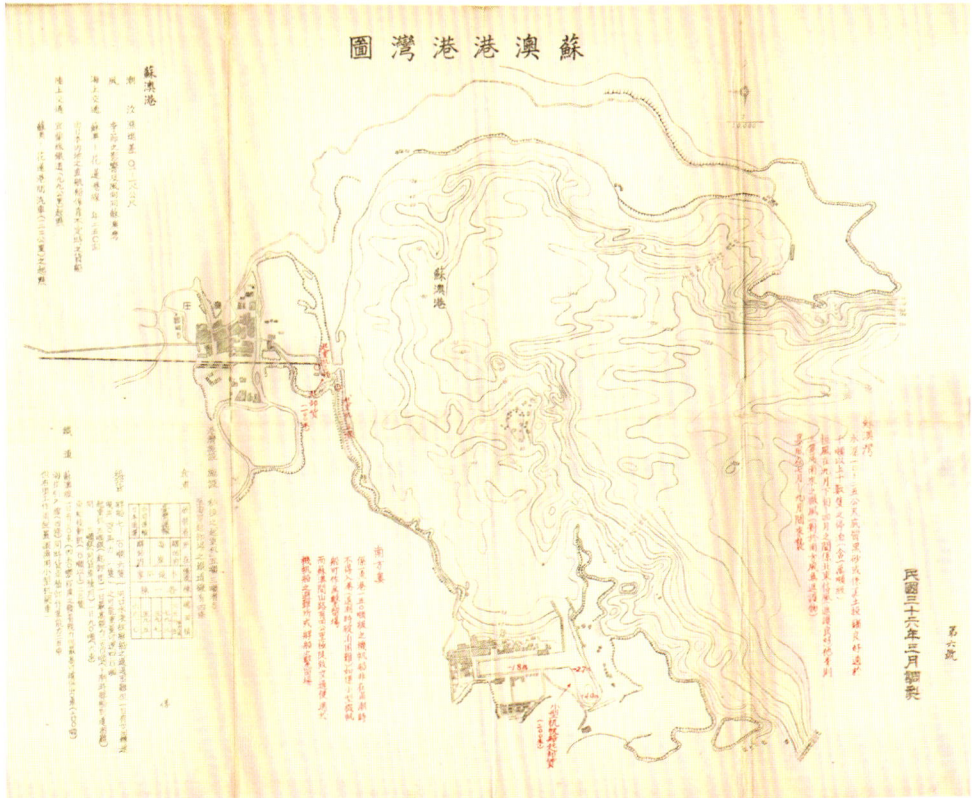

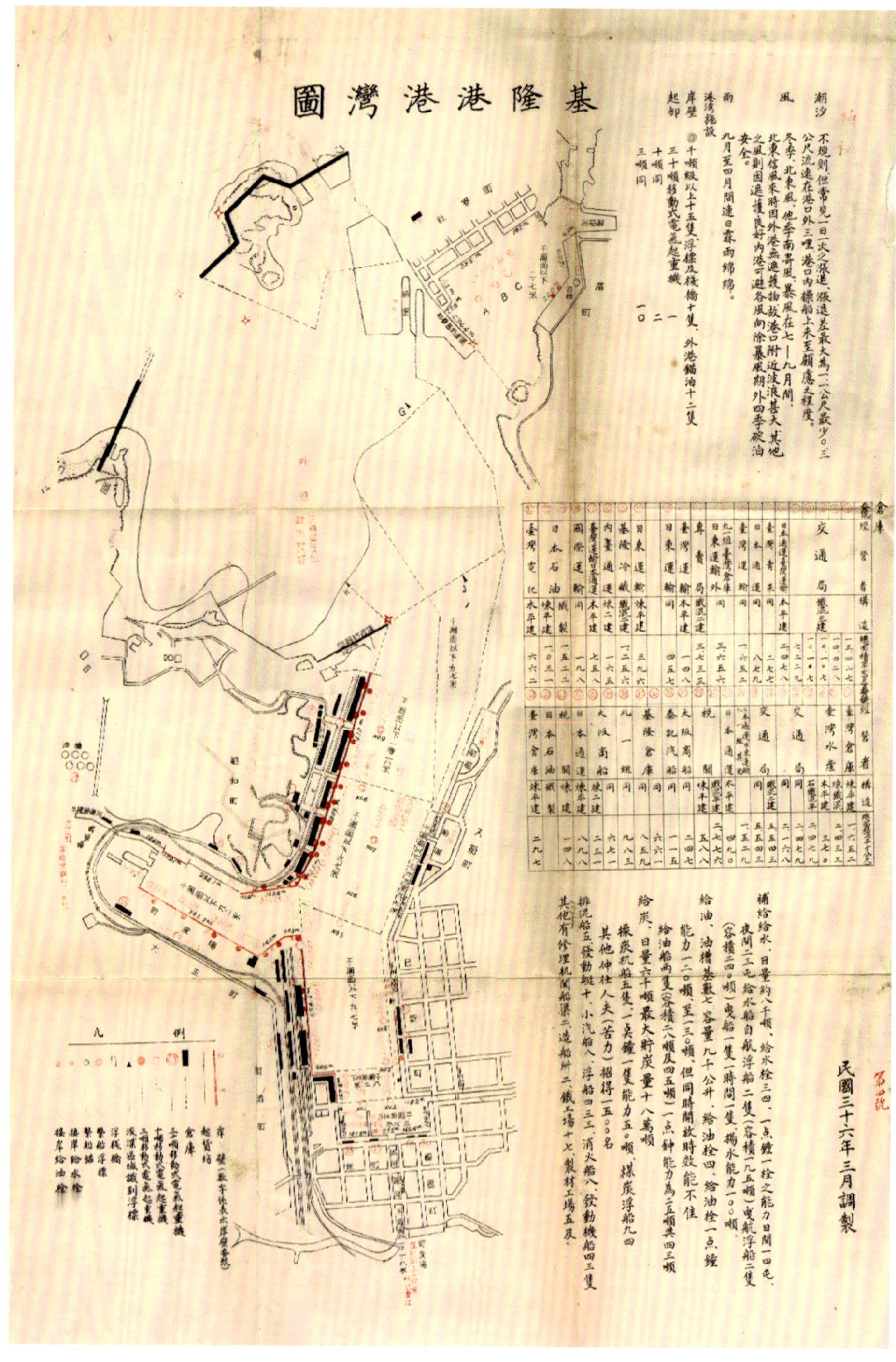
基隆港港灣圖
潮汐　不規則，但常見一日一次之漲退，漲退差最大為一、八公尺，最少〇、三公尺，流速在港口外三哩，港口內操船上未至顧慮之程度。
風　冬季，北東風，他季南寄風，暴風在七—九月間，北東信風來時因外港無遮護物，故港口附近波浪甚大，其他之風則因遮護良好，內港可避各風向，除暴風期外四季碇泊安全。
雨　九月至四月間連日霖雨綿綿。
港灣施設
岸壁　◎千噸級以上十五隻，浮標及棧橋十隻，外港錨泊十二隻
起卸　三十噸移動式電氣起重機　一
十噸同　二
三噸同　一〇
倉庫
經營者　交通局　日本通運·臺灣運輸　臺灣青果　日本通運　臺灣運輸　九一組·臺灣倉庫·日東運輸外　專賣局　臺灣運輸　日東運輸　日東運輸　基隆冷藏　內臺通運　臺灣運輸·日本通運　國際運輸　日本石油　臺灣電化
構造　鐵混三建　木平建　同　同　同　同　鐵混二建　木平建　同　煉平建　鐵混二建　煉二建　木平建　同　鐵製　煉平建　木平建
一五、四二七　一四、〇二八　一〇、一〇七　一〇、一〇七　七、二二九　二、四七八　二七七　八七九　一、六五二　三、六五六　三、七三三　一四八　四五七　三九六　一、二五六　一六五　七五八　一九八　一、五二二　一、〇三一　六六二
經營者　臺灣倉庫　臺灣水產　交通局　交通局　日本通運　税關　大阪商船　泰記汽船　基隆倉庫　九一組　大阪商船　日本通運　税關　日本石油　臺灣倉庫
構造　煉平建　煉鐵混　木平建　石鐵混平　同　同　鐵混二建　同　木平建　鐵混二建　煉平建　同　同　同　同　同　同　煉二建　煉平建　煉建　鐵製　煉平建
一、六五二　二、四三三　三七〇　二、四七九　二、四七九　二、一六八　五五四三　五五四三　一、五二九　四九〇　二、七七六　五八八　二四七　一一五　六六一　八五九　九八三　六七一　二三一　八九八　一四八　二九七
補給給水、日量約八千噸，給水栓三四，一点鐘一栓之能力日間一四屯，夜間二三屯，給水船自航浮船二隻（容積一九五噸），曳航浮船二隻（容積二四〇噸），曳船一隻，一時間一隻，揭水能力一〇〇噸。
給油、油槽基數七，容量九千公升，給油栓四，給油栓一点鐘能力一二〇噸至一三〇噸，但同時開放時效能不佳
給油船兩隻（容積二八噸及四五噸）一点鐘能力為二五噸，共四三噸
給炭、日量六千噸，最大貯炭量十八萬噸
操炭机船五隻，一吳鐘一隻能力五〇噸，煤炭浮船九四
其他仲仕人夫（苦力）招得一五〇〇名
排泥船五，發動艇十，小汽船八，浮船四三三，消火船八，發動機船四三隻
其他有修理机關船渠二，造船所二，鐵工場十七，製材工場五及，
民國三十六年三月調製
第四號
凡例
岸壁（數字係表示岸壁番號）
起貨場
倉庫
三十噸移動式電氣起重機
十噸移動式電氣起重機
三噸移動式電氣起重機
淺深岩礁鐵製浮標
浮棧橋
繫船浮標
繫船錨
接岸給水栓
接岸給油栓
昭和町
大船町
11-12《基隆港港湾图》

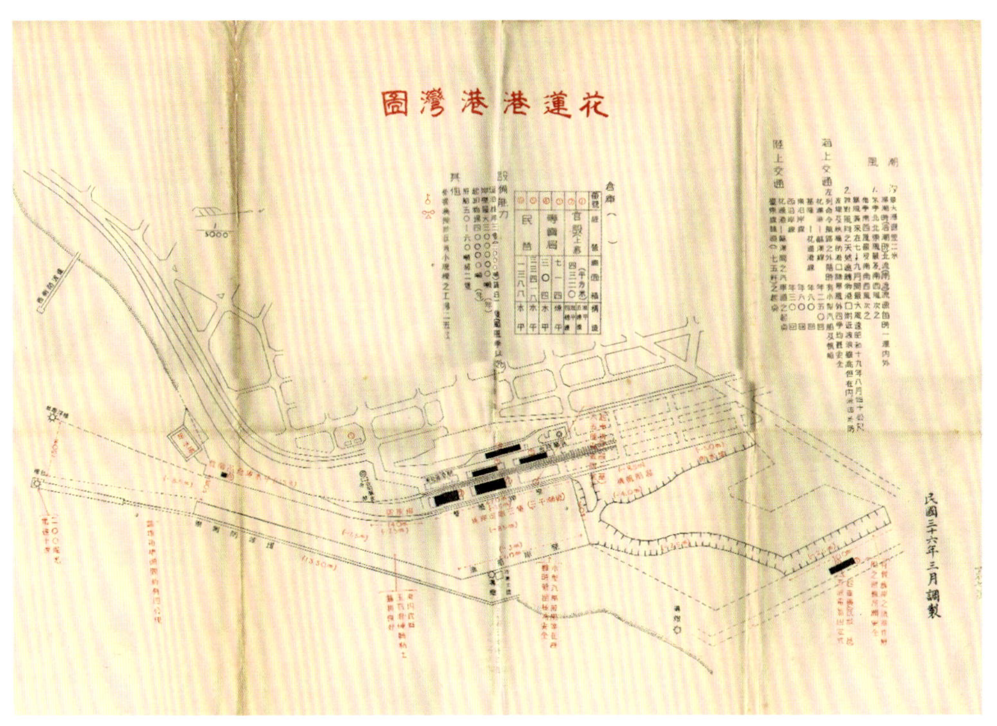

11-13《花莲港港湾图》

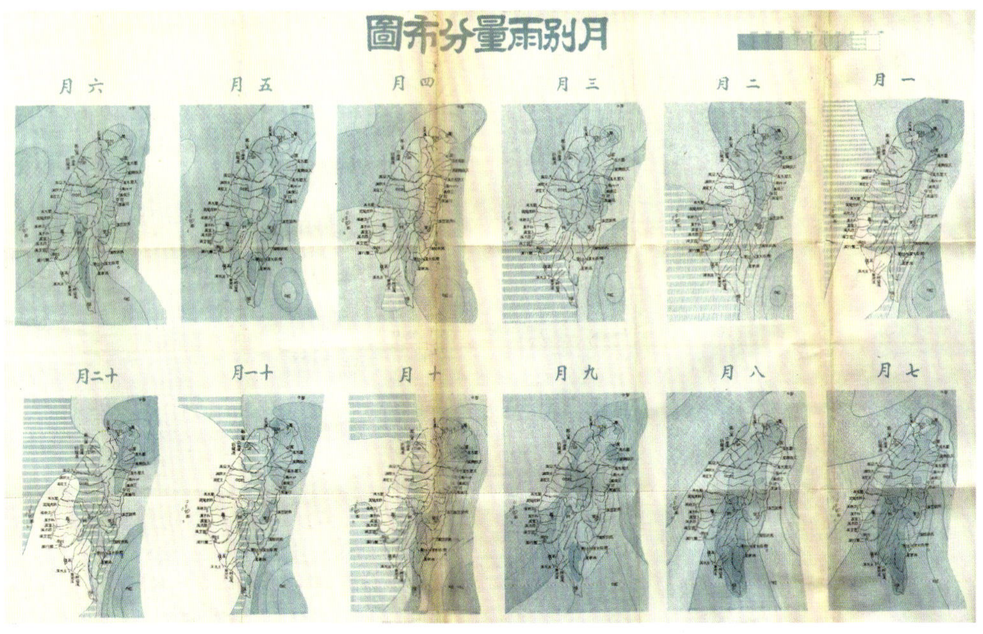

11-14《月别雨量分布图》

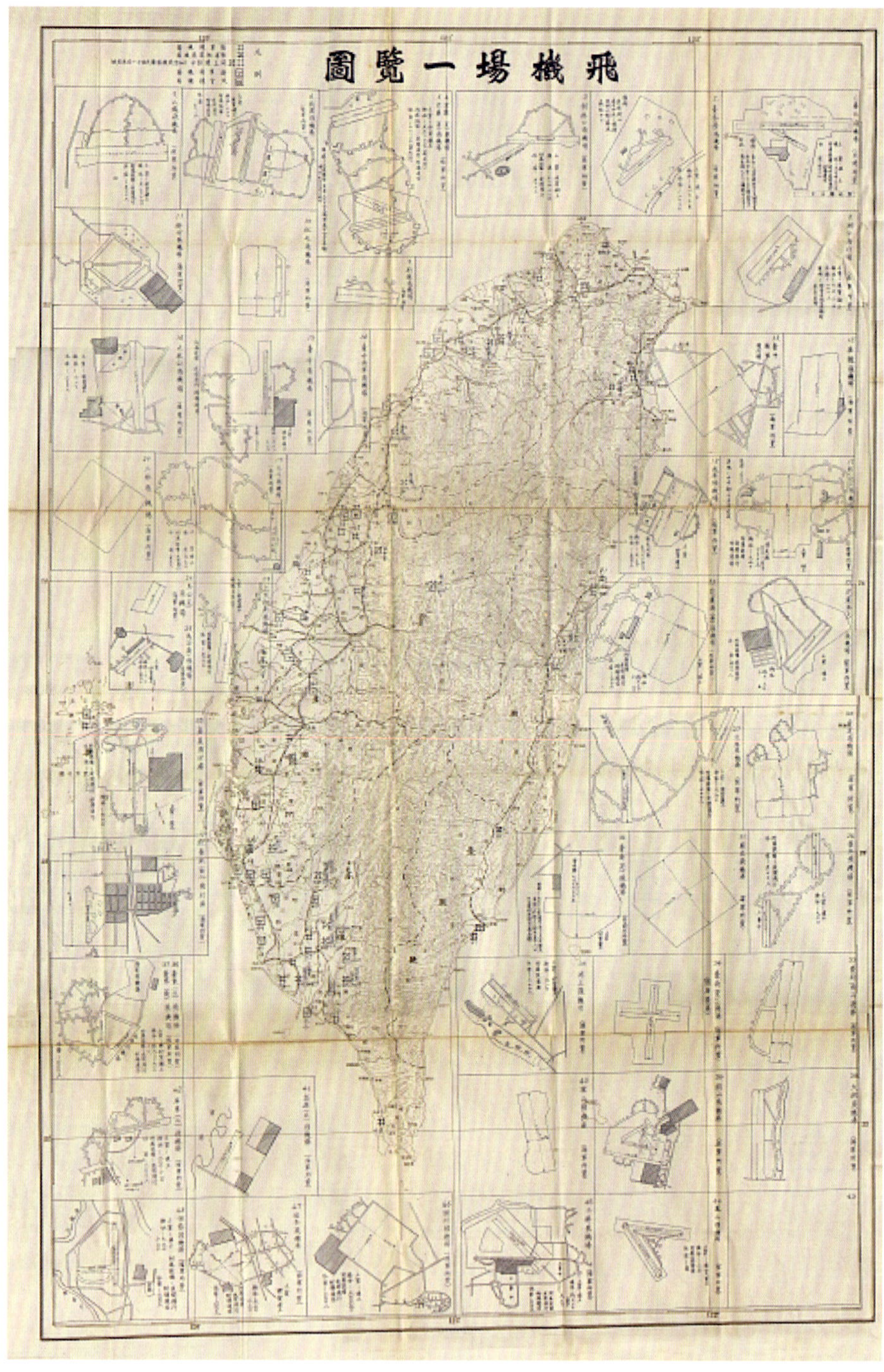

11-15《飞机场一览图》

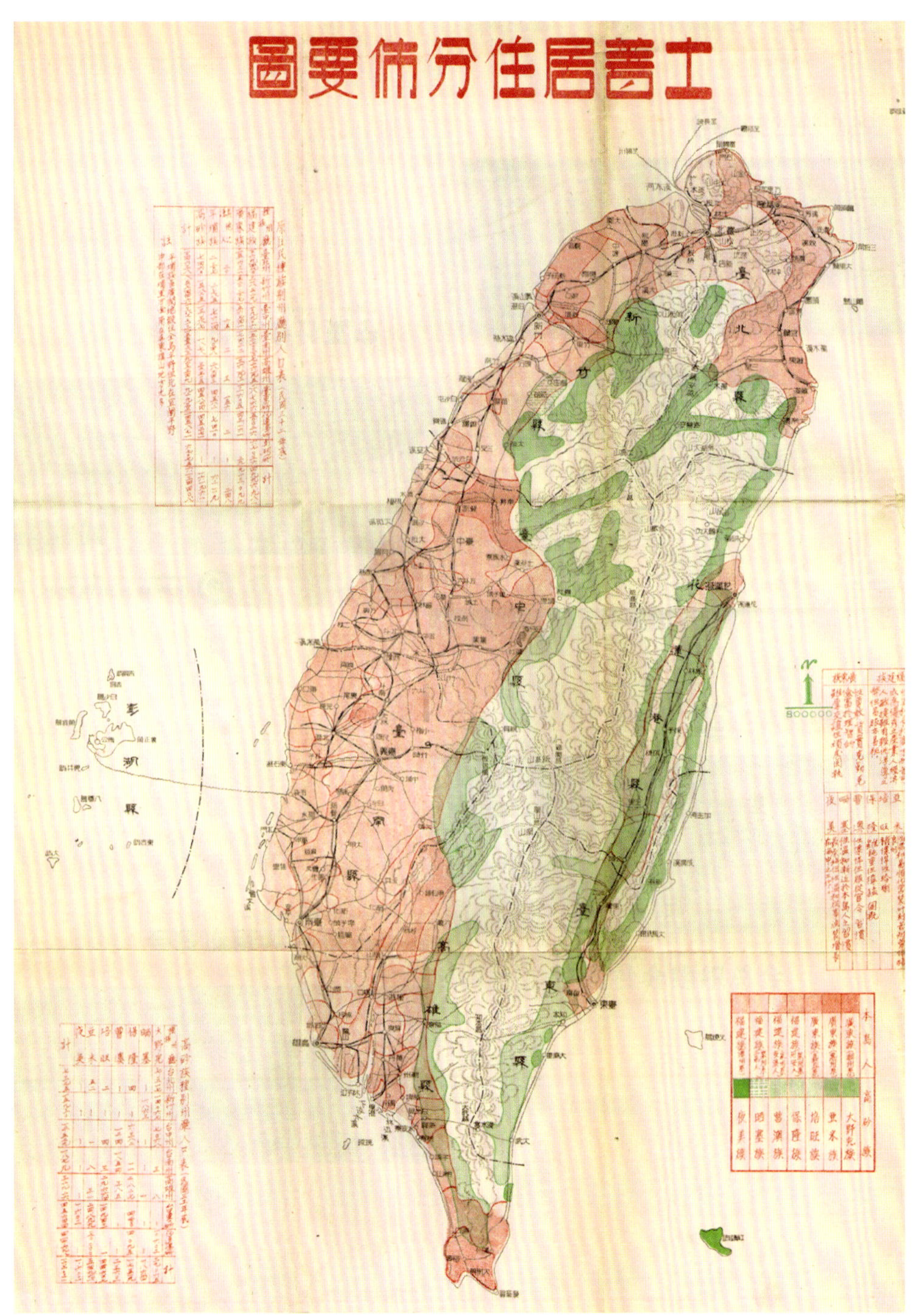

11-16《土著居住分布要图》。此图标绘部族居住的具体区域，比 1938 年台湾“总督府”警务局理蕃课编写的《高山族调查书》所附《蕃族分布图》要详细（作者注）

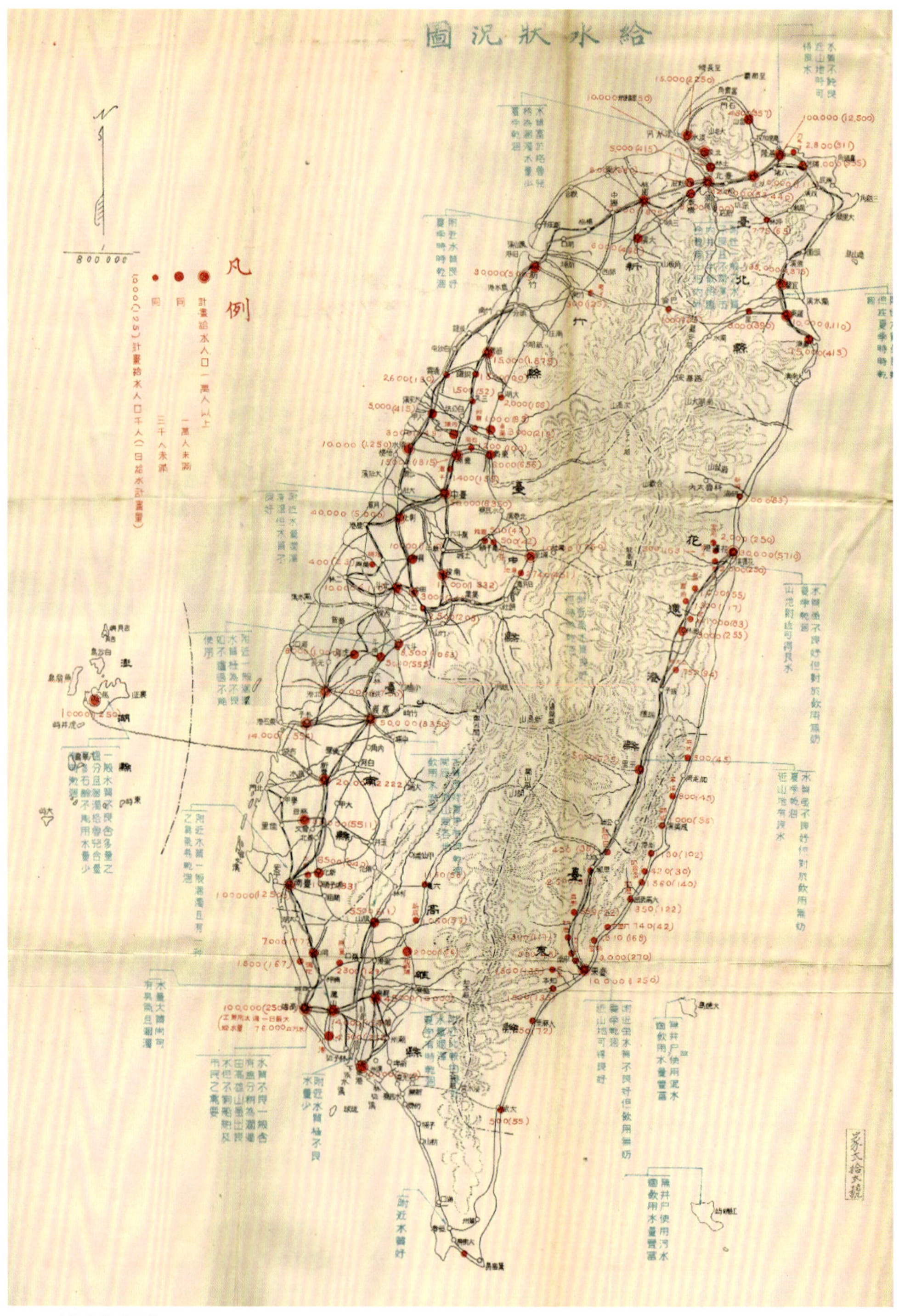
給水狀況圖
凡例
計畫給水人口一萬人以上
同 一萬人未滿
同 三千人未滿
1000(125) 計畫給水人口千人(一日給水計畫量)

11-17《给水状况图》

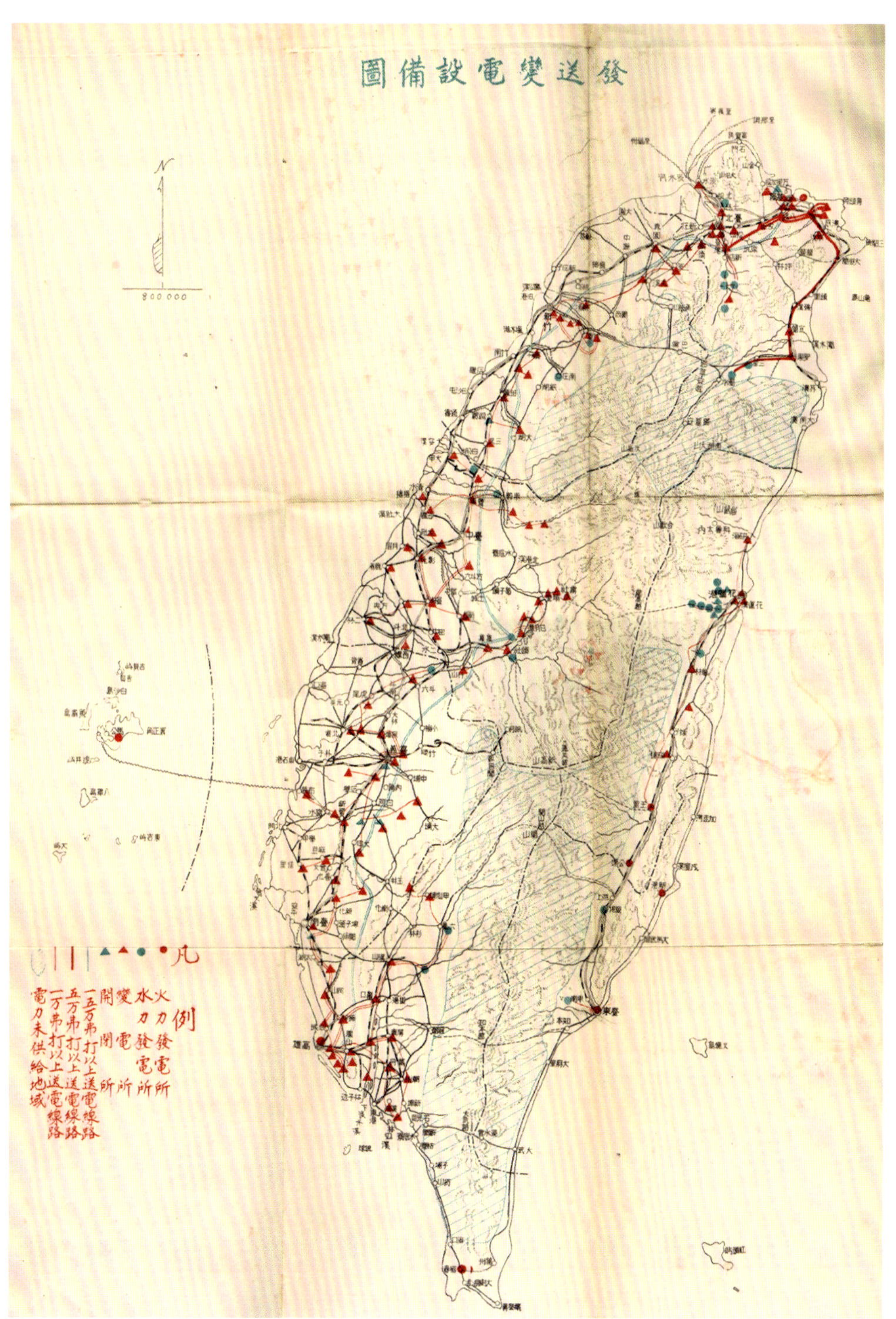

11–18《发送变电设备图》

十二、“竹舍”“白团”与兵要地志

（一）“竹舍”秘密编制的中国兵要地志

抗日战争结束之后，国民党“国防部”网罗了一些前日本将校级军官，成立了所谓国防部第三研究所，办公地址选在南京市建邺路168号院内。因院内有几株翠竹，负责组建的专员黄瀛少将便取名“竹舍”，将之作为这个秘密军事研究机关的代号。

“第三研究所”内分甲、乙、丙三个班，先后在此工作过的出名日本军官有曾任第十三军参谋长、号称“谋略将军”的土居光夫。土居光夫中将历任日军参谋本部俄罗斯班参谋、班长，驻苏联助理武官、武官，哈尔滨特务机关长，关东军副参谋长等职，是日本军队中知名的“苏联通”。其主要从事苏联政治、社会、教育等方面的研究。

另一位日本军官恶名昭著，是有“辻旋风”之称的辻政信大佐（上校）。他曾任台湾军研究部员，大本营陆军部参谋。辻政信在“竹舍”的研究成果颇多，诸如《冬季作战参考》。此件由“国防部”二厅八处印发给在东北与解放军作战的国民党部队，其实此作业的完成于辻政信而言并不费事。1941年日军就下发过《严寒条件的行动》的作战参考。另外，辻政信在《共军与国军军事形势评判》的报告中，反复提醒国民党军队高层注意，大别山将有大部队突出（可能指刘邓大军千里跃进大别山），这份材料得到蒋介石的传令嘉奖。辻政信除战略、战术上的研究判断，更为突出的是为配合国民党与解放军在东北地区作战，应“竹舍”负责人要求完成《东北九省兵要地志》。这些兵要地志完成之后，都呈送蒋介石参阅，多次受到蒋介石的传令嘉奖。

“竹舍”的实际负责人黄瀛知道，辻政信在抗日战争爆发前，曾化装成日本商人乘飞机赴新疆实地侦察相邻的苏联军事部署。当黄瀛向辻政信提出可否编写中国兵要地志这个作业时，辻政信爽快地答应说：“好啊，新疆我去过，就先搞新疆吧。”辻政信用了一个多月的时间编写出了《新疆兵要地志》，受到国民党“国防部”和有关方面的好评。[1]

辻政信日文版的自述《潜行三千里》，书中曾提到“竹舍”的工作，但他对参与编写兵要志地等秘密工作则绝口不提，只承认说“翻译大正十三年日本参谋部发行的《西伯利亚兵要志地》”。同时，笔者发现辻政信提到当时“竹舍”工作时，对日本军官他有意用了化名，如“土田中将”“神田少佐”等。[2]明眼人一望便知，这个土田中将是“苏联通”土居光夫中将。

辻政信不仅自己积极参与“第三研究所”的研究，还推荐了一些前日本军队中的“精英”分子到“竹舍”工作，如日本研究苏联的密码专家大久保春夫、原日本驻苏联武官小笠原大佐、中野学校（情报侦察学校）校长山冈少将等。这些人完成的作业有“中野学校情况介绍”、“日本情报网概况”、“苏联的情报工作”等。同时这些人还参与翻译了苏联西伯利亚地形图。1949 年，随着淮海战役结束，国民党大势已去，“国防部”南迁广州。“国防部”负责情报的二厅厅长侯腾，因经费困难申请撤销“第三研究所”。至此，“竹舍”在大陆寿终正寝。

（二）谜——《“支那”边疆兵要地志》笔记

在日本政府防卫厅防卫研究所战史室图书馆收藏着一本《“支那”边疆兵要地志》的手写笔记。主人是“原驻蒙军情报部部附”藤绳克雄中佐。此人曾于 1940 至 1941 年间在内蒙古呼和浩特兴亚塾任校长。[3]笔记在第 1 页右上角注明“昭和二十三年顷终战后记述，美军情报提供”，说明这本记录中国边疆军事地理情况的笔记，是 1948 年战争结束后记录的，情报来源是由美国军队提供。

---

〔1〕黄瀛著：《竹舍轶闻——国民党利用战犯建立国防部第三研究组的始末》，《文史资料选辑》第 79 辑，文史资料出版社，1982 年。

〔2〕［日］辻政信著：『潜行三千里』，株式会社每日ワンス，2008 年。

〔3〕［日］源昌久著：『中国地志（1）』解说篇，株式会社，2010 年。

这份手写的笔记显然是由于藤绳克雄其人曾在侵华日军驻蒙军情报部任职，熟悉中国北部边疆地区情况，而被美军（不排除是被“竹舍”）网罗委托的任务。笔者反复阅读后认为，这本 83 页的笔记应该是《中国边疆兵要地志》这个题目的草稿。

这本笔记收集、记录了内蒙古（包括外蒙古）、新疆、青海、宁夏等省区的地形、交通、矿产资源等资料和数据，列出了调查项目和简要内容，前后反复重复补充，其中以内蒙古最为详细。引人注目的是日本兵要地志的开篇“用兵的观察”。笔记中按日本军队战时编制 2—3 个师团为基准，对外蒙古作战和所谓“对西方作战”的主要通道提出战术价值的判断。其顺序为：1. 阴山山脉以南地域；2. 阴山山脉；3. 草原地带；4. 地障。对阴山山脉以南地区，该笔记作者认为：地形复杂，军队行动受限制；而多数地形适于大兵团机动作战；对草原地带则认为给水、宿营困难，对空隐蔽不可能；但道路外行动方便，且适于部队机动和空降作战。

笔记对“作战路”有两个方向判断：一是对外蒙古作战路，不论是从林西方向，还是从绥远方向，其兵锋都是直指乌兰巴托；二是“对西方作战路”，路有两条：1. 天镇—丰镇—凉城—绥远—五原—临河道；2. 集宁—绥远—百灵庙—中公旗。使用兵力为 2 个师团。这两条路显然是由华北向西攻击。笔记记录了外蒙古其面积、地形、气候等项目资料，其中对乔巴山机场则据 1942 年外蒙古逃兵的口供而绘出机场地形、设备、兵力和机种等情况略图。

对于“地障”，即天然的地形障碍，该笔记作者认为，假想受到外蒙古攻击时，“浑善达克沙漠，汽车和大部队行动困难。阴山山脉，公路外行动不可能”。另外作者分析了，当宁夏方面受到攻击时对黄河如何利用，包括桥梁情况、河幅、攻防利弊，以及对鄂尔多斯沙漠、后套地域作战行动的影响，并对部队给水、卫生和防疫都提出简要的说明。

笔记还记录了内蒙古的天然资源和农、牧产品，以及矿产开采、储藏量等。如“大同煤矿，北东—南西 110 千米，北西—南东 17 千米；面积 1870 平方千米；埋藏量 120 亿吨，煤层 7 层，煤质高热量、持续燃烧良好，适于工业和家庭用；年产量 1943 年为 2263 吨”。其他，如铁矿、云母、石墨、萤石，以及盐湖的设备和开采等项，笔记都有概要记录。

笔记中的新疆部分，看来是颇费心思的。对新疆各条通道，如迪化（今乌鲁木齐）—木垒—镇西—哈密，迪化—伊犁等，分别简略记述；特别是对和田河附近多处的沙丘，一一记录其高度和走向，包括有些地区的新月形沙丘，还手绘其形状和朝向（图 12-1）；也记录了河流状况，如阿克苏河的河床、流速等。

此外，笔记还对新疆各要地附近的地形景观进行描述，如“于阗、叶城一带沙地，平坦，水盐”，“泽普、莎车，河川奔流，土地肥沃，树叶茂盛”。对于沿途井泉，如火烧井、野马井等，笔记则专门列表简要说明。

笔记对青海、宁夏记录较简单，由此可以明显看出宁夏和内蒙古的鄂尔多斯是被作为通道考虑的（图 12-2）。宁夏部分中对贺兰山的记述寥寥数语:“贺兰山峡谷屹立，东侧斜面特别显著，岩石峡谷绝壁。贺兰山西侧通道为骆驼道。”宁夏部分也列有一表，记录宁夏通向周边，特别是内蒙古各处的通道，还有沿途水井，以及徒步和汽车通行难易等简明注记。

这份 83 页冠名《“支那”边疆兵要地志》的笔记，明显提到作战方向有两个：一是向北对蒙古作战；二是向西，由华北向西经内蒙古，通向宁夏、新疆、青海方向。笔记形成的 1948 年，正值中国国内解放战争之际。我疑问：笔记的作者——原侵华日军驻蒙军情报部的藤绳克雄中佐，做的这份中国边疆省区的兵要地志是受何人之托？是美国军方，还是国民党“国防部”二厅的“竹舍”？笔记所记内容之《“支那”边疆兵要地志》正式的作业是否完成印发？这些都是谜！

（三）“白团”秘藏、重印的兵要地志

蒋介石败退台湾之后，安排当时驻日本的曹士澂少将联络冈村宁次，秘密网罗了一批前日本陆、海军将校级军官，到台湾组成军事顾问团，训练军队，并研究以“反攻大陆”为主的各种军事问题。因顾问团团长、原日军驻香港第二十三军参谋长富田直亮少将化名为白鸿亮，因此该团被称为“白鸿亮顾问团”，简称“白团”。

“白团”在台湾的时间，自 1949 至 1968 年近 20 年。“白团”先后有 83 名日本陆、海军军官参与其事。其中团长富田直亮和副团长山本亲雄军衔为少将，另有一团长助手荒武国光为大尉之外，其余全部

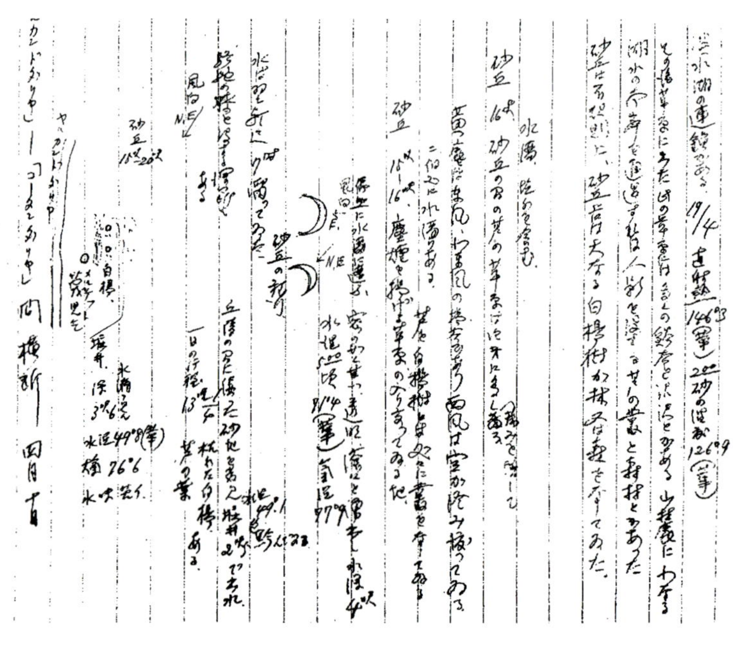

12–1 藤绳克雄笔记中有关新疆沙丘的记录

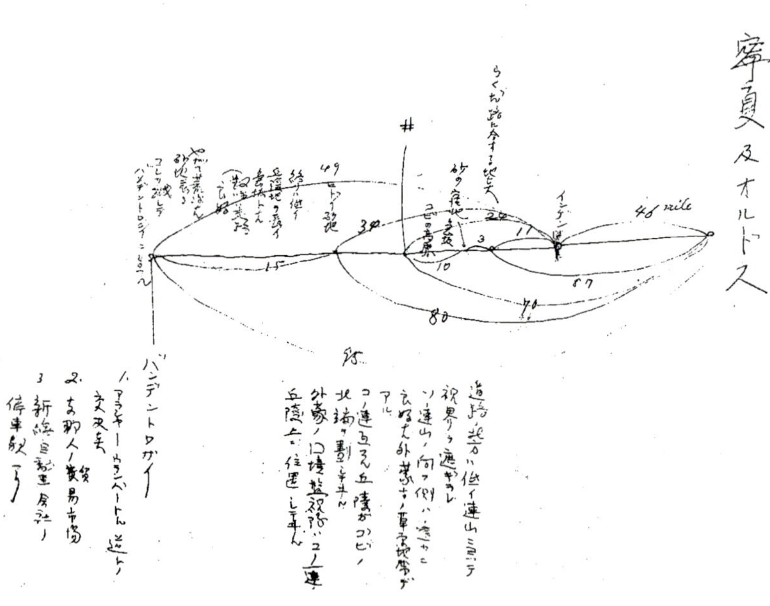

12–2 藤绳克雄笔记中有关宁夏及内蒙古鄂尔多斯的绘图作业

是校官，其中不少有在中国侵略战场的战争经历。

“白团”在台湾开设的课程有党政军联合作战研究班、战史和兵学研究班、科学军官培训班、高级兵学研究班、战术教育班等等。在台湾军方的要求下“白团”将台海危机列为研究重点，编写了5000多件相关资料。例如台湾“革命实践研究院”1957年编印的、建党问题研究会和联合作战班整理的1—9期《军事组研究专题综合整理结论》，对中国人民解放军战术，对被俘人员处理，对大陆情报战、保密防谍、战地人员动员、“光复”地区治安、战地政治部组织任务的讲课内容可以系统收录。此书列为“机密”，书中讲课的人名却全部隐去，耐人寻味。[1]

这批前日本军官在台湾的主要任务是负责在圆山军官训练团中对上级军官的短期培训。而“石牌实践学社”则负责台湾军队高级军官的长期陆军大学教育，以及整训第三十二师使其成为模范部队。据说接受“白团”训练的台湾军人在2万人以上。不仅如此，“白团”还直接参与了台湾军队电讯侦察工作。这批人不但成功侦破苏联远东舰队的部署情报，还侦测、解读了许多苏联研究核武器的重要电讯。1968年“白团”解散并撤出台湾，其成员有21人转入日本自卫队，将他们在台湾策划反攻大陆的经验带回日本。蒋介石为表彰“白团”在台湾的工作，特令晋升团长白鸿亮（富田直亮）上将军衔。此前，授予外国人上将军衔没有先例。[2]

日本学人野岛刚说：“当撤退到台湾之际，国民党几乎可以说是从大陆狼狈出逃，不管是军事教育还是军事作战所需的相关资料，全部付之阙如。”“白团”在日本的后方支援、组织的“富士俱乐部”，前后向台湾收集、运送了7000多册军事图书，以及5000份文件，创立了号称是“东洋第一图书馆”的资料室。这些军事资料中就有日本参谋本部为计划侵华作战而编制的兵要地志。

野岛刚在《最后的帝国军人——蒋介石与白团》书中提到他在台北桃园的“国防大学”中见到“白团”当年收集的兵要地志：《东粤地方（汕头附近）兵要地志》（参谋本部调研第141号，昭和二十八年三月二十七日），是一份大约50页的油印文件，上面盖着红色的“秘密”大印。除了东粤地方外，调研资料中也有《赣湘地方（江西省、

〔1〕参见《军事组研究专题综合整理结论》，台北，“革命实践研究院”，1957年。

〔2〕贾忠伟著：《卫国战士的摇篮——三军官校的草创与沿革》，台北，苍璧出版有限公司，2015年。

湖南省）兵要地志概说》（参谋本部调研第 183 号，昭和二十八年五月八日）的兵要地志。[1]

野岛刚指出，这些“军队的用兵指南”，除了供“白团”教育之外，毫无疑问也被期盼着能在将来“反攻大陆”之际作为蒋介石与国民党军队的重要作战资料而发挥作用。

我注意到野岛刚书中提到日军参谋本部编印的《东粤地方（汕头附近）兵要地志》和《赣湘地方（江西省、湖南省）兵要地志概说》（图 12-3）是昭和二十八年，即 1953 年印。而且野岛刚书中所附熊谷峻拍摄的兵要地志书影照片也证明是昭和二十八年。这说明这两种兵要地志是“白团”到台湾后分别根据日军参谋本部昭和十四年、昭和十三年，即 1939 和 1938 年两种兵要地志重印的。这足见“白团”及台湾军队对这些兵要地志的重视。

野岛刚著作中前后提到的日本“白团”搜集的兵要地志有 7 种，除上述两种之外，还有《福建省兵要地志》《广东省兵要地志概说》《“支那”沿岸兵要地志》《扬子江方面地志》《“中南支（那）”（中南半岛）兵要地志》。这 7 种兵要地志，其中 4 种我在日本政府防卫厅防卫研究所战史室图书馆和东京驹泽大学多田文男寄赠的资料里见到过。

（四）台湾的“国光计划”与兵要地志

“白团”收集的 7 种兵要地志，应与台湾军队昔日拟制的“国光计划”即“反攻大陆”的作战目标有直接关联。

1961 年蒋介石认为“反攻大陆”的时机成熟，下令台湾“国防部”在台北县三峡成立“国光作业室”。据作业室负责人朱之琮口述，依照蒋介石最初的指导思想，首先是打下厦门，建立一个稳固的前进基地；登陆初期，先截断鹰厦铁路，使共产党军队无法适时增援；立足厦门后，迅速建立攻势基地，让国民党军队增援部队迅速从金门出发，再依情势发动攻击，左旋进军广州，右旋驰骋湘闽。[2] 据此可知，“白团”所收集或重印的中国大陆的几种兵要地志都是精心挑选的预设战

〔1〕［日］野岛刚著、芦荻译:《最后的帝国军人——蒋介石与白团》，台北，联经事业股份有限公司，2015 年。

〔2〕杨晨光著:《台海热战，1949—1946——未完成的国共内战》，台湾“中兴”大学历史研究所博士论文。

场。笔者从登陆作战的角度对这几种日军兵要地志简述如下。

1. 日军参谋本部 1935 年调制的《福建省兵要地志》，全书 280 页，以文字为主，辅以地形略图、写景图以及照片。书中开篇便申明“本书以沿海地形为主，其他简要粗略记述”。书中内容为：第一篇为总论，第二篇为地形、地质、宿营给养、主要城市、民情风俗、宗教文化、新闻与杂志、货币和度量衡、要塞、交通通信、航空气象、资源及贸易等项。最为重要的是“用兵和占领地统治”这一核心部分。由此可见，1935 年，距抗日战争全面爆发的前两年，日军参谋本部已经在兵要地志中盘算对我国福建进行占领和统治的问题了。〔1〕

日军认为：“福建海岸犬牙交错，其间无数岛屿星罗棋布，可为相邻的台湾海峡的根据地和锚地，同时便于以福州、厦门为目标的登陆部队所利用。但海岸地形险峻又近山岳，交通极不便利。”

日军《福建省兵要地志》所述内容多以福州、厦门为重点，同时对沿海的沙程港（南关港）、三都澳、罗源湾、定海湾，以及闽江的马尾、海坛海峡、兴化湾、湄洲湾、泉州港、深沪湾、厦门港等十多处港湾和登陆地点进行简要的侦察记述。其内容为包括港湾位置、锚地、登陆点、岸上情况等。重要登陆地段还有“情况判断”。如海坛海峡附近，日军对该地的判断为“北东季风时机，限混成旅团以下部队登陆”，并附有地形略图或照片。书中对闽江口南北岸和长门要塞的炮台，以及厦门要塞的白石、胡里山、磐石、屿仔尾炮台的地形、火炮及兵员进行调查记述，并绘有地形略图和炮台写景图。

2. 日军参谋本部调制的《广东省兵要地志概说》有 1937 年、1938 年、1944 年 3 种版本。而 1937 年版的所谓“用兵视角”，显然优先关注对广东沿海的登陆作战。其第一章“用兵的观察”中开篇即罗列了汕头、企望湾、海门、碣石湾、白耶士湾、大产澳等几处登陆点；然后是根据日军兵要地志调查的惯例，依次是地形、运输通信、气象、宿营及给养、卫生、军事设施等章节。书中附录中还有广东附近居民的特性、广东省产业概述、香港和广东贸易地位、广东省的度量衡、广东附近船民概述等内容。

日军《广东省兵要地志概说》对预定登陆点记述较为详细（图

〔1〕［日］参谋本部著:『福建省兵要地志』，昭和十年六月二十六日。

12–4)，例如，双岛“水道，海底为沙土，锚定良好，潮流约二乃至三节，有受崎碌炮台压制之虑，以夜间登陆为好”，同时还提到该地风向、海浪，以及登陆后对汕头陆路驮马道和潮州西水运的利用。又如“企望湾一带海滨，舟艇可达面积广，运送船可接近一海里”。以上诸登陆地点中，以对白耶士湾的绘图注记最为详细，当年侵华日军“南支（那）派遣军”也恰是从这里登陆、进攻广东的。

3.“白团”收集并于1953年重新翻印的重要兵要地志是《东粤地方（汕头附近）兵要地志》，此书是1939年日军参谋本部根据1935年日本“台湾军”调查的资料，并增补了1937年“七七事变”之后所获的情报加以修正而成。此书也是依日军参谋本部所规定的兵要地志调查项目，按用兵的观察、地形、道路、河川、交通、通信、天候气象、居民地（卫生、金融、饮水、教育、贸易等项包括其中）、产业资源，以及华侨等章节顺序编辑。此外，依广东地形特点和日军作战目的，书中还有海岸和港湾一章。

《东粤地方（汕头附近）兵要地志》文字有135页，不似“兵要地志概要”那般重图表而略文字。其开篇“用兵的观察”说：“潮汕地方位于粤的东部，与闽赣接壤，是韩江水系动脉，连系汕头的心脏部位。为中国东南沿海首屈一指的良港。若占领易于防卫台湾海峡……”书中还说，“潮汕地方水运发达，陆上交通若干公路，路幅狭小，水田多相连，车辆机动受限制。故在本地方作战应注意水路的利用。部队编成以驮马为主。作战时间应避开台风和水稻期”[1]。

《东粤地方（汕头附近）兵要地志》有关于海岸和港湾的专门章节，其中记述了汕头港的海岸、海面、锚地、码头和栈桥、仓库等设施，同时还记录了西溪口、蓝钵岛、企望湾、南粤岛、柘林湾等岛屿的风向、水深以及部队登陆、集结、露营情报，但文字详略不等，可用“东鳞西爪”来形容。如“企望湾西岸（河渡口西南海岸）沙滨艇可直接上路，海面颇广阔。运输船可接近距陆岸3里。陆上集结场，露营地广大，登陆容易。目前达濠、角石间汽车路通达，然附近岩石重叠，但步兵可以通行”。相比较而言，这应是其中比较符合海军陆战队要求的记述了。

日本海军1930年版《陆战教范》中有如下规定：《上陆计划》第431条“陆战队上陆，先探知陆上敌情、地形、障碍物、航路潮汐……”。

〔1〕［日］参谋本部著：『东粤地方（汕头附近）兵要地志』，昭和十四年五月三十日。

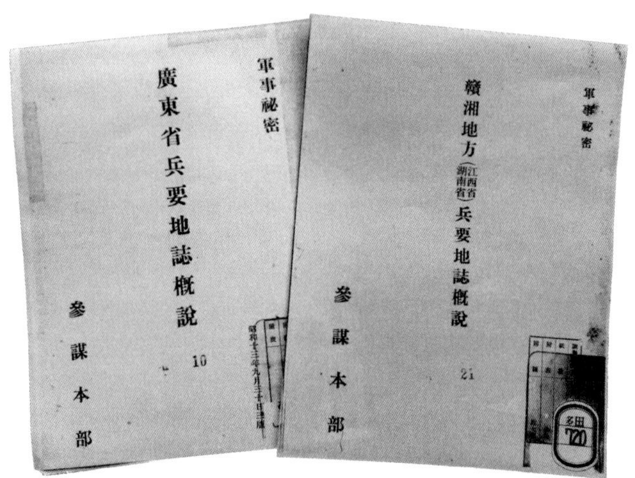

12–3《广东省兵要地志概说》和《赣湘地方（江西省、湖南省）兵要地志概说》（书影）

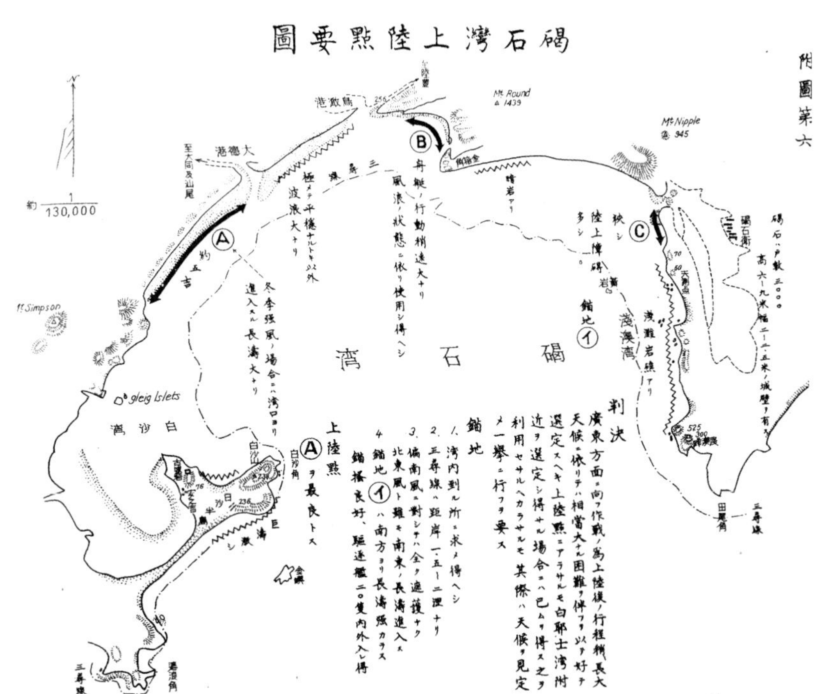

12–4《广东省兵要地志概说》中的附图第六“碣石湾上陆点要图”

另外，第 418 条“上陆点目的适当地点，应考虑”：

一、受到海陆两方面敌情顾虑少
二、航路、风潮、地形等便于登陆短艇反复往返
三、登陆海岸有无宽阔，合适多数部队同时自由行动的地域
四、登陆后有无可直接占领的阵地
五、便于舰艇直接射击[1]

按上述日本海军陆战队登陆作战的考虑，日军参谋本部，或说日本陆军调制的兵要地志，其海岸、海岛登陆作战的记述，大多不是缺项，就是过简。它们对于制定登陆作战计划有多大参考价值不得而知。依笔者所见，《东粤地方（汕头附近）兵要地志》中仅企望湾的记述，大致接近日本海军陆战队登陆计划所提出的作战要领。

4. 台湾军队所谓“国光计划”中提及“依形势发展左旋进军广州，右旋驰骋湘闽”的企图。“白团”收集并于 1953 年重印的《赣湘地方（江西省、湖南省）兵要地志概说》，应是预设战场的作战资料。其依据的是日军参谋本部 1938 年调制的版本。日军在侵华战争中将中国战场两省兵要地志合为一起印发还是少见的。书中将日军兵要地志中惯常的“用兵的观察”分 A、B 两项，分述江西和湖南，以寥寥数语介绍九江、南昌、长沙、常德、岳阳等重要城市。而对江西省向湖南方向、江西省向广东和福建方向，其作出了战略和战术上的简明判断。此书虽名为“兵要地志”，仍是以文字为辅、图表为主的“概说”。文字仅 37 页，而图表则有 18 幅，如浙赣、粤汉、南浔铁道主要诸元表，卫生有关参考事项表，以及宿营力概见图、主要都市概见图等。[2]

斗转星移，台湾官方昔日极密的“反攻”计划，逐渐浮出历史的地表。近年台湾透露出来的除“国光计划”之外，当年还有台美联手反攻大陆西南五省的“巨光五号”计划，以及在武汉实施特种兵空降的计划。历史证明这些计划都是“黄粱美梦”。而日本参谋本部调制的中国兵要地志在台湾军方制造“黄粱美梦”中究竟起到了多大作用，我们不得而知。

---

〔1〕［日］海军省教育局著:『陆战教范』，昭和五年。

〔2〕［日］参谋本部著:『赣湘地方（江西省湖南省）兵要地志概说』，昭和十三年七月十日。

十三、日军海南岛兵要图文与《一读必胜》

（一）捷足先登的胜间田善作

1939 年 2 月，日军第二十一军台湾混成旅团在海军陆战队和第五舰队的配合下，从两个方向攻占海南岛，从而开始了对海南岛长达 6 年的统治和掠夺。今天打开昔日秘藏于日军参谋本部作战参谋图囊中的海南岛兵要图和地志，解读那些被岁月染黄的图和书，可以进一步看清日军对海南岛侵占前所做的精细准备。日军侵占海南岛是 1939 年，但从 1897 年 8 月开始，日本海军就开始了对海南岛山川和地形的兵要地志调查。日军认为，海南岛位于法属印度支那（今越南）和香港之间，北与雷州半岛隔海相接，为南中国及法属印度支那政治、军事战略的要枢，且是进攻南中国海、香港、内地的据点。特殊的地理位置决定了它对法属印度支那的战略动向具有一定影响。同时，岛上的三亚、海口、黄流等机场和三亚、榆林、海口、北黎等港湾是南中国海的交通枢纽。三亚附近的海、空基地直接关系到中国西南登陆作战，其东南海域上散落的西沙群岛可作为海、空基地，价值最大的是多树岛（今永兴岛），可作为中型机以下的飞机场，以及舰艇的避风泊地。此外，海南岛上还有日本国内稀缺的铁矿。

正是因为海南岛有如此重要的军事地理位置和丰富的矿产资源，日本海军军令部第二部（情报部）早在 1897 年 8 月，即派特务胜间田善作到海南岛，在海口市得胜洲路 58—62 号开设了一家经营动、植物标本的商店作为掩护，秘密从事情报活动。日军侵华时的随军记者火野苇平曾著有《海南岛纪行》一书在东京出版。该书中写了许多有关胜间田善作的活动情况，对其间谍手段和“功勋”极力称颂。

胜间田善作为了搜集山川形势、海湾深度、风土人情等兵要地志情报，几乎跑遍了整个海南岛的城镇乡村。他将所搜集到的资料，参照当时国民党政府海南岛行政专署专员黄强指令各县政府所绘制的各县地图，于 1926 年绘制出《海南岛地图》和《海口市地图》，上报给日本海军军令部第二部。他所绘制的地图非常详细，甚至对中国军队在海南岛修成而尚未使用的秘密地洞和仓库都做了标绘。1939 年日本海军侵占海南岛时，他所绘制的地图对日军的军事行动起到了极大的作用。

胜间田善作利用黄强指令海南岛各县政府绘制各县地图，还以利诱使黄强主编《海南实业调查》一书，该书交由海南书局出版。在这部书中，除列有工商企业、农林矿产等统计数字外，还附有各县详细的交通图。随后，海南书局又出版了一部《琼州府志》，书中也附有黄强指令各县政府所绘制的各县地图。胜间田善作根据自己所搜集掌握的资料，并参照《海南实业调查》《琼州府志》等书，编成一巨册全面详细介绍海南岛各方面情况的《海南传书》，上报给日本海军军令部第二部。[1]

日本在侵占海南岛之前，除胜间田善作在海南岛进行调查，东亚殖产株式会社的菅勇也曾做过大量调研。我在东京见到过此人于 1938 年 6 月编撰的小册子《海南岛——南海的宝库》，向日本陆、海军和外务大臣“陈情”对侵华战争的观点，以及海南岛的重要性。书中罗列了住民、交通、通信、金融、贸易、关税、政治、教育、宗教、农产、矿业 11 个方面的简要情况，并为侵略海南岛出谋划策。这本小册子所涉及的大部分项目，都是日后日军大本营陆军部所编的兵要资料《海南岛概说》中的内容，甚至其住民、交通、矿业等相关内容，较军方的资料还详细。[2]

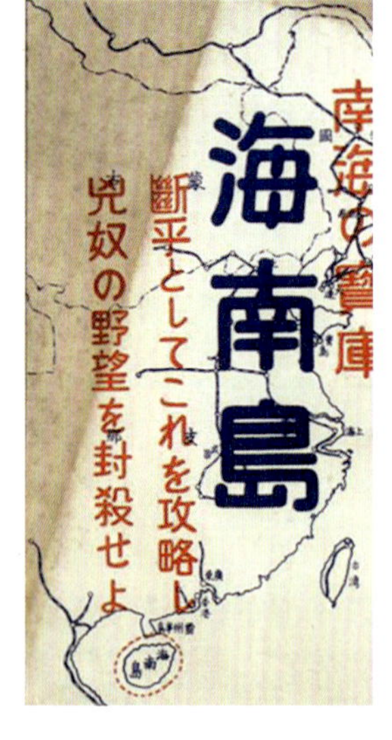

13–1 著者收集的日本人菅勇著《海南岛——南海的宝库》（书影）

〔1〕逄复主编：《侵华日军间谍特务活动记实》，北京出版社，1993 年。
〔2〕［日］菅勇著：《海南岛——南海的宝库》，株式会社，昭和十三年九月二十六日再版。

关于海南岛的战略价值，日军首脑机关认为，由于攻占广州，切断了中国主要的补给路线——香港路线，因此援蒋途径逐次向南方移动，把重点正移向河内和缅甸路线。海军一贯重视以海南岛作为日本将来向南方伸展的据点，在决定攻占广州的御前会议上就说过希望占据海南岛。另外，海军表示特别关心获取海南岛的地下资源。为了切断河内路线，乃至缅甸路线，海军强烈希望在海南岛建设航空基地。自昭和十三年（1938）十二月以来，就要求陆军同意占领海南岛。而且，海军从昭和十四年（1939）一月十五日就在广东省北海以南约 28 海里的小岛（涠洲岛），着手建立航空基地，二月一日完成。

陆军认为，海军想如同青岛、厦门那样把海南岛作为政治、经济全面的权益地带，因而担心这样做会成为日华和平解决“九·一八事变”后的障碍，因此难以同意攻占海南岛。但是，陆军考虑到与海军的合作关系，同海军商定了一个限定目的，而不涉及将来政治、经济的协定，同意作战。昭和十四年（1939）一月十三日御前会议决定了攻占海南岛。[1]

（二）兵要地志图种种

我至今没有发现日军攻占海南岛以前有专门的兵要地志，但却见过侵岛之前调制的一种五十万分之一比例尺的兵要地志图，即 1938 年 8 月，由日军参谋本部陆地测量部调制的《海南岛及雷州半岛五十万分之一比例尺的地志图》。据侵华日军第五师团第十一联队大尉越智春海在《华南战记》一书中回忆，日军“海南岛攻略”分甲、乙两个作战方向。甲方向，日军台湾混成旅团由香港西南的万山群岛乘船于 1939 年 2 月 9 日夜，在海南岛澄迈湾登陆进占海口；乙方向，日本海军陆战队于三亚登陆，进而占领榆林港。[2] 我认为此图应是 1939 年 2 月，日军侵占海南岛计划作战时所用。因为该图注重分析便于登陆的地点，及环岛港湾情况，特别是海口和三亚港。环岛公路标绘明确，但无铁路。图中海岸附近，特别是雷州半岛和海南岛间琼州海峡海水

〔1〕日本政府防卫厅防卫研究所战史室著，田琪之、齐福霖译：《中国事变陆军作战史》，第 2 卷第 2 分册，中华书局，1979 年。

〔2〕［日］越智春海著：『華南戰記——広東攻略から仏印進駐まで』，図書出版社，1988 年。

深度数据标绘密集，这是此图特点。

日军占据海南岛后，当时日本最高军事指挥机关是位于三亚的海军海南警备府，下设海口市、三亚港两个警备司令部，并辖驻嘉积（今琼海）的佐世保特别陆战队、驻北黎的横须贺特别陆战队、驻那大的舞鹤第一特别陆战队，同时还辖有海口第九航空基地、三亚第十三海军航空基地和水上基地，以及东沙群岛的潜水艇基地。

日军攻占海南岛后，调制了两种五十万分之一比例尺的兵要地志图。第一种是 1943 年 8 月，由日军波集团（即二十三军）司令部编绘五十万分之一比例尺的《广东省水路网图》中海南岛图幅。此图系根据日军盗得中国广东省十万分之一比例尺的地形图做底图调制。图中用蓝色标出水系，用红色字注记河流各段的航运里程，如海南岛南

13-2 日军五十万分之一比例尺的《海南岛近傍兵要地志图》

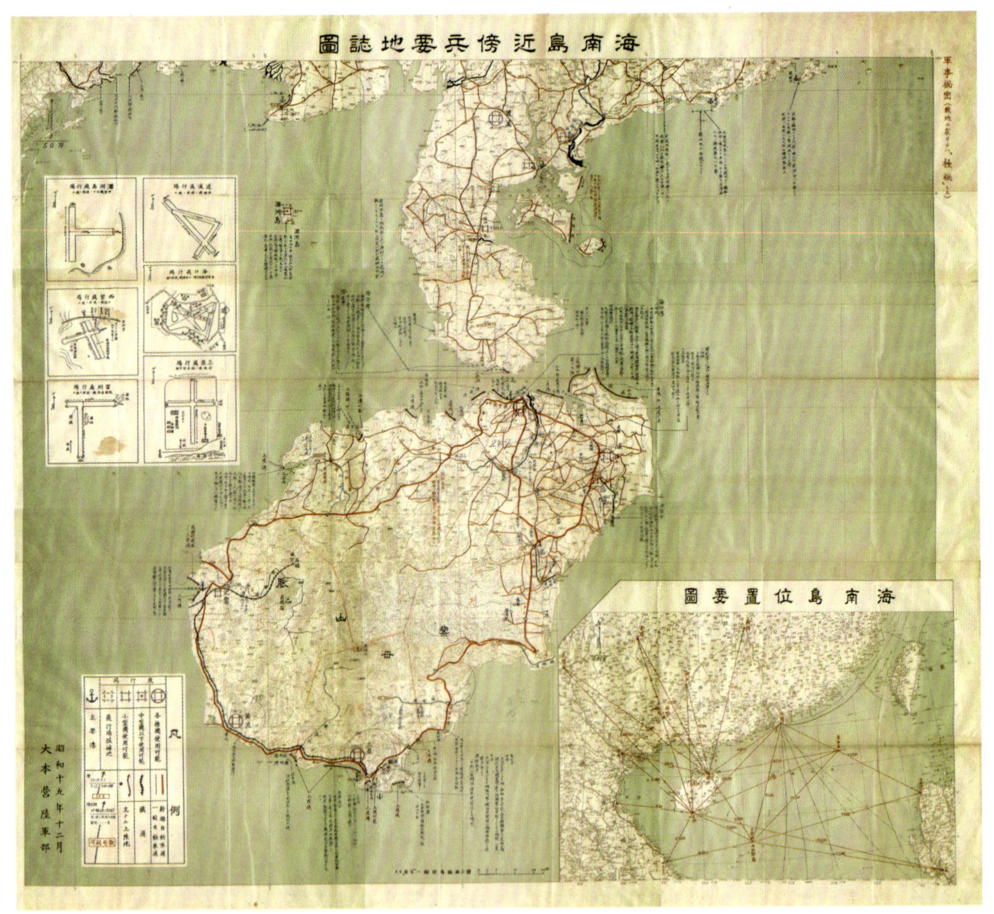

渡河“安定、澄迈间水路全长 70 里，水浅狭”，万全河（即万泉河）“博鳌市、乐会间小舟艇可溯行”等。

第二种是 1944 年，日军大本营陆军部编印的《海南岛概说》中所附的五十万分之一比例尺的《海南岛近傍兵要地志图》。其图幅范围与 1938 年所调制的兵要地志图相同，但图中增加了《海南岛位置要图》。图中标绘了海南岛海口、三亚至中国内地、越南、菲律宾各要地的飞机航线，还增加了海口、三亚、遂溪、西营、雷州、涠洲岛 6 个飞机场的略图。《海南岛概说》文字中未提及环岛便于登陆点的情况，而图中标示并加以简要注记，如某处“上陆适”“上陆稍可”等。其标注重点为海口、三亚和榆林港，注记水深和港口设施及日吞吐能力。另外，这幅图还增加了海南岛南部田独和石碌（今昌江）铁路线，图中增补了环岛和岛中部在 1938 年图中没有的迂回路和新的延伸路。或许正因为此，1944 年这幅图的密级为最高的“极密”，而 1938 年图的密级是“军事秘密”。

（三）《海南岛概说》中的“延安军”

我所知见的日军参谋本部或大本营陆军部编制的中国各地兵要地志中，除去 1937 年 7 月、8 月因“事变”仓促编成的《平津地方兵要地志概说》《上海及南京附近兵要地志概说》外，其内容最简略的要属日军大本营陆军部编写的《海南岛概说》。此书于 1944 年 12 月 8 日编成，是其军令部收集以往“现地军”提供的资料，基于兵要地志的观点对海南岛的概况进行说明。全书分为海南岛的价值、地势、气候、飞行场、港湾、给养、卫生及给水、住民、军情、行政 10 章，文字却只有 28 页，另附表、附图各一。

13-3 日军大本营陆军部编写的《海南岛概说》（书影）

这本不能称“兵要地志”，只能叫《海南岛概说》的资料，只注重海口、三亚、北黎等处的机场、港湾，包括气象等项，且文字极为简略。我注意到，在书中第一节“海南岛的价值”和第九节“军情”中都提到岛内“盘踞着敌军”，即中国军队，总兵力约 11200 人。其中对“重庆军”即国民党军的调查分析是：正规军由广东省第九区（海南岛）师管区司令王毅及保安司令邱岳宗指挥的游击队约 4100 人，保安团及守备团约 4700 人，计 8800 人。司令部在五指山中。除日军占领地及东北部“延安军”地区外，山岳地带均为其盘踞的游击活动区。日军还判断，“如美军空降或由海上登陆作战，这些敌人将配合策应其行动”。仅此一句话，就透露出日军编印此书主要是为了防御美军进攻海南岛。

这里日军所说的“延安军”，即中国共产党领导的琼崖纵队。日军特别注明是昭和十九年（1944）六月三十日到现在（即1944年12月）：“延安一边，在东北部四县（琼东、文昌、白沙、澄迈），有琼崖东北区政府，首领冯白驹（本岛出身，上海大学毕业）总兵力约 2400 人。其潜入全岛我军（日军）配置的间隙，分散盘踞游击，有逐次发展的动向。”

但是，日军掌握的数据与实际情况差距很大。据近年出版的《琼崖纵队史》记载，海南岛琼崖纵队在 1945 年有 7700 多人，其中第一支队 1600 多人，第二支队 1400 多人，第三支队 900 多人，第四支队 1400 多人，挺进支队 1400 多人，特务大队 300 多人。县、区抗日民主政府基干队 2000 多人，还有不脱产的反攻预备队 9000 多人。[1]

前面提到的为日本海军服务的胜间田善作，其特务活动分三个阶段：1897—1937 年间，搜集情报，并拉拢国民党官员和黎、苗族上层人士；1939—1941 年间，网罗汉奸进行谍报破坏活动；1941 年以后，对琼崖纵队进行谍报谋略活动。从日军大本营陆军部掌握的“延安军”数字来看，我对胜间田善作在海南岛第三阶段的工作颇有疑问。他连琼崖纵队大致的人数都未搞清楚，致使日军首脑机关大大低估了“延安军”的实力。据《琼崖纵队史》记载，抗日战争中，琼崖纵队对日、伪军作战 2200 余次，毙日、伪军 1900 余人，俘日、伪军 150 余人，并缴获大量武器弹药。[2]

日军一向重视对占领区从统治的角度调查当地居民的民族特性。《海南岛概说》也专有一节“住民”。日军称当地少数民族为“蕃族”，

〔1〕琼崖武装斗争史办公室编：《琼崖纵队史》，广东人民出版社，1986 年。

〔2〕同上。

蔑称黎族“性狡猾，能使用长火铳，有火铳二三万，自古以来自卫力强”。黎族还分生黎和熟黎。熟黎“盘踞在山洞，常与汉人接近，事农耕畜牧业，居住区域在本岛东半部海岸”。伎族，也称生黎，多在五指山幽谷居住，性凶悍，从事狩猎农耕，与汉人来往少。俸族，“生黎一种，居住在本岛南部海岸，性凶悍，吃苦耐劳”。日军认为苗族“山间到处杂居，生活粗简，常为汉人雇用”。

（四）丛林战的练兵场与《一读必胜》

《海南岛概说》“地势”一节中有“东北部平地一般未开垦，荒芜地多，杂草繁茂，妨碍展望射击”，“密林地带诸兵种行动掣肘，须加留意”等语。日军攻占海南岛历来被战史学家认为是太平洋作战的前奏。而由于海南岛的地形特点，它自然就成为日军侵略东南亚进行丛林战的“练兵场”。

原日本“台湾军”研究部部员辻政信大佐在其《新加坡的攻略》一书中透露，他曾于1941年在台北的“台湾军”第八十二部队，即“台湾军”研究部进行南方作战研究。他请来原陆军大学兵要地志教官菊池中将，以及日本研究热带地区问题的权威专家、熟悉航海的老船长、海洋气象专家、银行家，甚至还有三次深入我新疆和敦煌的老牌探险家大谷光瑞等。他对热带地区的基础知识进行整理研究，而对南方作战的实兵演习则选择地形类似新加坡、马来亚的海南岛。日军在海南岛的丛林、沼泽地进行各种实兵实弹演习，设置假想敌、堑壕、铁丝网和各种障碍物，以野炮、机枪、迫击炮进行实弹射击并投掷手榴弹等，即使士兵由此伤亡亦在所不惜。[1]

13-4 原日本“台湾军”研究部部员辻政信大佐

辻政信提到，日军经常在海南岛酷热夏天实施全副武装长途行军及战斗演

〔1〕［日］辻政信著:『シンガポール攻略』，株式会社，2009年。

习。1941 年 4 月，日军组织了一个由步兵大队、炮兵和工兵各一个中队为骨干，以进攻马来亚为背景的登陆作战和环岛连续进攻演习，利用汽车、自行车实施机动，不断抢修桥梁作快速进攻。地面部队行程约 1000 余千米，相当于泰国、马来亚边境至新加坡的距离。沿途气候酷热（高达 48℃），时有阵雨，军队机动只有一条路，自然条件类似马来亚海岸地区。这些训练为日军攻取马来亚的成功打下了基础。

值得一提的是，时任“台湾军”研究部部员的辻政信大佐，针对南方作战，并根据海南岛的演习经验，编写了名为《一读必胜》的小册子。[1] 美国《时代》杂志生活版

13–5 日军占领海口市钟楼

13–6 日军工兵部队在海南岛演习

〔1〕〔日〕辻政信著:『シンガポ－ル攻略』，株式会社，2009 年。

《图文第二次世界大战史——肆虐的太阳旗》曾介绍过此书，美国史学家亚瑟·查齐称之为“是侵略者一本残酷的手册”[1]。笔者曾见过此书内容，这是本只有十几页的小册子。其内容除宣扬英、美、法、荷等西洋人残酷统治剥削东洋之外，着重教育官兵如下知识：在南方与西洋人作战要注意严守秘密，要克服长途乘船的暑热，登陆就会胜利，恶劣天气的夜晚不利于习惯晚上跳舞的西洋人，而有利于日军。此外，书中还介绍了敌阵地和要塞攻击、南方战场饮水卫生、几种不能采食的野果的形态、防毒蛇蚊虫、防猛兽等野战生存知识。其中不乏仇视美、英，宣扬“八纮一宇”的军国主义说教。最后，辻政信用日本旧军歌《海行》的歌词结尾。其歌词源自大伴家持的《万叶集》。这本小册子日军参谋本部印了约40万册，为了保密，在攻击新加坡部队由海南岛的三亚港登船后才发放全体参战官兵。战后此书被日本誉为“作战的宝库”，我将全文读后觉得言过其实。

根据辻政信《新加坡的攻略》一书附录的《一读必胜》，全文翻译如下：

英、美、法、荷兰等白人侵略的东洋宝库

距现在300年前，山田长政航渡暹罗（如今的泰国）进行活动。之后，从德川幕府实施闭关锁国政策直到明治维新，日本人停止了在海外的发展。而这期间，英国、法国、美国、荷兰、葡萄牙等国胁迫驱赶了东洋各国在文化方面发展落后的本土居民，使其变成它们的殖民地。印度和马来半岛归英国，越南归法国，爪哇、苏门答腊等地归荷兰，菲律宾被美国占有。这些东洋物资最为丰富的国家，被少数的白人侵略，数亿东洋民族被压榨、被欺虐的历史长达数百年，一直延续到今天。

我们日本人生长在一个难得的国家。由于天皇陛下的天威和庇佑，时至今日我们从未遭到过外来侵略。东洋各国极其羡慕这一点，并尊重日本人。它们真心希望借助日本人的力量实现民族独立，获得幸福。

1亿东洋民族经受着30万白人的欺虐

3.5亿的印度人被仅仅50万的英国人支配着生活，20万荷兰人统

〔1〕［美］亚瑟·查齐著、胡修雷译：《图文第二次世界大战史——肆虐的太阳旗》，中国社会科学出版社、海南出版社，2004年。

治着6000万兰印（今印度尼西亚）人，2万多法国人统治着2300万法属印度支那人，拥有600万人口的英国领地马来半岛被英国统治，人口1300万的菲律宾被几万个美国人支配。这样算下来，总计约4.5亿的东洋民族被不到80万的白人支配。现在仅以这几个地方来看，不到30万的白人就欺虐着大约1个亿的东洋民族。

一踏上被敌人占领的土地就很明了白人是如何压迫当地土著居民的了。明目张胆地修造在山丘之上堂皇的建筑，鄙视着本土人家的茅草房。从东洋人身上压榨出的民脂民膏，被用来维持少数白人的奢侈生活，还被白人带回他们的本土。

这些白人自打从母腹里出生开始就拥有数十人的东洋奴隶。这是神的安排吗？

东洋人缺乏自觉性，同族之间相互争斗消耗了力量，这就是人数上占绝对优势的东洋人被少数白人征服的根本原因。

体会东洋和平之心

明治维新通过废藩置县的方针，使得天皇陛下掌握了政权。回到这之前，黑船来袭浦贺和长崎的时候，如果当时对方得手的话，日本将面临被吞并的危险。昭和维新本着东洋和平之心，把亚洲人从白人的侵略中解救出来，让亚洲人做回亚洲人，就必须要在维护亚洲和平之后确立世界和平。

英、美是帮助蒋介石同日本作战的幕后黑手。他们视兴旺发展的日本为眼中之钉，用尽各种手段妨碍日本发展。他们唆使重庆政权以及法属印度支那、荷兰统治的印度尼西亚等地与日本作对。

他们所希望的就是民族之间相互制约相互消耗，他们所惧怕的是亚洲各民族借助日本的力量获得独立。亚洲民族占了世界人口的大半，如果亚洲各族人民团结联手的话，那将对吸食亚洲人民血汗数百年的英、美、法、荷兰人造成沉重的打击。

日本是东洋的先觉者，将“满洲”（中国东北）从苏联的野心中拯救出来，将中国从英、美的榨取中解救出来。日本人还肩负着帮助泰国、越南、菲律宾等国家人民独立、使南洋本土居民和印度人民幸福的使命。心系“八纮一宇”的精神也正是如此吧。

此次战争的目的，是使世界各民族都各得其所。要实现陛下的和平之心，在东洋方面，要使得各国达成这样的原则共识：军事方面建立同盟，经济方面共存互惠；互相尊重各自的政治独立性，实现东亚大团结。这种合力定能将东亚从白人的压迫侵略中解放出来。

如上所述，这次的战争具有极其重大的意义。作为中心以及指导者的日本，这是自立国以来前所未有的责任。南洋的各民族都从心底尊敬日本人，期待着我们的帮助，我们绝不能辜负这份期待。

即便仇恨，也要慈悲为怀

不懂英语就无法升入好学校。一流的酒店、火车、轮船上处处都需要使用英语。在这样的现状中，日本人不知不觉地开始崇拜西方人而蔑视中国人和南洋人。

这就如同仰面唾天。我们日本人作为东方民族曾像中国人、印度人一样长期遭受劣等民族的待遇，想到这些，至少在东方要纠正一下他们傲慢无礼的态度。

这次战争是民族与民族之间的战争，因此对德国人、意大利人以外的西方人必须毫不姑息地贯彻我们的正当要求。但是全军上下必须严加注意，杜绝抢劫掠夺、调戏妇女、故意杀害毫无抵抗力的无辜等，不做有损道义和日本名誉的事情。陛下的军队、军人绝不能损害尊严。尤其对老人小孩要宽大为怀。

坚强、正确地忍耐

从过去的战场情况来看，凡是在战场上强大的军队，都不会抢劫掠夺、调戏妇女，或是喝得醉醺醺地喧嚷争执。因为只有在枪林弹雨中逃跑躲藏的人，才会去欺负吹不起大牛皮的人。要谨记一个人的轻妄举动将会损害全军的名誉，必须保持自律。如果因为掠夺和强奸，而使身经百战的勇士，最终落得被军事法庭判处数年徒刑的结果的话，实在令人惋惜。

想当初伴随着万岁的欢呼声从故乡出发，感激涕零。如果因为在战场上做了坏事而受到徒刑制裁，还有何颜面凯旋？这如何对得起日日夜夜参拜神社，摆放供饭，为自己祈求平安与武运的父母和兄弟姐妹们呢？又拿什么向在枪林弹雨中牺牲的战友们做交代呢？尤其是激战结束、进入阵地守卫，或是在没有枪林弹雨的后勤服务人员，若不多加自律，必将招致一生都无法挽回的失败。

所有的军功、所有的劳苦都会因为沉湎酒色而灰飞烟灭。为了避免这些事情的发生，必须像无敌的战士一样正身律己。即使面对没有自由的生活和艰苦的工作，也要以牺牲的战友之心，坚强地忍耐、自制。

敌人比中国军队强大吗

这次的敌人与中国军相较而言，军官为西方人，大部分下级官兵为当地人。因此，军队上下在团结精神上几乎是零。但是他们的飞机、坦克、汽车及大炮的数量远远高于中国军队，必须警惕。不过，这些军事装备中多数陈旧，使用者也都是些软弱的士兵，起不了多大作用。此外，他们最惧怕的就是夜间突袭。

攻占阵地和要塞

南洋各地的敌人以少数白人军队作为中坚力量，而军队则主要是通过强制征集而临时编成的，因此相比中国军队较弱。

但是考虑到他们拥有大量的大炮、坦克和飞机，虽说弱敌也不可轻视。要以这些大致要点为准占领阵地，或是依靠要塞进行抵抗。在登陆的海岸击溃敌军，然后必须立刻在炎热的地点行军，或是乘坐机动车急速前进，攻击敌军阵地。避开敌炮火准备的区域，出其不意，穿越密林地带，跋涉水田、湿地，进行突破。

保守秘密

在登陆作战中最为重要的就是秘匿我军企图。如果过早被敌军知晓我们的登陆地点，作战将会变得十分困难。往往是简单书信，也会造成全军溃败，或是在出发之前到酒店喝上一杯，结果酒后失言，而泄漏了我军秘密。这样的例子并不少见。

想一想日本历史四十七士为了给主君报仇，煞费苦心保守秘密的故事。彼此之间一定要以此为戒，互相提醒。

这次“事变”中，在中国南方一带登陆的部队里发生了一件真实的事情。一个士兵将信写好装在空啤酒瓶里扔到了海里。结果瓶子顺着洋流漂到了朝鲜附近。试想如果漂到了符拉迪沃斯托克（即海参崴，俄罗斯远东地区最大的城市）的话，后果将不堪设想。为了得知我军输送船的行动，敌军会利用飞机、潜水艇等搜索海面上漂浮物，从而掌握关于我军的线索，这样的事例很常见。因此，必须严格按照规定处理垃圾。

登陆成功即是胜利

我们登陆成功则意味着占领和战争的胜利。因为对手都是比中国兵还弱的窝囊废，他们的坦克和飞机都是咔嗒咔嗒乱响而拼凑成的。这场战争已是胜券在握，唯一的问题就是如何打一个漂亮的胜仗。根据登陆地点不同，作战方式也会有所不同。有些地方具备四通八达的柏油汽车道的优势，因此要尽快夺取敌方阵地，利用敌人的汽油和粮食进行作战。或是派几个勇敢的士兵趁夜潜入敌人内部，总之大可不必畏惧敌人，这种轻松作战的心态十分重要。

小心毒蚊、猛兽和毒蛇

对付蚊子，可以使用防蚊用具、点蚊香、撒除虫菊粉、服用预防疟疾的药物、涂防蚊膏等，切不可疏忽大意。

对付猛兽，在无敌情顾虑的情况下可以点灯焚火。遇到毒蛇则一定要将其杀死，吞下其胆，将肉烘烤而食。这是再好不过的强身壮体药了。

长途的船舶之旅和炎热中的行军全是为此一战

登陆遇到敌人就想想亲人的仇。长时间痛苦的船上之旅以及炎热的徒步行军只是为了打败敌人的小插曲。能够让愤怒转移的就是敌人。必须彻底地歼灭敌人。必须压克心中的怒气，第一场战役尤其重要。

狂风和雾是我们的帮手

西洋人追求时髦、软弱、胆小，因此他们最讨厌在雨天、雾天的晚上作战。在这样的晚上他们会考虑是战斗还是跳舞。因此，这对我们来说是绝佳的机会。

给水消毒

污水到处都有，可是干净的水却不容易饮用得到。因为当地人在河流湖泊随处大小便，导致当地人饮用水里满是病菌。因此，要用过滤器过滤后饮用方为明智。如果找到了优质水源一定要确保其防止污染，并派哨兵把守。出汗多的季节要在饮水里加大约百分之八的盐。若给井里的水消毒，把漂白粉加到啤酒瓶里加水摇晃，澄清后倒入水井中，从井里打上来的水稍微有一点漂白粉味道是正常的，可以饮用。

什么样的水果可以吃

在保健效果上水果的作用比什么都要好。以下的水果有毒，除了具有这些特征的水果都可以吃：

1. 颜色过于鲜明
2. 有强烈的香味
3. 过于甜像糖精一样的东西
4. 花过于美丽
5. 树低，叶子颜色漂亮，有斑点的
6. 吃芒果的时候不能喝牛奶和酒

防止被蛇咬伤

炎热的地方毒蛇的种类很多，一旦被咬伤不立刻处理就会致命，为此死的人很多。蛇最常栖息的地方是山里的密林以及水边。也有在平地和树上栖息的。蛇看到人就会溜走，所以走前面的士兵拿着竹竿一边“打草惊蛇”，一边前进就不会被蛇咬伤。通常被蛇咬伤是不留神踩了蛇，或者是抓树枝的时候不小心抓到了蛇。如果被咬，要立刻用力按住伤口，防止毒素流到心脏。要立刻用小刀刮开伤口用嘴将毒血全部吸出来，并立刻接受卫生人员的处理。因为蛇伤的种类不同，用的药物也不一样，因此，知道咬自己的蛇的种类也是很有必要的。

丛林里的行动

丛林就是杂树、杂草、荆棘这些缠绕十几层、二十几层的密林，也是猛兽、毒蛇、害虫的栖息之地。由于军队通过很困难，想通过这里要组建特别的部队。这样的地形不适合西洋人，但是他们也总是做出一些出其不意的突破。丛林中只要准备好并坚决前进就没问题。维持正确的行进方向以及水的补给比什么都重要。

结尾

此战是赌上了皇国的盛衰之战。面对美国一步步的紧逼，石油和铁也逐渐禁止出口。如果全部禁止，日本将会被迫向南方转移。日本南方有橡胶和锡矿，日本将会遭受比石油和铁更苦恼的事。美国使日本变弱并不能继续战斗。如果继续坚持，日本的飞机以及军舰将不能行动。自“中国事变”以后已经过了5年了，10万多战友的骨骸葬在了大陆上。蒋介石杀害战友的武器大部分是由英、美出售的，英、美想要永远对东亚进行殖民统治，而不希望东亚人民团结，所以要专注于让日本和中国战争的政策。日本的同盟国德国、意大利在欧洲与英国、美国激战。美国已经全面支持英国进入实质性的参战阶段。无论是为了日本自身的利益还是为了三国联盟的情义，现在已经一刻都停不下来了。我们大日本代表东太平洋民族，承担为中国数百年的被侵略画上句号的重大使命。我们拥有无敌的海军以及万全的准备。而且英国的海军一半都是被德国击溃的。对于海军来说现在正是最好的作战时期。来自于重庆政权的威胁是和英国、美国联系在一起的。如果不早日阻止，就永远不能平息“中国事变”。胜负的总决赛就要看这次的战争了，数十万的英灵在守护着我们，对于已故的战友的祭奠就是获得这次战役的胜利。对征服万里波涛、排除敌人的妨碍、不眠不休地保护我们的海军表示由衷的感谢！因此，必须要以丰硕的战果来报答他们。我们继承了2600年的光辉历史，为了报答天皇陛下的信任，代表亚洲民族崛起，承担起改变世界历史的光荣任务，将士一心，必须在世界这个大舞台上展现大日本男子的真正价值。东太平洋的和平、亚洲的解放、完成昭和维新的任务落在了我们的肩上。

向海上行，浮尸在水中。
往山里去，弃尸荒草丛。
为天皇尽忠，虽死而荣！

十四、日军的航空兵要地志

据桑田悦、前原透编著的《简明日本战史》记载，1914年8月，第一次世界大战爆发；8月23日，日本对德国宣战。同年11月6日—7日，日军对占领中国青岛的德军要塞进行突击。在这次战斗中，日本陆军飞行大队首次参战，“在侦察、观测等方面相当活跃”[1]。另据日本大阪大学教授小林茂等编的《亚洲太平洋地域旧日本军空中写真地图的制作》一文引述昔日《第三师团特种研究记事》中“航空及侦察”记载，1928年日本出兵山东，12月28日下志津飞行学校临时派遣飞行队沿胶济铁路青州至济南间两侧20千米区域进行航空拍摄，其成果迅速制成二点五万分之一比例尺的“战用图”。这是日本航空摄影在实战中的第一次应用。[2]

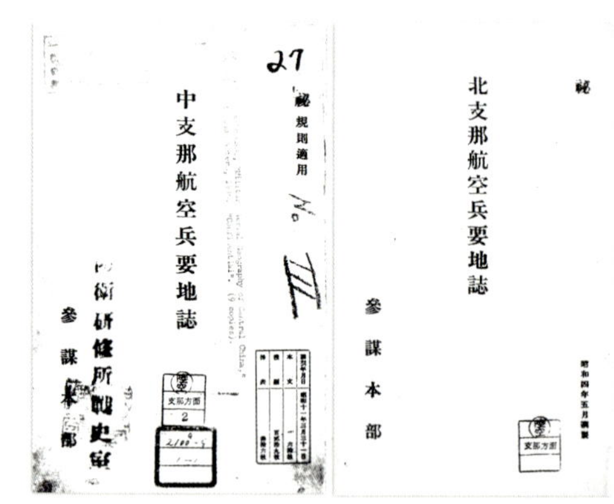

14-1 日军调查的中国航空兵要地志两种（书影）

日本航空兵作战和航测的首次应用，都是在中国领土山东实施的。1928年日军参谋本部调查编印了《山东省航空兵要地志》。日军参谋本部根据1928年、1929年在山东的“出动经验”，于1929年5月编写了《“北支那”航空兵要地志》，并于1936年1月调查编写了

〔1〕［日］桑田悦、前原透编著、军事科学院外国军事研究部译:《简明日本战史》，军事科学出版社，1989年。

〔2〕［日］小林茂编:『近代日本の地図作製とアジア太平洋地域——「外邦図」へのアプローチ』，大阪大学出版会，2009年2月27日初版。

《“中支那”航空兵要地志》。

航空兵要地志属特种兵要地志。自飞机作为飞行器应用于军事之后，航空侦察也成为战场调查的一项重要内容。据第二次世界大战期间日军参谋本部兵要地志班班长渡边正少佐记述,《兵要地志调查要目》中“航空”的内容主要为：一、飞机场；二、民间航空；三、防空设施；四、轰炸目标等。其中飞机场的调查项目为：位置、类型、等级、构造等（参见本书《日军兵要地志的调查内容和图表》）。

（一）日军航空兵要地志的主要内容

日军参谋本部1929年和1936年调查编印的中国北部和中部的两种航空兵要地志的主要内容，与参谋本部规定的兵要地志调查内容一致，但更为具体。

从《“中支那”航空兵要地志》的“目次”可概见其大致内容：

第一篇　航空方面所见的地形、地物

第一章　地势的概略观察

第一节　江苏省

第二节　浙江省

第三节　安徽省

第四节　河南省

第五节　江西省

第六节　湖北省

第七节　湖南省

第二章　地形、地物的细部观察

第一节　山地

第二节　平地

第三节　都市

第四节　村落

第五节　森林

第六节　墓地及塔

第七节　道路

第八节　铁道

第九节　河川

第十节　湖沼

第二篇　飞机场及航路

第一章　飞机场及降落场

第一节　铁道

第二节　要塞

第三节　市街区

第四节　其他

第二章　防空

第三篇　补给

第一章　航空工厂

第一节　飞机制造厂

第二节　航空器材的制造修理工厂

第二章　飞机用资材

第一节　飞机用资材的搜集获取

第二节　飞机用资材获取的主要商家、公司、工厂

第四篇　航空气象

第一章　气温

第二章　风（方向）

第三章　降水量和降水日数

第四章　雾日数

第五章　雷雨日数（云、雪）

第五篇　航空勤务的注意事项

第一章　航空勤务有关注意事项

第一节　气象、地势上的航空勤务

第二节　飞机场的设定

第三节　器材

第二章　各种飞机行动注意事项

第一节　侦察机

第二节　轰炸机

第三节　战斗机

（二）日军航空兵要地志对地形的观察

日军两种航空兵要地志其内容的共同之处是，第一篇都是从空中观察地势。《“北支那”航空兵要地志》是对河北、山东及河北南部、江苏、安徽北部及河南、山西、陕西、甘肃等省的地形特点进行概述；而《“中支那”航空兵要地志》第一篇是在空中所见的江苏、浙江、安徽、河南、江西、湖北、湖南七省的概略观察。

《“北支那”航空兵要地志》对中国北部的地形观察为：

河北及山西以北的阴山山脉远连东、西蒙古平原，是划分中国本部的分界。本山脉从张家口东北为燕山山脉的分界。山海关则为关内外的地形分界。

山西省北境的分界为太行及连枝二山脉。其南，黄河流于山西大高原。汉中东北侧横亘秦岭山脉，甘肃省东部为六盘山山脉，陕西、甘肃山地东麓为黄河河谷，西麓为甘肃平地。

秦岭山脉东为伏牛山脉及大别山脉，为中国北部和中部的分界。泰山山脉盘踞山东。此间直隶、河南以及江苏北部大平原，有白河、黄河、淮河三大长流润泽，东流注入渤海和黄海。

河北省的山地和平原

山海关—建昌营—遵化道以北，以及北平—正定—开封道以西的山地，山岳重叠起伏，沟谷纵横，断崖绝壁多，平地少，交通极不方便。

山海关—建昌营—遵化道以南，以及北平—正定—开封道以东的平原，道路纵横通畅，耕作普及，人烟稠密，适于大部队作战。但芦台、天津，经新安附近沿线地域道路低洼、沼泽多。又如滦河口、白河口、黄河口附近，至沿海地方，多低洼盐碱、泥沙、湿地。除结冰期，妨碍军队运动。

长城构筑于连绵倾斜急峻的山脊、山顶，其附近往往是难于攀登的绝壁，军队运动颇为困难。

山脉在长城内，生长针叶树，长城边外树木全无。

北平的北西连绵横亘的太行山脉颇为险峻，道路以外军队运动不可能。

此外，日军对河北平原的地形评述，则基本照录日军《直隶省兵要地志》（参见本书《百年来日本对我京畿的军事窥探》）。

日军《“北支那”航空兵要地志》对山东省及河北省南部的地形的观察为：

本地方大体分为莱州、平度、胶州之线以东的半岛山地，山东铁道以南的泰山山脉，以及莱州、胶州以西平原地带三个区域。

第一地带为冈阜及低山，以莱州南侧招远北侧经福山方向宁海附近，南接海阳附近，树木稀少，展望容易。山势斜面急峻有断崖，山脉内有太沽河谷，土地湿润。

第二地带为泰山东南走向的山脉，沂河南流窑湾附近注入大运河。此地带交通发达，但东西方向通道极少，济南、泰安间，及泰安、兖州间为峡谷通道。泰安附近地形较平坦，山势斜度和缓，属大波状地形。兖州、徐州间狭长地域山地及运河、湖水中间贯通，地势较平坦，高地比高约在100—200米，坡度和缓。

第三地带为平坦开阔的平原，易于诸兵种运动，但枣树种植繁茂，夏季妨碍展望。一旦降雨，泥泞顿生，雨水断绝交通。干燥季节沙尘飞扬。沿海地方及大沽、保定、衡水间的地区，土地卑湿，车辆通过极困难。沿海地区常生浓雾，远近土地含盐分，影响草木生成。

日军《“北支那”航空兵要地志》对江苏、安徽北部及河南地形观察为：

津浦铁路沿线的徐州至宿县北数十里间，散落着孤立的低丘。同地以南，所谓安徽大平原，道路网发达，但接近淮河处土地低洼，雨水为害，河川泛滥，变成湿地，路外运动困难。淮河以南至长江之间的广大范围内耕地多属水网稻田地。

济南、开封之间黄河沿岸地形平坦，适于诸兵种运动，但降雨时泥泞。开封附近多为沙地，沙尘飞扬，筑有六七米高的围墙，村落亦有土筑围墙。至八九月份，高粱成熟期妨碍观察展望。

平汉铁路沿线河南、湖北省界的山地至大平原道路网发达，大兵团运动自如。陇海铁道沿线开封至潼关之间，荒原起伏，沙积土堆，诸兵种可通过。

日军《“北支那”航空兵要地志》对山西、陕西以及甘肃的地形观察为：

本省高原东、东北、北三面与高峻的山脉相连接，高原自北向南倾斜。其北为阴山山脉，东南为五台山及恒山二山脉。山西与河北间为太行山脉。上述山脉中间概为平原。本省中部和北、南形成数个分离的盆地。

阴山山脉北侧内蒙古和察哈尔省，为起伏地和平原。其南部地方农耕兴盛。

陕西省以秦岭山脉南、北两分。岭北之渭河、黄河流域属黄土地。岭南之汉水流域系片麻岩、石灰岩等构成。甘肃省属高原，黄河斜贯省域，渭水亦源于境内。西北角邻蒙古、新疆、青海，有长城。甘肃之北为祁连山脉，此间有一条道路通陕西西安及新疆。观察西安以西的地形，兰州经平凉至西安北方，在渭水须架桥。更西边六盘山脉有路通兰州。贺兰山脉有长城自祁连山而来，南北形成长隘路。凉州附近为平原，出嘉峪关外适于大兵团运动。嘉峪关至安西通往新疆之间为沙漠地带，车马通过困难。安西至哈密之间的沙漠为冲积层、石灰层的高原地质。岩石上部数寸为沙砾，遇强风之际，如降沙雨。

再如《“中支那”航空兵要地志》中对浙江省的地形观察为：

本省大部为山地，平原仅有杭州以北的小部分水乡地带。山地在本省西南部严州、衢州、金华、处州、温州、台州地方，约占全省六分之五。山脉中仙霞岭最高（绝对高程）2000 米，河谷的比高（相对高程）500—800 米。省的南部地形错杂，多岩石绝壁，河谷两侧多悬崖。枫岭山脉与扬子江和钱塘江分水岭的仙霞岭相比，险峻程度减弱，但其主山脉与仙霞岭相类似，河谷比高 60—300 米，河谷亦悬崖绝壁。宁波、余姚、绍兴、杭州四府，各河川高野山岳相半，宛如日本四国的香川、爱媛两县，地形酷似。杭州以北的水网地形，沟渠交错，水运便利，而道路不完备，妨碍军队的行动。

此外，在“地势”部分，日军两种航空兵要地志还有“地形、地物的细部观察”，对空中所见到的山地、平原、都市、村落、森林、草地及塔、道路、铁道、河川、湖泊等地物、地貌均有具体观察。在《“北支那”航空兵要地志》中，日军对河北省居民地侦察后指出：“地方村落一般土造，与田地同色，其判别不明显。大的聚落市街区通常都有中国特有的城墙包围四周，十分明显，是中国内地唯一的好目标。村落内的主要道路判别困难，村落周围有馒头形的堆土墓地，天津附近周围颇多。”

又如《“中支那”航空兵要地志》中对铁道的观察说：“铁道单线多，线路选定筑堤多，凿开道较少。筑堤部线路两侧多种植杨树以护路，其阴影对空遮蔽便于识别，加上相邻的停车场是航行上明确的标定准绳和目标。”它对河川的观察则指出，中国中部的河川“不同于北方‘满蒙’的河川，四季通航，附近湖水相连，水运发达，可通各种杂式舟筏。北方冬季结冰，其色银白，而南方依然浊流黄褐色。人马车辆为水路横断，通行困难。南方大小河川多数放养家禽，数千家禽追逐水草，恰似数千部队沿河川移动，摄影判读应予以注意”。它在对“渔村”的观察中说：“渔村相比农村要寒微，恰类似蒙古游牧民族逐水草而居的临时建筑。扬子江和其他大河边，远望类似疏散的露营帐篷。渔民小屋，其旁为舟和网，接近水濠和芦苇。屋以芦苇组合，以枯色判然天空，易于暴露。”它在对对塔的观察中说：“塔独立于大的街市内，或市内独立的高地、山脉要点等处建立。其层数有五重、六重和八层、九层之例。塔在低空飞行时为地标基准点，作为航行目标其形状大同小异，有误判方位之虞，应予注意。”

高耸的中国古塔除去佛教意义，古人还将之作为导航引渡的方位物。如江河岸边和港湾古渡等处常常建有佛塔，行旅、航船从远处即可看到，如福建马尾港的罗星塔、浙江杭州的六和塔等等。此外，古塔也是边疆地区具有军事瞭望作用的建筑。如河北定州的料敌塔，名为供奉舍利宝塔，实为瞭望辽军动态之用。又如山西应县木塔则是辽方观察宋朝军队的建筑。侵华日军显然也注意到了中国战场古代佛塔的军事作用。

应当指出的是，塔作为佛教建筑传入中国，其层数通常为奇数，即七、九、十一等。中国古建筑学家罗哲文先生说："塔从层数上看有单层的三、五、七、九等层的；从建筑材料上分，又有木造的，金、银、铜、铁造的，琉璃砖瓦造的等等。"[1]又如，张驭寰在《中国城池史》中指出，除佛塔外，还有风水塔。城池里的塔可起到标志作用。"城内塔的高度，一般都在7—13层，北魏洛阳城永宁寺塔，方形9层，其高度达110米，显得洛阳城小而塔大。"[2]因此，日军参谋本部的航空兵要地志的调研者所谓"五重、六重和八层、九层"之语，我认为是日本军官缺乏佛教常识不严谨的例证。

（三）日军航空兵的轰炸目标

"轰炸目标"是日军航空兵要地志的重要内容。

日军《"北支那"航空兵要地志》以表格的方式罗列轰炸目标（图14–2），而《"中支那"航空兵要地志》则以图的方式显示轰炸目标。

日军在《"北支那"航空兵要地志》"轰炸效果"中指出：中国北方建筑物外观宏伟，覆瓦的房屋实际脆弱，除铁桥等特殊工程物外，一般建筑对航弹轰炸的抵抗力小。轰炸实施时应注意：

1. 铁桥及桥梁等技术工程建筑轰炸后修复极困难，其效果大。河川水流速度大，可利用舟桥替代，应予注意。野战工事构筑时根据地形进行遮蔽处置。

2. 铁道以单线为主，弯曲部比较少，轰炸时选择位于沼泽地的部位较有利。又，停车场及其附属建筑物规模比较小。小停车场在高空中难以发现。

3. 河川中航行的船舶，其行动缓慢。

日军对中国北方诸省的航空轰炸的目标则以列表显示。其项目为目标所在地、名称、形状，前进的基准目标，目标的国别，目标价值，等等。它还以山海关、秦皇岛、滦州、唐山、塘沽、天津、北平、通

〔1〕罗哲文著:《中国古塔概览》，外文出版社，1996年。

〔2〕张驭寰著:《中国城池史》，中国友谊出版公司，2015年。

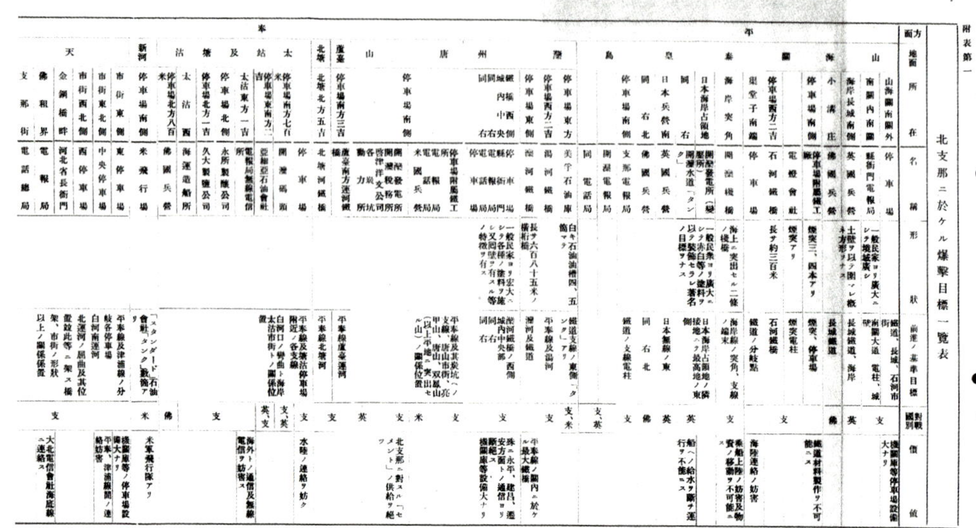

附表第一

北支那ニ於ケル爆擊目標一覽表

方面	所在	名稱	形狀	前進ノ基準目標	對戰國別	價値
山海關	山海關南關外	停車場	一般民家ヨリ廣大ニシテ墳墟廣シ	鐵道、長城、石河市街	支	機關庫等停車場設備大ナリ
山海關	南關內南關	縣衙門電報局		南關大道、電柱、城壁	支	
山海關	海岸長城南側	英國兵營	土壁ヲ以テ圍マレ概ネ方形ヲナス	長城鐵道、海岸	英	
山海關	小滿庄	佛國兵營		長城鐵道	佛	
山海關	停車場南側	停車場附屬鐵工廠	煙突三、四本アリ	煙突、停車場	支	鐵道材料製作ヲ不可能ニス
山海關		電燈會社	煙突アリ	煙突電柱	支	
山海關	停車場西方二百米	石河鐵橋	長サ約三百米	石河鐵橋	支	
秦皇島	退堂子南端	停車場		鐵道ノ分岐點	支	海陸連絡ノ妨害
秦皇島	海岸突角	開灤碼頭	海上ニ突出セル二條ノ棧橋	海岸線ノ突角、支線ノ端末	支	乘船上陸ノ妨害及物資ノ移動ヲ不可能ニス
秦皇島	日本海岸占領地	開灤發電所（變壓所）開灤水道「タンク」	一般民衆ヨリ廣大ニシテ赤白等ノ塗料ヲ以テ裝飾セラレ著名ノ目標ヲナス	日本海岸占領地ノ隣接地ニテ最高地ノ東側	英	船ヘノ給水ヲ斷チ運行ヲ不能ニス
秦皇島	同右	英國兵營		日本無線ノ東	英	
秦皇島	日本兵營南	佛國兵營		同右北	佛	
秦皇島	停車場南側	支那電報局		鐵道ノ支線電柱	支	
秦皇島	同	開灤電報局			支、英	
秦皇島	同	電話局			支、英	
灤州	停車場東方	美孚石油庫	白キ石油油槽四、五箇アリ	鐵道支線ノ東側「タンク」アリ	支、米	
灤州	停車場西方二百	湯河鐵橋		平奉線及湯河	支	
灤州	停車場東側	灤河鐵橋	長サ六百八十五米ノ橫桁橋	灤河及鐵道	支	平奉線ノ關內ニ於ケル最大鐵橋
灤州	鐵橋西側	停車場	一般民家ヨリ宏大ニシテ各種ノ塗料ヲ施シ又囲壁ヲ有スル等ノ特徴ヲ有ス	灤河鐵橋ノ西側	支	機關庫等設備大ナリ
灤州	城內中央	縣衙門		城內中央部	支	殊ニ永平、建昌、遷安方面トノ通信ヨリ斷絶ス
灤州	同右	電報局		同右	支	
灤州	同右	電話局		同右	支	
唐山	停車場南側	停車場附屬鐵工所		平奉線及其炭坑ヘノ支線、唐山市街、亮甲山、唐山、双鳳山（以上平地ニ突出セル山）ノ關係位置	支	
唐山		電報局			支	
唐山		電話局			支	
唐山		米國兵營			米	
唐山		開灤發電所			英	
唐山		開灤稅務所			英	
唐山		啓新洋灰公司			支	北支那ニ對スル「セメント」ノ供給ヲ絶ツ
唐山		各炭坑動力所			支	
盧臺	停車場南方三百	盧臺南方運河鐵橋		平奉線盧臺運河	支	
北塘	北塘北方五百	北塘河鐵橋		平奉線北塘河	支	水陸ノ連絡ヲ妨ク
大沽及塘沽		停車場		平奉線及塘沽停車場附近ノ各支線	支	
大沽及塘沽	停車場南方七百米	開灤碼頭		白河口ノ彎曲ト海岸太沽市街トノ關係位置	支、英	
大沽及塘沽	停車場東南方二百	亞細亞石油會社			英、支	
大沽及塘沽	太沽東方一吉	電報局無線電信所			支	海外トノ通信及無線電信ヲ妨害ス
大沽及塘沽	停車場北側	永利製鹼公司			支	
大沽及塘沽	停車場北方一吉	久大製鹽公司			支	
大沽及塘沽	太沽西	海運造船所			支	
大沽及塘沽	停車場北方八百米	佛國兵營		「スタンダード」石油會社「タンク」數個アリ	佛	
新河	停車場南側	米飛行場			米	米軍飛行隊アリ
天津	市街東側	東停車場		平奉線及津浦線ノ分岐各停車場	支	機關庫等ノ停車場設備大ナリ
天津	市街東北側	中央停車場			支	平奉、津浦線間ノ連絡妨害
天津	市街西北側	西停車場		白河南運河、北運河ノ屈曲及其位置竝此等ニ架スル橋架、市街ノ形狀	支	
天津	金鋼橋畔	河北省長衙門			支	
天津	佛租界	電報局		以上ノ關係位置	支	
天津	支那街	電話總局			支	大北電信會社海底線ニ連絡ス

14-2《“北支那”航空兵要地志》中的“爆击目标一览表”

州等城市为主，包括津浦铁路沿线，平汉铁路沿线，平绥铁路沿线等的停车场、电报局、发电所、桥梁，美、英、法军队的兵营，隧道涵洞，特别是位于北京城内的政府机关和军队首脑机关，甚至企业，都一一列出位置、形状，列为战时打击的目标。

日军《“中支那”航空兵要地志》开列的轰炸目标首先是铁路，其次是要塞，特别是长江沿岸的江防炮台，再次是市区。

第一，铁路。依次为陇海铁路、平汉铁路、津浦铁路、京沪铁路的华中段，以及沪杭甬铁路。其调查记录的内容是沿线地形、铁路线数、轨距、轨道、枕木、道床、桥梁、隧道、曲半径、停车场（包括给水、煤炭、机车库、停车场的设备等）、工厂、运输材料、通信设备、修理材料等项。

第二，要塞。军事要塞无文字介绍，扬子江沿岸的轰炸目标以 12 幅插图附于航空兵要地志中。从图中看，其目标为吴淞、江阴、镇江、南京、芜湖、马当镇、安庆、湖口、九江、田家镇、武汉、杭州湾附近等。图中绘有要塞地形略图、炮台写景图、火炮射向和射界等。如《南京要塞要图》（图 14-3）中就绘有乌龙山、幕府山、狮子山、雨花台各炮台的写景图，以及各炮台的火炮数、口径、射界。幕府山炮台的射界左为江心和狮子山岸滩，与狮子山炮台形成交叉火力，右为七里洲西侧江面。

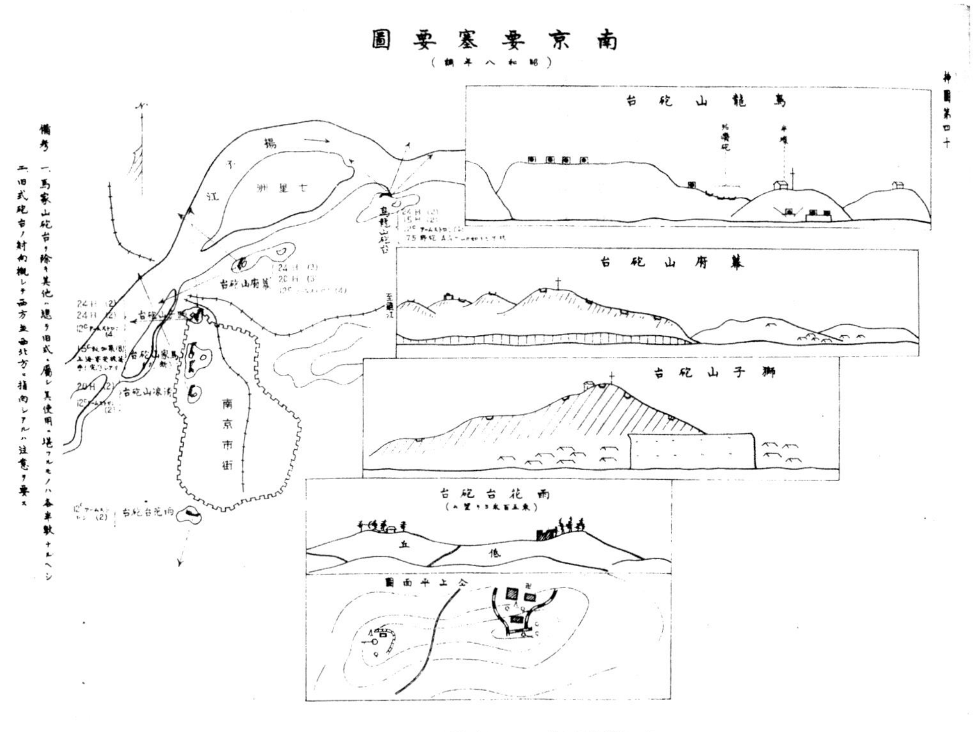

14-3《“中支那”航空兵要地志》中的“南京要塞要图”

第三，街市区。日军指出街市区轰炸目标的选定，要考虑到开战后，各主要机关会转移，因而平时就应做好主要城市轰炸目标的调查工作。而且街市区内要考虑外国权利，一旦有事，会为敌军所利用，应在发出警告后再行轰炸。街市区轰炸目标以要图形式标绘，如包括上海市、苏州市、镇江市、南京市、杭州市、宁波市、安庆市、芜湖市、洛阳市、郑州市、开封市、南昌市、樊城及襄阳市、武汉三镇、长沙市等15幅图。其称为“主要轰炸目标图”，除上海、南京、苏州、武汉等地图内简略标有军事机关、兵营、电报局、纺织工业区等目标外，大部分也只是一幅城市街区略图而已。《南京市主要轰炸目标》图中，除了位于北极阁的无线电台和都天庙的兵工厂，其余大多数军政机关和军事院校都可在中国1928年和1937年出版的南京市地图中找到。相比较日军《苏州府内主要爆击目标（江苏省）》（图14-4）它还算是较详细的，标绘在黑框内的目标有“军司令部”“师旅司令”“水师司令”“警察”“火药局”等几处目标。

笔者外婆是江苏无锡人，儿时听她讲的故事印象最深的是抗日战争中，日本飞机轰炸，逃难的人流争相过一座桥。拥挤的人群中一个老奶奶一手抱着小孙子，另一手抱着一只鸭子，情急中老人舍弃了鸭子，双手紧紧抱着小孙子。待挤过桥，才发现她怀中抱着的竟是鸭子……因此，每见侵华日军硬皮精装的《航空兵要地志》，特别是《苏州府内主要爆击目标（江苏省）》，我便想起这个故事。在侵华战争中，日本航空兵的狂轰滥炸，其实深受其害的是广大无辜的中国平民百姓。如抗战中陪都重庆隧道惨案就是典型一例。

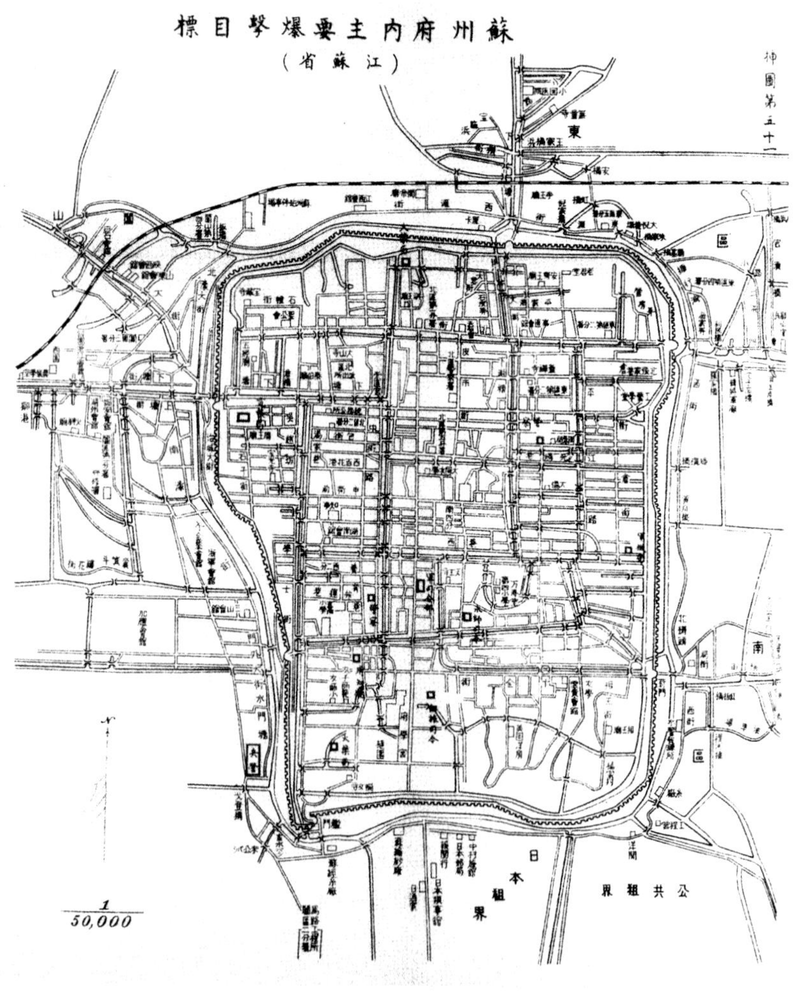

14-4《"中支那"兵要地志》中的"苏州府内主要爆击目标（江苏省）"

（四）飞机场和降落场

日军认为，中国北部无论飞机场或降落场的选定是由于地形上较为容易，最大的问题不是滑行跑道，而是附近是否具备道路和通信条件。如北京、天津等大都市近郊，晴天土地干燥，汽车及其他车辆得以通行；一旦下雨，则泥泞陷没车辙，需人畜在田间小道搬扛。因此，飞机场的选定，周围要有良好的道路和停车场，以及五吨的牵引车。同时，要重视“水的补给”，因为中国北方水井极少，获得优良水源困难。当地居民贫困，多用河水，水质一般不良，但接近山区水质优良而丰富。从水的补给考虑，应有补给水车携行。飞机场应有掘井设备以保障用水。

日军《“北支那”航空兵要地志》中对平奉（北京—沈阳）沿线，天津附近、北京附近，以及海光寺机场的地形进行观察，以确定是否便于飞机临时起降。它同时对津浦铁路、平汉铁路沿线，长辛店—保定、正定、石家庄，以及平包沿线，包括张家口、宣化、沙岭子等地的地形、气象、器材等项，分别概略记述，判断是否便于修建机场和备降场，并有人夫的征集、价钱、如何培训等内容。它还附有河北、山东、从秦皇岛到威海等 35 幅飞机场和备降场的要图。

我试图在日军 1929 年编印的航空兵要地志中找到山西代县以南的阳明堡机场，当然没有找到。史料证明，阳明堡机场始建于 1935 年，1937 年竣工。八路军一二九师第三八五旅七六九团于 1937 年 10 月 19 日夜袭阳明堡日军机场，毁伤日本飞机 24 架，歼敌 100 余名。

日军《“中支那”航空兵要地志》中主要以附图显示南京、上海、南昌、武昌、洛阳、郑州、长沙等 31 处飞机场和备降场的概要情况，如杭州附近的中国空军的笕桥飞机场（图 14–5）。此图是日军昭和十年五月，即 1935 年 5 月侦察绘制。图中简要标绘了机场所在地理位置、长宽及面积、夏秋之季的盛行风向。在“备考”中注记：“1. 平坦开阔，坚硬。2. 附近一带桑树高约 2 米，直径 10 厘米左右。又，铁道沿线柳木高 4—5 米，直径 40 厘米，砍伐容易。3. 杭州至笕桥通有公路，通汽车。”笕桥有汽车站。日军对笕桥机场的“判断”为：“适于各种飞行队 1—2 个大队。”这是一幅较为典型的日军在战前对我飞机场的侦

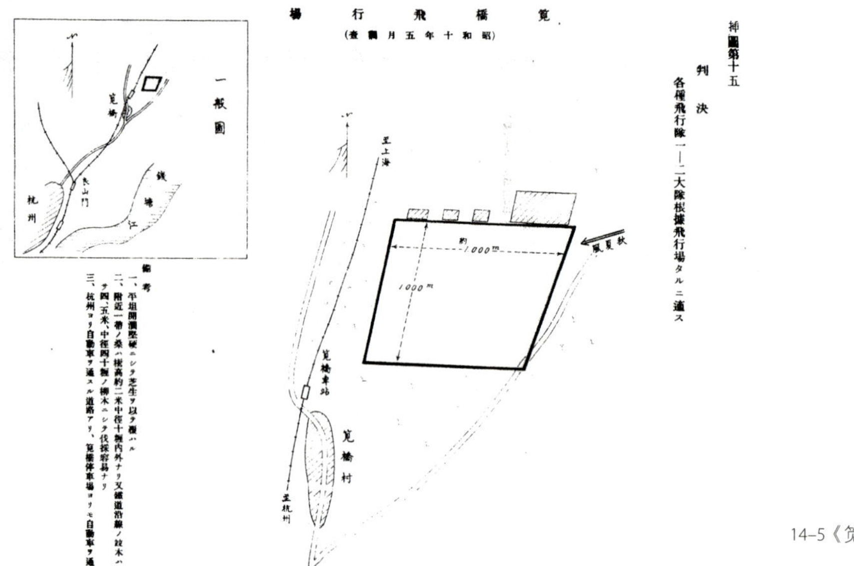

14–5《笕桥飞行场》

绘要图。不过这幅要图太过简略。场站的跑道、油库、机库的位置，营舍的位置，或许从陆军的角度问题看应该更具体，如隐蔽接近地的位置，但是图上都没有。而这里是中国 1928 年成立的中央军校航空队所在地，是中国著名的空军摇篮之一。

（五）日军航空兵战前在中国的飞行经验及作战准备

在《"北支那"航空兵要地志》中日军认为，中国军队一般缺乏防空观念，可大胆实施低空侦察。除森林遮蔽，村落少，地形单调，其侦察容易。中国军队行军队形不规则，间距不等，步兵行军多为一列纵队，时而又成三列成四列纵队。步兵长途行军，征用马车，多天前的徒步部队，第二天有可能全部与车辆混杂行军。因此，侦察判断上困难。这是中国军队行军的最大特点。由于土地干燥，骑兵、炮兵及车辆部队行进中尘土飞扬，在极远处便能判定。日军航空兵要地志的这些征候判断，使我想起清末新军袁世凯编纂的《训练操法详晰图

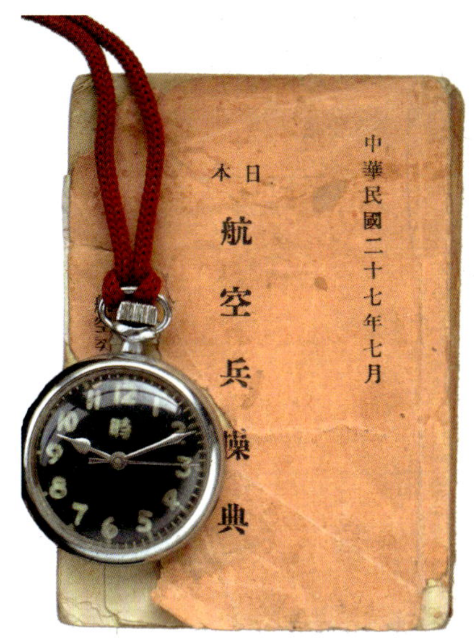

14-6 著者收集的1938年中国军队缴获并翻印的日本《航空兵操典》（书影）和航空计时表

说》中“兵目须读”的《侦探歌》：“看见尘土辨何样？隔段飞起是炮兵。浓尘高飞马行队，长行矮尘敌步兵。”[1]其实这是军事常识而已。

日军根据在山东等地的航空侦察经验得出，中国军队步兵四列纵队的道路行军，可明确观察。在耕地内，四列纵队足迹和机关枪驮马的蹄迹，在2000米高度可发现。

在航行中，日军认为平津地区的目标点标定以铁路线、城墙最为明显，同时河流的分叉与合流和弯曲部也是适当的基准目标。而在山东，短距离飞行可参照黄河、大运河、铁路线等。长距离飞行旷野中，地形单调，会让人产生“疑心暗鬼”的错觉，应熟悉飞行任务区的道路、居民地，并以罗盘为基准。

《“中支那”航空兵要地志》中日军指出，侦察机在开战或伴随作战时应注意：

1. 长江沿岸地图应与现地对照，避免地图的错误，并注意随季节的推移，水位增减、道路、村落、河川的变化，并应注意居民地的损毁、移动（毁灭、新建）等变动。

2. 长江沿岸的空中侦察，在开战之初，或平时就要注意教育、学习水上交通和各型交通工具的形式和性能。

3. 侦察机的同乘者射击机会多，长江沿岸作战，军队输送、兵力移动利用江河汽船的机会多，通常以汽船为牵引拖曳，并满载。空中若以步、机枪弹攻击，可取得极大的效果。

日军甚至咬文嚼字用“古来蝴蝶横飞万斛舟”来形容长江沿岸帆

[1]《中国兵书集成》编委会编：《中国兵书集成》卷50《训练操法详晰图说》，解放军出版社、辽沈书社，1992年。

樯如林、舟船云集的景象。从1938年7月我国军队获取并翻印的日军1931年版《航空兵操典》看，日军战前编印的两本航空兵要地志，在侦察机的行动方面，贯彻了其"条令"即《操典》的精神。《操典》对空中侦察要求"在白昼发见人马车辆之往来，系马场、炮场、车场、足迹、辙痕，及蹄迹等，为侦知敌情及其配备，兵种兵力之凭据。在夜间发见射击之闪光、露营火、汽车灯火及其他炊烟等，则为发见目标之端绪。故空中勤务者，当搜索时，注意上述各项，实属紧要"[1]。

对于轰炸方面，日军在书中认为"长江沿岸中国防空设施弱，长江一带要塞兵工厂多。同时对水上交通和兵力转运的轰炸机会多"，仅此寥寥数语。而我见1931年日军《航空兵操典》中专有"河川及山地战斗之行动"一章，叙述河川轰炸战术原则；而在1936年的《"中支那"航空兵要地志》中未见体现。到了1942年6月，由滨松陆军飞行学校印发的《重型轰炸机队战斗规范》对重型轰炸机的攻击准备、攻击实施，特别是越海攻击则有了详细的规定。此教材被列为"用过烧毁"的"极密"即绝密件。《"中支那"航空兵要地志》[2]对战斗机的作战只有一句话描述："战斗机由于续航时间的问题和飞机场移动频繁，战斗运用上颇为遗憾，事先要做必要准备。"日军对我国的轰炸目标，除事先标定，战时还派特务潜入为日本航空兵指示。据1941年12月27日宁夏省政府训令，"奉第八战区司令部'代'电以敌派出大批汉奸刺探我方军情与文化机关以投掷电光黑色小板为轰炸目标等"[3]，提示要注意防范，是为一例。

〔1〕航空委员会训练处编译科编:《航空兵操典》，1938年7月7日。

〔2〕［日］滨松陆军飞行学校:『重爆队战斗规范』(第一部)，昭和十七年六月五日。

〔3〕宁夏档案局(馆)编:《抗战时期的宁夏——档案史料汇编》(上)，重庆出版社，2015年。

十五、日军的专业兵要地志

——兵要卫生志概说

（一）“九·一八事变”和“一·二八事变”的产物

日军对战场的卫生和给水调查极为重视，也是其兵要地志重要的调查项目，并有专门的兵要卫生志。大到敌对国家的重要战略方向，小到乡镇专项的卫生、给水调查，其内容主要为地区地形概况、气象、传染病、流行病、宿营、给养、给水等情况。我根据收集到的侵华日军兵要卫生志的种种实物对日军兵要卫生志，特别是日军对华的细菌战主力“七三一”部队的兵要卫生志作一概述。

日军调查编印的兵要卫生志，已知藏于日本防卫省战史研究所图书馆的有 1937 年 8 月陆军省编印的《“北支（那）”兵要卫生概要》，1939 年 8 月“驻蒙军”军医部编印的《内蒙古西苏尼特附近兵要卫生·蒙古人生活状态调查资料》，1939 年 10 月戊军医部编印的《内蒙古贝子庙附近兵要卫生·蒙古人生活状态调查资料》，1942 年 5 月陆军省编印的《外蒙古兵要卫生志》，1942 年 2 月参谋本部编印的《云南兵要卫生志》，1944 年大本营陆军部编印的《“西北支那”兵要卫生志》等，甚至还有《“中支（那）”兵要兽医志》等。

我收集到的较早、较系统的侵华日军编印的兵要卫生志是《战地兵要卫生概志》。此书无编写单位及出版时间，封面有“‘满洲’事变陆军卫生史第三卷第十篇”，军医近野寿男、加藤真一执笔。封面还特别注明“禁止日本军官以外的人阅览”。

《战地兵要卫生概志》将当时被日军侵占分割的中国国土分作两

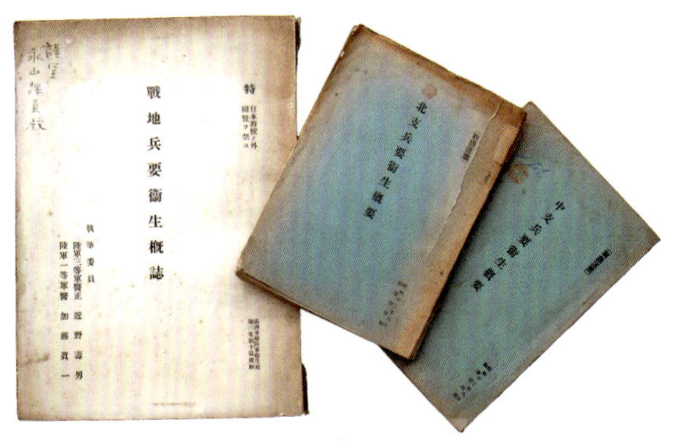

15-1 著者收集到的日军多种兵要卫生志（书影）

部分。第一章为“满洲国”，内容是从日军兵要地志中抄录而来的东北地形、气象、人口、民族语言、行政区域、都市及租界、卫生、交通及搬运工具、农林牧渔及矿产业、经济贸易、社会组织、宗教及教育。而其中对医疗卫生机构、主要疾病，以及给水等情况记述较细。第二章为“中华民国”。其中“主要地方概况”简要介绍河北省地形、地质、河川、水运、给水、居民地及家族，以及北平、天津概况之后，重点是江苏省和上海的各项情况，特别是供水情况。由此可知，这本兵要卫生志是1931年“九·一八事变”和1932年“一·二八事变”，合称“满洲”事变的产物。日军明确将我国作为战场，而从作战角度进行卫生、给水状况进行调查分析。从此书关注的地域来看，河北及上海是下一步“七七事变”和“八·一三事变”的预设战场。有此“先见之明”的应是积极扩大战争的日本关东军。我判断此书为关东军主持编写并印发。

《战地兵要卫生概志》的概述部分，如地形、气象等资料，明显是执笔的日本军医从日军作战参谋调制的兵要地志中摘抄而来，较为概略。但在军医业务范围之内的供水和卫生的调查，远比日军作战参谋的调查详细专业。如上海的卫生调查，书中最新数据是“昭和十二年”即1937年，恰是“八·一三事变”爆发之年。它调查登记上海的传染病、流行病等疾病的发生数，并统计每千人中国人、外国人死亡的概率等。另在上海给水方面，它记载了派出陆、海军调查租界及上海市外的居民主要饮用水的来源，如井水、黄浦江水等的水质，及水井形态、列表、绘图、拍照片。日军野战防疫部对黄浦江上游水进行快速过滤，并列出表格显示试验结果。

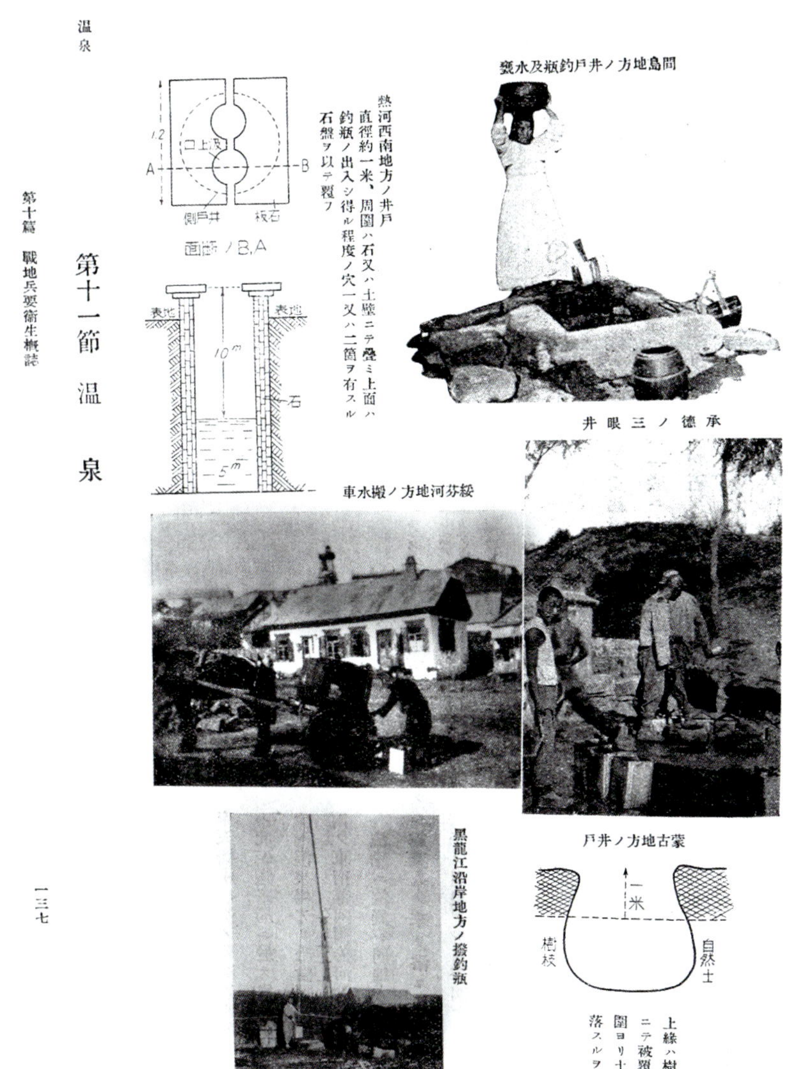

温泉
第十篇 戰地兵要衛生概誌
第十一節 温泉
熱河西南地方ノ井戸
直徑約一米、周圍ハ石又ハ土壁ニテ疊ミ上面ハ釣瓶ノ出入シ得ル程度ノ穴一又ハ二箇ヲ有スル石盤ヲ以テ覆フ
A
B
板石
表地
10m
石
5m
間島地方ノ井戸釣瓶及水甕
承德ノ三眼井
綏芬河地方ノ搬水車
黑龍江沿岸地方ノ擔釣瓶
蒙古地方ノ井戸
一米
樹枝
自然土
上緣ハ樹枝等ニテ被覆シ周圍ヨリ土ノ陷落スルヲ防ク
一三七

15-2《战地兵要卫生概志》中有关中国东北地区给水和卫生情况的照片和示意图

（二）“七七事变”与“八·一三事变”后的急就章

我找到昔日日军陆军部编印的《北支（那）兵要卫生概要》和《“中支（那）”兵要卫生概要》两本小册子。其内容以我国河北、山东，并附绥远、察哈尔（今河北西北部），以及江苏、上海、南京等方向为战场背景，简要记述该地区地形、交通，及卫生、给水等兵要资料。

印发时间颇引人注目，均为“昭和十二年八月”即 1937 年 8 月。书扉页印“本志卫生勤务参考昭和三年至十一年的调查资料，急剧编纂”，即紧急编印而成。这是为应对“七七事变”和“八 · 一三事变”，日军首脑机关赶印出的“急就章”。

这两本兵要卫生志，使我想起了日军参谋本部 1937 年 8 月 16 日印发的《上海及南京附近兵要地志概说》，以及 1937 年 8 月 20 日印发的《平津地方（河北省北部）兵要地志概说》。也就是说，前者是在“八 · 一三事变”之后日军下达总动员令并派遣第三师团和第十一师团开赴上海第二天印发的；后者则是“七七事变”发生一个半月后印发的。

《“北支（那）”兵要卫生概要》体例，与《战地兵要卫生概志》大致相同，首先介绍中国北部的地域和位置、面积和人口，以及地形等情况，然后分章概述河北省、山东省，附带绥远、察哈尔的山地、平原、道路、河川湖沼。另外书中专章记述中国北部的气象，其中包括气温、天候、温度、气压、风以及气象的影响等。书中还记述传染病、创伤传染病、呼吸系统病、性病、风土病（如天津保定间沼泽的回归热），以及传染病的媒介，如昆虫等。在宿营、给养的概况一章中，它分述宿营、给水、给养等项情况。此外，它还有输送一章。各章文字内容紧扣作战及卫生勤务。如地质章，注重各种岩石是否便于凿井，道路是否便于汽车和野炮通

15-3 日军第十师团军医在山东峄县检验水质

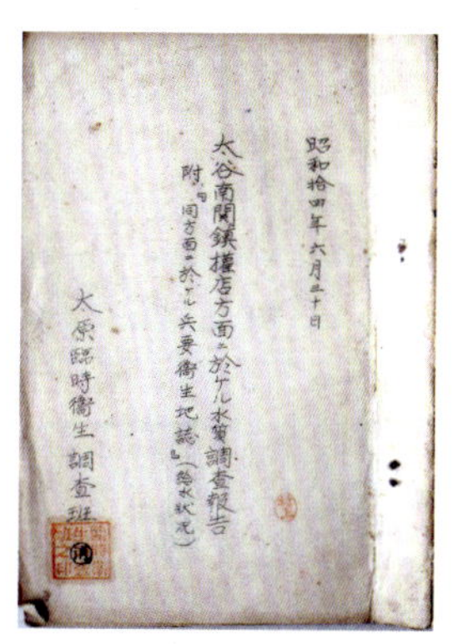

昭和拾四年六月三十日

太谷南関鎮權店方面ニ於ケル水質調査報告

附『同方面ニ於ケル兵要衛生地誌』(給水状況)

太原臨時衛生調査班

15-4 著者收集的日军编印的太谷县兵要卫生报告（书影）

行。特别是给水一节，说平原地带村落多，水井水质良好。但各村落相当分散，每个村落只有数口井，大部队集结宿营给水困难。沿海地区，如天津水井多水位浅，但含盐分。山地（河北省东北部、山东半岛）水井水质良好，适于饮用。由于人口少，给水需凿井。它还提到河北、山东地方果物中的西瓜等产量多，行军间可代替饮用水。

《“北支（那）”兵要卫生概要》极简要地介绍河北、山东、内蒙古主要城市的状况，如北平、天津、保定、石家庄、张家口、张北、德州、济南、青岛、高密、青州等，其内容也是紧扣卫生勤务，概述位置、地势、气象人口之后，对地方传染病、流行病、医院和给水情况一一简要列举。此书将绥远作为附录，其体例、内容与书中记述的河北、山东一样。我想是日军为突出所谓“事变”和平津这个主要方向，以及山东这个日军作战预案中传统的登陆地点。

另外，所谓《“中支（那）”兵要卫生概要》，其实就是江苏省，更明确地说是上海市兵要卫生志。其内容为：江苏省沿革、地形及地质、河川及水运、气象、传染病、给水及给养、都市、村落及房屋状况、交通、产业、主要都市概况，包括上海、吴淞、嘉定、南京下关、镇江、徐州、无锡、苏州等。另外，它还有扬子江沿岸主要城市，如芜湖、九江、汉口等城市的简介，如扬州只有40余字，即“大运河沿岸，人口约30万，都市盐业盛行，附近米麦谷类、养蚕业相当盛，又产漆器、刺绣、雕刻等手工品”，仅此而已，于作战及卫生后勤保障并无用处。此书只有71页，对比日本关东军编写的《战地兵要卫生概志》江苏、上海部分，的确是个“急就章”，过于简略。

（三）侵华日军对村镇的兵要卫生调查

侵华日军调制的兵要地志，级别最低的要数我收集到的日本关东军关于乡镇的兵要地志——《平阳镇附近兵要地志概要》。这是1935年2月，由当时驻防中苏边境虎林方向的日军守备队调制的，只有9

页的油印小册子。这本乡镇级的兵要地志虽然简略，却面面俱到，如地势、湿地状态、天候气象对作战的影响、通信网景观、森林及河川景观、居民地及房屋、宿营力、给养力、给水气象、用兵上应考虑的事项等一应俱全。无独有偶，我同时也收集到一本只有十多页，侵华日军对山西省太谷县南关镇调查编印的兵要卫生志。

这本油印的山西太谷县南关镇、权店方面的兵要卫生地志和水质报告，是侵华日军山西太原临时卫生调查班村上贤三等 3 名军医调查

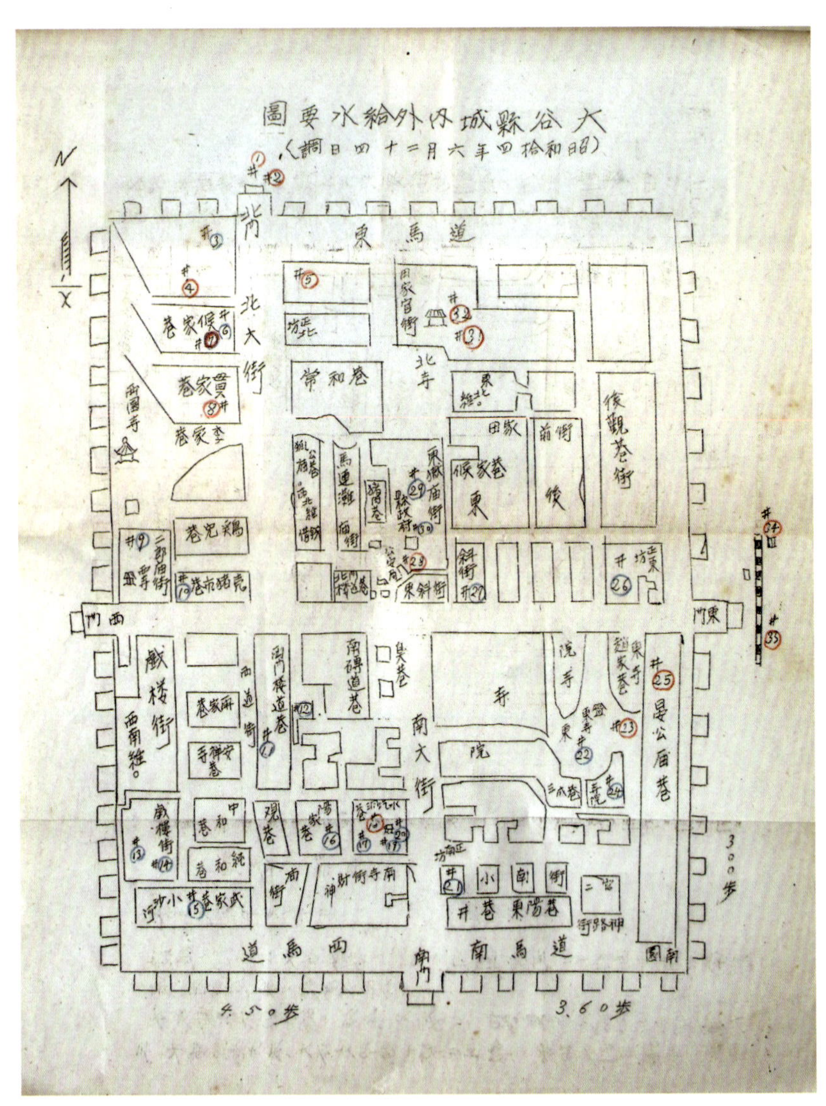

15–5《大（太）谷县城内外给水要图》

15–6 日军拍摄的太谷县城水井照片

撰写的，其中罗列了调查方法、器材、药品、调查结果、结论以及文献。这本小册子不仅提出了各水源的水质检验报告，还详细绘制了太谷县城内民宅、庙宇、机关院内 32 口水井的位置图（图 15–5），并拍摄了水井的照片附在报告中（图 15–6）。此外，还有附近村镇的供水要图。我认为，侵华日军技术军官的工作态度值得我们注意。

（四）魔鬼“七三一”部队的兵要卫生调查

1933年至1945年，以石井四郎为首的关东军防疫给水部队，代号“七三一”，驻在距哈尔滨70公里的五常县背荫河地区，其后又移至平哈市平房地区。这支秘密的部队在中国的土地上从事细菌研究，甚至以人活体试验而臭名昭著。石井四郎说：“细菌武器是关东军异常厉害的武器，其效能已在实验室内及用活人实验的方法检查过了。”“七七事变”后，他们有力地配合各师团全面地向我国进攻，石井说：“1938年7月成立了18个师团的防疫给水（即细菌战）部队，在战场上的各师团中进行活动。随着日本军队活动范围的扩大，又补充设立了机动性部队。”[1]为了对付城市和交通线周围的抗日游击队，日军又扩大其细菌战的力量。1939年日军在华北的北平、华中的南京和华南的广州各设立一个规模较大的细菌战基地和部队，同时在华北、华中和华南数十个中等城市设立了支队，在中国大地上形成一个巨大网络，并在南洋新加坡设立细菌战基地和在东南亚其他各国设立支部。此时的细菌战部队是属于关东军，后来新成立的四个部队则直属日本陆军登户研究所领导，技术性指导仍是石井四郎。石井四郎说：“除指挥关东军细菌部队外，还指挥华北、华中、华南和南太平洋方面的细菌部队。”[2]

15-7 日军细菌部队——“七三一”部队长石井四郎中将

从战后的史料来看，石井部队（即“七三一”部队）也进行战场特别是对苏联作战的卫生给水调查。其调制的兵要地志，我见过的有井上少佐编的《兵要地志调查研究的着眼点》，这份资料只有3页，主要罗列了针对野战卫生和给水方面的调查项目。

据日本爱知淑德学院教授源昌久《石井（第七三一）部队和兵要

〔1〕郭成周、廖应昌编：《侵华日军细菌战纪实》，燕山出版社，1997年。

〔2〕同上。

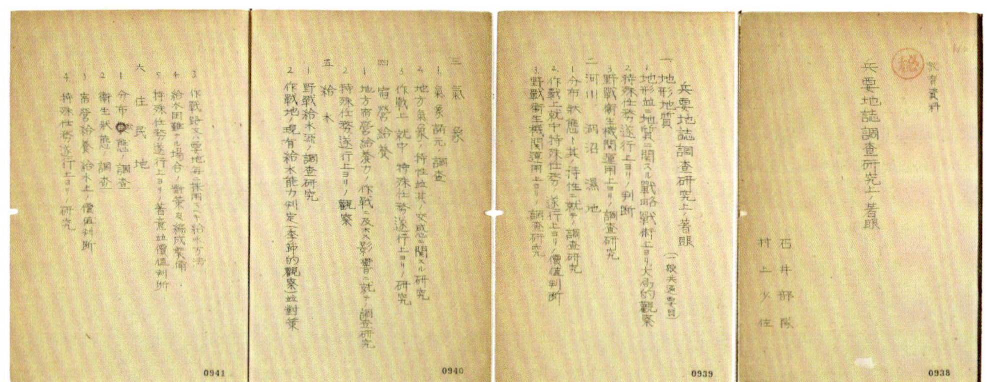

15-8 日军石井（“七三一”）部队兵要卫生调查项目

地志考察》一文而知，大量石井部队的兵要地志至今仍密藏在日本政府防卫厅防卫研究所战史室的图书馆内。石井部队编印的兵要地志作战对象主要为苏联红军，调制年代多为1939年。其涉及卫生勤务专业的有《红军给养管理》《远东苏领兵要卫生地志草案》《红军野战给水概况》《俄军野战卫生勤务参考事项》《远东苏领东部地区作战地志卫生事项》《红军野战给水概况》《严寒地作战常识》《对苏进攻作战要重视防疫》《北俄坏血病现地预防》等，甚至还有对黑龙江鱼类的调研等。石井部队还派军医审讯捕获由蒙古进入东北进行秘密侦察的情报人员，专门获取苏、蒙军队卫生装备及状况，如卫生队、兵食、宿舍、防寒具、卫生教育、饮用水、军用水井、防化战知识及军马防疫等。[1] 有资料证明，这些被俘的侦察人员有些被送到“七三一”部队进行了活体试验。石井部队调制的兵要地志资料，有些甚至超出其业务范围，如《远东苏领河川攻击相关地志参考资料》《伊尔库茨克——莫斯科间航空线气象概要》等等，直接涉及司令部的参谋业务。由此可知，为世人所知的细菌战的人体试验，只是“七三一”部队罪恶的一部分，而更大更凶险的战争阴谋则被掩盖了！

〔1〕［日］源昌久著：『石井（第七三一）部隊と兵要地誌に関する一考察——書誌学的研究—』，淑德大学社会部研究纪要，第36号，2002年。

十六、日军江河兵要地志概说

河川作战是往昔日本军队重要作战样式。研究日本明治、大正、昭和时期各种版本的《步兵操典》可发现，1923 年 5 月版的《步兵操典草案》不同于其他版本，其特别将“山地及河川的战斗”作专章设立，但定稿时却又被删除。1938 年 2 月，抗日战争全面爆发半年后，日本军队吸取了侵华作战的经验教训，更为下一步对付苏联军队，将原有的《阵中要务令》和《战斗纲要》合二为一，颁发了《作战要务令》，作为师团作战指挥的依据。此书《特殊地形之战斗》中出现“河川的战斗”一章，对河川进攻、防御、警戒作出了原则性的规定。例如河川防御作战中强调对渡河之敌实施“半渡而击”予以歼灭。[1] 日军参谋部门计划侵华战争时，显然注意到中国战场江河的障碍作用。迄今发现的侵华日军的兵要地志中，有陆、海军编制的长江和黄河专门的兵要地志。

16-1 著者收集的日军《作战要务令》与《步兵操典草案》（书影）

〔1〕参见沈克尼著:《侵华日军作战训练的依据——〈步兵操典〉》,《轻兵器》, 2010 年第 9 期。

（一）日本海军的长江兵要地志——《扬子江案内全》

日本历史上一向以中国为假想敌，日军参谋本部每年度都制定或修订对华的作战计划。据日本政府防卫厅防卫研究所战史室编纂的《大本营陆军部》记载，日本1935—1936年度对华作战计划中，日本“海军承担保护长江流域我国权益及侨民之任务。不仅上海，即南京、汉口、长沙、重庆等处需派出舰艇，故对该方向之用兵作战应特予关注”。[1]据此，日本海军也曾调查编制我国长江流域的兵要地志。

1935年4月，日本海军第三舰队司令部编印的《扬子江案内全》（图16-2）是其舰队参谋长冲野亦男海军少佐，在大正十五年（1926）日军对长江各航段和沿岸研究的稿本基础上增补、编纂的兵要地志资料。此书正文分两部分内容。

1. 长江各段航路图。书中将长江分为数段，我在长江出口的崇明岛图幅中发现，图中有英文地名。日本海军这部长江兵要地志中的水道图，竟是依照1842年英国Kellet等三位海军上校所测之长江水道图加上日文兵要注记而成。1894年英国海军调查编写了《中国江海隔险要图志》，详绘了中国沿海和长江等内河的航道图。[2]日军海军的长江航道图应源于此。日本军队当年善于窃取利用资料可见一斑。依我所见，日军在英国当年所绘之图上加以文字补充。如崇明岛“人口约五万，棉丝纺织社团和学校教育设备完备”，在崇明岛对岸注有“1932年上海事变，3月1日未明，我第十一师团敌前上陆地点”等。

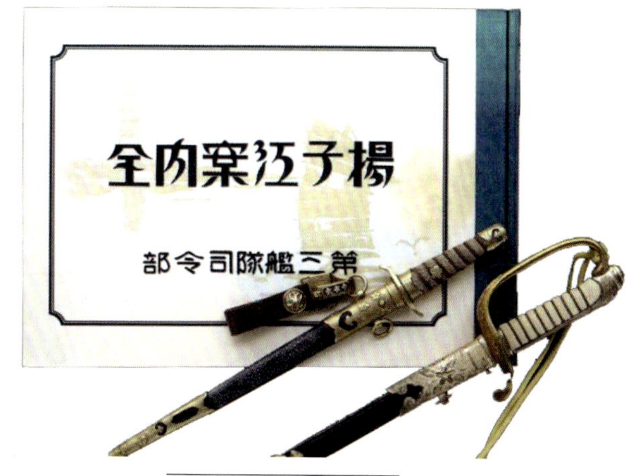

16-2 日本海军第三舰队司令部编印的《扬子江案内全》

2. 在长江沿岸各重要城市，如上海、南京、汉口、九江、长沙、宜昌、万县、

〔1〕日本政府防卫厅防卫研究所战史室编纂、天津市政协编译委员会译校：《日本军国主义侵华资料长编（上）——〈大本营陆军部〉摘译》，四川人民出版社，1987年。

〔2〕参见〔英〕海军部著、陈寿彭译：《新译中国江海险要图志》，台北，广文书局印行（出版年代不详）。

重庆等，日本海军绘有简略无比例尺的“市街图”。图中特别标注日本领事馆、租界、日本学校、商社位置，以及日侨的人数。“保护侨民”是日本海军的任务。日本海军第三舰队的活动区域是华中、华南。1937 年，其舰队司令长官是长谷川清中将，旗舰为“出云”号（图 16–3）。舰队下辖第八、九、十、十一四个战队，其中第八战队的司令官即为后来决定太平洋战争战局胜负的中途岛海战前线指挥官南云忠——他是海军中将。

日本海军这册长江兵要地志，是 1935 年编纂的，因而对上海这个控扼长江出口的战略要地调查较为详细。在上海的图幅中（图 16–4），用文字注记长江以及上海的历史。其中提到上海“宋代渔村，明嘉靖三十二年（1553）防备倭寇而筑城”。编纂此书的日本海军军官有所不知，“倭”是当时国人对窜扰我国东南沿海的日本海匪的蔑称。值得指出的是，书中对“一·二八事变”的战斗经过有三幅要图表述，注记中透露了此战日军的战死者人数为“海军 11140 名、陆军 44446 名”（不包括伤者），由此可知当年我十九路军对日作战的战绩和英勇。

（二）流产的长江歼敌计划

在日本海军的《扬子江案内全》中，附有我国长江沿岸上海、南京、镇江、安庆、武昌、宜昌、庐山等江防重镇的地理和文化景观，以及沉船、浅滩等 52 幅照片，其第一幅是日本海军陆战队驻上海的大楼。日军史料中提到上海日军海军陆战队仅有 4000 名。这与当时中国掌握的情报相符。据《郭汝瑰回忆录》记载：“蒋介石准备沉船封锁江阴的长江航道，使日本长江以内的舰艇部队无法逃走而将其全部歼灭。殊不知汪精卫行政院的主任秘书黄某，将此消息秘报日军。日军得此消息，一夜之间，即将江阴上游的舰艇及汉口日租界海军陆战队撤至上海，致上海日海军陆战队兵力增至四五千人之多。”[1] 时至今日，我读到这段文字，仍为当年计划为汉奸泄漏而未能全歼日本在长江上的舰队而扼腕。

日本的海军陆战队历史上曾与八国联军一同镇压义和团运动，

〔1〕《郭汝瑰回忆录》，四川人民出版社，1987 年。

16-3 日军第三舰队旗舰“出云”号

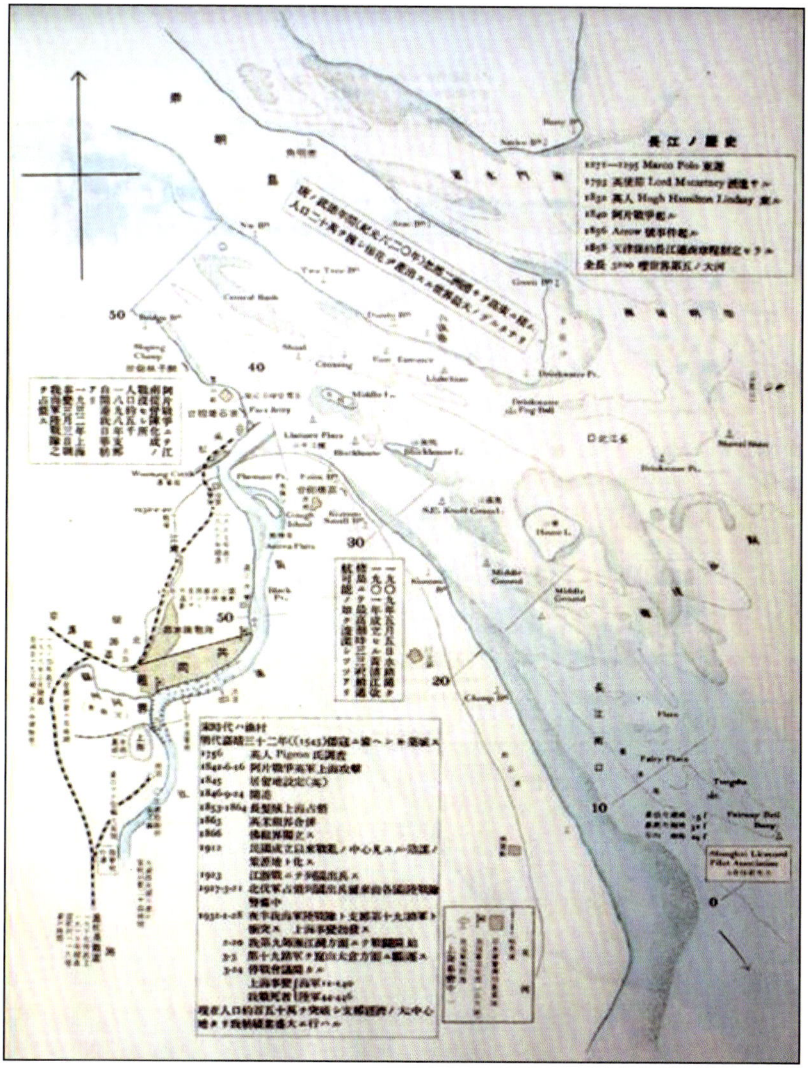

16-4《扬子江案内全》中的上海图幅

"一·二八""八·一三"两次淞沪作战，都是侵华的急先锋。在研究其兵要地志时，我找出当年日本海军陆战队作战训练的依据《陆战教范》作为参考。这本教范最初是 1930 年 5 月 8 日印发，至 1941 年 12 月 11 年中发行了 15 版。其内容为：陆战队的作战指挥、联络、搜索侦察、行军警戒、输送、驻军、警备、巡逻等。其中特点部分是登陆和退岸（两栖撤退——作者注），以及对非正规军作战和破坏等内容。而书中攻防追退等战术，则照搬《步兵操典》。特别是山地、河川、森林、居民地战斗原则，我记得只有大正时期《步兵操典》草案才有。翻出对比，果然此书开篇的"报告""联络"等关于司令部业务的内容，是照搬日本陆军《阵中要务令》。日本海军陆战队还有《陆战操式》，规范其单兵和各建制的队列与射击动作，对照日军的教材，应是从《步兵操典》和《射击教范》中摘录，似无兵种个性之处。

16-5 身背冲锋枪的日本海军陆战队队员在上海同济路进行侦察

日本海军第三舰队编印的《扬子江案内全》还有一特点，对长江沿岸各风景点竟附庸风雅，搜罗了大量中国古代歌咏当地的著名诗词，注记填充在图幅空白处。其对中国古诗词的关注程度大大超过"'共匪'出没"的云梦泽，以及沿江各地历史上发生的战事。如宜昌、归洲段航道图中，收录了李白《上三峡》《渡荆门送别》《荆门浮舟望蜀江》，以及苏轼《游三游洞》的名句"冻雨霏霏半成雪，游人屦冻苔苍滑"之类。而图上中国军队江防炮台只标有一处"白色圆顶阁隐蔽臼炮"。无怪乎日军头目冈村宁次大将在其日记中发牢骚，"由国内出发时，参谋本部移交的作战资料中，有兵要地志班整理保管的作战地区的军事要地志，现在看来，其内容不够充分。驻在中国的年轻情报

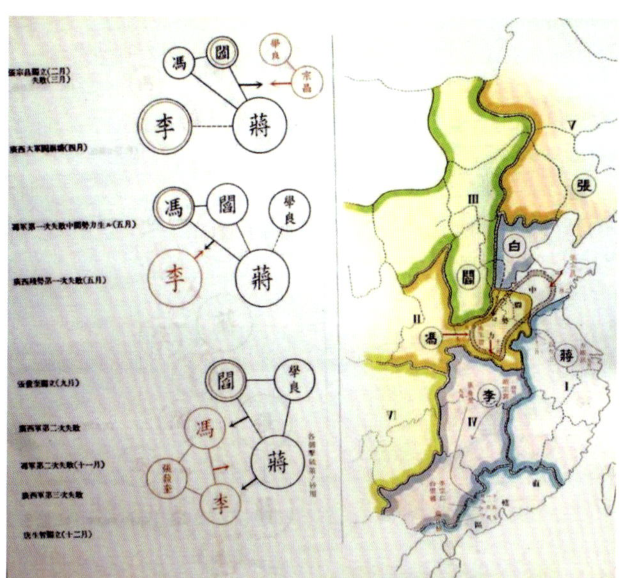

16-6 日军海军《扬子江案内全》中蒋、冯、阎、李各部的势力范围图

武官的日常活动重点，大部分是探索中国军阀的动向及其相互间的关系，往往忽视用兵时所需的地势调查工作。结果在第一次（1932 年）、第二次（1937 年）上海附近作战中暴露出这方面的问题，而经历了一番苦战"[1]。

冈村宁次说得不错，这本日本海军的《扬子江案内全》，对沿江军事情况记述简略，而对当时蒋、冯、阎、李等各部的势力范围、相互关系却绘图说明详细（图 16-6）。书中用多幅图表述 1926 年至 1927 年北伐军进展，1929 年各路军阀反蒋运动和相互关系，1930 年反蒋联盟和 1931 年广东政府成立、石友三叛变等军事政治势力的消长变化。

冈村宁次在日记中还抱怨，"驻美大使馆武官平田正判大佐转任波田支队联队长，他把从美国带来的一大本有关长江及其沿岸防御带照片的图册提供给我，看过以后，对美国平时调查的周密和重要文献整理、保密的精细，感到惊讶。我们对文献的整理、保密及便于查找的方法不够重视，庞大的文件堆积如山，缺乏整理、修订、索引，形成一堆废纸。回顾过去，值得我们反省"[2]。

---

〔1〕[日] 稻叶正夫编、天津市政协编译委员会译:《冈村宁次回忆录》，中华书局，1981 年。
〔2〕同〔1〕。

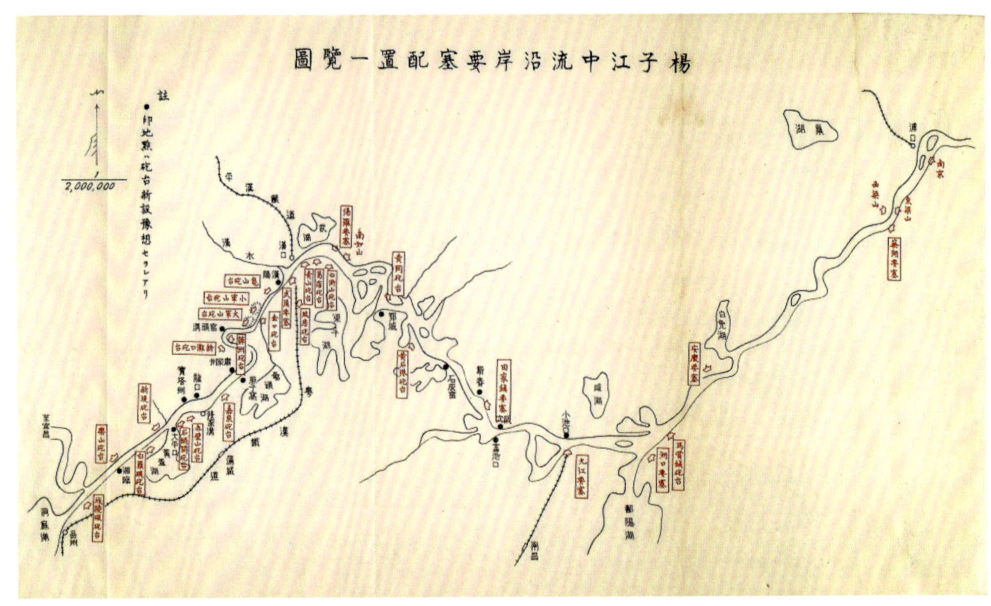

16-7《扬子江中流沿岸要塞配置一览图》

时值 1938 年，日军参谋本部调制的《湖北省兵要地志概要》与海军第三舰队的《扬子江案内全》不同。书中对扬子江有专门调查，简要记载了扬子江水源及流域，各段距离及倾斜、水深、流速、水路的特性，航行注意事项、江上战斗注意事项，以及扬子江两岸地形和湖沼等，还有江岸的军事设施。

其中“江上战斗”指出：减水期，江水低下，陆岸展望和射击产生死角。在江岸的军事设施中提到“扬子江中游配置的要塞多为放置很久的老式炮台，最近（‘事变’前）以汉口为中心，秘密设计修建新型的要塞区。要塞区包括簰州、新滩口、嘉鱼、赤壁山、石头关、新堤等处”。文字仅寥寥数语，而附图将长江鄂城以西至宜昌，沿江金口、大小军山、嘉鱼、城陵矶等 22 处要塞炮台一一标绘（图 16-7）。我沿此图想找到抗日战争中长江岸边的重要战场石牌要塞，但未找到。

读李冠儒《土木砥柱——国军第 18 军战史》始知，石牌要塞是中国海军于 1938 年冬天才设置的。其第一炮台左右有第一、第二分台，装有俄国制造的岸防大炮 10 门，可封锁南津关长江江面。海军还把舰船上拆下的数百门舰炮安放在江两岸开凿的山洞中。石牌要塞主炮台位于长江一个 130° 的转角处，共 4 个总台，12 个分台，各自以电讯联系。而我所见的日军兵要地志和图，成书于石牌要塞建设之前。

石牌在湖北省宜昌境内，位于长江西陵峡右岸，依山傍水，石牌就是因那块兀立在江边的巨石而得名。这块巨石为花岗岩材质，高40余米，宽13米，厚4米，重约4300吨，前后左右如刀削一般工整，宛如一张人工制作的“牌”，因此人们便叫此地为石牌。据史书记载，北宋的后州州治和南宋的夷陵郡郡治都曾设于此地，当时热闹非凡。欧阳修、苏辙、黄庭坚等文人雅士，都曾于此留下痕迹。石牌方圆70里，上有3斗坪，国民党军队第六战区前进指挥部、江防军总指挥部均设于此；下有平善坝，为石牌的前哨，也是国民党军队在河西的重要补给枢纽。石牌下距宜昌仅3000米，宜昌被日军攻陷后，便成为拱卫重庆的第一道防线，战略地位极其重要。[1]

（三）《黄河兵要地志概说》的概说

1937年10月，日军参谋本部编印《黄河兵要地志概说》，从时间和内容来看它都是侵华战争全面爆发时仓促而成的“急就章”。全书正文仅25页，附图6幅。其主要内容分四章：一、黄河概况；二、潼关以东的水运；三、豫、冀、鲁黄河堤防工程；四、民国以来黄河水患。另有附录12页，附图8幅。

此书在第一章中简略概述了黄河流经的甘肃、宁夏、内蒙古、陕西以及包头至陕西潼关、潼关至平汉线黄河铁桥、河口之间的水流、河岸和通航情况，包括各地水位、流量、含沙量以及降雨量和汛期。战史证明，更为重要的是黄河结冰和消融期。日军调查认为，“临濮集附近下游区域平常年份结冰期为12月中旬开始至2月下旬，车马可在冰上通过”。“结冰十日后，解冰前十日，军队冰

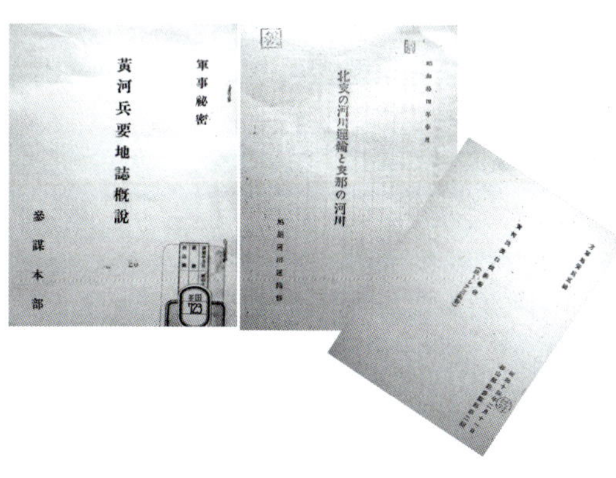

16-8《黄河兵要地志概说》及《黄河决溃口侦察报告》（书影）

〔1〕参见李冠儒著：《土木砥柱——国军第18军战史》，台北，知兵堂出版社，2012年。

上通过可能。”而日军“北支那”方面军司令部却不这么认为。

1937年11月上旬，即日军参谋本部印发《黄河兵要地志概说》时，其作战部正研究进攻我国山东的策略，具体路线是由山东沿海登陆，渡黄河占领济南。日本政府防卫厅防卫研究所战史室出版的《大本营陆军部》载，日军“北支那”方面军参谋长向参谋本部提出“由于黄河结冰关系，在此十日内，为决定渡河时间，如果错过时机，不到3月、4月解冻后则不能行”。由于1937年罕见的温暖，黄河结冰期晚，日军第十师团和第五师团于12月23日夜开始渡河，但自半夜开始结冰，至24日夜已无法渡河。河内有大块的流冰，造成两岸河水已冻，中心主航道尚未结冰，仅在23日最后一夜可以渡河。日军称：“乘韩复榘军之虚，奇袭渡河成功。”日军于26日占领济南，第十师团后方部队以及陆续到达的第五师团，利用黄河铁桥和下游架设的浮桥，自1938年1月1日才渡过黄河。

1.神秘的“旭组”

日军《黄河兵要地志概说》第二章为“潼关以东的水运”。书中简略叙述黄河河口、平汉线黄河铁桥至利津之间，黄河与南北运河的水运关系，以及平汉线黄河铁桥至潼关间河段的水运概况。通过这些资料，我判断主要是在华日谍平时收集的黄河各航段民船、码头、货运的情报汇集。然而真正令人惊异的是，1939年3月，日本驻天津日租界淡路街的“旭组河川运输部”编印的《“北支（那）”的河川运输和“支那”的河川》。这部厚达300页的书，书中开篇以河北省的河流为主，叙述滦河、沽河、白河与黄浦江的对比，以及河川、湖泊、水患、民船形制、数量等情况。书中收录了中国各省山川地理、金融贸易，特别是河川的水运状况。这份用于贸易的资料显然被侵华日军当作兵要地志来对待，封面还加印了“秘”的印章。关于这个“旭组”，其情报资料来源，书中无出处。我想应与当时日本驻天津的茂川特务机关的外围组织“内河船业协会”有关。不仅如此，此书引人注意之处还在于从统治的角度对中国人国民性的研究。

2.黄泛区的秘密报告

日军《黄河兵要地志概说》中还简要记录了河南、河北、山东、黄河的防汛工程设施和计划，其情报主要源自中国政府黄河委员会资料。书中还罗列了1912年至1935年17次黄河决口泛滥的水灾，但其内容仅一标题而已。如“民国二年阴历六月，濮阳北岸决口，幅员约二千五”。而我曾见侵华日军“北支那”方面军司令部1938年9月1日至1939年2月11日印有《黄河泛滥关系资料缀》和1938年10月5日《九月以来黄河泛滥的变化》两种文图调查十分详细的兵要资料。前者汇集了由空中对京汉铁路铁桥附近形成的《黄河决溃口侦察报告》，由方面军特务部和“满铁”提出的《黄河泛滥对策研究》《黄河决口个所修复案》等当时日军系列的调查报告。从时间、地点来判断，这些兵要调查报告，其背景应是当年国民党军掘开郑州花园口大堤，以水代兵阻止日军攻势所致。就日军秘密报告来看，此次决堤确给日军作战行动带来很大的困扰。

黄河决溃口侦察报告

侦察过程

2月6日　浅谷大尉、佐藤大尉、立神嘱托乘飞机途径新乡，来到京汉线黄河铁桥附近，从黄河北岸向东前进，对京水镇及三刘砦溃堤口进行了空中侦察，高度约1000米。

2月7日　在开封警备队的掩护之下，上述人员中的外河野少佐和开封特务机关长及其部下，还有建设署相关人员同行，乘坐卡车，途径北堤—辛寨，对三刘砦决堤口进行了地上侦察。

侦察结果

关于总体情况（参照第一张附图）略

根据昭和十四年一月二十日的航空照片拍摄结果所示（二月一日测量班制作印刷五万分之一比例尺图），黄河在京水镇的河水流向均为东南流向，形成了新黄河。京水镇、三刘砦之间仅星星点点地分布着很小的潴水或是暗河的旧黄河河道。在三刘砦决堤口几乎看不到流水。三刘砦下游完全没有流水，看上去如同一片沙漠，但是柳园口渡口的上游出现几处积水的地方。

在今年春天冰雪融化的涨水时期，如果放任、不采取任何措施，河流将会完全像去年同期一样泛滥，因此不得不进行预防。

京水镇

决口长大概250米，有若干条倾斜的黄河注入，新黄河与原黄河有2.2—5米高的一段台阶，在新黄河可以看到零星的几支小船。据统计，2月份黄河流量最高达到每秒不到1000立方米，据推测，京水镇的决口附近的水深大概3米。在减水期对于决堤口的关闭以及堤防方面相对困难。

三刘砦

根据原来各种报告，决堤口的长度为600米或者1200米。这个数据完全是错误的。决堤口两侧边缘相对比较坚固，完全可以防止决堤，但是决堤口的背面有若干裂痕。据此情况对于此处决堤口的修复大概需要实施一个月的应急处理。

对于听取三刘砦处原住居民对当地综合实情的反映，做出如下报告：

决堤经过

昭和十三年六月六日　实施决堤爆破（现在决堤口东岸的东方堤防的爆破跟踪记录，宽约10米、长约15米、高约3—4米的方形圆孔）

昭和十三年六月十一日　黄河出现过暂时性的水量增大

六月十二日　决堤

最近的敌情

十二月二十四日　决堤口西岸有敌情，步哨撤退。

昭和十四年一月六日　三刘砦西方约2000米处敌方军队撤退。

目前杨桥西方约4000米的三刘砦附近以东，能看到敌方部队。

（四）日军对黄河山东段渡河点的判断

《东阿、青城间黄河渡河作战研究》是日军《黄河兵要地志概说》的重要附录，其透露出日军早在“七七事变”前，就有从山东沿海登陆，在山东东阿、青城之间渡过黄河，而后攻取京津的作战计划。这份“作战研究”虽没注明年月，但草绘的清河镇、姜沟、炕口等处渡河点侦察要图上注明“昭和六年六月二十八日”，即1931年6月28日。

这是日本政府防卫厅防卫研究所战史室《大本营陆军部》所载，1923年日军制订、1926年修订“对中作战计划”中京津、山东方向作战方案的具体研究。这里节录《黄河兵要地志概说》附录中由山东登陆或由平津方向进攻山东的渡河点研究和判断：

一、在黄河上游地区的山东陆军主力企图渡河时的渡河地点

判断

作为渡河点，根据情况，可以利用东阿、平阴以及长清附近的各段。

各个渡河点的情况

东阿、平阴以及长清附近渡河点的情况：对于像东阿及平阴地区来说，南岸比较容易掩护，河流宽度比较广，长清附近河流比较狭窄，加之流速快，各个渡河点的价值大概相同；哪个地点作为渡河点加以利用，要根据渡河作战方向以及敌方情况再做决定。

二、平津地区进出山东省的主力军企图渡过黄河上游地区的渡河点

判断

（一）作为渡河点，东阿以及平阴附近及长清附近有诸多河流，渡河不便。

（二）从平津方向向山东省进攻的军队主力企图在黄河上游渡河时的渡河点。

判断

（一）东阿以及平阴附近，比较适合作为渡河点，长清附近不方便渡河。

（二）东阿附近朝向兖州、济宁方向，平阴附近可以打入泰安方面，适宜渡河。黄河南岸地形狭窄，不适合大部队的运动，向济南方向进军渡河有利。

各渡河点的状况

（一）详见附录图第3—5页。

（二）一九年（指民国十九年）六月中旬，此方面作战的山西军约两个军的主力，在归德（长清西南约20千米）西北方向的顾家渡口（十万分之一比例尺的地图上可见顾河）附近渡河。渡河点的具体方位不明。

战例

1930年南北方战争。6月初，山西军的大约3个军（第四、第九、

第十军）为攻略济南，集中于东阿、平阴方面。6月上旬，第四军于东阿渡河，而后沿黄河北岸北上，占领了平阴东侧高地的阵地。针对韩复榘军，从黄河北岸增加了强有力的炮兵，作为援助，击退敌军，又从同一地区派了一部队（一师）前往肥城、泰安方面作战。其主力沿黄河南岸北进。6月中旬，山西军的主力，第九、第十军于归德镇西面的顾家渡口（地点不明确）附近渡河，攻击了归德镇附近的韩复榘军的阵地，并击退韩军，韩军最终放弃了济南。

三、济南北侧地域（到齐河铁道桥下游附近之间地段）

登陆山东的军队，又从平清方向进军，企图于济南北侧地区渡河。

判断

齐河、洛口铁道附近，以及济南—济阳道上渡河场附近等都适合渡河。出于对登陆山东的主力部队考虑，济南—济阳道上渡河场附近比较合适。出于对从平津方面进军的部队的考虑，利用齐河附近的渡河点比较好。

各渡河点的状况

（一）各渡河点附近的状况，参照附图第6—8页（略）。

（二）洛口附近是敌人最注意的地区，我方很难秘密渡河。而且，可以想象此处敌军的抵抗是最为顽强的。

（三）齐河附近的渡河点临近齐河城，可以俯瞰渡河点。如若敌军固守城池不出战，攻破城池就需花费时日。所以，南岸不适宜渡河，而北岸适宜渡河。

四、总结

（一）出于对登陆山东的军队和进入平津方面的军队的考虑，要利用多个渡河点，而且要依据作战时的具体情况。就算是敌军直接派部队防守东阿、青城间的各主要渡河点，其主力在禹城及其津浦线上集结，以津浦线上渡河点的距离来看，趁敌军不备渡河的概率总的来说还是很大的。济南北面的地区是敌军最为注意的地区，特别是利用铁道时敌军主力进军迅速。为沿着胶济铁路前进的军队考虑，可以判断青城附近为适宜的渡河点。

（二）针对从平津方面进入山东的军队，防御军主要在各个渡河点直接配备部队。其主力会从各个方面集中到交通要冲济南。出于为从平津方面进军的部队考虑，由于和前项相同的理由，济南北方地区不适于渡河。以津浦线上渡河点的距离来看，趁敌军不备渡河的概率总的来说还是很大的。据此，以济南为目标的军队应当在青城附近渡河。

我曾在日本东京的神保町旧书店购得一幅1937年10月31日由“北支那”方面军参谋部调制的《黄河流域结冰状况一览图》（图16-9），应是当时侵华日军计划渡河时所绘制。但其所谓“黄河流域”之称，不过是山东济南至河南开封这段而已。此图足见日军重视黄河结冰、解冰期对其作战行动的影响。

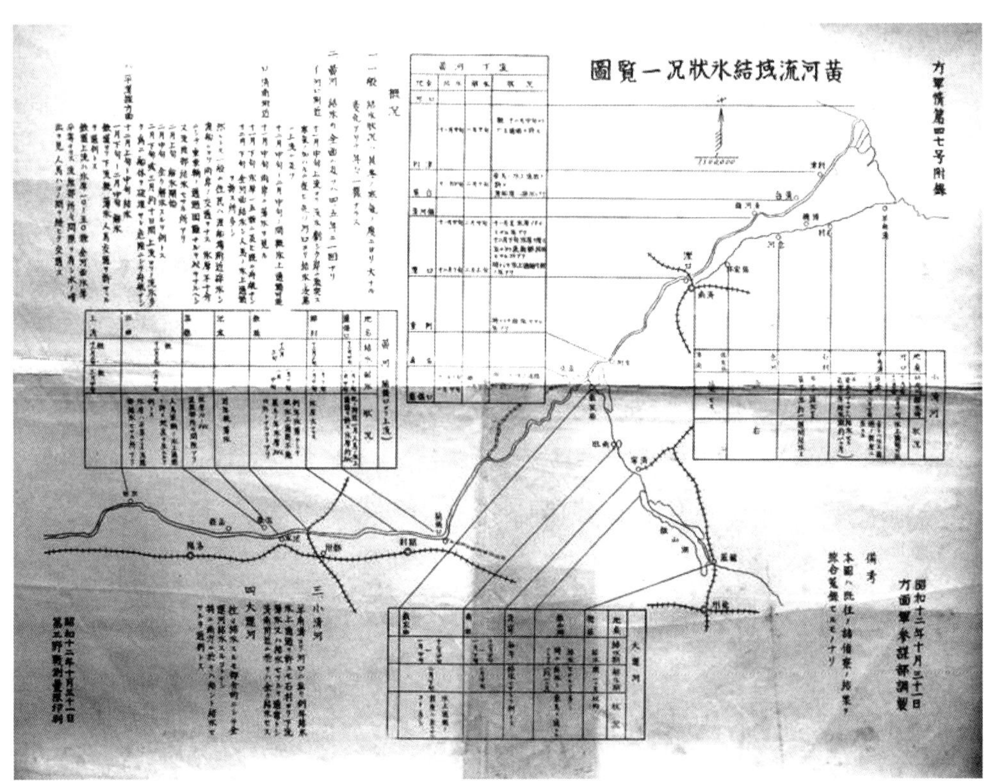

16-9 著者收集的日军“北支那”方面军编制的《黄河流域结冰状况一览图》

（五）难题——河川的战场评述

日军参谋本部兵要地志班长渡边正少佐记述的《兵要地志调查要目》中关于"河川"的调查要求是：一、作战场的价值判断；二、障碍程度，两岸地形、天候季节对增减水期、水幅、水深、流速、河底状况、泛滥地域及其景况、结解冰期前后的状态；三、桥梁、渡船场、徒涉场状态等等。[1]研究日军对中国各省区兵要地志的河川内容，其参谋本部要求的河川调查第二、第三项内容或多或少都有涉及，而第一项对河川"作战场的价值判断"则多数没有。是对此河流做战略意义上的判断，还是对此河流的攻防作战做战术上的分析？这对调查或编纂兵要地志的军官是个难题。日军《陕西省兵要地志概说》中对黄河的军事上的评说也只能分段讲何处两岸悬崖壁立，何处水流湍急；河南、陕西的军事行动，黄河是大障碍等语。

随着侵华战争深入，日军现地部队根据实战，提出的兵要地志报告逐步翔实。如《江西省兵要地志概说》所附日军"吕集团"（第十一军）司令部的报告中对修水河的战场价值的评述，较参谋本部编印的兵要地志更为具体。专门研究日军兵种史的佐山二郎在《工兵入门》"河川战斗"中，将1937年12月济南东北的黄河渡河，1939年3月进攻南昌的修水渡河，1940年5月宜昌方面的汉水渡河，1941年12月从九龙半岛攻击香港的渡河，列为日军渡河作战的范例。我一直想知道当时日军的江河兵要地志究竟对作战起了多大作用，甚至翻阅了参与修水河作战的日军《独立工兵第六十大队的足迹》书中有关渡河作战部分，但无收获。其实，侵华日军的兵要地志，特别是其参谋本部编印的兵要地志，大多泛泛，远非想象得那么详细或神秘，不过图表的绘制确实很用心。

---

〔1〕［日］『終戦前後の参謀本部と陸地測量部——渡辺正氏所蔵資料集』，大阪大学文学研究科人文地理学教室，2005年。

十七、《事情》——侵华日军另类的兵要地志

（一）侵华日军分裂中国西部的迷梦

历史上日军参谋本部为侵华作战准备了种种粉红色封面的兵要地志。近年来，我发现日军参谋本部还有一种黄色封面称为《事情》的中国边疆省区秘密地志资料。日语中的“事情”，是情况的意思。日本军方对中国腹地，特别是边疆，做过地理、政治、军事、经济、民族、宗教等方面的调查，其成果以《事情》成编，如大正五年（1916）调查编写的《贵州事情》和《四川事情》等。

1943 年 6 月至 11 月，日军参谋本部编制了《西康省事情》《甘肃省事情》《青海省事情》等秘密资料。这些资料大多是取材日军编制的兵要地志。这几种《事情》，在开篇的“总说”或“概说”中都提到该省的地位将成为“英美由印度通向中国西北陆地、空中新的‘援蒋路’”。当年日军不仅是为了封锁抗战中的重庆政府，还是为了解中国西部的情况，评估中国战场潜力抑或是图谋进攻四川、陕西的所谓“五号作战计划”的继续？

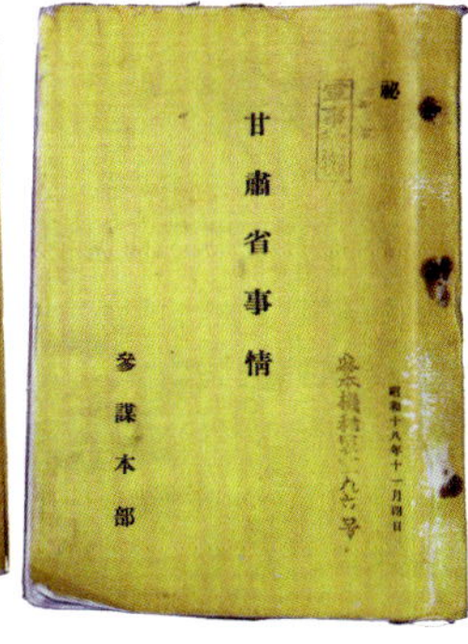

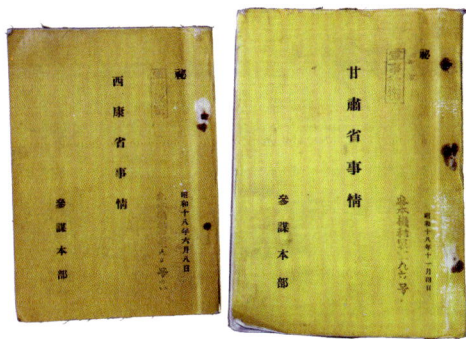

17-1 日军参谋本部编写的《西康省事情》与《甘肃省事情》（书影）

带着这一问题，我在能反映日本当时战略意图的田中新一《田中作战部长的证言》、堀场一雄《日中战争指导史》、日本政府防卫厅防卫研究所战史室

《昭和十七、十八年（1942—1943）的中国派遣军》等史料中，均未发现1943年日军首脑机关对中国西部甘肃、青海、西康（今四川省西部地区）关注的战略计划和企图。因而，这些当年日军编写的《事情》给我们留下了一个历史的谜团。

17-2 日本近年出版的研究中国西部民族问题的著作（书影）

近日，我翻阅日本学界森久男2009年出版的《日本陆军和内蒙工作》、关冈英之2010年出版的《帝国陆军实现不了的梦想：“防共回廊”》等书，从中找到了答案。

日本关东军从1936年即企图“通过德王为主宰的蒙古军政府支配察北、绥东、绥西方面的地域”，并“怀柔西北的回族军阀”，建立经由宁夏、甘肃、青海、新疆至德意志的欧亚联络航空线，妄图建立所谓“‘满洲’—‘蒙古’—维吾尔亲日国家群”。直到1943年，日本军国主义者遭受盟军重大打击之后，战争形势逆转，却仍然做着这种迷梦。因而，我理解了日军参谋本部编印的这些西北的《事情》，并非仅仅为了作战，而是有分裂中国边疆少数民族省区更深的侵略图谋。

日军参谋本部对战区民族、宗教问题的研究非常重视。1945年4月，日军参谋本部二部（情报）第七课（中国）曾抽调地理学专业的3个学生专门做《武汉反攻关联地带主要河川运输力的判断》，以及《“西北支那”诸民族调查资料》两项兵要资料。[1]后一种研究报告对我国陕西、甘肃、宁夏、青海、新疆、内蒙古的民族类别、人口分布、宗教、生产、语言以及衣食住和民族性特征与政治变迁等进行研究。报告中特别提及“统治要领”、“民心动向”和“利用价值”的调查。

早在1941年4月，中国共产党即识破了日本军国主义者的阴谋，在延安陕甘宁边区集中一批回族学者撰写出版了《回回民族问题》一

〔1〕［日］石井素介著：《终战前后的参谋本部“研究动员学徒”时代的回想——“皇军”兵要地理和应用地理》（大阪大学，外邦図研究ニューズレター，No.6）。

书，从理论上应对日本军国主义者搞民族分裂的图谋。[1]

（二）《事情》揭秘

日军参谋本部1943年下半年编制的甘肃、青海、西康等省区的《事情》，其情报来源主要依据日军编辑成册的中国西部的兵要地志。如《甘肃省事情》的资料来源为1940年8月日军“北支那”方面军参谋部《兰州中心地带兵要地志》及1943年3月《甘肃省兵要地志》，还有1940年2月该方面军拍摄整理的5册以照片为主的《“西北支那”兵要地志资料写真集》。而《西康省事情》的主要资料来源也是源自1943年3月所谓“支那”派遣军总司令部调制的《西康省兵要地志》。

我愕然发现日本在华北经济侵略的急先锋——“华北交通株式会社”，竟担当了《“西北支那”兵要地志资料》的编制，也成了《甘肃省事情》和《青海省事情》的重要情报来源。但看到抗战中缴获的日本带有“华北交通株式会社”带翼飞轮徽记的特制军刀，我明白了所谓“华北交通”背后具有浓厚的军事侵略色彩。其“华北交通”“刀绪”即刀穗，不同于日本陆军佐官外棕内红、尉官外棕内蓝，而为外棕内白。

17-3 日本“华北交通”警官用刀，刀柄兜金处有华北交通带翼的飞轮符号

从这些《事情》的资料来源可知，日军“北支那”方面军开封情报所、“驻蒙军”司令部、“支那”派遣军上海机关等形形色色的军事情报机构都关注青海、甘肃、西康，关注中国西北部，并有系统的资料整理成册。

〔1〕参见民族问题研究会编:《回回民族问题》，民族出版社，1980年。

（三）《事情》——情报又一来源

日军编制的我国西北的《事情》，除参考兵要地志，早年其东亚同文书院编写的《“支那”省别全志》（图 17-4）也是情报来源之一。1943 年日军参谋本部编印的《甘肃省事情》所依据的资料，没有提到《“支那”省别全志》。我发现其中《甘肃省主要都市市街图》（图 17-5），即全部来自《“支那”省别全志 · 甘肃卷》。东亚同文书院编制的这套详细的《新修“支那”省别全志》，无疑为当时侵华日军的作战行动起了重要作用。

2009 年 5 月 23 日，我应邀参加在东京举行的日本外邦图第 11 次学术研讨会，有日本学者对我的发言——《历史上日本军队的兵要地志与军用地图盗绘》中提到“东亚同文书院是情报机构，《‘支那’省别全志》为侵华战争服务”的论点提出质疑。我即用这一例证作为回应，提问者哑然。

中日甲午战争后，开日本研究中国地志先河的荒尾精，在“日清贸易研究所”的基础上，在上海成立了专门研究中国问题的“东亚同文书院”。它主要依靠日本留学生调查中国的市场，并以侵略为目的调查中国的地理和政治方面的情况。他们到处奔走，甚至连广西、云南等一些边远乡村都有他们的足迹。他们将各地主要公路的长度、宽度、路面结构，桥梁的建筑材料、长度、载重量，渡口的运量及河面宽度等逐一记载，除有部分刊载在同文书院办的《“支那”研究》杂志上，其他主要调查资料于 1918 年前后被编制为《“支那”省别全志》，分卷陆续出版。

1943 年前后日本又重新修订出版了《新修“支那”省别全志》。如原《“支那”省别全志》中的第六卷甘肃省附有新疆，在《新修“支那”省别全志》中，根据新行政区划，增加新的内容，分别编为：第七卷甘肃、宁夏，第八卷新疆。值得指出的是，县城和重要关隘，书中都绘制了地形略图（图 17-6）。我作为宁夏人所熟悉的隆德县和固原县的瓦亭关，其所绘略图大致准确。

（四）《事情》与兵要地志的异同

日军参谋本部整理汇集的西北各省区的《事情》，材料主要取自其兵要地志，内容有相同之处，如地形、地质、河川及湖沼、交通，航空及通信，以及卫生等。这些《事情》的内容又有别于兵要地志。如日军兵要地志有“用兵的观察”和“宿营与给养”两项作战与后勤保障的重要章节，而《事情》中却没有，但增加了主要都市、资源与经济、民族宗教、文化教育、行政司法等项内容。

《事情》中注重教育、行政、司法、经济等情况的搜集，其中尤为重视教育。以《甘肃省事情》为例，其教育的内容统计资料所占篇幅较大，其中包括1938年以来甘肃省各县初等教育的学校数、学生数，公立、私立中等学校所在地，教职员数、学生数，包括全年经费，以及专门教育和社会教育都有详细列表。

我有一册1940年日军第十六工兵大队汇集油印的中国东北8种兵要地志稿。其中有《苏“满”东北部国境附近兵要地志的用兵观察》《西部大兴安岭方面兵要地志概说》《呼伦贝尔地方兵要地志用兵的观察》等，引人注目的是夹着一份摘录《“满蒙”事情》中的文教部分的纸样。侵华日军战斗部队特别是工兵关注占领区的文化教育，令人生疑。其内容有：教育行政机关，学校教育；“满洲国”建国前后的教育和教育方针，学校体系，中、小学；私塾，实业教育、师范教育、高等教育，教科书编纂，社会教育、社团指导，体育，博物馆、国立图书馆；等等。日本军队关注预设战场的文化教育，其用心耐人寻味。

《事情》也关注资源、矿产等项，如《青海省事情》《西康省事情》中将畜牧业的牧场分布、形态、家畜头数，农、林、工业、商业、金融、货币均一一列表，甚至还有集市的分布统计。

（五）《事情》中的“统治资料”

民族宗教，是《事情》中的重要内容。其中，《青海省事情》将这部分内容干脆就称为“统治资料”。日军认为青海“与西北诸省相同，居民复杂；蒙、藏、回、汉、番混居，以藏族最多”；“青海省政府为诸民族融合而努力，过去数百年相互的争执是阻碍本省发展的主要原因”；“汉族和回族在省东部的湟水流域居住密集，文化水平高，从事农、工、商，政治在省里占有主要地位。特别是回族军有主宰权，但商业上汉族占优势。蒙、藏、番诸族以游牧业为主，在西康省和青海境附近拥有武力，是统治上的障碍”。

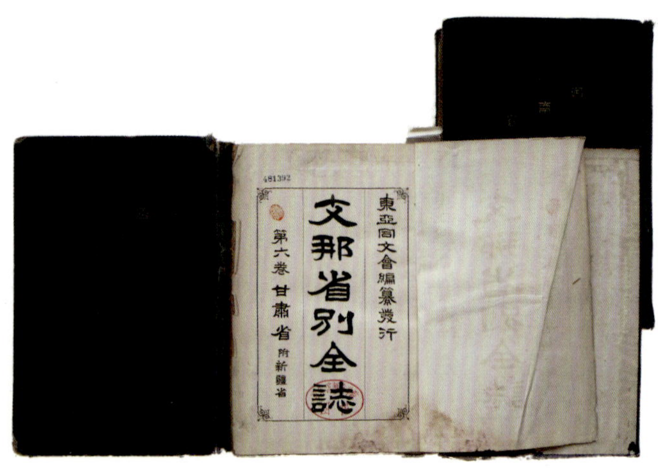

17-4 著者收集到的日本东亚同文书院编印的《“支那”省别全志》(书影)

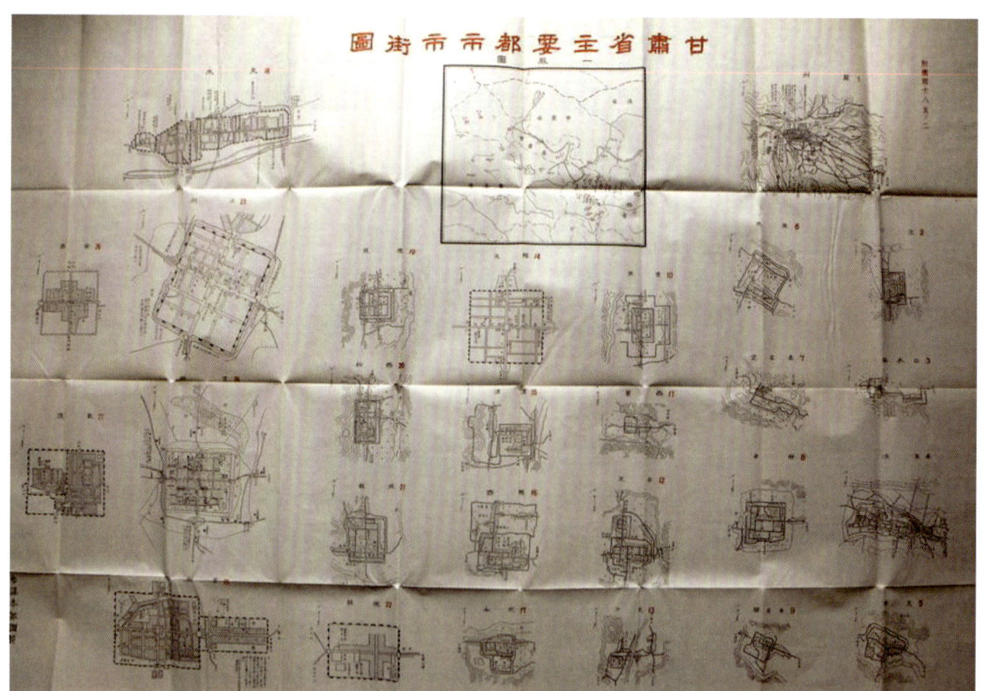

17-5《甘肃省主要都市市街图》

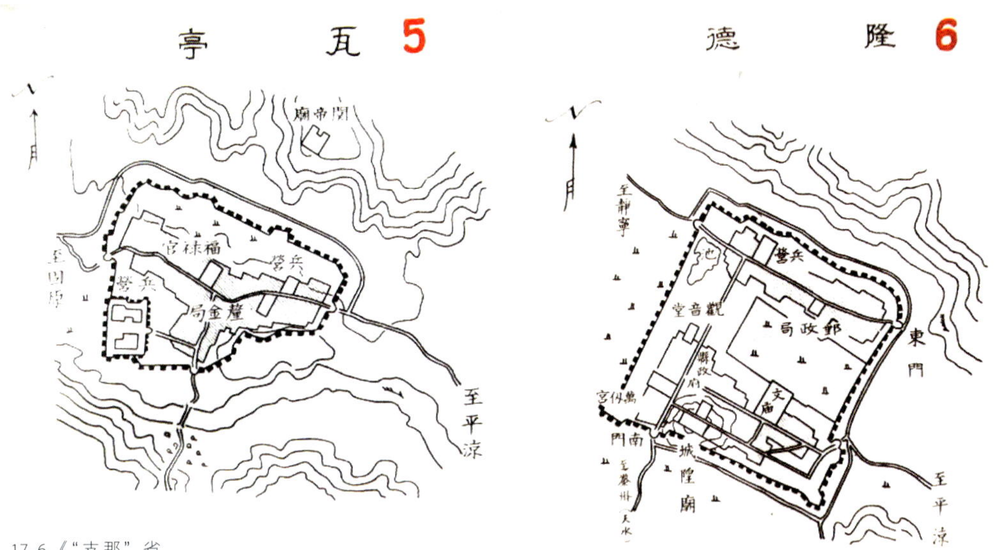

17-6《"支那"省别全志》中的宁夏境内的县城和关隘

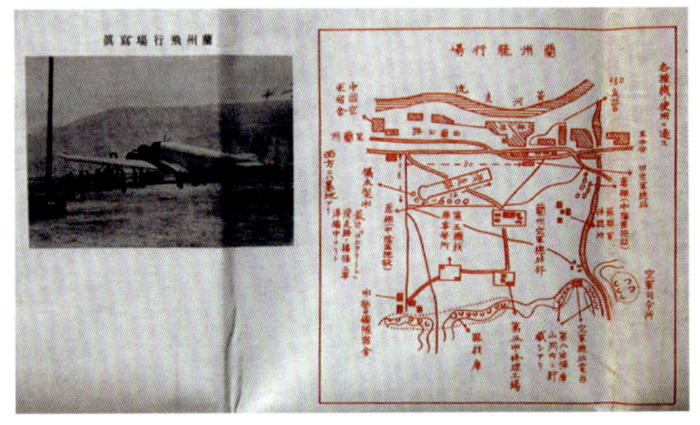

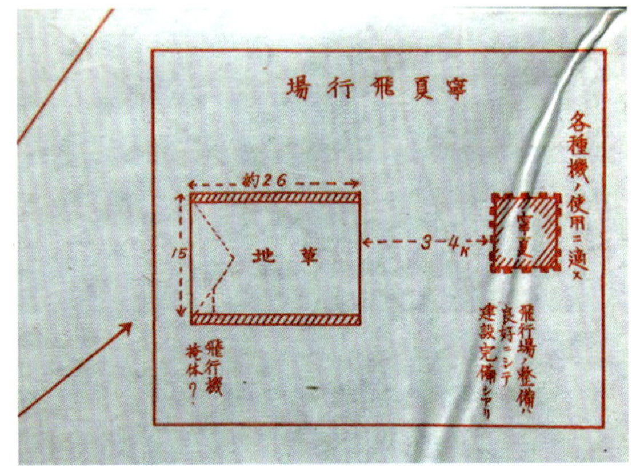

17-7《甘肃省事情》中的"宁夏飞行场"

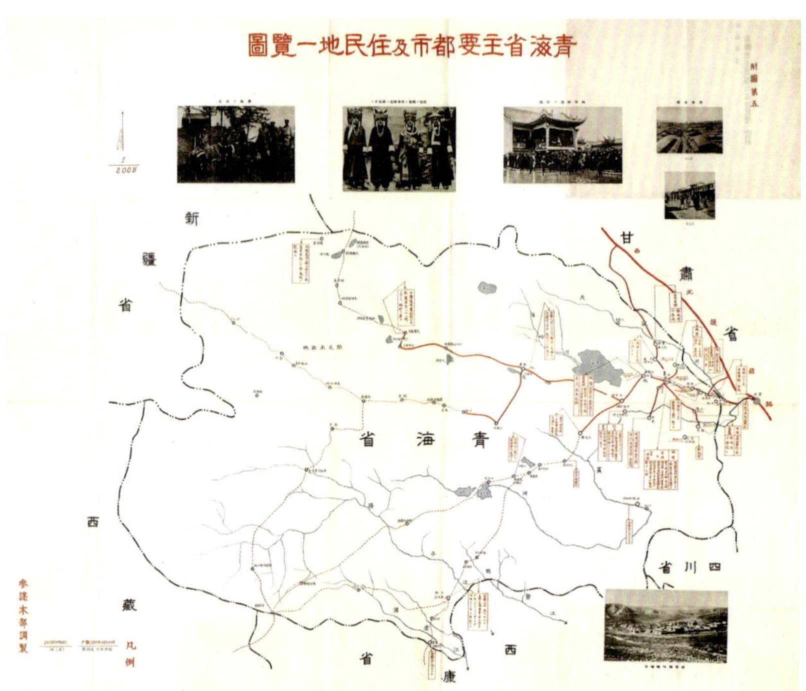

17-8《青海省事情》中的“青海省主要都市及住民地一览图”

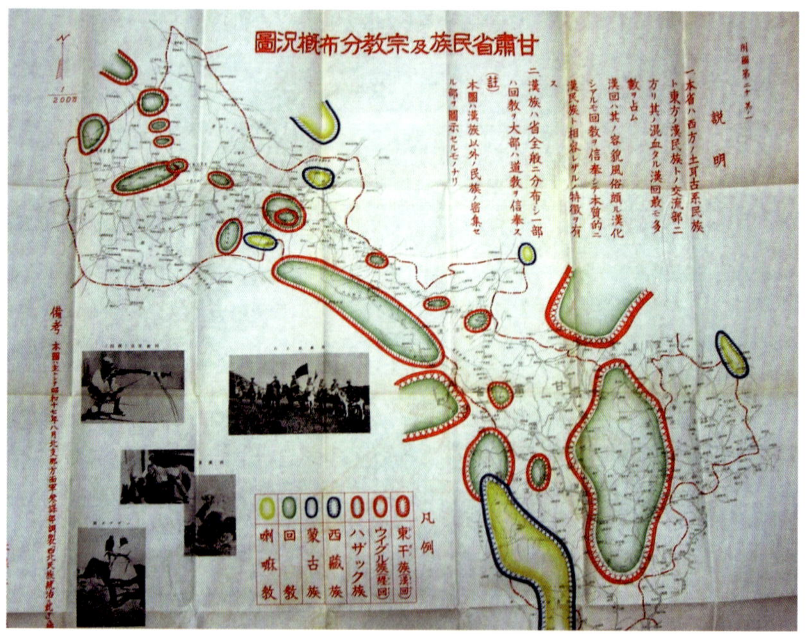

17-9《甘肃省事情》中的“甘肃省民族及宗教分布概况图”

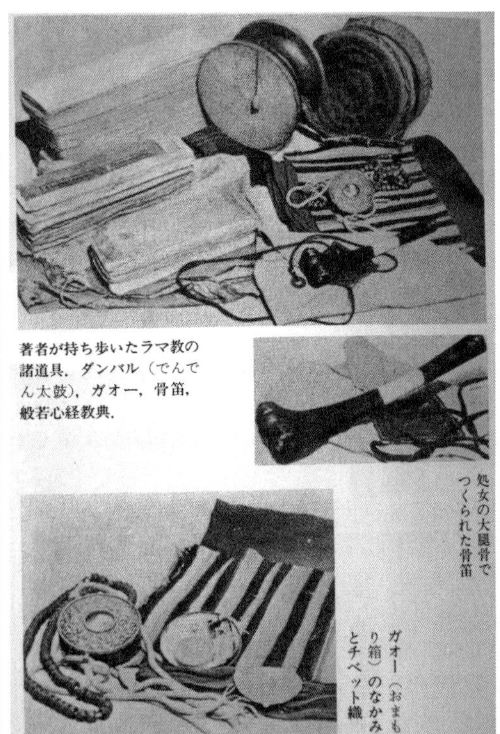

著者が持ち歩いたラマ教の諸道具．ダンバル（でんでん太鼓），ガオー，骨笛，般若心経教典．
処女の大腿骨でつくられた骨笛
ガオー（おまもり箱）のなかみとチベット織

17-10 身着蒙古服装的西川一三及其使用的喇嘛教法器

日军对甘肃各民族宗教的看法是，“甘肃省汉、回、蒙、藏诸民族杂居，其宗教、风俗习惯各异。民族及宗教对立是历来统治困难的原因，现在汉族统治虽平稳，但有‘背叛’的因素存在”。“汉族信道教，回族信回教（即伊斯兰教），蒙古族、藏族信仰喇嘛教。”从地理位置来看，日军认为“蒙藏宗教的纽带是南北方向，而回族回教则是东西方向伸展的交叉点”，并要“注意”。

日军的《事情》主要以图表为主，辅以文字说明。《西康省事情》则是附图少，而“表”详细。其《西康省教育及宗教概况表》中指出西康当年“喇嘛教分布在金沙江以东的地带，喇嘛寺约二三百座，分黄教、红教、黑教、白教四大教派，喇嘛巨富，经营商业和土地，往往以武力对付政府。著名的寺院有道孚县的灵雀寺、甘孜县的大金寺、理化县的勒棠寺等”。

《西康省事情》还记述了回教徒居住地、汉族信仰的道教诸神，以及民间的多神教，如“打牛教”“棍棍教”“笆笆教”等原始宗教，

17-11 日本间谍西川一三的回忆录（书影）

并视为“迷信”。西康省的基督教则分布在康定、泸定、道孚、巴安、丹巴、盐井等县。

日军当年编纂的《事情》使我想到日本间谍西川一三。他化装成僧人潜伏在我国8年之久，行踪达内蒙古、宁夏、甘肃、青海、西康、西藏等省区。其第一项任务即是对中国西北、青海、宁夏回族军阀进行“敌情侦察”。《事情》中或许有西川一三提供的详细情报。此人在1945年日本战败投降之后仍潜行在中国西部，1950年才从西藏经印度回国“复命”。西川一三是因著有《秘境西域八年的潜行》为人所知[1]，而绝大多数身着僧袍、手执法器或穿当地民族服装的日本特务，他们的行踪和姓名成为永远缄默的历史之谜。

〔1〕参见［日］西川一三著:《秘境西域八年的潜行》，“中央”公论社，1991年1月25日。

十八、日军侦察摄影在兵要地志中的应用

在摄影还没有广泛应用的年代里，日本军用地志中的插图和道路测图的写景图，均用人工手绘。如明治十七年（1884），日本参谋本部刊印的《“支那”地志》中,《戈壁沙漠蒙古人图》《伊犁准噶尔人图》《四川山间图》《长江上游水师战船图》等即是如此。[1]

照相技术的普及为军事侦察提供了便利。在日军1936年秘密印发的《关东军兵要地志调查参考书》中，专有第四章“写真（写景）报告要领”，认为重要事项的照片要与兵要地志图相结合，颇具价值。

18–1 日军参谋本部编印的《“支那”地志》中的插图

〔1〕［日］参谋本部编:『“支那”地志』，国书刊行会，昭和五十一年。

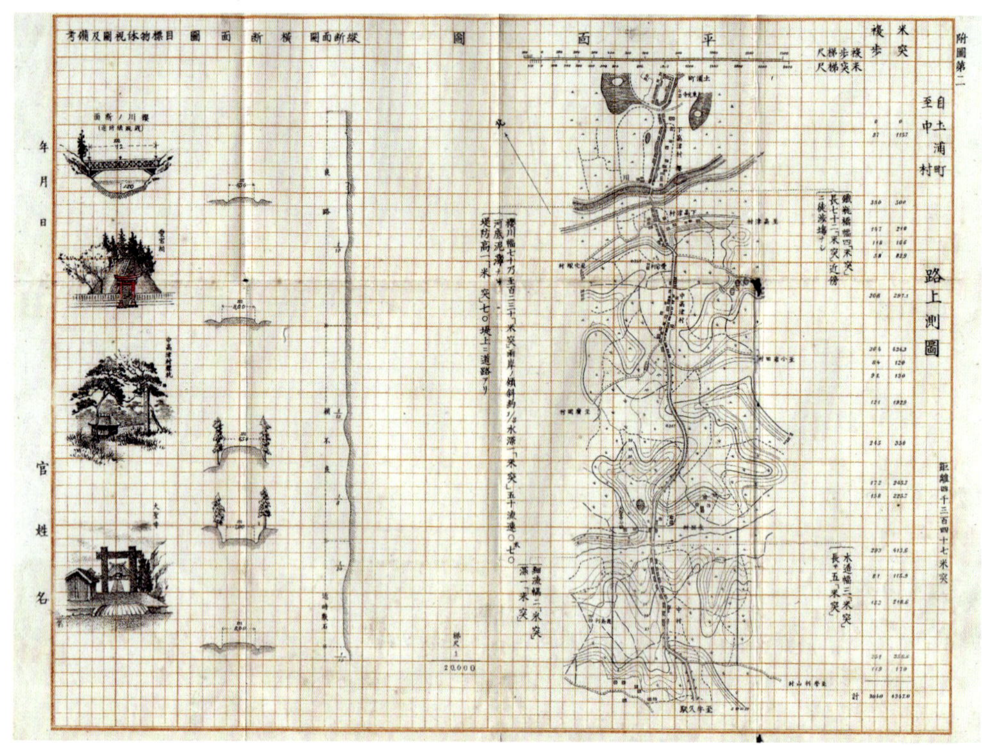

18-2 著者收集的日本明治时期编写的《测图教程》中所附的道路测图与写景图

日本的军事摄影，准确说是侦察摄影，以侵略为目的，拍摄了大量中国预设战场的照片。其成果突出地体现在日军侵华战争前和战争中调查中国的各种兵要地志中。

我见过从 1916 年至 1945 年间日军参谋本部编印的数十种中国兵要地志。其种类包括中国各省（含边疆省区）、重要方向（如平津地区、南京和上海地区），以及卫生和江河兵要地志等。综观日军兵要地志，其编辑体例大致相同，是以文字、图、表约各占三分之一的篇幅来表述其收集到的中国各省区和重要作战方向上的地形、交通、天候、通信、卫生、宿营及补给能力的军事情报。其中一些兵要地志，以大量照片的直观形式来反映情报内容。例如 1938 年日军参谋本部编印的《河南省兵要地志概说》，将河南省一些重要县城城门、城墙、道路、黄河渡口、车船等运载工具以及地形照片，附录在兵要地志的书尾（图 18-3）。再如 1943 年日军参谋本部编印的《江西省兵要地志概说》中用 60 余幅照片，反映江西省河川和地形，作为文字、图表的补充。1944 年编印的《湖南省兵要地志概说》中将 1941 年 8 月至 10 月的长沙作战期间拍摄的 53 幅战场地形的照片汇编，作

潼關市街東側ノ山容
隴海鐵道ハ此山塊ノ下ヲ隧道ニヨリ通過ス

18-3《河南省兵要地志概说》中的潼关照片

为附录，称之为《第一次长沙作战行动地域兵要写真集》。这是日军参谋本部根据日军“吕集团”（即冈村宁次指挥的第十一军）所属的第三师团拍摄的战场照片编入兵要地志作为附录参考，足见其对湖南和长沙的重视。第二次长沙会战仅两个月后，1941 年底又开始了第三次长沙会战，中国军队大胜！胜利原因之一是长沙的道路全部被中国军队彻底破坏，使日军坦克、重炮不易通过，火力难以发挥。我想这大概是在其兵要地志中极重视“作战路”调查的日军始料未及的。值得一提的是，日军铁蹄未能踏入的陕西、甘肃、青海、宁夏等边远省区，日军密派特务潜入拍摄大量的城镇街景及民族宗教照片，附在兵要地志中。

我国东北三省是当年日军进攻宿敌——苏联的出发地域。日军极重视该地区冬季作战行动的侦察研究。例如关东军参谋部于 1935 年秘密完成了《虎林—同江—富锦间冬季国境河川冰上交通资料写真》。[1]早在 1931 年，日军《“满蒙”兵要地志概说》中就用照片反映东三省及内蒙古道路、桥梁等地形、地物，并拍摄当地少数民族蒙古包、喇嘛庙，以及用树木和草构筑的窝棚（“半土屋式住宅”，即半地下的“地窝子”）等寒区居所，以部队寒区生存参考（图 18-5）。从照片看，我认为这种东北居民的“地窝子”的形式与日本陆军 1934 年版的《筑营教范》中的“兵舍图”，即日本关东军半地下的寒区“三角兵舍”极为相似，防寒、保暖、隐蔽、省材。

〔1〕参见［日］菊池実著:『ソ満国境関東軍国境要塞遺跡群の研究』，六一書房，2001 年。

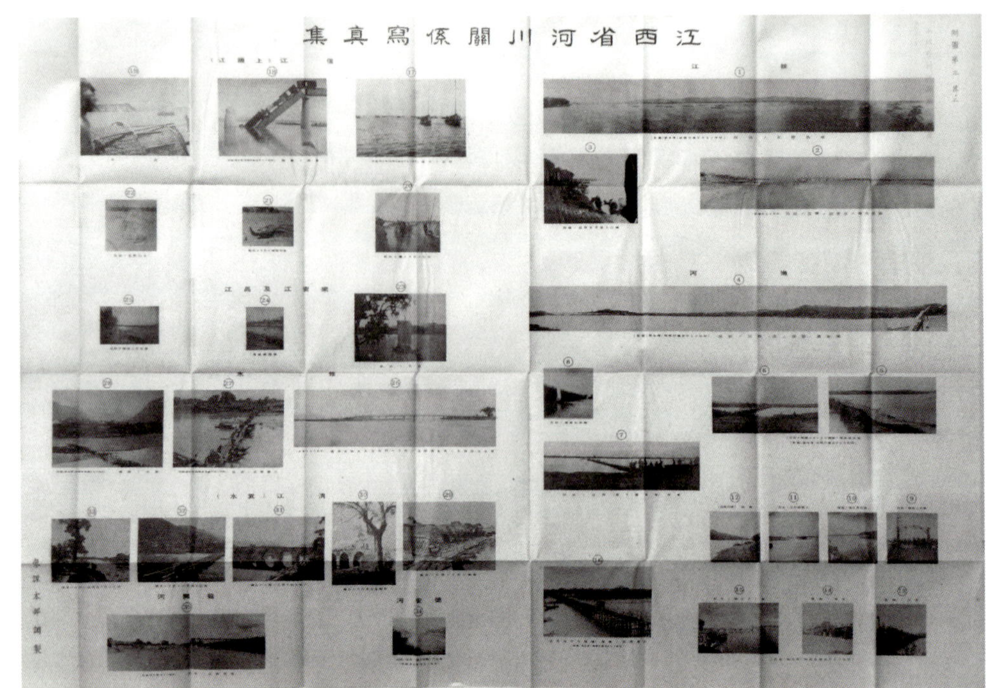

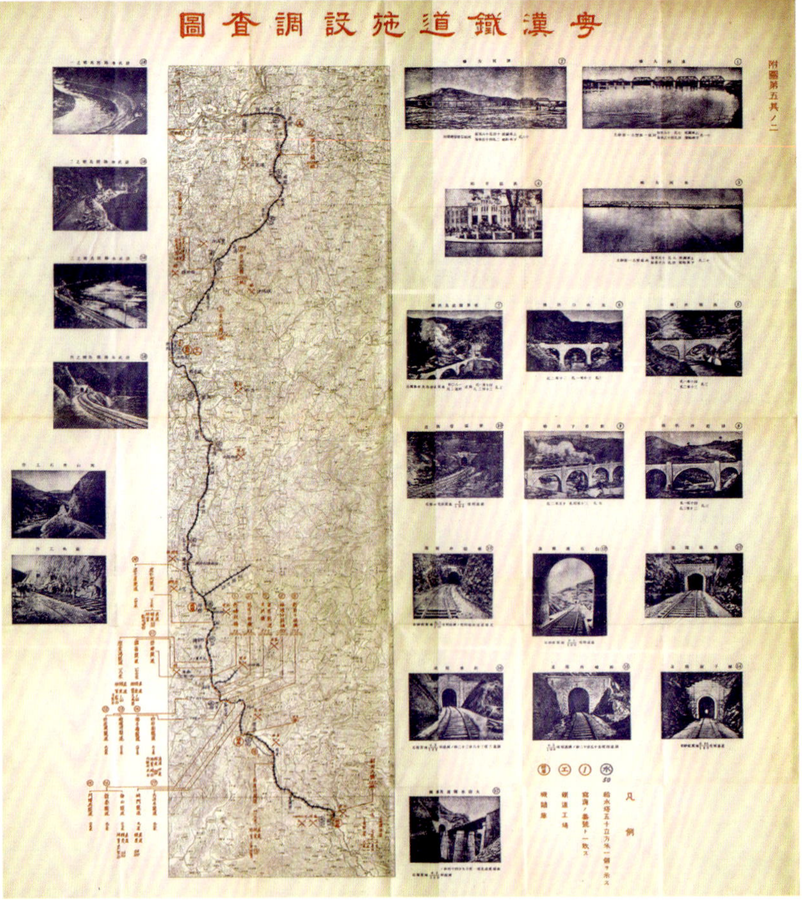

18-4《江西省兵要地志概说》中的河川摄影照片（上），以及《粤汉铁道施设调查图》（下）

樹幹及干草等ヲ利用セルモノ

分水嶺附近半土屋式住宅

土地ハ約二尺掘下ク

18-5《“满蒙”兵要地志概说》中所附的照片

在日军参谋本部编印的中国各省兵要地志中，照片通常是作为文字、图表的补充。而1937年日军参谋本部编印的红色精装硬皮书《武汉周边地区写真兵要地志》则以照片为主，并辅以地图。全书分江南、江北两部分，共21幅要图。这部写真兵要地志，实际是以武汉为中心的广大区域内军事通道的摄影调查。

我曾在日本卷帙浩繁的战史画册《一亿人的昭和史》中看到，武汉会战中，日军第二十七师团攻占辛潭铺和师团长本间雅晴中将与参谋长原田义和大佐等在辛潭铺前线的照片（图18–8）。[1]因而我也关注了《武汉周边地区写真兵要地志》中"辛潭铺一西坑塘"图幅（图18–9），这是抗日战争中武汉会战激烈争夺的战场。在道路图旁，附有中国军队架设的木桥、田地中的道路状态、河岸山边路、村镇附近小径、岩石露出地、急造木桥等具有特点的地形、地物照片。《1944：松山战役笔记》和《1944：腾冲之围》的作者余戈，曾送我3幅日军盗印中国测绘的五万分之一比例尺的军用地图，其中有嘉鱼县这个长江边的军事重镇的地形图。[2]我在昔日进攻武汉的日军第六师团军官甲斐典世的回忆录《战地》"中支篇"中曾看到有"嘉鱼"一章，因而我翻阅这部日军《武汉周边地区写真兵要地志》时，目光本能地落到了"嘉鱼"的图幅（图18–10）。由北起长江边的嘉鱼县城、南到蒲圻的道路图，包括道路两侧重要地形图片，再加上"由江上远望嘉鱼炮台""正面归龙口"等大幅地形接片，以及水田边的道路、石磁镇的闸口、官桥、急造木桥等重要地物的照片。每张照片都在道路地形图上用号码标出相应位置，便于寻找。

从日军兵要地志这些照片中，我们可管窥其军事上的关注点。初读日军的兵要地志，会产生当年日军的情报侦察工作做得非常细致的印象。而我从参谋业务的角度认为，日军所谓"写真兵要地志"存在着严重的缺点：

一是地图无比例尺，仅凭该图难以准确判断距离；

二是桥梁仅有照片，无长、宽、载重量的数据，因而对步兵以外的炮兵、装甲辎重车辆的通行能力无法判断……

昔日侵华日军的军用相机大多被中国军队缴获并使用。而这些

〔1〕［日］《一亿人的昭和史》"日本战争史4·日中战争2"，每日新闻社，昭和五十四年。

〔2〕参见沈克尼著:《我手中的战利品——侵华日军地形图和测图教材》,《轻兵器》,2005年第10期。

上海特別陸戰隊　（上海）

南京路（大馬路）　（上海）

上海神社　（上海）

18-6 日军海军第三舰队编印的《扬子江案内全》中所附的照片（一）

18–7 日军海军第三舰队编印的《扬子江案内全》中所附的照片（二）

18-8 日军二十七师团长本间雅晴中将（右一）及参谋长原田义和大佐在辛潭铺前线

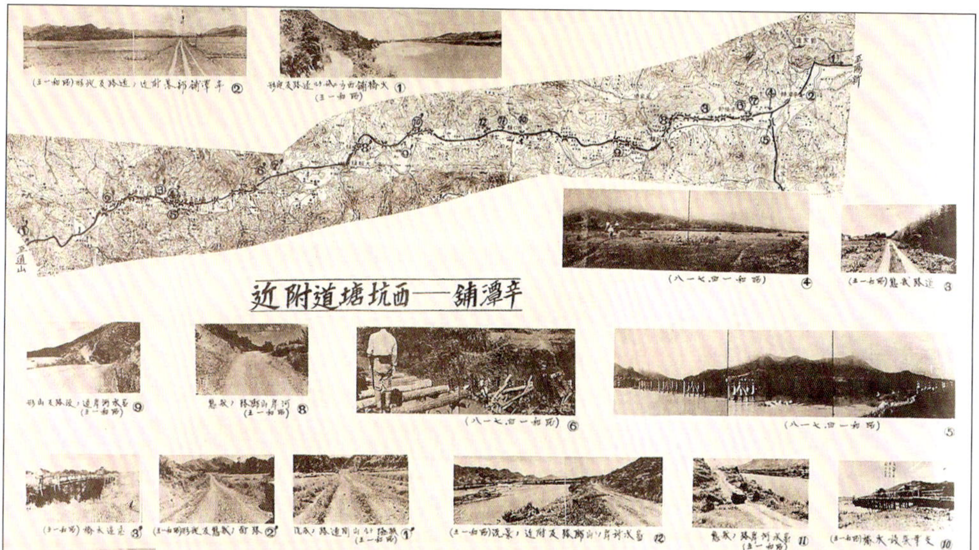

辛潭鋪——西坑塘道附近

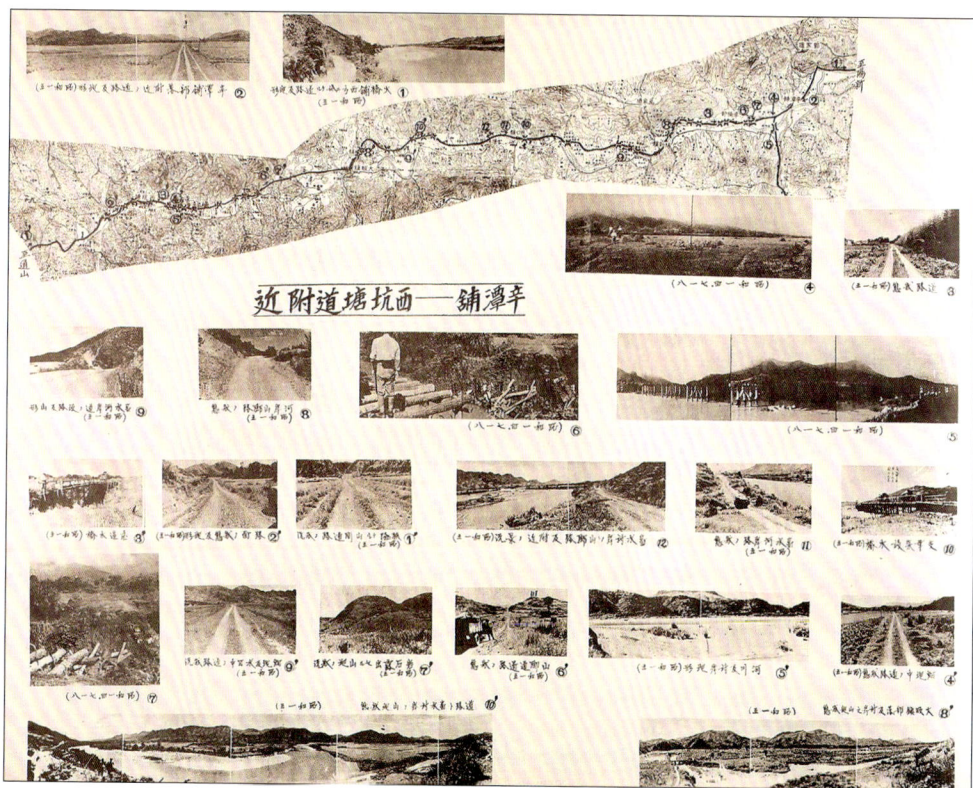

18-9《武汉周边地区写真兵要地志》中的“章潭铺——西坑塘道附近”所附的图片

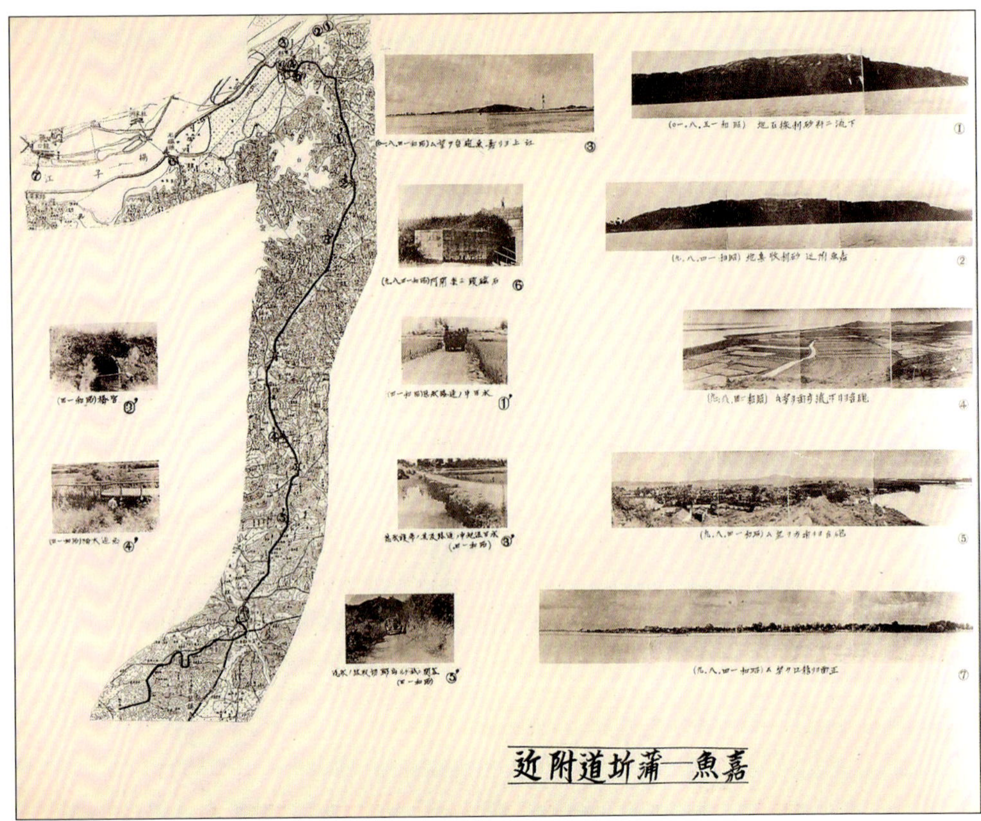

18-10《武汉周边地区写真兵要地志》中的“嘉鱼—蒲圻道附近”所附的照片

由日军携来的相机拍摄的侦察照片和机密的兵要地志，在抗日战争中却很少被我国军队缴获，绝大多数在日本宣布投降后的第四天与军旗一同烧毁了。现在能见到的当年日军兵要地志和照片，从军事历史角度看是弥足珍贵的。顺便一提，日本历史上的军用相机种类较多，除航空相机，具有代表性的是“六樱社”生产的 LILY 陆军型和 FIELD CAMERA 海军型“手持地上写真机”。[1] 这两种制式相机都是使用大型干板作底片。我见过 1939 年生产的这种海军型的相机实物，而最初产于何时未去追溯。我在 1932 年印刷由日本横须贺海军航空队供侦察训练用的《航空写真术教科书》[2] 中见到过该相机的照片。图 18-13 中的三种相机，我能辨识出其中两种，“甲”为德国葛尔茨相机，“乙”即是日本“六樱社”生产的海军型“手持地上写真机”。[3]

〔1〕［日］中山蛙、今井今朝春编:『軍用カメラ大図鑑』, 株式会社グリーンアロー出版社。

〔2〕［日］侦察练习生用“航空写真术教科书”，横须贺海军航空队，昭和七年二月。

〔3〕参见沈克尼著:《我手中的战利品——侵华日军的航空相机和航测地形图》,《轻兵器》, 2010 年第 3 期。

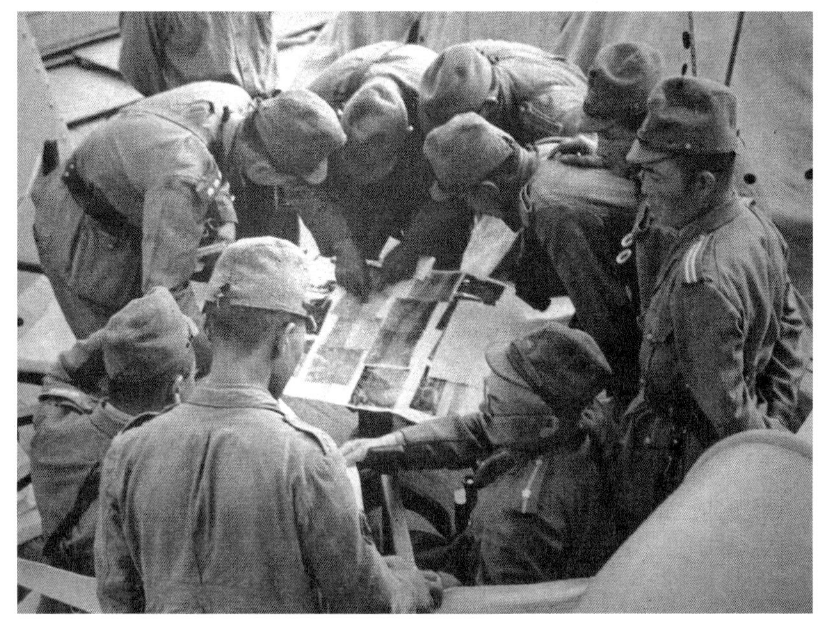

18–11 在长江上的军舰内日本海军陆战队研究侦察照片

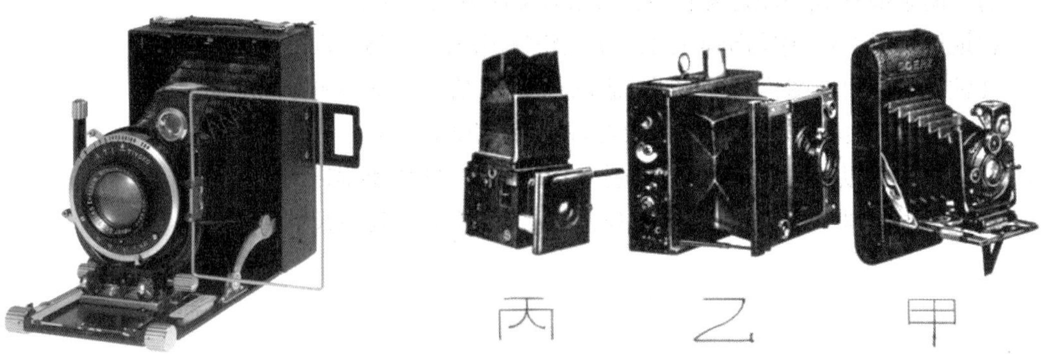

18–12 日本“六樱社”生产的 LILY 陆军型相机

18-13 图中“乙”为日军 20 世纪 30 年代海军“手持地上写真机”

十九、隐秘的日本兵要地志图

（一）何为兵要地志图

中国人民抗日战争纪念馆陈列着一幅1937年平型关之战、八路军一一五师缴获日本关东军测量队调绘的山西怀安十万分之一比例尺的地形图。此图由周恩来签名，作为战利品，送给了当时国民政府军政部的李华英（号小川）。图中除黑色线描绘地形外，还对作战行动有影响的地形、地物加红色简明的文字注记说明。其中对道路，注记有“胡家堡—太平庄道砾石多，大雨时交通断绝。夏家屯以南沙地、湿地解冰期（3月中旬至4月上旬）道路特别泥泞”。这种地形图加兵要注记的军用地图称为“兵要地志图”。我在研究侵华日军军用地图的同时，也很注意收集研究这些鲜为人知的兵要地志图。

1937年以后，日军编印的一些中国战场的“兵要地志概说”，会在说明中提到“详细参照五十万分之一或十万分之一比例尺的兵要地

19-1 八路军一一五师指挥员在平型关前线（左一为师长林彪）

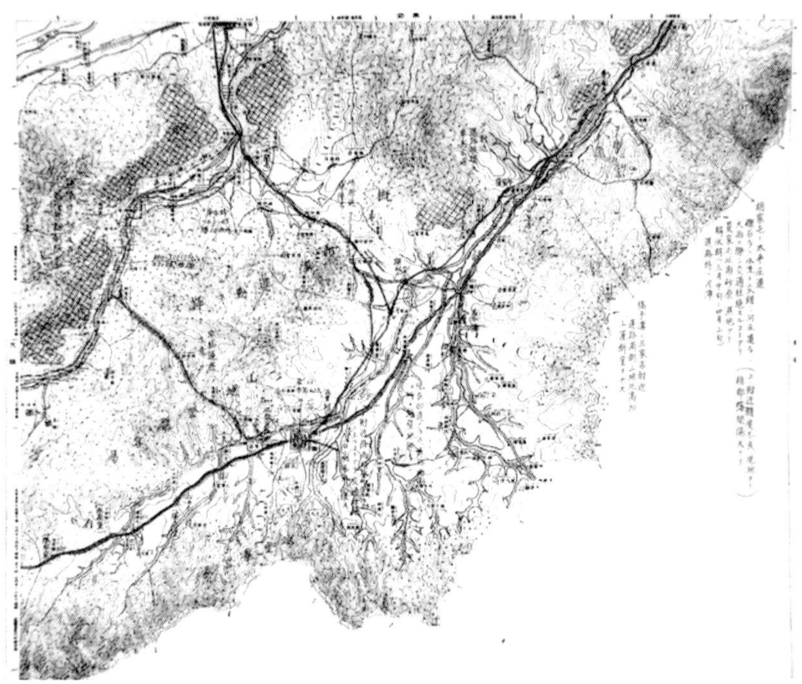

19-2 八路军在平型关战斗中缴获的日军兵要地志图

志图”之类的话，如《平津地方兵要地志概说》《平汉沿线兵要地志概说》等。那么，何谓兵要地志图？我认为“兵要”即是用兵之要。兵要地志图是将对部队军事行动有影响的地形、地物要点，用符号和文字标绘在地形图上的特殊军用地图。而昔日日本军人和现代日本学界对此做何解释？我翻阅 1939 年至 1945 年间侵华日军参谋本部、“北支那”方面军司令部编印的明治时期《外邦图测量沿革史》和 1941 年日军参谋本部陆地测量部《外邦兵要地图整备志》都不得要领。而后者仅有一页数行的文字“兵要地志图的调制”，讲述了自 1937 年至 1941 年间日军在中国调绘的兵要地志图的种类（比例）和图幅范围，但对兵要地志图的性质并未提及。

对此，近年日本东京茶之水女子大学宫泽仁等《御茶水女子大学所藏外邦图的特征》一文有简要说明：“兵要地志图是在已制作的地形图上记载军事行动的地志情报”，是由参谋本部编制的兵要地志资料加现地部队和空中侦察，以及传教士、当地人的谍报制作而成。对于兵要地志图涉及的内容，我在 1984 年出版的日本研究者生江有二的《瓜达尔卡纳尔的地图》一书中也有发现，大意为：它是对作战地域的山地的位置及凹凸形状，以及道路对一列纵队的步兵及战车通行能力的描述；它也描述河川的深浅对桥梁架设的难易，以及村落对部队饮食饮水的补给能力等项内容。[1]

另据日本研究者今里悟之、久武哲也著的《美国收藏的外国地图——议会图书馆和美国地理学会图书室的调查》一文说，日军当年调绘的中国、苏联和太平洋诸岛等地“兵要地志图”，内容涉及地形夏、冬季通行的可能性，河川涉渡点、给水地、船舶靠岸可能地，飞机起降的可能地，森林的疏密、湿地的程度和时期，雨期的解冰期的泥泞地等。另外，对苏联作战，其兵要地志图关注寒区气候、冰雹、原始森林状况、冬夏两季的地表状态等项目。而日军针对南洋诸岛的美军作战，其兵要地志图特别关注的项目有：海象、潮流、通信、卫生、岩礁、海蚀崖、珊瑚礁、环礁、暗礁，饮用水、沙洲，好锚地、可能的登陆点、可供飞机临时起降地，通过困难的热带阔叶林、烧木林、倒木地、椰子园以及密林中多刺多肉的植物等等。日本学者推测，昔日日军调绘的各个侵略战场的兵要地志图约600—750种。[2]

第九節　兵要地誌圖ノ調製

昭和十二年日支事變勃發以後戰鬪地區ノ進展ニ伴ヒ各種兵要地誌圖ノ需用ヲ見ルニ至リ昭和十四年以降參謀本部ノ調査ニ係ル諸資料ニ依リ西伯利、滿洲、蒙古並ニ北支、中支、南支等ヲ各方面ニ亘ル十万分一及五十万分一梯尺ノ「兵要地誌圖」調製整備ニ從事ス次テ昭和十六年以降所謂東亞共榮圏下ニ於ケル諸地方ニ於テモ各種縮尺ニ於ケル「兵要地誌圖」ノ調製整備ニ從事シツツアリ

19-3 日军参谋本部陆地测量部《外邦兵要地图整备志》中的有关内容

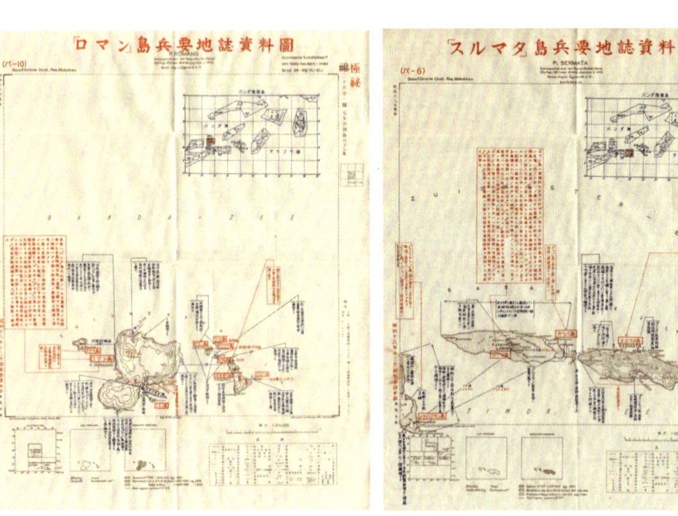

19-4 著者收集的日军关于罗芒岛与瑟马塔岛屿兵要地志资料图

〔1〕［日］生江有二著:『ガゲルカナルの地図』，角川书店，昭和五十九年。

〔2〕［日］今里悟之、久武哲也著:《美国收藏的外国地图——议会图书馆和美国地理学会图书室的调查》，见小林茂编『近代日本の地図作製とアジア太平洋地域—「外邦図」へのアプローチ』，大阪大学出版会，2009年。

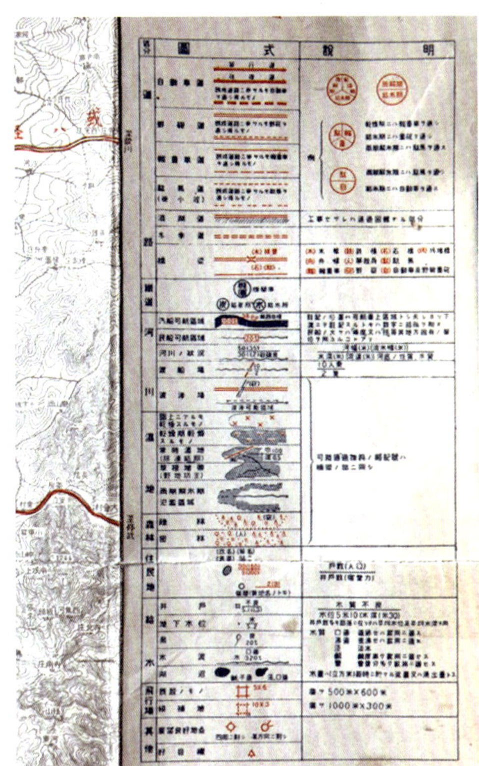

19-5 日军兵要地志图图式

我在研读日军兵要地志图，特别是兵要图式符号之后，对日军兵要地志图调查关注的整体内容有基本的了解。主要是：

1. 对单兵行动困难的地域，以醒目的红色图形标示其范围。

2. 道路：自动车（汽车）道、野炮道、辎重车道、驮马道、湿涧道、冬季道、桥梁，其中包括建筑和车辆可通行的符号。

3. 铁道：机车库、供煤所、给水所。

4. 河川：汽船可通航区域、民船可通航区域，河

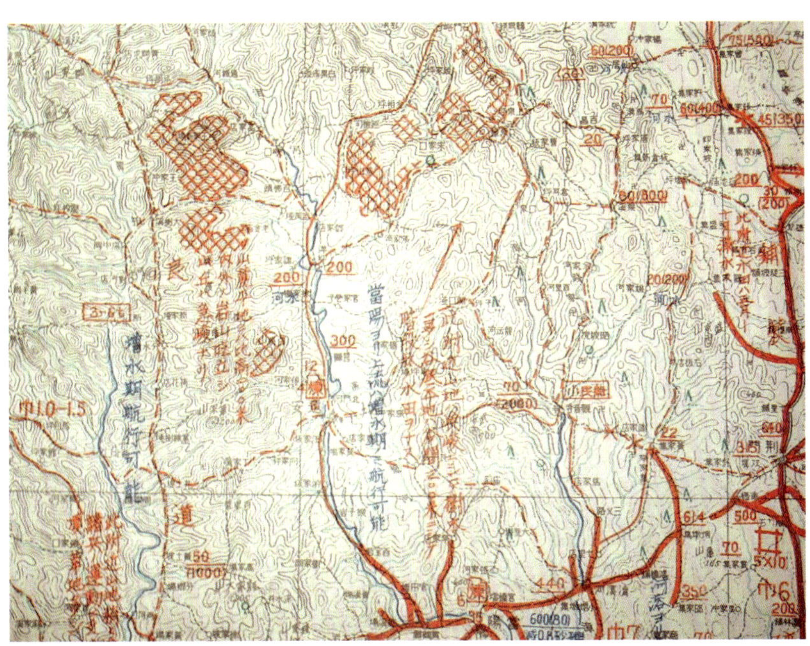

19-6 单兵行动困难的地域图

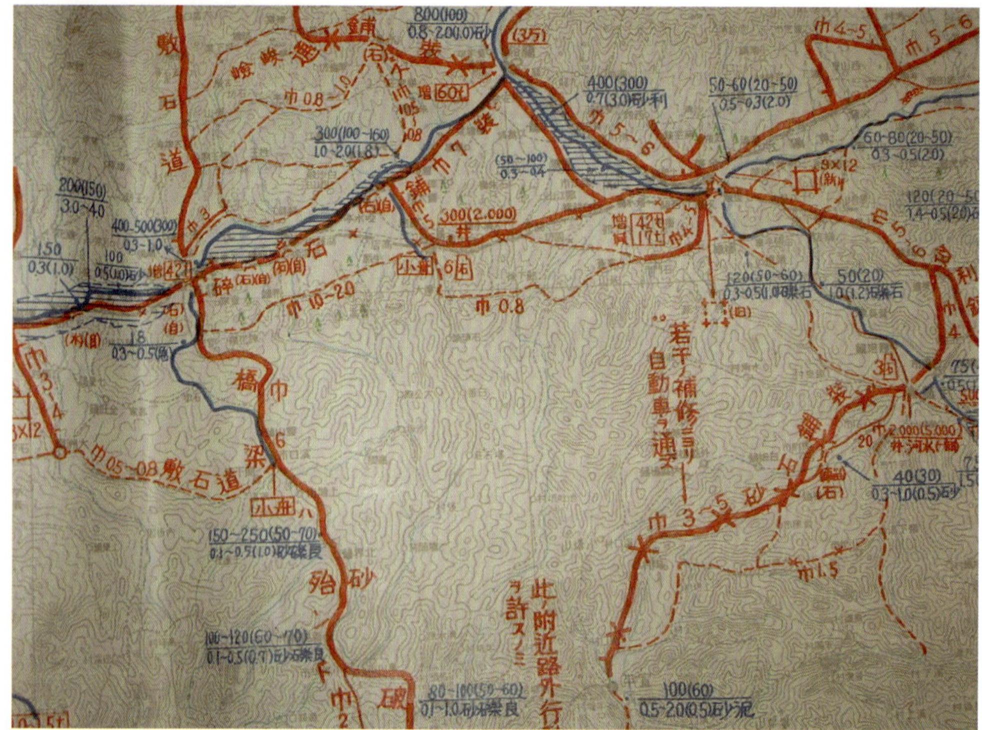

19–7 通道及注记图

19–8 河川与徒涉场图

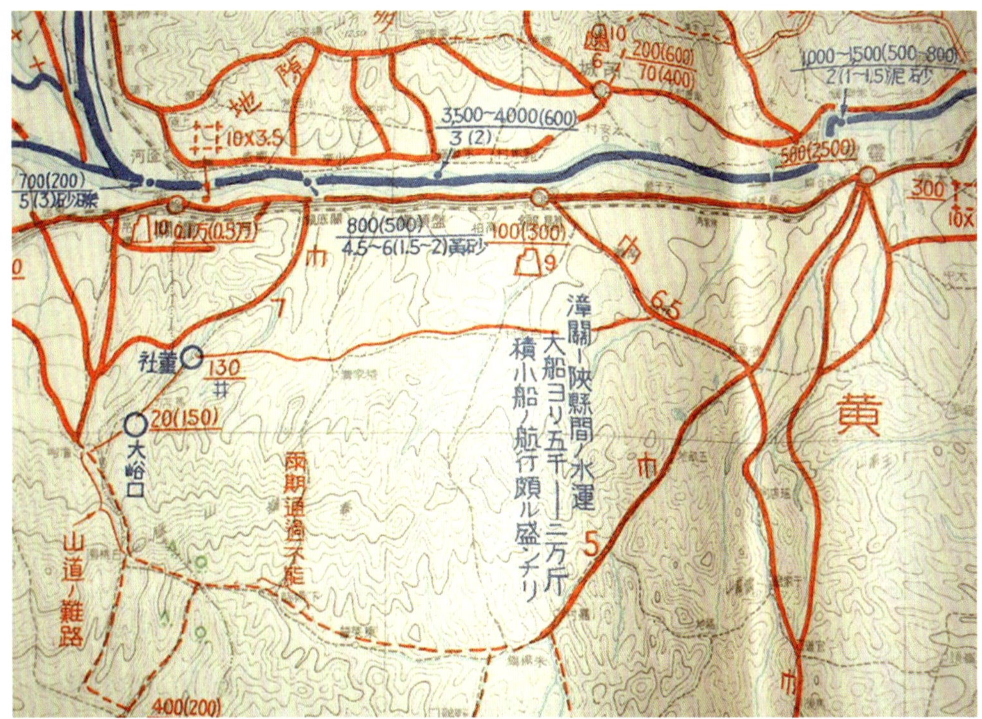

19-9 河川与水运图

19-10 湖沼与植物图

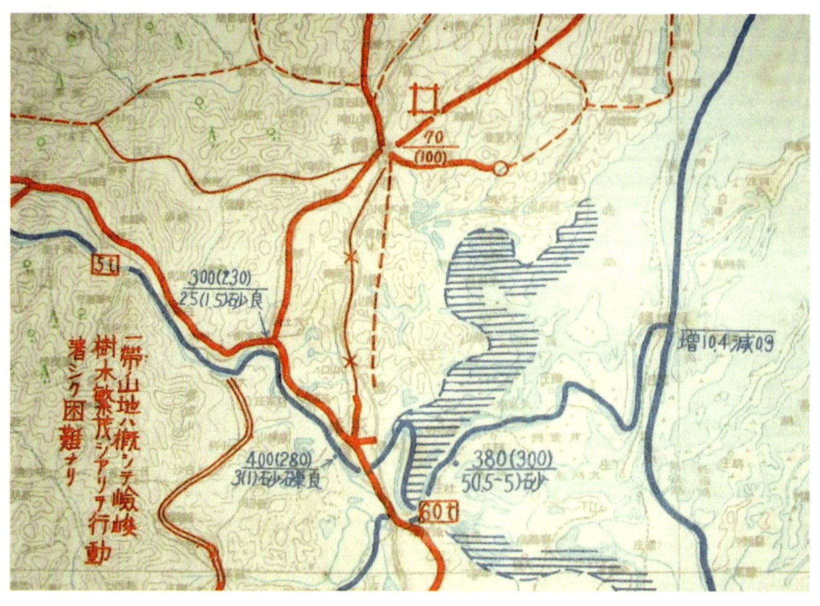

19-11 可供飞机降落地、森林以及林间通行情况图

川状况，船渡场、徒涉场。

5. 湿地：干燥地带、干燥期干燥地带，除冻结期外常年湿地、草根地带、沼泽地、雨季泛滥区域。

6. 森林：疏林、密林，是否可以通过人和火炮。

7. 居民地：户数（人口）、水井数、宿营力。

8. 给水：水井、水质、水位、水深、水量，地下水位、泉、水流，湖沼。

9. 飞机场：既设和后补地地点。

10. 其他：展望良好的地点，对某一方向通视良好的地点，以及“好

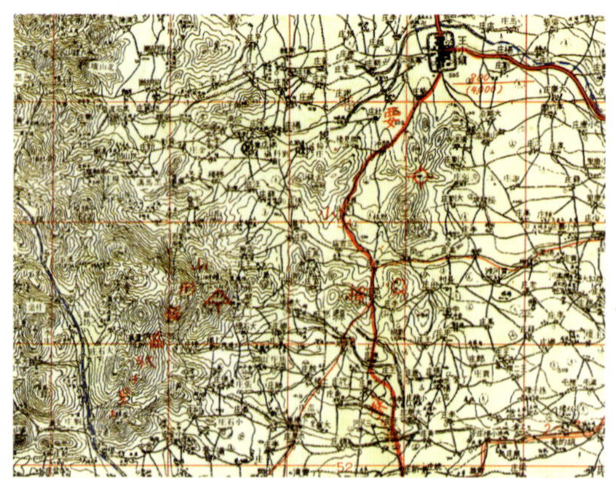

19-13 居民地与给水注记图

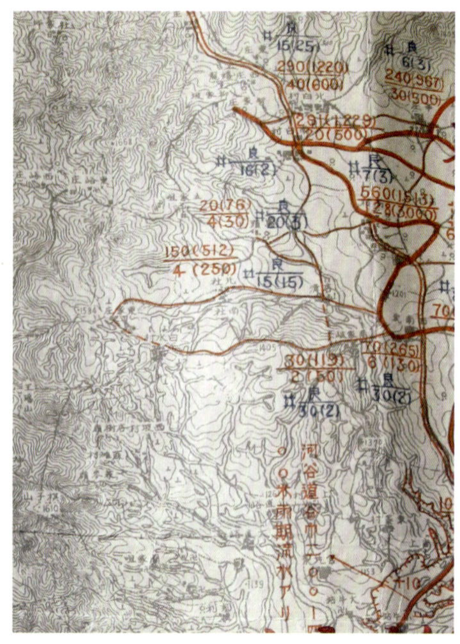

19-12 通视、展望良好的地点及独立明显地物图

19-14 1936 年版日本《关东军兵要地志调查参考书》中的第五章（书影）

第二編 報告要領

第五章 兵要地誌圖資料報告要領

一、五十萬分一兵要地誌圖ハ主トシテ高等統帥、十萬分一兵要地誌圖ハ主トシテ部隊ノ運用ニ資スルモノニシテ良ク地形圖ノ缺ヲ補ヒテ兵要地誌的狀態ヲ一目瞭然タラシメサルヘカラス

二、五十萬分一兵要地誌圖ニ於テハ地勢、交通網、河川及濕地、森林、飛行場等大局ニ影響ヲ及ホス事項ヲ圖示シ以テ大局的地形判斷ニ資ス

三、十萬分一兵要地誌圖ハ兵要地誌的事項中地圖々式ヲ以テ現示シ得サル事項又ハ現示十分ナラサル事項特ニ天候季節ニ因ル變化ヲ記述シ以テ現用地形圖ノ缺ヲ補足セサルヘカラス

二

19-15《关东军兵要地志图图式》

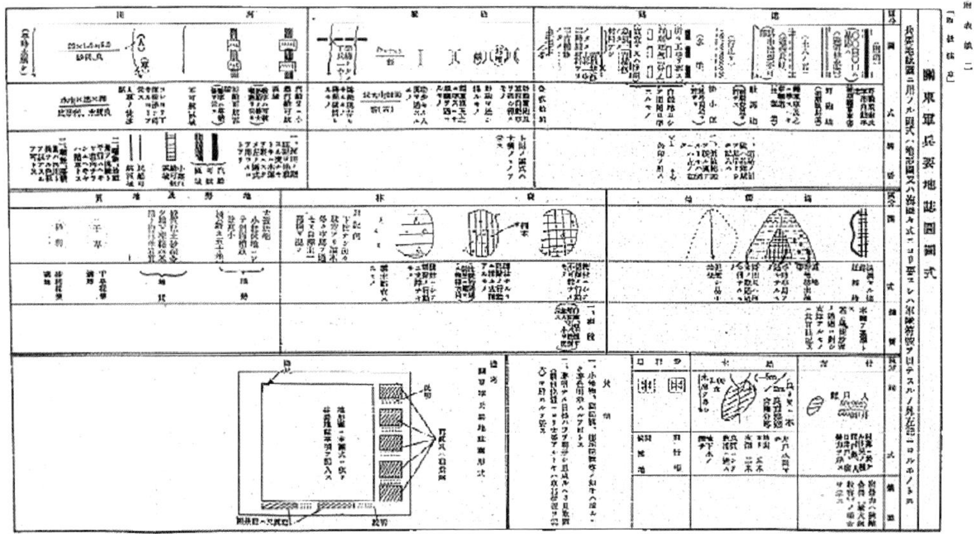

目标”，即具有方位物意义的独立明显地物。

以上与军事有关的项目，日军用红色或蓝色（水系）的文字，辅以兵要图式的符号注记在地形图上。特别是十万分之一比例尺的兵要地志图在筹划战术行动，以及五十万分之一比例尺的兵要地志图谋划战役行动时，对较大区域（图幅）内的地形对其军队行军、作战、观察、宿营等等，有简明、直观的了解，便于迅速做出判断。

我在1936年由关东军参谋长板垣征四郎签发的《关东军兵要地志调查参考书》中见到该书附有“关东军兵要地志调查图图式”。其符号与日军通用的兵要地志图图式符号大同小异，如飞机场等。对照1937年平型关之战，八路军一一五师缴获的日本关东军测绘的十万分之一比例尺的山西地形图，其图式即与关东军兵要地志图图式相同。

我曾就日军红、蓝两色约40种符号的兵要地志图图式，与20世纪40年代末国民党国防部编印《陆军兵要调查令》中的中国兵要图式进行对比。中国的规定远比日军详细，是用红、橙、蓝、绿四色，150余种兵要符号标示地质、地形、河湖、道路、村落、给水、资源、海、空、武备等调查项目。[1]而1951年中国人民解放军刘伯承、邓小平、李达指挥的西南军区司令部印发的《兵要图式》手册，较国民党军的还详细。[2]

（二）日军调制的中国兵要地志图

据1941年日军参谋本部编印的《外邦兵要地图整备志》一书载，1937年“七七事变”爆发，因作战需要，1939年后日军参谋本部依据调查资料编绘了西伯利亚、蒙古、我国东北、北部、中部、南部等地域十万分之一和五十万分之一两种比例尺的兵要地志图。另从近年来日本研究者长冈正利《陆地测量部外邦图制作的记录》一文的列表发现，当年日军还有扬子江（长江）中段五万分之一比例尺的，以及中国北部、南部十万分之一比例尺的兵要地志图，甚至还有西伯利亚、蒙古、我国东北二十万分之一比例尺的兵要地志图。另有专题的蒙疆

〔1〕《陆军兵要调查法》，中国人民解放军第四野战军司令部印，1950年5月。

〔2〕《兵要图式》，中国人民解放军西南军区司令部制，1951年8月1日。

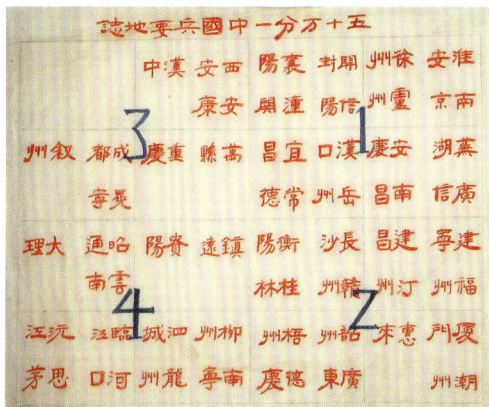

19-16 日军五十万分之一比例尺的兵要地志中的中国地名

地方给水及卫生兵要地志概要图。[1] 大阪大学教授小林茂在本校综合学术博物馆《旧日本军制作的兵要地志图》展示说明文中附有日军1938年调制的五十万分之一比例尺的海南岛及雷州半岛兵要地志图。[2] 不仅是这些，我在战后日本政府防卫厅防卫研究所战史室编写的《香港作战》一书看到，1940年9月，日军为进攻香港还编制了五万分之一和十万分之一比例尺的两种香港、深圳附近兵要地志图。[3]

根据现存的中国和美国军队当年在各个战场缴获的日军兵要地志图看，日军绘制的中国兵要地志图较早的是1932年关东军测量队调绘的苏联东部和中国东北二点五万分之一比例尺的兵要地志图，共有66幅，其中北部大兴安岭是空白。1938年日军参谋本部制作了五万分之一比例尺的内蒙古包头西北部，以及包头东北部十万分之一比例尺的兵要地志图。较完备的是1941年前后，日军参谋本部调绘五十万分之一比例尺的中国东部各省的兵要地志图。

1936年日本《关东军兵要地志调查参考书》中提到：五十万分之一比例尺的兵要地志图主要用于高级军官对主要对战场地势、交通网、河川和湿地、森

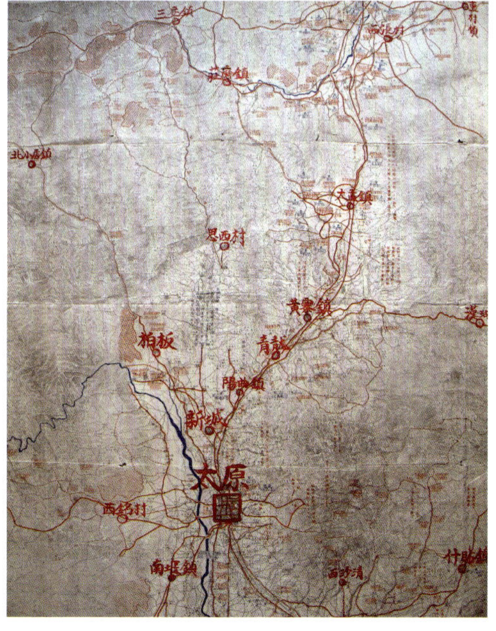

19-17 抗日战争时期我军缴获日军十万分之一比例尺的《山西太原附近兵要地志图》

〔1〕［日］長岡正利著:『陸地測量部外邦図作製の記録』，见小林茂编『近代日本の地図作製とアジア太平洋地域—「外邦図」へのアプローチ』，大阪大学出版会，2009年。

〔2〕［日］小林茂、今里悟之著:《旧日本军制作的兵要地志图》(大阪大学综合学术博物馆设立纪念展)，大阪大学人文地理学教室，2003年3月。

〔3〕日本政府防卫厅防卫研究所战史室著、天津市政协编译委员会译:《香港作战》，中华书局，1985年。

林和机场等大面积的地形进行判断；而十万分之一比例尺的兵要地志图则主要用于部队作战，对兵要图式中各项要素显示较具体，并对气候和季节变化也有记述，以补充普通地形图的不足。

十万分之一比例尺的地形图属中比例尺地图，是当时日军地面部队作战主要用图。而日军十万分之一比例尺的兵要地志图，我所见不多，仅有收集到的河南、山西寥寥数幅，因而对其的见解只能是管中窥豹。

我军著名战将八路军三六八旅旅长陈赓曾在 1941 年《司令部工作的制度建设》中指示，对侦察人员要讲授“华北兵要地理，特别是山西”〔1〕。而今，我的目光也从研读我收集的 1940 年日军参谋本部调绘的十万分之一比例尺的山西兵要地志图开始。日军对山西省会太原这个战略要地附近的兵要调查注记较详细。太原附近机场，特别是南北通道沿线的村落人口户数、宿营力、水井位置、水质、道路两侧的路堑、梯田高度、离开道路部队越野行进的难易、单兵难以通行的地段、

19–18 著者收集的日军十万分之一比例尺的《河南兵要地志图》

〔1〕 总装备部《陈赓军事文选》编辑组编:《陈赓军事文选》，解放军出版社，2007 年。

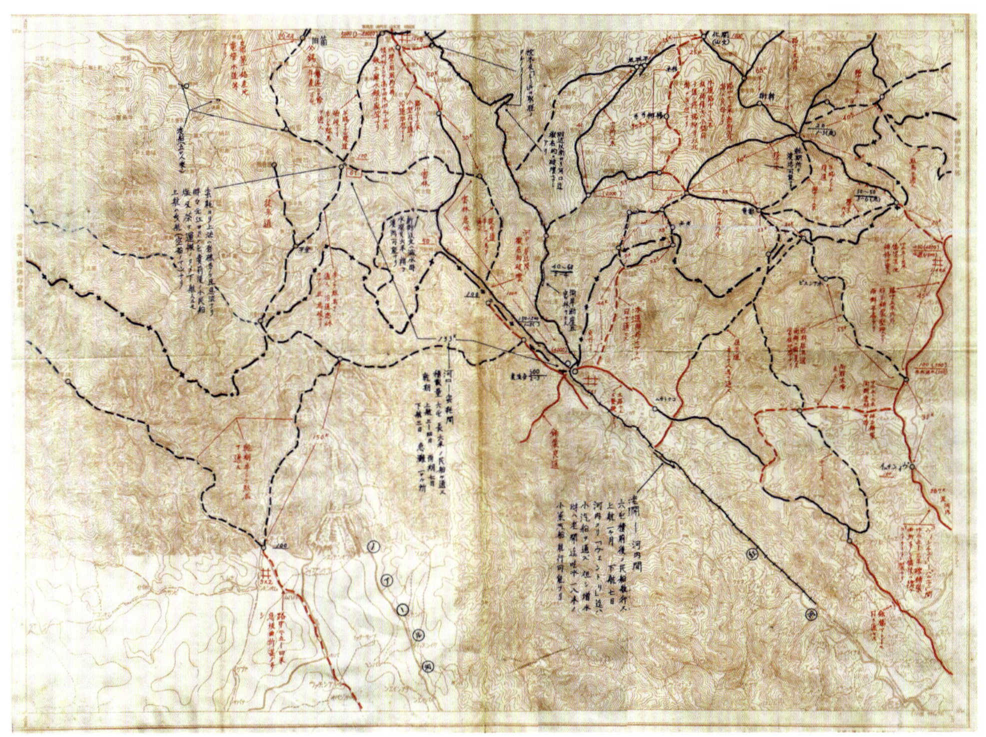

19-19 著者收集的日军五十万分之一比例尺的《云南蒙自兵要地志图》

崖壁面南的“穴居”即窑洞等都有标注。而在山西晋城和榆次的图幅中，兵要注记不似太原附近那么详细，仅在沿交通线两侧有简要说明，如“本道路两侧的山地 5—10 米阶状田地”，我想应是指梯田。又如“此附近电光形道路”，应该是道路的急弯。

日军各种以文字为主的兵要地志注重“作战道路”的调查，是其第一章“用兵的观察”中的重要内容。日军兵要地志图也是如此。日军山西十万分之一比例尺的兵要地志图的侦察重点是沿主要道路两侧实施。或是限于力量，日军对道路两侧纵深的侦察和注记多为空白。我见到日军五十万分之一比例尺的山西兵要地志图对于八路军主要活动地域的五台山、太行山等不便于军队行动的地段用红线标绘较细，惜未见到十万分之一比例尺的上述地区的日军兵要地志图。

我见到较为详细的十万分之一比例尺的兵要地志图，是 1944 年日军“北支那”方面军参谋部调绘的河南遂平、柘城两幅图。图中以红色文字注明山地的形状，如“山形锯齿状”“大波状地带”“急峻的山岳地带、岩石暴露”等，并用相应的兵要符号标明通视展望良好的地点。对山间具有方位物意义的独立庙宇，则标为“好目标”。图中

19–20《四川附近五十万分一图（其二）》

沿道路两侧主要村庄，标有人数、户数和宿营力。水系方面，标出黄河、惠济河泛滥区，如“此线以西昭一八夏泛滥，现在干涸”等语。而且图幅加上了4厘米×4厘米日军称之为“方眼”的平面直角坐标，便于标定目标位置和炮兵精确射击。从制图的时间看，此图虽然较详细，但日军败亡已近。

五十万分之一地图属于小比例尺地图，通常供高级司令部组织战役行动使用。日军五十万分之一比例尺的兵要地志图，我见过山西、陕西、四川、贵州、福建以及京汉沿线等地域的地图。这些图多为1939年调制，1941年修正改版。由于这些图的编绘者不同，军事素养不同，其侧重点和详略程度也不一样。我特别留意了日军四川、陕西两省的兵要地志图。因为日军铁蹄未能踏进这两个省，所需兵要资料完全靠谍报侦察进行，此图应该是其军事情报能力的反映。

五十万分之一比例尺的《四川省兵要地志图》特点有三：

其一，注重山间通道的走向，并且注明情报来源为“谍者报”，对于情况不明的道路注以“要侦察”。

其二，注重对城镇有防御作用的“城壁”，即城墙的调查，并注记城壁的周长和城门数，这是其他省同比例尺兵要地志图所未见。

其三，注重通航河段的水运调查，如“成都—江口间，增水期上航6日，下航2日。减水期上航8日，下航4日”。又如“灌县—茂县，

19–21《五十万分之一地志图（陕西省局部）》

增水期民船可通”等等。同时注意重要桥梁的调查，如中国工农红军“飞夺”的“泸定桥”，图中注记“桥长约 600 米，吊桥，为木、铁索结构”。

五十万分之一比例尺的《陕西兵要地志图》的特点也有三：

其一，注意重点地形的文字概述。如西安附近的关中平原地形（日军甲集团参谋部 1942 年编印的《陕西省兵要地志概说》中有《西安平地的特点》专章）、秦岭、华山等山脉都有概略文字介绍。

其二，关注河流通航情况。如渭河“主要渡河点八处，舟运甚少，唯潼关—咸阳间常通小舟”，“中卫—靖远间附近舟运不可能”，“靖远、红山峡及和尚峡急湍，五方寺上游舟运不可能 ”。

其三，关注民族分布。陕西图幅包括宁夏、甘肃各一部，在宁夏境内注有“灵武、金积附近回教徒多”。我对宁夏情况较熟悉，认为当年日军对宁夏水运和民族情况的情报是准确的。

此外，我还见到 1940 年 3 月日本所谓驻蒙军参谋部调查绘制的《宁夏省附近兵要地志要图》。其图幅北至蒙古南戈壁省，南至兰州，东至乌兰察布，西至新疆的哈密，包括当时宁夏省行政所辖的阿拉善左、右旗和额济纳旗全部。图中以作战的观点用红色文字注记地形道路情况，如贺兰山北段，图中注记为“极为急峻，攀登困难”。又如包兰公路注记“此道雨天除自动车（汽车）外，通行可能”。图中用蓝色文字注记水系，如中卫—靖远间，“靖远附近红山峡急流，上游舟运

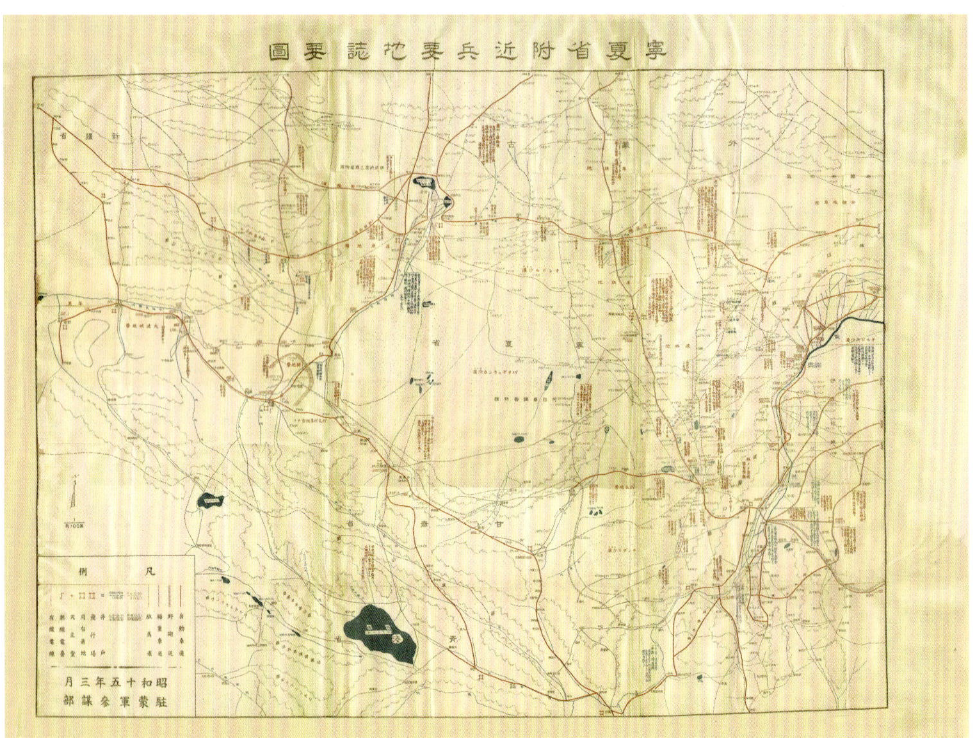

19–22 日本“驻蒙军”参谋部调查绘制的《宁夏省附近兵要地志要图》

不可能”。图廓外还附有由内蒙古进入宁夏沿途日军认为具有方位物意义的地形、地物照片。如磴口黄河渡口、三盛公沙丘、善丹庙等。绥西一战，我回汉抗日军队痛击西进的日军之后，日军即停止进攻。日军没有进至包头以西包括宁夏地区，因而《宁夏省附近兵要地志要图》的情报全靠谍报侦察所得，图中兵要注记较为粗略。我注意到，沙漠水源地注记疏漏太大。如我曾率宁夏探险队至巴丹吉林沙漠中最高点附近，发现有一较大的淡水湖，其状如丰乳肥臀的女子。日军图中就没有标绘此湖。另外此图无比例尺，为示意图。值得注意的是，此图的图廓注明“附图第一”。我判断应为日军编写的《宁夏省兵要地志》的附图，但日军《宁夏省兵要地志》中未见实物，仅从日本淑德大学源昌久教授《日本兵要地志研究——中国地域》文中提到日军编印《西北兵要卫生志》时参考资料中有 1943 年 3 月日军参谋本部编印的《宁夏省伊克昭盟兵要地志概说》。[1] 但这幅《宁夏省附近兵要地志要图》是 1940 年绘制，两者相差 3 年，所以应与《宁夏兵要地志》无关。此书存在与否，是个历史之谜。至少，从现存日本政府防卫厅防卫研究

〔1〕［日］源昌久著:《日本兵要地志研究——中国地域》，見小林茂编『近代日本の地図作製とアジア太平洋地域—「外邦図」へのアプローチ』，大阪大学出版会，2009 年。

所战史室的兵要资料中尚未发现此书，也可能是日本宣布投降之时烧掉了。

此外，日军调绘的我国江淮地区的五十万分之一比例尺的兵要地志图对道路的晴雨通行能力、路面铺装和水网、湖泊注记较细。如“太湖西岸湖岸 30 米，水深 1.5 米，湖底泥土，武装士兵约 0.5—1 米即陷入深泥”。又如沿海省份的五十万分之一比例尺的兵要地志图，除陆路通道，还标注便于海上登陆的地点、泊船的锚地，飞机场及备降场。如江苏的连云港，图注“系船能力，第一码头 350 米，3000 吨级 3 艘；第二码头 350 米，3000 吨 3 艘，吞吐能力为 90 万吨”。福建省泉州湾注明“湾口沙多，适于登陆，湾外也是适当的登陆点”。石狮附近海湾，标注“锚地”可停泊 10 艘 2000—3000 吨级的船只。金门岛，日军兵要地志图上标绘了包括料罗湾在内 3 处备降的机场和面积。

日军兵要地志图在战争中一部分被我国军队缴获，如前面讲到的 1937 年八路军首战平型关即缴获的十万分之一比例尺的《山西怀安兵要地志图》，以及 1945 年国民党军接收台湾缴获的 13 幅五十万分之一比例尺的台湾兵要地志图和 6 幅台湾横断道兵要地志图。抗日战争中，中国军队还将缴获日军的兵要地志图翻译为我所用。我在南京市中国第二历史档案馆见到日文版《广西西南部越南北部兵要地志图译稿》，以及广西气象交通图的翻译稿。这些图在其后相当一段时期内为国、共两军作为“堪用品”继续使用。而日军各个侵略战场的大部分兵要地志图，连同其他机密作战资料和军旗，于 1945 年 9 月 19 日，即日本宣布无条件投降之后 4 天奉命烧毁。日军参谋总长提出的《作战用图处理要领》特别指出烧掉“特密”的国内十万分之一、五万分之一比例尺的地图，以及中国、苏联重要的兵要地图。[1] 战后，只有极少数的兵要地志图保留下来，国外的大多收藏在美国国会图书馆和日本的一些大学的图书馆或地理教研室中，如大阪大学、东京御茶水女子大学、驹泽大学等，因而这些日军的兵要地志图过去属军事机密，如今依旧隐秘而鲜为人知。

〔1〕『統占領下の空白「地理調査所」物語』，載渡边直上著『地図焼却通達に組織移管を進言』，1995 年（平成七年）十二月二十八日（木曜日）。

二十、解读“二战”中日军的岛屿兵要地志图

——兼谈日军海岛野战生存

（一）太平洋上空的关东军航测队

我在 1937 年日本陆军预科士官学校印发的《地形学教程》中见有美、英、俄、法等国的军用地图图式。此后，我见到太平洋战争中，日军窃取、缴获大量美、英，甚至是荷兰的地形图调绘成兵要地志图时，感叹其对外侵略的企图表现在点滴方面，甚至在战前的教材地图中。值得一提的是签发这本《地形学教程》的校长，即是“七七事变”中打响第一枪的日军联队长牟田口廉也。我手边有一册抗日战争中缴获侵华日军的《航空写真测量》，这本 1941 年由“‘满洲’航空株式会社”出版的航空摄影测图的技术手册，使我联想起当年驻屯“满洲”的日本关东军第一航空写真班，也就是航测队。

20–1 著者收集的日本航空照相机及“‘满洲’航空株式会社”出版的《航空写真测量》（书影）

1944 年美军攻占塞班岛之后，新闻记者出身的美国情报专家拉·法拉戈发现被歼日军的两个师团是隶属于关东军的番号，于是他查阅日军的战斗序列，发现太平洋战场包括瓜达尔卡纳尔岛在内的许多岛屿上都有关东军的部队。他断定，美国海军情报部门的卡尔逊上校所谓的“日本军队的精华”的大部分兵力，已在逐岛攻击战中被美

军消灭了。[1]翻阅日本有关“外邦图”（外国地图）史料，发现不仅关东军的战斗部队被调到太平洋战场，其航测部队也参加了太平洋的岛屿作战，即测图。

1943年4月，日本侵略军为应对太平洋战场特别是在新几内亚作战中的地图不精确，第八方面军要求驻中国沈阳的关东军第一航空队写真班紧急调到拉包尔。这支240人的航空摄影队由写真摄影队、航空输送队、写真作业队等5个单位组成。队长为柴田秀雄少佐，其成员大部分为“‘满洲’航空株式会社”的社员，即出版我手中这本《航空写真测量》的公司技术人员。这支太平洋战场日本最大的航空摄影测图部队装备了经改造的6架“九七式”重型轰炸机和MC运输机。机上装备了6台德国先进的蔡司200毫米的航空相机，而我手上这本《航空写真测量》一书中恰有这种航测相机的图片。

1943年3月下旬，关东军第一航空摄影队由中国沈阳出发，4月到达拉包尔，5月即开始对新几内亚北岸的要冲马当、汉莎湾、韦瓦克、霍兰迪亚等地进行航空摄影。由于美军在太平洋战场有制空权的优势，日军对沙拉毛、拉龙、芬什港等一线地域的航拍无法进行。这支航测队到达太平洋的新几内亚执行任务时，番号改变。我从存于日本东京

20-2 日军“九七式”重型轰炸机

〔1〕参见［美］拉·法拉戈著、何新译：《斗智》，群众出版社，1962年。

御茶水女子大学“二战”中日军调制的岛屿兵要地志图中发现，关东军第一航空摄影队航测“马当兵要地志图”署名是日军参谋本部，而执行航测任务的却是关东军第一航空摄影队。这一时期许多日军航测的新几内亚的兵要地志图署名为“冈一六〇一部队”和“冈一三七一部队”。“冈”，即日军第八方面军的代号，这其中哪一支或两支都是关东军第一航空摄影队，目前我尚未知晓。

“冈部队”测绘的兵要地志图现存的有五十万分之一比例尺的荷属北部和南部新几内亚兵要地志图，还有二十五万分之一比例尺的巴布亚新几内亚、帝汶、印度尼西亚松巴哇岛兵要地志图，二十万分之一比例尺的印度尼西亚巴厘岛和二十万分之一比例尺的缅甸兵要地志图，十五万分之一比例尺的新乔治亚岛和新喀里多尼亚中心城市努美阿兵要地志图。此外，也有少数五万分之一的大比例尺兵要地志图，如印度洋东部的科科斯群岛。〔1〕

值得一提的是抗战中中国远征军缅北血战，它书写了世界反法西斯战争史上浓重的一笔。日军“二战”中对缅甸的战场调查，我知有《缅甸事情》和南方军编印的《缅甸兵要地志》。我在当年日本军官俱乐部刊物《偕行社记事》中见到平冈闰造大佐的《缅甸概观》一文。其对缅甸人的种族类的叙述，着眼于缅甸人对中、英、日、印度人的看法。如，他们对英国人反感，有早日驱英独立的热望，并提及缅甸国防。这篇文章成文似在日本入侵之前。〔2〕这里提到这篇旧文章，意在提醒读者昔日敌人的目光和研究问题的方法。

此外，我在日本曾见1943年日本“冈部队”调绘的五十万分之一比例尺的《缅甸兵要地志图》。全套13幅，我仅见缅甸西海岸一幅。其特点为：内陆用红色注记公路各段晴雨通行能力，河流用蓝色注记险段雨季流速及航渡可否，海岸则逐段标注地形及登陆难易。以作战观点看，我觉得地形和注记过简，仅供战役筹划之用。

1941年7月，美国和荷兰对日本实行石油禁运，日本瞬间失去了95%的油源。日本军方估计，若石油禁运无法被打破，其能源储备只够日本维持一年半左右，于是日本军方决心孤注一掷。在偷袭珍珠港

〔1〕［日］田中宏巳著：『南西太平洋方面における地図資料』，载小林茂编『近代日本の地図作製とアジア太平洋地域［外邦图］へのアプローチ』，大阪大学出版会，2009年。

〔2〕［日］『偕行社记事』，昭和十七年四月第811号。

20-3 五十万分之一比例尺的《缅甸兵要地志图》(局部)

20-4 研究航空照片的日军

美军基地之后，日本第八方面军又攻取英属马来西亚、美属菲律宾，以及荷属东印度，即今印度尼西亚。原日本防卫大学教授田中宏已在《西南太平洋方面的地图资料》一文中说，太平洋战争伊始，日军势如破竹，日本南方军“威”字一五八八部队、一一六〇与一三七三部队，以及第十一测量队，在缴获的英、美测绘的地形图的基础上，将英文翻译成日文，并换算度量衡后印发至各部队。日军还完好无缺地缴获了荷兰制作的爪哇五万分之一比例尺的地形图，驻雅加达的“治”一六〇二部队和一六〇一部队（“治”为日军第十六军代号）等测绘单位印制这些地形图供日军使用。

2010 年 5 月，我曾访问日本仙台的东北大学地理室，在馆藏的数以万计的“外邦图”中就见到上述这种地图。我发现日军只是将这些

20–5 日军翻印的荷兰人测绘的《五万分之一比例尺的印度尼西亚地形图》

地图的地形、地物符号在“凡例”中用日文加以说明，而地名的读音并未对译。而我见到过侵华日军在复制翻印中国陕西十万分之一比例尺的地形图上，对重要地名用绿色片假名注上汉语读音。顺便一提，“二战”中参与太平洋岛屿测图的第十一测量队即来自日本仙台。

（二）日军大比例尺海岛兵要地志图

日军地形图一般定为“密”，对缴获、翻印的敌军地形图则注“部外密”，即对外保密，而在地形图加注地理人文等作战所需的各种情报资料的兵要地志图则定为“极密”。日军参谋本部及南方军测绘队在侵略战争中曾对太平洋战区一些岛屿进行多种手段的侦察，编绘了多种兵要地志图。例如“冈部队”，即第八方面军制作的二十五万分之一比例尺的兵要地志图，其“资料出所”注明来自“空中侦察、现地侦察、宣教师（传教士）、土民、谍报”等。这些图对日军侵略作战所需的地形、气象、水文、人文等情报用红、蓝两色文字做简要注记。

我所见过的“二战”中日军大比例尺岛屿兵要地志图有一点二万分之一比例尺的阿留申群岛图，二点五万分之一比例尺的提尼安岛、罗塔岛图，二万分之一比例尺的库赛岛图，五万分之一比例尺的印度洋东部科科斯群岛图，还有“雪”第三五二〇部队，即日军第三十六师团所属部队调制的五万分之一比例尺的新几内亚的萨尔米岛兵要地志图，等等。

这类大比例尺图的兵要注记较详细。其关注点首先是环岛海岸各段地形对登陆作战的难易，对信风、潮汐、港湾、锚地等记载较细。如阿留申群岛中对海上具有方位物意义的小岛还附有写景图，注明“岛形明了，航空航海好目标”，以便海空辨识。这类大比例尺兵要地志图对岛上的地形描述较具体，如通视展望良好之处，对学校、官厅的俱乐部则注明部队的宿营能力，一如侵华日军对中国战场的兵要地志调查，对步兵难以通行之地用红色网线标出范围。如密克罗尼西亚联邦的雅浦岛，是将各种情报资料，用较为详细的文字加注在被日军缴获并翻印的 1 ∶ 72571 比例的海图上的。用红色文字注记的内容有“概说”（基本情况），以及风向、雨量、路上基地、水道、良港、人口、

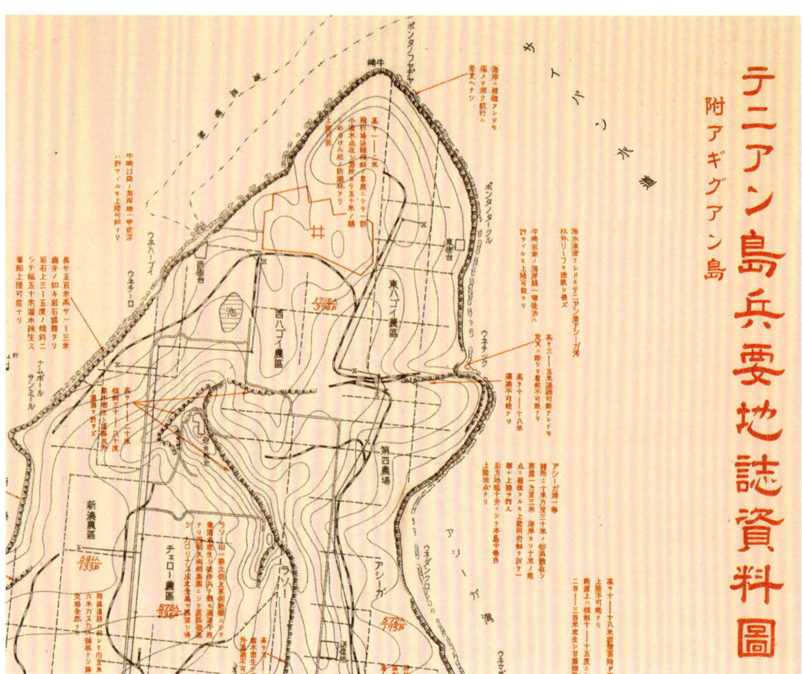

20-6《提尼安岛兵要地志资料图》（美军就是在该岛机场组装原子弹并由此起飞轰炸广岛的）

20-7 提尼安岛的航空照片

种族、耕地、物产、气候、疾病（赤痢、肺结核、淋病）等项；用蓝色文字注记环岛沿岸各点的潮汐、水深、舟艇通行状况等。

日军岛屿兵要地志图重视登陆点的潮汐状况，特别是一些供战术使用的二点五万分之一和五万分之一比例尺的兵要地志图，记述详细到以某点水际到滩头至环岛公路的距离，一一标明。此段运动速度，日军用当地人进行测试“土人轻装一分四秒”。某些地段注明“满潮1—2时内外，卷波、干潮时可徒涉登陆”。更有形象的描述岸滩水深“满潮至腹，干潮时至头及腋下”。我怀疑此语将涨潮及退潮情形颠倒了。日军兵要地志图内容的详略也是编写者乃至部队军事素养的体现。

日军海岛兵要地志图注重海岛各点通行、通视、展望情况的记述。或许是日军认为登陆作战是海军陆战队和陆军轻装步兵的任务，对岛屿植物的疏密和山地的攀登等通行力等项内容，调研者以“徒步兵”、“独兵”（单兵）为标准，似无炮兵等其他兵种的“合同作战”意识。而我见到日军参谋本部1939年绘制的二点五万分之一比例尺的《香港防御设施图》〔1〕，除准确标绘驻港英军80处兵营、弹药库、探照灯、火力点、散兵壕，以及青衣岛炮台正在构筑的加农炮阵地外，还将名梨背贮水池东侧山间小道用红字标注“驮马山炮得以通行”等语。读日本政府防卫厅防卫研究所战史室编写的《香港作战》可知，日军第三十八师团参谋长阿部在其回忆录中对此图颇多赞扬。〔2〕

日军参谋本部陆地测量部专门规定有兵要符号，规范兵要地志图以减少文字说明。我曾做过统计，侵华日军绘制十万分之一和五十万分之一比例尺的中国兵要地志图的图式约有40种兵要符号。而日军岛屿兵要地志图，特别是二点五万分之一大比例尺图附有“凡例”，根据海岛地理特点，补充说明新增的兵要符号。例如，日军参谋部1944年调制的南太平洋罗塔岛、库赛岛、雅浦岛图幅中的“凡例”增加了教会、牧场、农业事务所、军用地、可耕地、村界、阔叶林、疏林、登陆方向等，还有的图增加了部落界线、酋长居住地、信风方向、草原、椰林，以及以齿线标示不能登陆的地段。这些都在“凡例”中加以说明。

〔1〕此图现存日本东京御茶水女子大学图书馆。

〔2〕日本政府防卫厅防卫研究所战史室著、天津市政协编译委员会译：《香港作战》，中华书局，1985年。

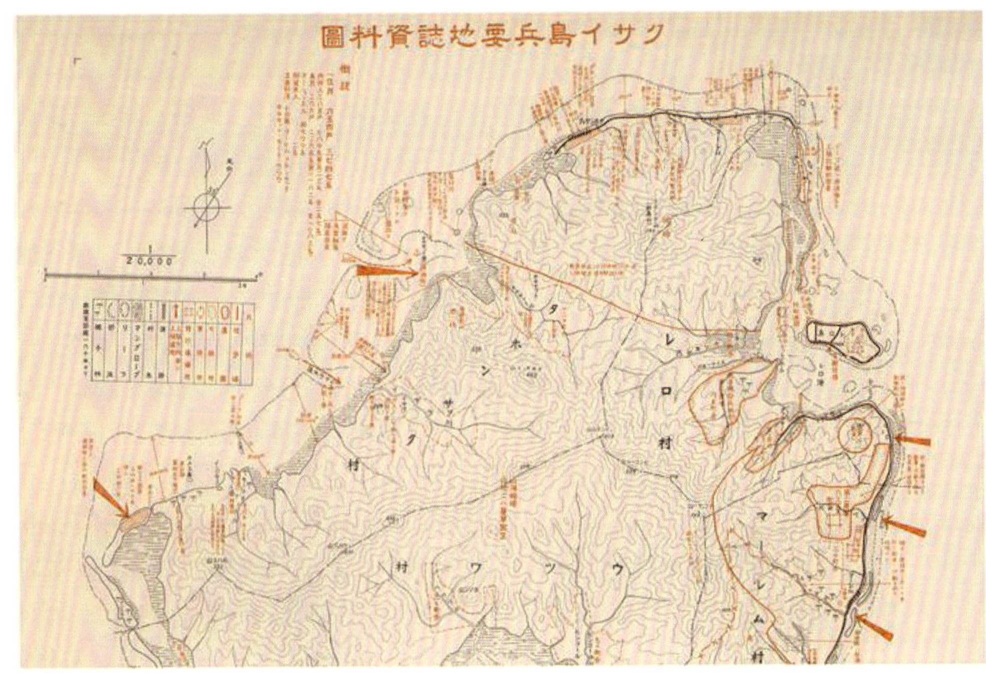

20-8 附“凡例”的《库赛岛兵要地志资料图》（局部）

（三）日军五十万分之一比例尺的兵要地志图

日军成图范围较大的是五十万分之一比例尺的兵要地志图，其注记内容较宏观概略，主要供司令部高级参谋人员计划战役使用。这种图日军在中国战场上通常作为以文字为主的兵要地志的参考图。从现存的图看，日军在太平洋战场的五十万分之一比例尺的兵要地志图几乎覆盖菲律宾、新几内亚和所罗门群岛。

从参谋业务角度讲，我认为日军五十万分之一比例尺的兵要地志图作为地图，地形过于简略；作为兵要地志，文字又过于简略。无怪乎战后日军的兵要地志成为日本军人和战史研究者诟病的对象，甚至被归为日军战败的原因之一。

现存的“二战”中日军五十万分之一比例尺的岛屿兵要地志图多为1943年至1944年间调制的。无论是菲律宾、新几内亚，还是所罗门群岛的五十万分之一比例尺的兵要地志图，其共同的特点是关注岛屿沿岸的水文和信风、舰艇锚泊、隐蔽情况，以及大部队登陆的难易等这些用兵的要素，环岛逐段用线标出、以文字分述，而对岛内地形记述寥寥。太平洋战争主要是美、日之间海、空力量的较量，因而岛内地形日军主要关注机场以及适建机场的地域和通道情况。

菲律宾有 7000 多个岛屿，从吕宋岛到棉兰老岛向南绵延 1000 千米。在太平洋战争中，因其临近东南亚海岸线的战略位置而成为激烈争夺的海陆战场。其兵要地志图是用日军“渡集团”，即十四军缴获的五十万分之一比例尺的英文地图做底图，将调查所得的作战情报极简要地记录在图上。我认为日军五十万分之一比例尺的兵要地志图中较规范详细的是菲律宾图（图 20–9）。如某岛“珊瑚礁形成，沿岸暗礁多，入港困难，需水道资料和老练船长”。又如某麻田“展望射击困难”，某道路由“珊瑚礁渣铺装”，某地域“适于大部队宿营”等等（参见本书《日军对菲律宾的兵要地志调查和军用地图测绘》）。

日军“冈部队”写真测量队于 1943 年在缴获荷兰绘制的二十五万分之一比例尺的新几内亚地图基础上制作了二十五万分之一比例尺的兵要地志图。原图用地貌皴渲法显示，地形简略。其兵要注记主要着眼机场和通道。1944 年日军参谋本部又编印了五十万分之一比例尺的《新几内亚兵要地志图》（图 20–10）。该图是将日军缴获荷兰绘制的五十万分之一比例尺的行政图做底图，将用兵要素记录在图上。因原图未显示地形，该套地图对岛内只记录河流、道路的通行状况。其情报来源是依据《新几内亚水路志》、南洋经济研究所编纂的《新几内亚地名集成》，及其他资料。

所罗门群岛因无底图，五十万分之一比例尺的兵要地志图地形为日军草绘，较为概略。该图对环岛逐段加兵要注记。瓜达尔卡纳尔岛是所罗门群岛的第一大岛，“二战”中此岛因美、日两军反复争夺苦战出名。我较详细地研究过这幅兵要地志图（图 20–11），地形显示概略，等高距为 200 米。一如日军其他海岛兵要地志图，瓜达尔卡纳尔岛也是将调查重点放在海岸各地段。某段“海岸多沙，高潮时水线到乔木”；某段“潮流强，且不规则，小舰艇好锚地”；某段“东南信风，好锚地”；等等。岛西北地带 4 个机场相连。而岛上最高点 2400 米的山脉，仅一句话“云连山郁葱密林”。我依图判断，瓜达尔卡纳尔岛南岸以断崖临海，似无陆军登陆可能，海军舰艇亦无法锚泊隐蔽，因而注记空白。

1945 年 5 月日军大本营陆军部颁发以美军为主要作战对象并着眼本土防卫的《兵要地理调查参考诸元表》（图 20–12），其中登陆作战对港湾面积、水深、港口、泊地静稳程度、岸上的余地、碇泊设备、接岸设施、路上设施等的调查要求列表说明，十分详细。又如登陆作

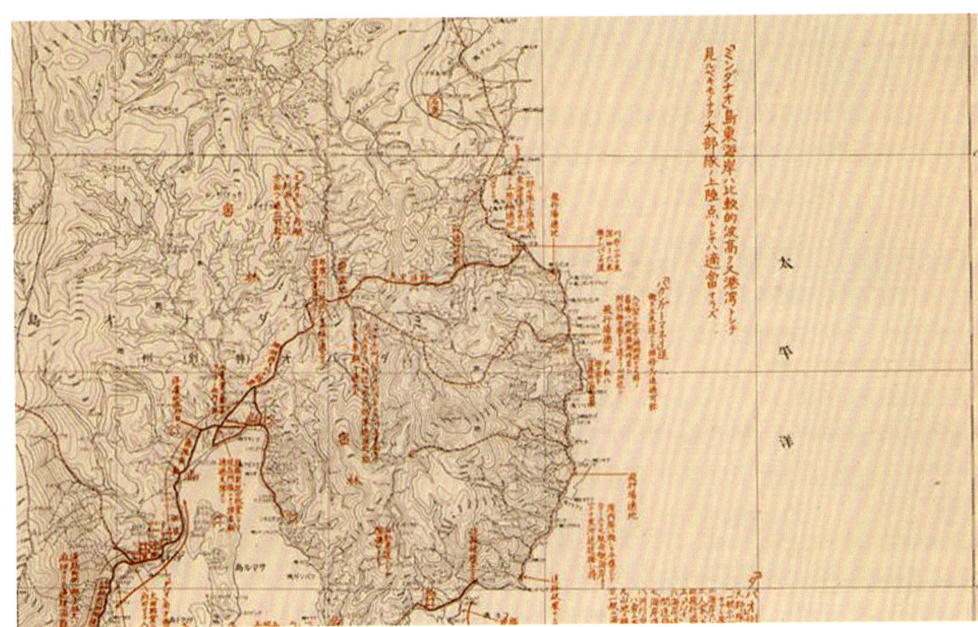

20-9 日军“渡集团”绘制的五十万分之一比例尺《(菲)律宾兵要地志资料图(第十一号)》

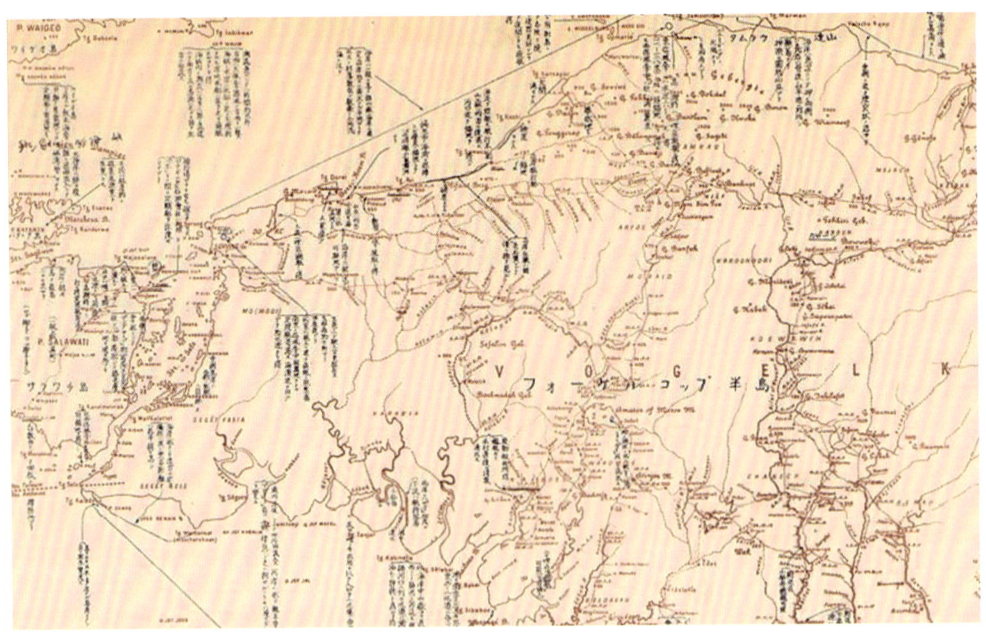

20-10 日军参谋本部编印的五十万分之一比例尺《新几内亚兵要地志图》

战的气象观察表中对晴好天气和恶劣天气对敌我双方的利弊如何判断，并提示以往的战例作为参考，如恶劣天气下的日军阿留申群岛登陆作战，又如晴好天气下的日军提尼安岛登陆作战。然而，要求归要求，何况是日军行将败亡前迟到的要求。我见到的“二战”中日军70余幅海岛兵要地志图，其多数对港口资料记述简略，甚至没有记述。我在1944年12月日军大本营陆军部制作的中国《海南岛近旁兵要地志图》上看到，海口港记载内容相对略多，而对三亚的榆林港的记述则寥寥数语，“大集团碇泊可能，西方海岸适于部队登陆”，“港湾设施、海军栈桥、5吨起重机3座，3吨起重机3座，有其他炭水设施，现在的设施能力约2430吨”。

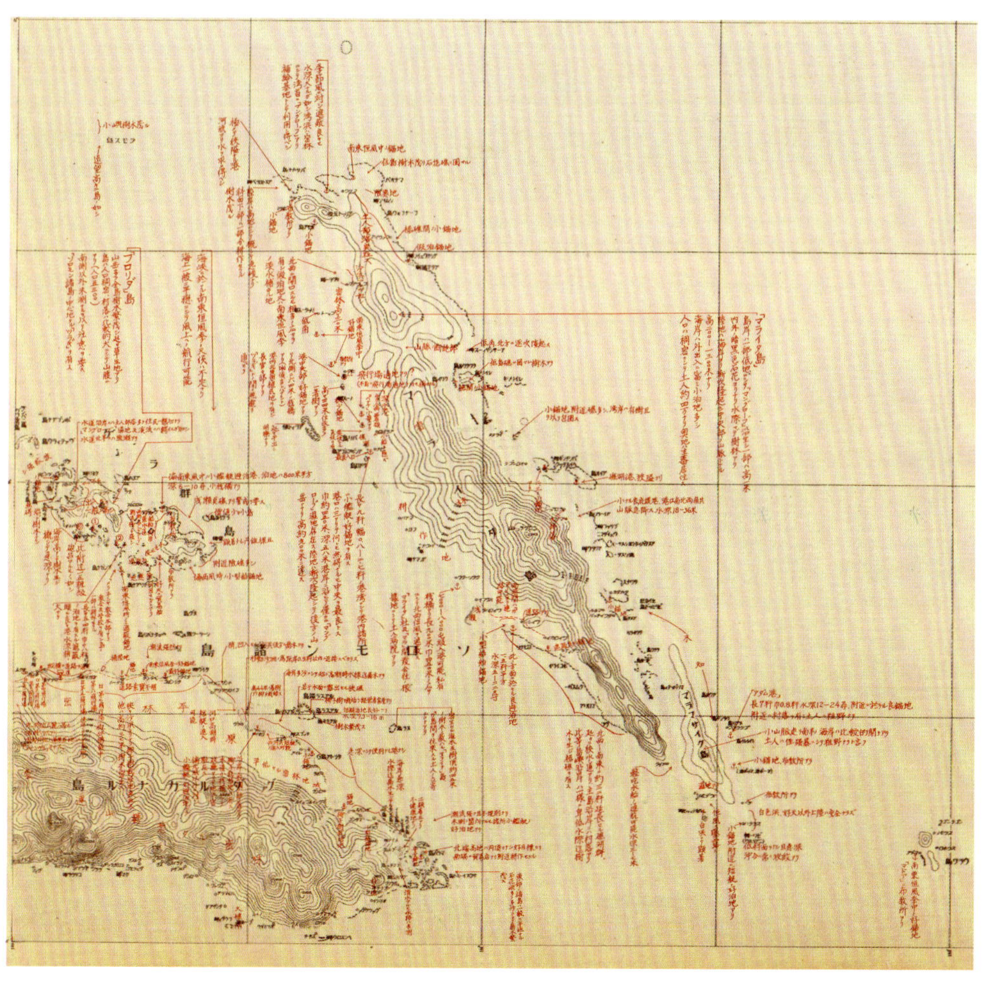

20-11 日军五十万分之一比例尺的《瓜达尔卡纳尔岛兵要地志图》（局部）

（第十七表）

兵要氣象的ニ見タル上陸作戰觀察

天氣別	惡天時		好天時		備考
	全般的ニ惡天	上陸地點惡天	上陸地點惡天通過直後	我ガ基地トノ間ニ惡天介在	近來電波兵器ノ進歩（特ニ米）ニヨリ特ニ敵航空部隊ノ行動ハ航法、照準共ニ惡天ヲ克服シ好ンデ惡天時ヲ選定シアリ
氣象説明	濃霧、下層雲濃密ニ分布シ連雨アリ一般ニ惡天期間長シ	暴風、豪雨、霧、惡天（陰霧）等ニシテ一般ニ惡天期間短シ	低氣壓（颱風、颶風）不連續線我ガ基地方向ニ通過シ上陸點附近氣象回復シツツアル場合	低氣壓不連續線等我ガ基地トノ間ヲ通過或ハ停滯シアル場合	
彼我ノ行動觀察 敵	行動ヲ秘匿シ容易ニ奇襲的ニ上陸シ成功シアリ	上陸ニ際シ敵ハ航空機ノ活動ニ活潑ナラザルモ奇襲的ニ上陸シ來リ天氣回復迄ニ概ネ橋頭堡工事乃至ハ飛行場工事ヲ概成ス	惡天通過ヲ待チ直チニ上陸シ來ル	上陸地點敵基地間全般ニ氣象良好ニシテ氣象的ニハ敵行動最モ容易ナリ	
彼我ノ行動觀察 我	偵察及攻撃（特ニ航空部隊ニ依ル）困難ニシテ敵上陸當初ニ於ケル反撃時機ヲ失ス	上陸地點ニ對スル攻撃偵察ハ天候ニ阻止セラル	敵上陸時我方基地惡天ノ爲航空出撃兵力機動ハ阻害セラレ又特ニ豪雨等ニヨリ交通機關ハ道路鐵道ノ破壊流失ニヨリ數日間輸送力低下スルコトアリ	我ガ部隊ノ上陸地點ヘノ増援航空出撃困難	
既往ノ戰例	「アッツ」「ホーランデア」島上陸	「レイテ」島「グロスター」岬「アドミラルティー」島上陸	「サイパン」「ガム」「テニアン」島上陸	「ギルバード」諸島上陸	

20–12 日军《兵要地理调查参考诸元表》中的“第十七表”

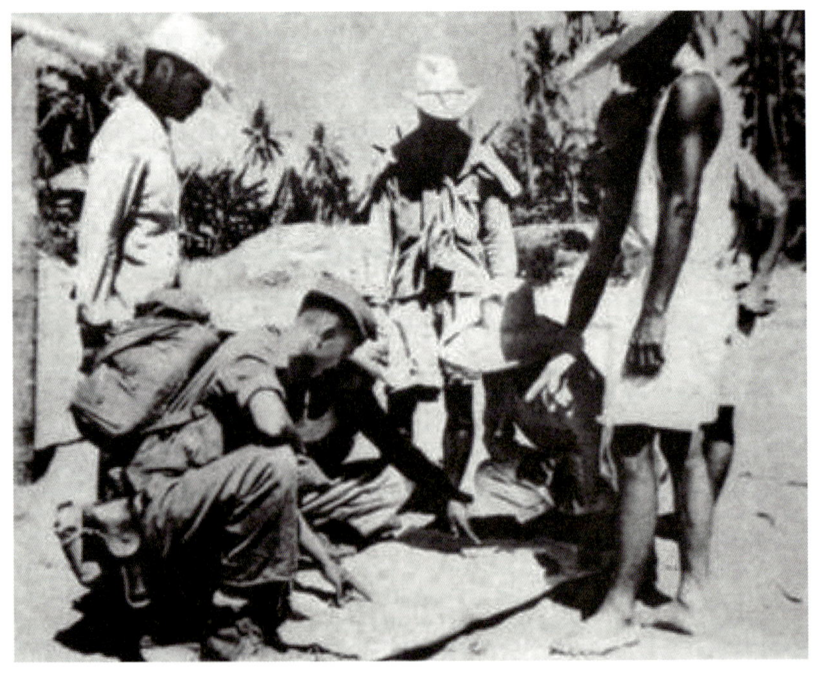

20–13 菲律宾游击队和美军研究缴获的日军地图

值得指出的是，日军兵要地志图对“土人”即当地居民的记述，特别是对政治倾向的记述也十分简略，甚至没有记述。如在菲律宾“住民状况”中说，“一般对日本有好感”；所罗门群岛“土人九万，文化低俗”；瓜达尔卡纳尔岛附近岛屿“水道沿岸土人部落多，住民亲切”。

事实上，面对凶残的日本侵略军，当地民众反抗力量遍布各岛。菲律宾有 25 万游击队，仅吕宋岛就有 11 个抗日武装团体。这些游击队破坏日军通信线，炸桥梁，协助美军夺取飞机场。军事史书记载“游击队员们挽救了数千美军的生命”。在瓜达尔卡纳尔岛，当地居民为被称为“海岸守望者”的美国情报人员提供食物和日军动向。[1] 日军兵要地志图掩耳盗铃地回避占领区居民的政治态度。

（四）美军进攻瓜达尔卡纳尔岛的情报是七张风景照片

根据战后出版的日军参谋本部作战部部长田中新一回忆录《田中作战部长的证言》一书，日本对所谓“南方作战”的计划和准备是

20-14 美军航拍的瓜达尔卡纳尔岛北岸照片

〔1〕［美］拉菲尔·斯坦贝格著、丁翠玉译：《重返菲律宾》“时代生活”，中国社会科学出版社、海南出版社，2004 年。

1942年8月，下达作战命令则是1942年12月。我所见到的当年日军计划首先打击的香港和关岛附近的瓦无岛（亦译为瓦胡岛）的兵要地志图，分别是1939年和1941年成图的。而太平洋战场其他作战所需的岛屿兵要地志图则是战争中后期的1943年至1944年间调制的，可谓雨后之伞。其实“二战”前，美军对瓜达尔卡纳尔岛的军事测绘并未重视。

20–15 在瓜达尔卡纳尔岛立功的美国海军陆战队侦察兵

瓜达尔卡纳尔岛在地图上看像是显微镜下的杆状菌，因此美军的通信密语中称瓜达尔卡纳尔岛为“鼠疫”。美国海军情报部门搜集的瓜达尔卡纳尔岛的地理资料中只有两本有关所罗门群岛的书籍，一本是1893年的英文本，另一本是1903年的德文本，而地图也只找到一张成图于1792年由爱德华·曼宁船长绘制的所罗门群岛海图，都没有多大用处。美军得知日军绘制有瓜达尔卡纳尔岛详细的海图，决定派弗兰克·高芝上校盗取日军地图，其结果不详，最后竟是照片帮了美国海军陆战队的忙。美国情报专家拉·法拉戈在《斗智》一书中指出：“在情报工作里，普通照片和风景照片等都是情报搜集者的对象。……1942年8月第一批海军陆战队开进瓜达尔卡纳尔时所用的进军情报便是七张这类照片拼凑成的。这几张照片是一个在战前到所罗门群岛去旅行的人所拍摄的。”〔1〕

“二战”中，日军调制的各个侵略战场的兵要地志图，特别是海岛的兵要地志图，绝大多数在日本军队投降时被销毁。侥幸留存下来的这些军用地图多数保存在日本一些大学的图书馆和地理教研室中。这些尘封的地图向世人昭示，在20世纪，日本军国主义的铁蹄践踏过这些土地，给当地人民带来深重的灾难。

〔1〕［美］拉·法拉戈著、何新译：《斗智》，群众出版社，1980年。

（五）忽略海岛生存条件调查的日军兵要地志图

抗日老战士迟浩田上将曾指出："岛屿、礁盘和海上作战的生存能力、自给能力和反击能力，是加强海上作战问题研究的首要任务。"[1]"二战"中，太平洋逐岛争夺战中"海岛生存"尤显突出。战后日本史学者藤原彰在《饿死的英灵》一书中悲叹，"由于日军在太平洋战争中兵要地志调查不足，致使部队在补给断绝的条件下现地自活（即野战生存）失败"。因而，我翻阅"二战"时期日军绘制的太平洋岛屿兵要地志图时，十分关注图中有关岛屿生存条件的调查。

1943 年日军统率部认识到太平洋战场危局显现，特别是补给供应有问题，于是陆军省编印了《现地自活（衣粮）的胜利》，即部队野外生存教材，专门发给太平洋战场的南方军。但从我所见到的日军岛屿兵要地志图来看，其调制者似无"现地自活"的意识。日军详细的二点五万分之一比例尺的提尼安岛兵要地志图对地形道路、山地、林地，对步兵的通行、射击、展望的影响都有记录，而对军队生存条件的调查叙述只字未提。又如菲律宾中部的萨玛岛兵要地志图中记述，"饮用水，雨水。使用井少"。斯高岛"沿海岸一带有椰子林，部队行动容易"。波荷岛"本岛产稻米，住民需要不足，要从棉兰老岛、内格罗岛输入。副食品和代用食品少"。罗他岛"米产不足，牛肉、牛乳、鸡蛋等产出多。淡水鱼廉价，产量多"。达沃岛"海岸椰子林多，生产椰子油。陆稻生产，住民食用充足，尚有余。住民养猪、鸡。野生牛相当多"。新乔治亚群岛"现地物资状况，甘薯、玉蜀黍、蔬菜等田地可见。甘薯登陆之初代食，现在挖掘殆尽。大部队给养维持不可能"。哈根岛"地区寒暑差异，夏服、军毯要携行"，等等，仅此而已。此外，日军岛屿兵要地志图无论何种比例尺的图幅都明显忽略饮用水的标注，相反侵华日军的兵要地志图对此很重视，特别是对水井的水深、水量极为关注，而关东军则在东北地区专有给水兵要地志。

说到海岛生存条件的调查，不能不提美、日两军殊死争夺的瓜达尔卡纳尔岛。该岛长 150 千米，宽 50 千米，一条蜿蜒起伏高达 2400 多米的死火山贯穿全岛，只有北部沿海起伏的丘陵与平原之间的狭长

〔1〕《迟浩田传》写作组：《迟浩田传》，解放军出版社，2009 年。

地带便于部队展开行动。即便是这里，也是河流交错，山岭连绵，还生长着片片锋利如刀的杂草、密不透风的热带雨林，降雨时阴冷，随之便是酷热。河流密布，河中和湿地到处是鳄鱼，还有大蜥蜴、毒蘑菇和蝎子，以及咬人的白蚁、吸血的水蛭，等等。占据瓜达尔卡纳尔岛的日军调查绘制兵要地志图时，除了河溪中的鳄鱼，其他似乎视而不见。日军兵要地志图对瓜达尔卡纳尔岛的生存条件仅记叙了“饮用水从河川可得，山地困难。食物海岸地有小量椰实以外，其他皆无。雨季卫生状况极差，后半夜气温低。美军卫生状况良好”等语。

20–16 日军野炮第五联队士兵渡边胜三郎《绘本南战录》中“临渴掘井”图

日军对战场生存条件的忽略在瓜达尔卡纳尔岛作战中遭到了报应。

由于日军的补给线被美军切断，瓜达尔卡纳尔岛的日军只得吃草根、苔藓和槟榔子。“今天，再去挖野菜，这是我们一整天的粮食。”日军步兵第二师第四联队军医吉田秀一大尉回忆说，“瓜达尔卡纳尔岛的敌人有两个，第一个是饥饿，第二个才是美军。”[1] 因而瓜达尔卡纳尔岛被日军声名狼藉的辻政信大佐称之为“饥饿岛、死亡岛”。[2]

「餓島」日記

軍医の記録

ガダルカナル戦の日本軍は　飢餓との戦いも強いられた　以下は第二師団歩兵第四連隊軍医・吉田秀一大尉がガ島上陸以来　撤退までの半年間つづった日記の一部である　同連隊将兵二四五八人中　生きて撤退できたものは五五二人　さらにそのうちの一〇〇人は入院中に死亡した　仮名遣いは現代表記に改め吉田氏が当時の状況を書き加えた

昭和十七年九月二十日

早朝来、米機いくたびか飛来、機銃掃射と盲爆でわれをおびやかす。

午後はじめて先発の田村第二大隊との連絡なる。同隊はわが連隊主力に先だち九月四日東海岸に上陸、果敢な夜襲で一旦飛行場に突入せるも後続援護なく壊滅四散、中隊長以下戦死傷一七〇名、その後の十数日を食なくジャングルをさまよい、本日救出されしものなり。われは命をおび飛行場を奪還し危地の友軍を救うべし。

来たり。見たり。われ克たんのみ。

九月二十六日

ガ島上陸以来すでに旬日、今日も僚機きたらず友艦入らず、糧食いよいよ欠乏す。夕刻よりスコールあり、雷鳴は砲声のごとく、梢をわたる風は編隊爆音に似たり。天象風雨すら、われに敵性をしめすのか。椰子の葉で覆った小屋つぶれ、天井もり、たった一枚のむしろズブぬれとなる。たくわん二切れと梅ぼしのみ。淋しき冷たき食事。今日は背のうの底から親指ほどの鰹節をみつけてかじる。

◎前線の兵隊は日夜陣地に入ったまま敵と至近距離で対峙している。そこにはミイラのような痩軀の将兵が銃と飯盒をもってうごめいていた。みな蒼白のマラリアと下痢患者だった。

十月八日

夜来の雨にすっかりぬれて褌までしめる。飛行機の来襲絶えず天幕も干せず、大木の下に枯葉をしきて終日をすごす。

昨夜マタニカウ河をこえて進出した第一大隊は敵の正面にとびこんで全滅、第三大隊は孤立す。敵の反撃、俄然はげしく川をこえて逆襲してくる。よる最後の予備隊を増強、いよいよ残るは連隊本部と軍旗小隊のみ。一報一告すべて悲報。最も長き、最も苦しき一日。なに糞、まだ死んでなるものか。

十月二十三日

包囲圏を完成、いよいよ総攻撃開始。先週から隠密裡にルンガ河上流より密林をわけて迂回せる古宮部隊は敢然、夜襲に出でしも敵の弾道下に暴露、全軍むなしく潰え、救援の広安部隊も軍旗とともに全滅し、兵団長那須閣下も戦死せらる。

相つぐ悲報、飛行場攻撃の雄図は遂に失敗に帰す。全軍的に形勢非なり。

十一月二日

敵いよいよ接近し銃砲火はげし。連隊本部も出動準備、軍旗の下、現陣地を死守せん。何くそまけるものか。

朝九時　記

友軍不利の中に薄暮となる。無気味な夜がくる。明日への希望をつなぎつつ…

午後四時　記

状況しだいに悪化、寡兵の各中隊は逐次孤立、玉砕散華の模様なり。某中隊長も某少尉も、わが本部もすでに敵の包囲下にあるものの如し。

夜に入り敵の重囲を脱し山麓のジャングルに後退す。折しも夜雨降り、道くらくはかどらず密林の中をころびつおきつ幾度か壕におち木の根に足をとられ、夜半二時、西方既設の陣地に入る。わずか一、〇〇〇米の移動に五時間をついやす。また仮眠数時、まもなく夜あけとなる。また敵の集中砲火一しお猛烈となる。

翌朝六時　記

十一月七日

この日、重傷の中熊連隊長、容態悪化し軍旗と部隊の運命を気にしつつ絶命される。雨の晴れ間に山腹に穴を掘り埋葬す。悲しき限り痛ましき哉。合掌黙祷。

連隊の将兵すでに三分の二を消耗し、今また部隊長を失う。兵の士気、部隊の行末を按じ暗然、一夜ねむれず。

◎「ジャングルで二合五勺の声がする」兵隊の一日定量は約六合（[illegible]〇〇〇[illegible]）だったが、ガ島にきてからは初め四合、ついで二合、そして遂にひもじい兵の実感がこの川柳となった。でも、まだこのころはよかった。

「二合を三日で喰えと主計野郎」

主計をうらんでも仕方がないが、一日一合の米は、何と貧しくひもじいものか。朝くらい中に近くの小川までゆき、命がけの飯たきをしてくる。川辺には水汲みに行って撃たれた兵の死体がいつも浮いていた。一合の米は粥にしても飯盒の底に一すもない。その乏しい一日分を箸で三つにわける。朝飯と昼と晩めしと。先ず朝の分をたべる。これで[illegible]はしですぐなくなる。は腹の虫が泣き出して喰わぬ前より腹がへる。ええ、ままよ、今日は一食にするぞと昼の分に手をつける。カチコチと音がして、たちまち底が見えてなくなる。あとに残った三分の一の晩飯を横目でにらんで飯盒を壕の隅におしやる。そして、その日は夕方までジーッと動かず食べず、壕中でひもじい一日を送るのだった。

副食物は何もない。空襲の合い間に壕をとび出して草をむしり木の葉をとって喰ってみるがまずい。海岸に出て手榴弾でも投げれば魚もとれようが、敵に見つかるのは危険だし、その気力とてない。錆びた帯剣で二日がかりで倒した椰子の芽は珍味で、われわれは

20–17 报纸上刊载的瓜达尔卡纳尔岛军医的日记

1944 年 7 月至 9 月，日本陆军中野学校川俣校长接到参谋次长室命令，研究日军自瓜达尔卡纳尔岛撤退之后，在

〔1〕［日］《一亿人的昭和史》，载『日本战争史 9 · 太平洋战争 3 』，每日新闻社，1980 年 。

〔2〕［日］辻政信著：『シンガポ－ル攻略 』，株式会社，2009 年 8 月 24 日。

离岛安置监视美军舰艇行动的谍报人员的所谓“飞石作战”的可能性。研究项目有：海水淡化、雨水的贮存、食物的保存、野菜的食用，以及风土病的对应药物等。[1]其结果不得而知。而中野学校毕业的德富幸夫中尉在德之岛“残置谍者”的实战中总结了食物、药品的分散配置，粪便的处理，通道的变换，住所的构筑与住地居民的关系，以及地道出土的处理和如何解决性欲的问题。[2]其实日军即使在岛屿兵要地志图中重视了战场生存条件的调查和记述又能如何？劳师万里的侵略战争注定了日本军国主义败亡的命运！

（六）“二战”时日本南方军热带岛屿野战生存

第二次世界大战中日本军队的“精英”们，除注重对预定战区的兵要地志调研外，还有对特定方向作战研究的专著。如前所述，时任日本“台湾军”研究部的主任参谋辻政信大佐和林义秀大佐共同编写了南方作战“极密”手册《一读必胜》。该书内容包括：假想战地民情、地形、气象及其他特异现象；有关卫生防疫给养常识；战斗方法和军中勤务；兵器及使用方法；英、澳、印、荷各军军情；等等。这本小册子，对1941年6月日军在我国海南岛登陆作战训练和登陆后持续千里行军演习，继而选择相似地形进行的针对马来西亚北端进攻新加坡，在炎热、骤雨条件下的通道作战演习很有参考价值。被日军称为“作战之神”的辻政信大佐的这本《一读必胜》，被战后日本的战史编写者称为“作战的宝库”，其中野战生存的内容，很多被美国人转译，譬如“小心毒蛇——这些潜藏的危险物要么藏在厚草丛中，要么栖居在树杈上；在你停留的地方如果没有注意到它们，就有可能遭到伤害。如果你发现了一条危险的毒蛇，必须立即杀死它。你也应该吃一些活的动物，并且要把这些肉煮熟，没有比这更好的食物可以增强你的体质。菠萝和椰子有助于解渴。在山区地带，你会发现吮吸垂下来的藤的末端部分会喝到水”[3]。这些文字经日文翻译成英文，再由英文转译成中文，

〔1〕［日］中野校友会著：『陆军中野学校』，原书房，昭和五十三年三月十日。

〔2〕［日］富山清行著：『陆军中野学校』“3 秘密战史”，番町书房，昭和四十六年十一月三十日。

〔3〕［美］亚瑟·查齐著、胡修雷译：《图文第二次世界大战史——肆虐的太阳旗》，中国社会科学出版社、海南出版社，2004年。

大意未变，只是个中细节被添加附会。我在辻政信大佐的《新加坡的攻略》中见到《一读必胜》的日文原文，并译出附于本书第十三章中。

1.掠夺——“现地自活”

1941 年，随着日本发动太平洋战争，日军海空补给线拉长，战局恶化，日军舰船补给优先装载武器弹药，而对其部队的粮秣给养，提倡所谓“现地自活”，即野战条件下的战场生存。

我注意到在 1942 年 4 月版的日本陆军军官俱乐部杂志《偕行社记事》上，刊发了陆军经理学校（后勤学校）以中国战场为例的《野战师团的现地自活》的文章，内容包括对占领区粮草、被服、木炭、蜡烛、家禽、牲畜，甚至麻绳，以及空瓶罐等等要回收。[1]这里的所谓“现地自活”，即就地掠夺。

“二战”中，日军在太平洋战场面对的是五十倍于自己的美军，日军首脑机关将进攻作战研究的教程向“战地自活”即野战生存转化，其部队在战地也搞起生存训练和“大生产”。曾任日军大本营动员课长的林三郎大佐在其《太平洋战争陆战外史》一书中说，日军在印度的英帕尔作战中曾“训练士兵食草”。读战后藤田昌雄《帝国陆军战场的衣食住》一书而知，昔日日本陆军在大正、昭和时期，根据对中国、蒙古的作战设想，十分重视对作战地域的物产、人马粮秣和可作代用的草本植物进行调查，以期对战时军队粮秣不足的补充。特别是 1943 年，由明治以来以研究马粮为主的日军陆军兽医学校研究部编写了针对日本本土，中国东北、台湾地区以及中国各地可食野菜的《食用的野菜》一书。我在日本寻获《食用的野菜》一书。此前，我曾见美国 1943 年印发的《太平洋岛屿安全可食与有毒植物》一书[2]，我想，或是同年日军受美军的影响也依据战场情况出版了《食用的野菜》一书？书中记述了各种可食野菜的特征和调理食用方法，并附图说明。此外，这一时期，日本军队注重战场的食用动植物的调查。我曾在日本政府防卫厅防卫研究所战史室资料馆见到当年日军编印的《马来野生植物图说》的检索卡片，可惜未见到书。

---

〔1〕［日］『偕行社记事』，昭和十七年四月第 811 号。

〔2〕E. D. Merrill. *Technical Manual Emergency Food Plants and Poisonous Plants of the I'lands of the Pacific*. 1943.

20-18 著者收集的日军《食用的野草》（书影）

1943年7月日本陆军省印发了《现地自活“衣粮”之胜利》。它又称“南方军自活教本”，针对太平洋诸岛屿，对战地农业、畜产、林业、水产等项内容编写教材，进行“自活教育”，倡导开展战地的“大生产”运动。书中分《粮食之部》和《被服之部》，主要内容为：粮食品的制造、野菜类的栽培、家畜的饲育及渔业方法，以及味精、酱油、酒的制作，各种被装的补修、军靴的代用品的制作等。

在“粮食品的制造”中，有“淀粉制造”，如把椰子的椰肉部分制成淀粉，并附图说明。还有“野战速成渍物法”，即如何用盐腌制豆类、瓜类，以及姜、笋等可食的野生植物的方法，从一两月的贮藏到长期保存。还有将甘薯叶、南瓜叶、胡瓜叶，以及一些药用植物制成“野战代用茶”。书中列举了日军占领的拉包尔地方食用植物调理法，对椰子、甘蔗、甘薯、芋、藤等26种当地可食植物的名称、产地、食用部位、调理法，如生食、浸煮或炒，还有南方有毒植物的识别，均列表说明。

20-19 日军《南方地域现地自活教本》中的简易滤水器示意图

在书中“其他”项，介绍了如何用数个木箱或木桶加沙砾、木炭制成野战简易滤水器，如何制作鱼叉，用苇、竹、葛藤编织捕鱼的篓、网等渔猎方法。另附南洋毒鱼的识别图。此书1997年由野田胜久整理再版时，书名改为《南方地域现地自活教本》。[1]

2. 日军在太平洋岛屿战场的“大生产”

我曾见日军在侵华战争中的作战命令：“今作战十日间……携带口粮七日份，而后

〔1〕[日]《南方地域现地自活教本》，载野田胜久编:《解说 ：十五年战争极秘资料集·补卷9》，不二出版，1997年7月25日。

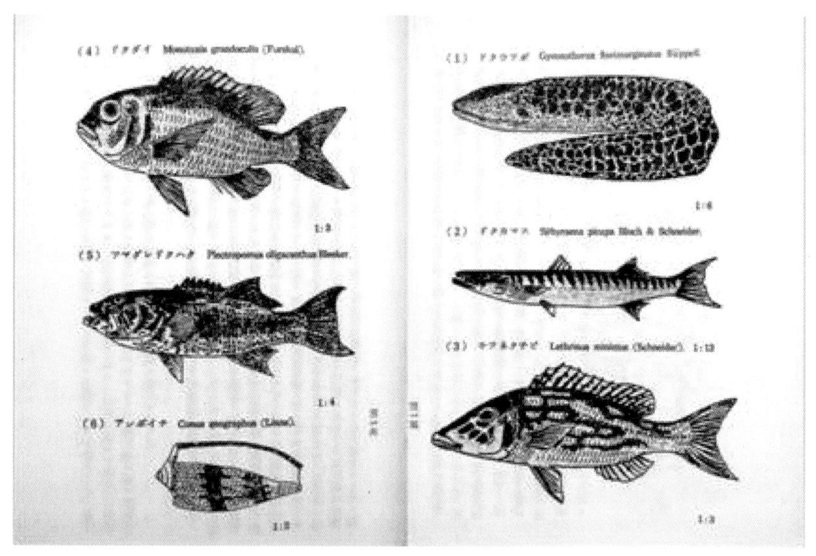

20–20 日军《南方地域现地自活教本》中的毒鱼图示

现地调达。”即七天后的食物现地解决。日本在太平洋战争发动之前，如果有人提及后勤问题，日军参谋本部也是一条既定方针“现地调达”。我们以美、日激烈争夺的被日军称为“饥饿之岛”的瓜达尔卡纳尔岛为例，远离日本本土6000千米的瓜达尔卡纳尔岛，实际情况如何呢？我见到当时日军测绘的五十万分之一比例尺的所罗门群岛兵要地志图中瓜达尔卡纳尔岛部分的图，其中对战场给养记述只是一句话：“饮用水可从河川取得，山地取水困难地域多。食物除海岸地区有少量的椰子之外，其他皆无。”面对这样的战场环境，日本南方军不得已在战地搞起了“大生产”。以往我只知道八路军三五九旅在南泥湾开荒种地搞过“大生产”，读日本藤田昌雄《帝国陆军战场的衣食住》一书才知道，“二战”中日军在南洋也搞过“大生产”，特别是书中列举了瓜达尔卡纳尔岛作战、英帕尔作战和北部所罗门作战等战例。

日军在太平洋战场的岛屿作战中，在各师团经理部组成“自活班”“农耕班”“渔捞班”“制盐班”，如在战场种粮、种菜、采集可

20–21 在广东佛山用网捕鱼的日军

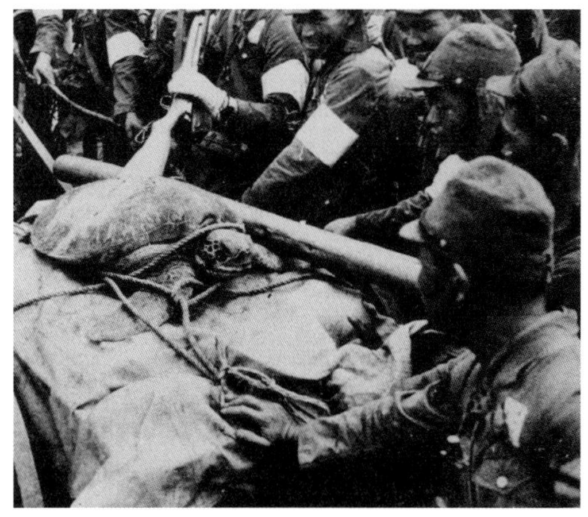

20–22 日军捕食海龟

法方ル依ニ堀土 (1)

法方ル依ニ用利器容空 (2)

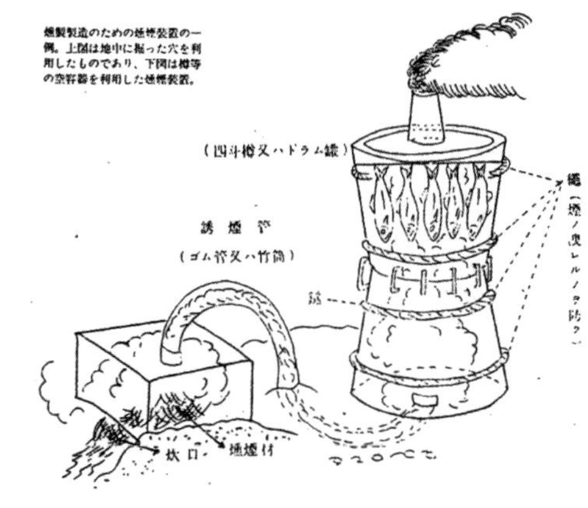

20–23 日军《南方地域现地自活教本》中用土法熏制便于贮存鱼干的图示

食的野生植物，捕捞鱼类，捡拾鸟蛋等。如 1943 年，在英帕尔作战中日军“菊兵团”，即十八兵团经理部部长山口忠雄大佐，收集并对战地 46 种可食植物的食用季节、部位进行研究，如南瓜，萨摩芋的叶、柄、幼芽，人参叶的食用，芭蕉幼芽、干茎的中心部分，以及这些植物枝干、果实腌制后的食用，等等。

日军旭川步兵第二十六联队夺取岛屿之后，卫生班立即对该岛饮用水和可食植物进行调查，并计划在岛上种植蕉、小松菜。

冬季除了苔衣，野菜不足，该部以小队（排）为单位编成“渔捞班”，捕捞海产品、捡拾鸟蛋及海藻。因南洋战场气候潮湿，食物不易保存，日军将采集的野菜和鱼类，搭制简易的灶，用木炭或锯末等烟熏使之干透，便于长期贮藏。

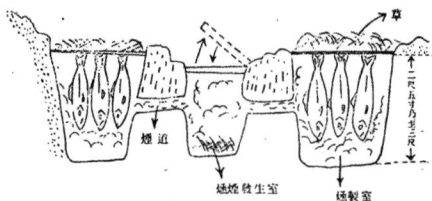

日军该部队登陆之初使用帐篷，我见到日军的战地照片，在坡地反斜面用单兵“九五式”天幕，即帆布制的方块雨布盖在半掘式的土坑上，再覆草进行对空伪装。为过冬之计，日军构筑了“三角兵舍”。这种兵舍图我在日军的《筑营教范》和战后藤田昌雄的《帝国陆军战场的衣食住》一书中见到，形制与日本关东军半地下的寒区兵舍相同，只是材质不同。寒区的关东军用树木做骨干支撑，而热带的南方军则就地取材，用木板或竹。草搭制。而关东军这种寒区的“三角兵舍”，实际是其宿敌——远东苏

军用于士兵居住和安置军事机关及伤病员的双斜面土窑的精确翻版。[1]

3.日军战场生存的真实记述

日本南方军的“现地自活”只是暂时的维持，一旦开战之后，许多溃散的日本官兵逃入了丛林之中，真正的野战生存开始了。印缅战场的英帕尔作战和南洋诸岛成了南方军官兵的地狱，甚至出现了人食人的惨剧。瓜达尔卡纳尔岛作战日军连岛上的草根和苔藓都吃光了。士兵遭遇炎热、潮湿、疾病的折磨。一名日本随军记者回忆道：“日本士兵为了充饥什么都吃，如嫩树枝、草根，甚至连泥块儿也吃。这些东西极大地损坏了日本士兵的肠胃，他们被带到战地医院时，任何食物都无法消化了，有许多士兵吐血而死。”

曾在“台湾军”研究部任职、后任南方军第二十五军作战参谋的辻政信大佐在《瓜达尔卡纳尔岛争夺战》一书中，引用日军不少士兵的战地日记：“最近，山上显著少了四脚蛇，在这块地上，它是唯一的上等佳肴。”瓜达尔卡纳尔岛的日军根据当时的情况，开列了衡量活命的指标，据说很准确：“能站立者可活30天，能坐立者可活20天，躺着小便的可活3天，不能说话的可活2天，不能眨眼者当日必死。”[2]

我从日军原驻菲律宾棉兰老岛三宝颜半岛的独立第五十四混成旅炮兵大队的中士荻原长一的《骷髅的证词——棉兰老岛死里逃生记》一书中找到“吃”“取火”“找水”的部分内容和他绘制的可食植物的图片。日军原以为丛林里野果一定相当多，可与预料相反，能吃的一种也没有。

为了解决粮食问题，日军想尽了各种办法，试吃野生的安蓬芽就是其一。每个人分别拿出珍藏的大米150克，然后集中在一起，再把安蓬芽切碎，掺在大米里煮，熬成汤一样的稀粥，8个人分着吃。这种安蓬树直径约有10—15厘米、高5米多，树干上长满了刺，是一种不结果的椰子树。日军把树砍倒，从树芯里取出牛蒡似的芽来。荻原长一记述：“因为除了有点盐，没有别的佐料，所以不是什么好吃的东西，有浓烈的苦涩味。煮出的稀饭，会变成浓浓的茶色，像有毒似的。这也许是单宁酸在起作用。当时，作为填饱肚子的代食品成了宝贝，

〔1〕 参见［苏］札瓦里兴等编、王昆等译：《苏联助理军医医学百科手册》，人民卫生出版社，1957年。
〔2〕 陈培军著：《瓜达尔卡纳尔》，海南出版社，2006年。

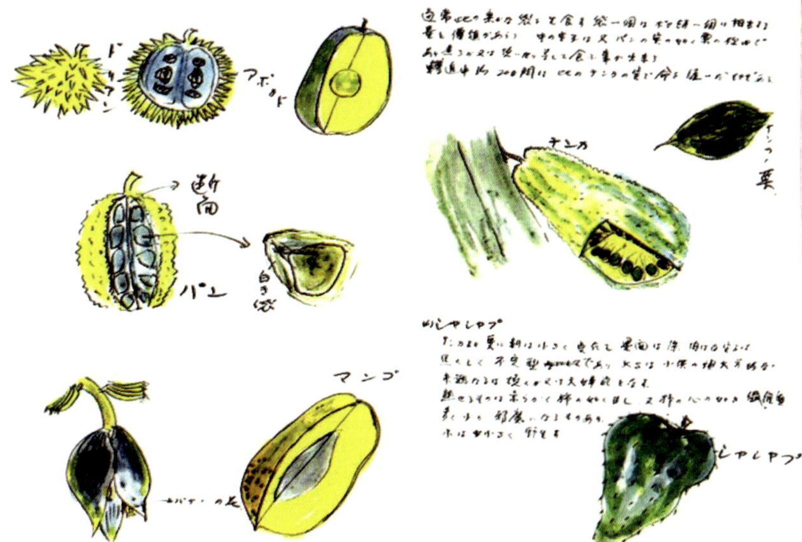

20–24 荻原长一绘制的菲律宾岛屿可食植物的图示

成了主食。”

此外，池塘和小河里的鱼、青蛙等，也成了日军高蛋白的来源。还有蛇、蜥蜴、蝌蚪、蜗牛和其他虫类，以及野生的蘑菇、草根、树芽等也成为食物来源。而在下雨淋灭了火种的时候，丛林中的日军不得不生吃这些动植物。

日军从竹子里取水，方法就是把细细的青竹从离地面约 1 米高处砍出口子来，然后再弯下竹子，将切口放进容器（水壶）里，储存滴出来的液体。这种方法还适用于藤蔓。但竹子里的水最接近天然水，没有异味，含水量也多。通常，一根竹子一个晚上可采水 2 公升。火种是必须一直随身携带的。携带火种的方法是，首先把上次烧过的软炭放进饭盒，不要让大雨淋着，撕下死人的衣服等做成棉绳，用来点上火带着走，不使其灭掉。点火时，拿出饭盒里的软炭，用嘴对准火绳吹气，把木炭点着，然后在木炭上面放上细细的干燥树枝或枯叶，增强火势。

荻原长一还记述：“用镜片取火，雨很快停了……我赶紧拿出贴身带着的宝贝镜片，在篝火余烬中捡出木炭来碾成粉，用体温捂干湿粉，再用手捧着，把镜片对着从丛林中透进来的斜阳，全神贯注地集中焦点，过了 5 分钟，总算冒出了细线似的白烟……慢慢地吹，再不断添炭，终于成功地生出火来了。”[1]

〔1〕［日］荻原长一著，胡毓文、黄凤英译：《骷髅的证词——棉兰老岛死里逃生记》，上海译文出版社，1992 年。

我看到荻原长一所说的用饭盒保存木炭的方法，想起我曾访问坚持海南岛游击作战的琼崖纵队的老兵，他们也用这种方法隐蔽取火。

（七）被日军强征到南洋作战的台湾“高山义勇队”

1945年日本“台湾军”司令部编印的《台湾兵要地志概要》记述“高山族挑担能力壮年者25—30公斤，每日行程20千米”。“二战”中，日本强征在其占领下的台湾少数民族组成所谓“高山义勇队”到南洋诸岛作民夫，甚至直接参与作战。这些世居台湾的阿美、邵、邹、排湾等地被称为“高山族”的山地少数民族青壮年男子，有着丰富的热带渔猎、采集的生存经验。

日本人将战后在菲律宾卢邦岛山野中生活了数十年的小野田宽郎少尉，视为昔日陆军中野学校野外生存实践的典范，殊不知，还有同他有相同经历的台湾台东阿美人李光辉。作为“高山义勇队”的队员，他被日军强征至印度尼西亚的摩罗泰岛作战。他在混战之中与部队失去联络，只身流落在丛林里。当时他只有两支三八式步枪、几十发子弹、一顶钢盔、一把军刀、一个铝质餐锅、一身军装、一面镜子和少许日用品。1945年8月15日，日本投降，但躲在孤岛丛林中的李光辉全然不知日本已战败投降，靠着他丰富的野外生存知识与技术盖了一间竹屋，以野果充饥，或偷取农户种植的农作物为食。他后来自己耕种，偶尔也猎捕野生动物进食。他以镜子在中午反射阳光取火，并挖掘土坑，放置干燥木柴，以保存火种。他就这样渡过了30年鲁滨孙般的蛮荒生活。1974年，摩罗泰岛的居民向印度尼西亚政府报案，说岛上藏着一个全身赤裸的野人。印度尼西亚政

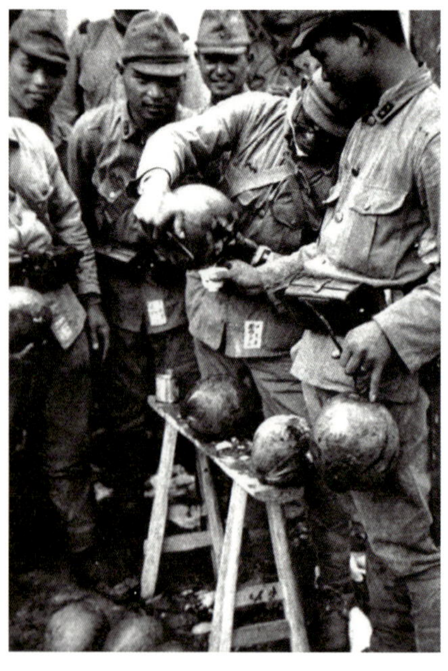

20-25 日本“台湾军”步兵第一联队重九大队在海南文昌取用椰汁

府组织了 11 个人的搜索队，经过 30 个小时的搜寻，终于发现了正在劈柴的他。此时的他才知道，第二次世界大战早已结束。1975 年 1 月 8 日，他搭乘专机，回到了他离别 30 年的故乡台湾。而许多“高山义勇队”的成员没有李光辉那么幸运，有数万台湾青壮年作为日本军国主义的炮灰客死南洋诸岛。

时至今日，我在台湾看到花莲师范学院的阿美人女军训教官吴雪月中校在教学中将台湾少数民族饮食文化与野外生存结合在一起，写出了《台湾新野菜主义》一书，图文并茂地介绍台湾阿美人常食用的数十种野菜野果。她在本书序言中称赞李光辉，并以此为自豪。[1]

鲜为人知的是日本“台湾军”于 1944 年编组了一支执行空降袭击、爆破等特种作战任务的游击队——“薰空降队”，派往太平洋战场。指挥官是曾在日本中野学校受过侦察训练的中重男中尉，下辖精选的 80 名台湾高山族士兵。“薰空降队”在敌后生存时除主食大米，其余全部在现地取食。特别是野炊时，为隐蔽烟火以免暴露目标，他们将饭盒半埋在地下，用携行的木炭点燃烧热，日军称之为“无烟隐密饭盒炊事”[2]。

回顾上述内容，意在鉴往知来。从军事角度看日军“二战”中热带岛屿野战生存，有可供学习借鉴之处，如熏制鱼干、腌制采集的野菜长期储存。但日本军国主义劳师远征的侵略战争，得不到当地民众的支持，失败是必然的。

此外，当时任日本南方军第二十五军情报参谋的日本自卫队退役将军杉田一次在战后的著作《从兵要地志看中苏战争》一书中悲叹：“因对兵要地志调查不够，而不得不进行苦战：……陆军在所罗门群岛和新几内亚的作战（战斗）初期（相当时间内）甚至不得不依赖海图进行。为此，许多官兵因疟疾、登革热和营养不良等疾病而丧失了宝贵生命。”[3]因而，我国的兵要地志应将战场生存条件作为一项重要调研内容载入，同时将预定战场的野战生存作为军事斗争准备的一项重要工作加以重视。

---

〔1〕吴雪月著：《台湾新野菜主义》，台北，大树文化出版有限公司，2002 年。

〔2〕［日］藤田昌雄著：《帝国陆军战场的衣食住》，学习研究社，2002 年。

〔3〕［日］杉田一次著、军事科学院外国军事研究部译：《从兵要地志看中苏战争》，战士出版社，1983 年。

二十一、日军对菲律宾的兵要地志调查和军用地图测绘

（一）日军菲律宾兵要地志概说

我曾在日本政府防卫厅防卫研究所战史室找到一本“昭和四年五月”即1929年5月编印并注明“密”级的《菲律宾兵要地志梗概》。我认为，这是1923年至1926年间日本参谋本部为制定对菲律宾美军作战计划而密派情报人员所做的调查。其名曰“梗概”也名副其实，这本油印本的兵要地志只有25页，无署名。这本薄薄的菲律宾兵要地志分为：“国势概要”“地势”“上陆点”“物资”“气象”“防备”等六章。所谓“国势概要”即是菲律宾的基本情况。此书以作战的观点观察菲律宾的各个方面。如“地形细部概说”描述某海湾“南岸一带道路良好，村落森林相错杂，隐蔽地多”。又如“地物与作战的关系”记述“椰树林的边缘适于构筑阵地。林内陆军散兵容易通过，适于近距离射击战斗。密集部队通过难，山炮通过易。树木一方面障碍，伐采容易，适于露营”等等。物资方面，主食为稻米和谷类。肉类，水牛有200万头，还有鱼类、蔬菜等。马粮为麦、豆。燃料方面为林木、石炭、石油等。日军情报人员还记述了菲律宾的汽车、马车、牛车等搬运工具，并说“吕宋平原地带挑夫征用困难”。

日军关注菲律宾的“上陆点”，即便于登陆的地点，如“其三，南方上陆点某处适于部队登陆，沿岸处沙滨。但水过深大，敌潜艇防御困难”。

日军情报人员对菲律宾的村落、房屋的看法为“土人狭隘不洁，宿营力甚少，便于藏匿军队。学校、官衙等建筑物清洁”。

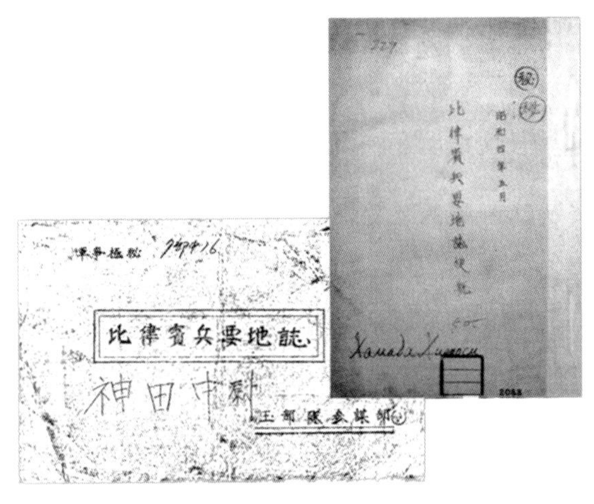

21-1 日军第一师团司令部编印的《比律宾兵要地志》两种油印本（书影）

气象方面，日军记录菲律宾的最高气温和风雨，如6月至10月间为雨季，此时“河川涨溢，交通遮断。此期间海上危险，作战应中止”。

在所谓“比岛防备”即菲律宾武备方面，日军情报人员侦察记录了菲律宾海军基地、军港、要塞的兵力，美军和当地人的数目，驻菲美军的分布调查到中队（连）。书中对首都马尼拉湾港口的要塞的火炮口径、数量、探照灯、无线电台列表说明，并对炮台前部侧面、顶部和背部的防盾厚度都有精确记录。这册“密”级兵要地志虽简略，但反映出当年日军对菲律宾和驻菲美军作战研究的关注点。

迄今发现当年日军收集整理的菲律宾兵要地志中较详细的，是所谓“玉部队”参谋部即陆军第一师团司令部编印的近百页的油印本。其内容主要为总说、海岸、地形、作战路、运输通信、宿营给养、气象、卫生，以及最近菲岛情况等九章。它重点叙述了吕宋岛登陆点（并附要图）、吕宋岛道路网概况、菲律宾地形概况、菲律宾群岛有线和无线电通信及海底电信网（并附要图）、菲律宾金属和煤炭矿藏等。它还记录了菲律宾群岛的机场概况，以及气温、风向、降雨及干燥型区域分布，并列表说明菲律宾群岛作战与气象的关系。从隶属于第一师团的步兵第一联队（“玉”五九一四部队）战斗经历可知，该联队1944年8月派驻菲律宾，后被美军歼灭。第一师团的这本菲律宾兵要地志，成书应在战争末期。

日军第一师团从防御和统治的角度，对当时菲律宾的所谓敌情、社情十分关注。如该兵要地志绘有“菲律宾敌动向要图”“兵匪情报联络系统图”“治安恢复概况图”，特别对美军潜水艇活动按月列表登记。

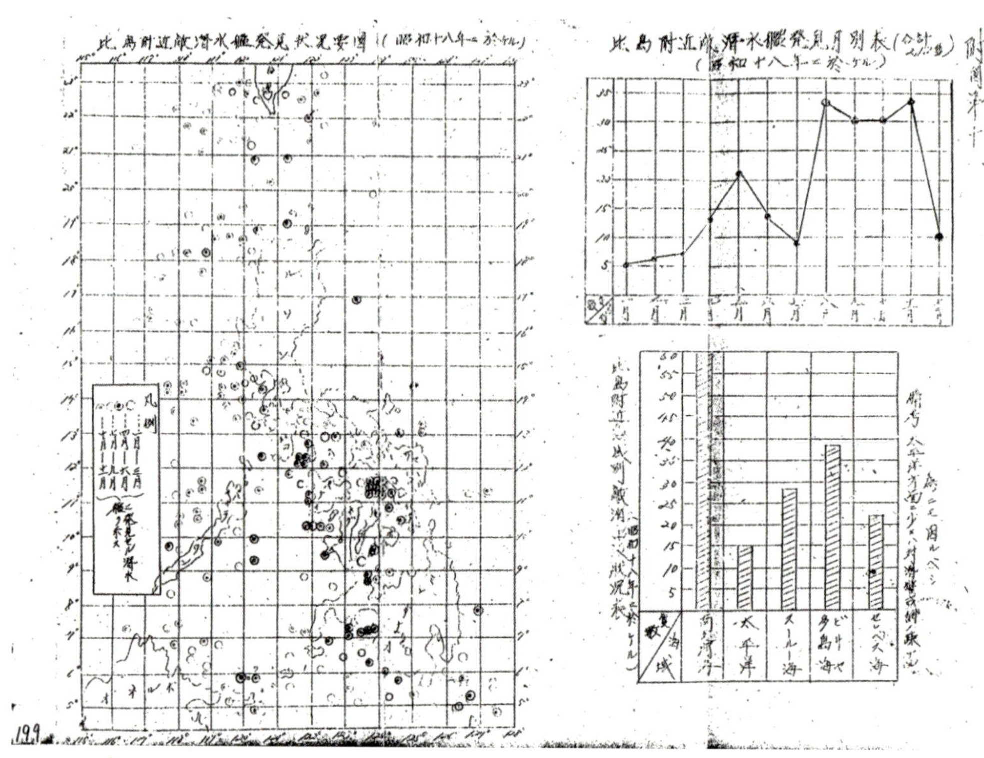

21–2 日军对美军潜水艇活动登记图表

21–3 著者收集的日军关于菲律宾及其南方的兵要资料（书影）

（二）日军收集的菲律宾经济及气象资料

日本军方对其兵锋“北进”或“南进”，是随着世界形势的变化而变化的。日军参谋本部虽然强调做好对英、美的战争准备，但行动并不迅速。如1941年1月，作战部田中第一部长说：“日美战争能否发生？其危险性是相当大的，但1941年内不致发生正式战争，但必须尽早做好战争准备，一旦发生战争不致措手不及。”说是如此，但笔者看到日军太平洋战争的兵要地志资料大多是临时赶印出来的。如1941年11月日本陆军省主计课别班，在太平洋战争开战前一个月，汇编了一厚册油印本《南方诸地域兵要经济资料》，其内容包括：法属印度支那（今越南）、泰国、菲律宾、荷属印度（今印度尼西亚）、缅甸、英属马来西亚、香港等国和地区的经济情况，特别是英、美在这些地方的权益、贸易、海运、投资、金融等方面的资料。[1]其中涉及菲律宾的主要内容为：

第一，概况，包括自然地理条件、社会历史条件。

第二，权益，条约的内容、外国企业与法律的限制。

第三，贸易，菲律宾贸易的发展、地区贸易、政治贸易、主要输出和输入品。

第四，海运，主要港湾、船舶、航路。

第五，投资，各国投资额。

第六，金融，货币制度与金融机关。

第七，经济战略，包括美国对菲律宾的经济依存度、菲律宾的经济战略点、日本对菲律宾的经济价值等，并附有菲律宾贸易的预测、各国在菲律宾的贸易地位以及主要出口物资等表格。

日军的调查认为，菲律宾在美国市场中占位第七，其战略物资主要为矿、椰子油和麻。而日本从菲律宾输入的战略物资主要是马尼拉麻、铁矿石、铜矿石等，并认为菲律宾是“东亚关系圈中不可欠缺”的一环。从日军这本厚厚的兵要经济资料中可以看出，当年日本军国主义的侵

〔1〕［日］陆军省主计课别班编：《南方诸地域兵要经济资料》，昭和十六年十二月。

略是以掠夺资源为战争目的的。

日军菲律宾战场的兵要气象志是由陆军气象部队收集整理的。日军第二十五野战气象队老兵森由治在回忆文章中提到，1941 年该队编入新组建的“第三气象联队”（联队即团），并在菲律宾受命收集南方兵要气象资料。气象部队为配合“航空毁灭性作战”而选定突袭日期。军队各气象部门，甚至“台湾总督府”气象台的西村博士也参与从事长期气象预报。我在东京旧书店找到一本 1941 年由日本所谓“台北帝国大学”助教小笠原和夫翻译的《南方气象预报资料》。这部厚达 705 页的书主要叙述罗列了菲律宾及印度洋和太平洋雷雨、台风等气象资料，为曾任马尼拉气象台副台长的美国神父收集整理。书的前言和正文充满了“圣战”的情绪和字眼，作战用途十分明显。[1]同时，我还从旧书堆中发现一份日本陆军中央气象部于 1945 年 2 月 1 日收集汇编的北极海洋气象资料。日本国土虽小，历史上的野心却很大。

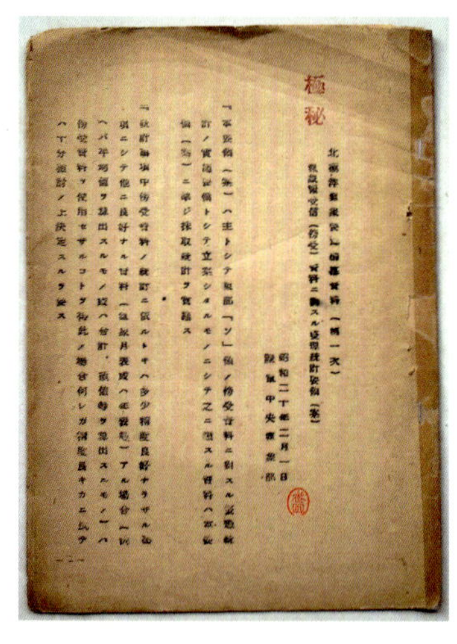

21-4 著者收集的日本陆军北极海洋气象资料（书影）

（三）菲律宾的兵要卫生志

1941 年 9 月，距袭击珍珠港和进攻菲律宾还有四个月，日本陆军省印发了菲律宾《兵要卫生志》。这本由密派菲律宾间谍调查的手册，基本按日军卫生勤务保障的兵要调查项目编写，分为八编：

第一编：地理的状况，包括菲律宾地理位置、地势、交通（陆运、海运、空运）。

第二编：人口、住民和生活方式，其中包括语言、服装、食物、居所以及兵舍形式等。

第三编：气象，包括气温、降水、风速、风向的统计。

〔1〕［日］デッペルマン原著、小笠原，和夫解说:《南方气象预报资料》，三省堂，昭和十七年十二月。

第四编：卫生和医疗，包括卫生行政、医疗教育和研究机构、医疗机关、医药师，以及检疫等。

第五编：疾病概况，蚊虫为媒介的传染病，饮食感染的传染病，如肠炎、赤痢等，还有空气传播的传染病，如脑膜炎、肺结核、麻疹等，以及接触性传染病，如性病等。其中对各种病症都有当地的死亡率的附表，但无防治对策。

第六编：给水，水源包括地表水、地下水、雨水、上水道、代用饮水如椰汁等，以及菲律宾居民的饮水现状。

第七编：有害动、植物，如鳄鱼、毒蛇、毒鱼、有毒植物等。

第八编：现地物资，卫生材料、给养资源，动植物食品以及盐。

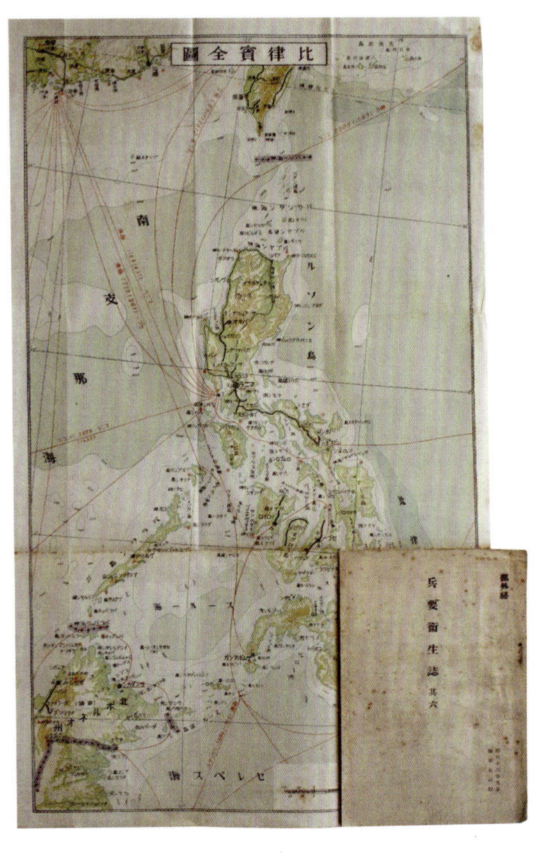

21–5 著者收集的菲律宾《兵要卫生志》中的“菲律宾全图”

此书战场卫生和给水的调查是其主要内容，特别是给水。美国海军陆战队撰写的《岛屿战争》一书中提到，美军在争夺菲律宾的门户帛琉岛时，受热而死是首要问题，因而“水源是第二个难题，在帛琉岛并无天然的地面水，而日本人所建的大型水库，其中大多数都已经被破坏”[1]。我在研读日军五十万分之一比例尺的菲律宾兵要地志图时，十分关注战场饮用水的调查。但日军的菲律宾兵要图中战场饮用水源记述寥寥，平均方圆数百公里仅注一处，如棉兰老岛某地以南“地下水源适合饮用”。该岛北近海处的机场图上记述“水路修建中，掘井使用”；萨马岛“饮用水雨水，水井少”。这令人费解，这样少的饮用水源如何支撑日军庞大的驻军？

〔1〕中国人民解放军总参谋部翻印：《岛屿战争（太平洋争夺战）》，1959 年。

菲律宾《兵要卫生志》的编辑者出于卫生勤务保障的角度，对给水很重视。它特别重视调查吕宋岛的地表水，还绘制了首都马尼拉的给水设施要图，并对菲律宾各地地下水、河水、雨水、水井、管井等饮用的适应性进行分析调查。此外，《兵要卫生志》中“毒鱼”一节，提到河豚和马尼拉湾中软体动物鳃中的寄生物易使人中毒。这使笔者想起 1943 年，日本军队在太平洋战争中对其南方军印发了《南方地域现地自活教本》（又名《现地自活“衣粮”的胜利》）一书，其中有《南海毒鱼简易鉴别法》一节，将毒鱼分为“轻毒”“强毒”以及“刺毒鱼”，并附图说明见上章（图 20–20）。

（四）日军眼中的菲律宾的民族和宗教

日军这本菲律宾《兵要卫生志》，除去没有兵要地志中的“用兵的观察”，即从战略战术角度评价战场特点的简要叙述，兵要地志中的主要内容大致都有涉及。我判断，除去卫生疾病的专业内容，这本书的其他内容可能是从日军其他菲律宾兵要地志中摘抄而来的。特别是人口和住民两章，对当时菲律宾的人口、人种、宗教信仰的分布调查详细，并从“统治”的角度，或者说从民族性的角度对其“特征”进行评说。这是专事卫生勤务保障的军医所不擅长的。如：比萨扬人是“菲岛人口中最多的政治中心人种”；伊洛克人居住地域在北部吕宋岛的西部，“注重产业，长于航海和通商，敏捷且勤勉”。值得一提的是对非基督教徒的摩洛人，日军记述为“宗教为回教，马来人，善于操舟，以海盗为业，性甚狂暴”。

摩洛人是菲律宾对穆斯林的称呼，现有 400 万人，主要散居于南部的棉兰老岛（菲第二大岛）、巴拉望岛、巴西兰岛和苏禄群岛。他们于 16 世纪向西班牙占领军展开“圣战”，19 世纪与美国殖民者拼杀，20 世纪 70 年代在马科斯的高压统治下再度武装起义。1990 年，菲政府允许南部的三宝颜、达威达威、巴西兰、苏禄四省共同组建“棉兰老穆斯林自治区”，自治区政府成员后来主要来自摩洛民族解放阵线。这种政治安排未能有效解决当地的贫穷问题和宗教种族矛盾。摩洛反政府武装有三支——摩洛民族解放阵线、摩洛伊斯兰解放阵线，还有被美国视为国际恐怖组织的阿布沙耶夫集团。摩洛民族的反政府运动长期以来受到利比亚、马来西亚、沙特阿拉伯和印度尼西亚等国政治和宗教势力支持，加之经济落后等根本原因，菲律宾南部叛乱问题难以在近期得到根本解决，这是菲律宾政府的一大麻烦。

（五）日军盗测的菲律宾地形图

第二次世界大战中，日本军队对菲律宾的进攻是在 1941 年 12 月，而日本对驻菲美军的作战计划早在 1923 年就开始拟制了。据日本政府防卫厅防卫研究所战史室编纂的《大本营陆军部》载，“由于 1923 年国防方针、用兵计划的修订”，陆军拟制了设想对中、对俄、对美的作战计划。1926 年度的计划动员兵力为三十二个师团，其担任的作战任务地区为：对美作战菲律宾方面一个军、三个师团，关岛方面一个支队。[1]然而，日军参谋本部对英、美的“南方”作战完全未出桌上研究的范围。1940 年 5 月下旬，陆军省军事课长岩畔豪雄大佐曾向参谋本部作战部课长冈田重一大佐询问：“参谋本部是否拟订攻占南方地域的作战计划？”由此参谋本部作战部开会研究，必须及早拟订对英、美、荷兰的作战计划，并从研究荷属东印度（今印度尼西亚）兵要地志作为开始。日本战史研究界认为，这是陆军南方作战的开端。

据现存的“二战”时日军盗测的菲律宾地形图看，日军在战前即搞到了 1927 年至 1930 年间美国所测的 13 幅吕宋岛西岸五万分之一比例尺的海陆合编的地图，并在 1934 年对地处马尼拉湾要冲的科雷希多岛进行摄影，制作了一万分之一比例尺的地形图。吕宋岛十万分之一比例尺的“要图”，是 1941 年由“尚武”（十四方面军）一六〇〇部队根据航空摄影制作的。而日军菲律宾精度较高的五万分之一或十万分之一比例尺的地形图大多是 1944 年日军占领菲律宾之后由“威”字（南方军）一五八八部队、一一六〇部队、一三七三部队利用航空摄影完成的。如沃达附近、卡拉延附近五万分之一比例尺的地形图，吕宋岛、苏禄群岛十万分之一比例尺的地形图等。

另外，日军也利用所获美国测绘的菲律宾地形图。如笔者从

---

〔1〕日本政府防卫厅防卫研究所战史室编纂，天津市政协编译委员会译校：《日本军国主义侵华资料长编（上）——〈大本营陆军部〉摘译》，四川人民出版社，1987 年。

21-6 日军印制的五十万分之一比例尺的马尼拉地图

当年日军参谋本部汇编的《外邦兵要地图整备志》中发现，日军1942年5月对其获取的法属印度支那（今越南）、缅甸、马来西亚、荷属东印度、菲律宾的地形图的精度进行调查，其中菲律宾的地形图是根据美国1934年测绘的二十万分之一比例尺的地貌皴渲图复制的。从书中所附《南部地方地图整备概况图》可知，1942年日军所获菲律宾地图除巴拉望岛、棉兰老岛为空白之外，其余大都照搬。[1]

（六）解读日军菲律宾兵要地志图

1943年由日军参谋本部陆地测量部调制的菲律宾“兵要地志图”，由日本南方军“渡集团”，即十四军复制使用。日军这套10幅拼接的五十万分之一比例尺的菲律宾兵要地志图，地貌依据是1924年版美国绘制的菲律宾一百万分之一比例尺的地图，而地物则是根据缴获的1937年版美国四十万分之一比例尺的菲律宾交通通信图编绘。日军将

〔1〕［日］『外邦兵要地図整備誌』，藤原彰解说:『十五年战争极秘资料集 30』，不二出版，1992年。

21-7 日军的菲律宾航测图（局部）

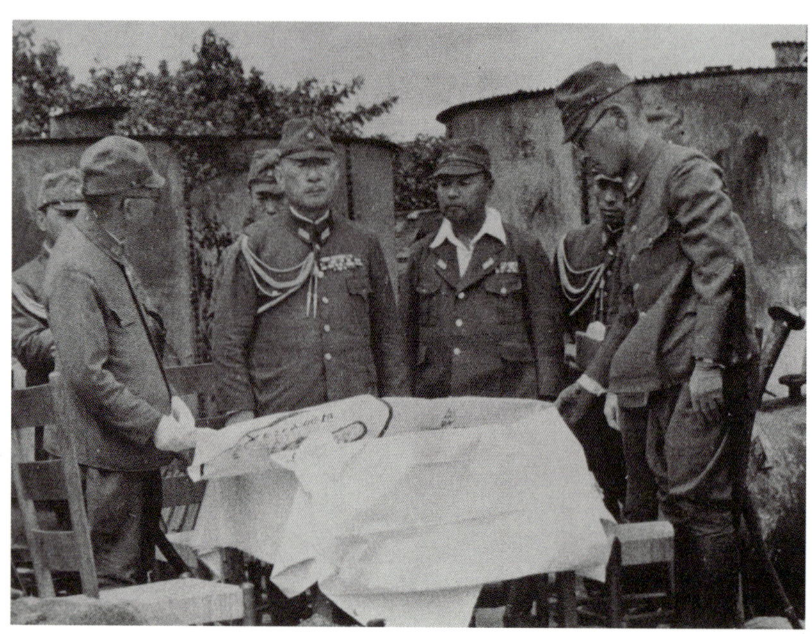

21-8 日军高级指挥官研究菲律宾地图

现地侦察所得战区机场、港口、道路通行、隐蔽、通视、补给等项与作战有关的情报用红色文字和符号标记在地形图上。

1.岛屿各地段是否便于登陆是日军关注的焦点

菲律宾有7000多个岛屿，从吕宋岛到棉兰老岛，由北向南绵延1000千米。西面狭长的巴拉望岛临近中国南沙，而北端吕宋岛地近中国台湾地区，因其战略位置重要，“二战”中成为美、日激烈争夺的海陆空战场。1944年在菲律宾中部海域，美、日两国海军爆发最大规模海战。美国海军击沉日本巨舰“武藏号”，重创日航空母舰“妙子号”，击伤“大和号”。美国海军航空兵又在莱特湾摧毁了日本北方舰队所有的4艘航空母舰，美国陆军第六军在菲律宾的莱特岛安全登陆。因而，我的目光首先投向日军调制的菲律宾兵要地志图中的莱特岛图。

1944年10月20日上午，麦克阿瑟将军乘登陆艇在莱特岛东岸35码处涉水上岸，完成了他历史性的“重返菲律宾”。麦克阿瑟将军想在莱特岛建一个空军基地，包括仓库、部队集结地。从这个基地起飞的美国飞机能够打击中国台湾和沿海，从而切断日本对东南亚的石油和其他原材料供应的生命线。

当年日军对太平洋诸岛的兵要调查，首要任务似是岛屿各地段是

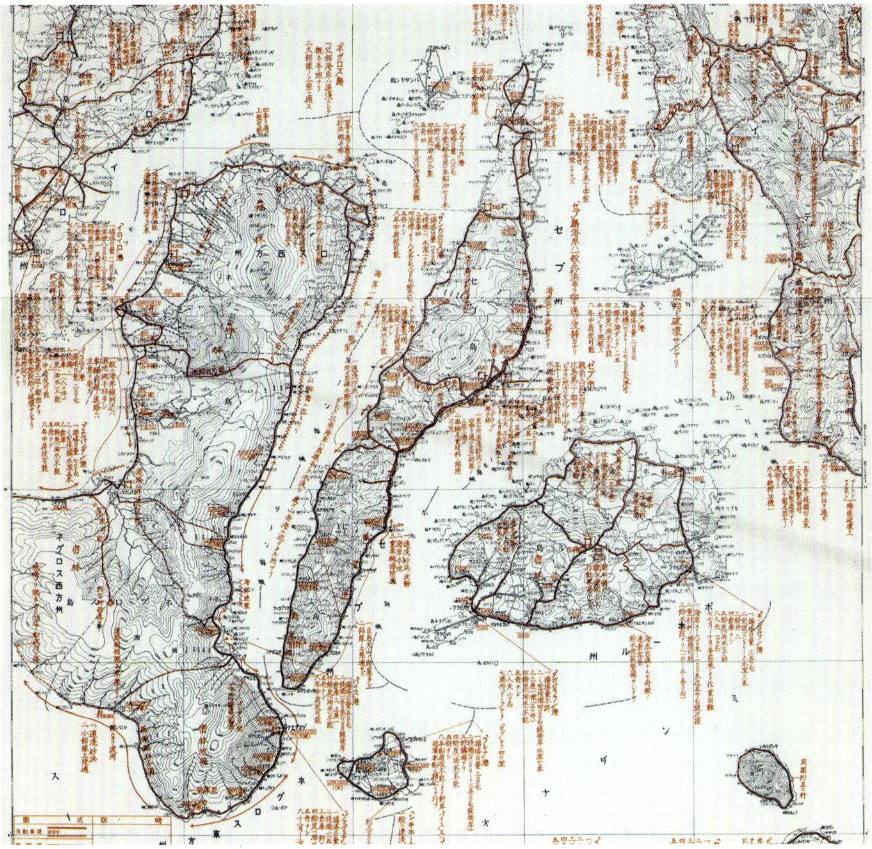

21-9 日军五十万分之一比例尺的《菲律宾兵要地志图》(局部)

21-10 视察太平洋岛屿的日军参谋总长杉山元(右)和第十四方面军司令官山下奉文(左)

否适于登陆，菲律宾也是如此。日军用红色单线段表示可以登陆的地段，用红色齿状线表示不能登陆的地段。典型的是菲律宾中部内格罗斯岛，环岛全部用“上陆可能区域”或“上陆不可能区域”的兵要符号标示。又如，与内格罗斯岛隔塔尼翁海峡相望的宿务岛，是当时菲律宾第二大城市和主要商港，也是“二战”中美、日两军激战之处。我在当年日军宿务岛兵要地志图上看到，在西南五英里，美军行动方向的红色注记为“一、此处远近沙滨，四季通行，适于主力部队上陆；二、车辆及重装备登陆可能”。而当年美军步兵第十三团和一八二团以及水陆车辆，恰在此处登陆。

再如，美二十四师、三十一师攻取菲律宾南部的棉兰老岛的登陆点伊利亚纳湾，日军兵要地志图中注明便于登陆之地，“海岸沙滨，波静，上陆后行动容易，岸壁接岸处可泊三百吨大型船”。

2.岛屿作战争夺的焦点——海港和机场

日军兵要地志图虽为参谋本部编绘，但由于受其传统的“大陆政

21-11 麦克阿瑟在莱特岛登陆

21–12 美军在菲律宾莱特岛登陆

21–13 日军第十六师团作战人员研究菲律宾地图

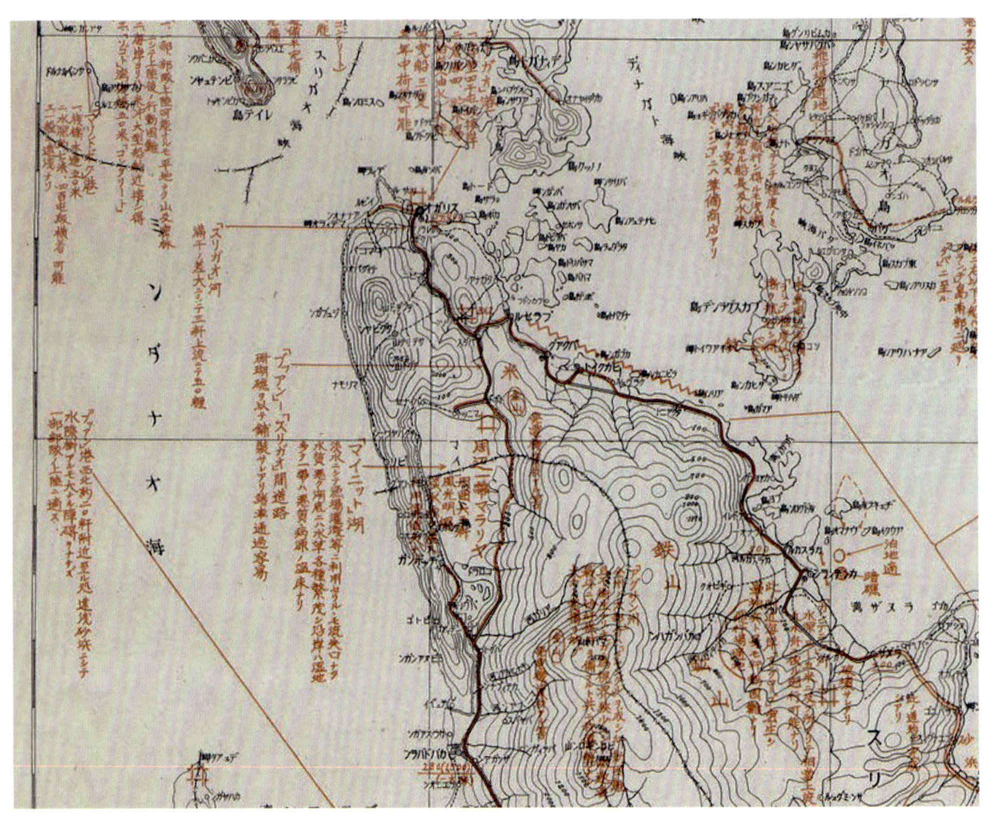

21-14 日军五十万分之一比例尺的《菲律宾兵要地志图》中的港口与机场（局部）

策”影响，港湾全无是否适合其海军锚泊、隐蔽的标记，从某种程度上反映出日本陆、海军间的矛盾。

日军兵要地志图对海港的记述项目主要有吞吐量、栈桥及水深、仓库，煤、水、油的补给，以及人力等项。如 1944 年在帕兰登陆的美军第二十四师与三十一师，沿一号公路穿越棉兰老岛并夺取达沃港。此港在日军兵要地志图中记述的要点为：

一、达沃市港临近良好的机场，是“大东亚共荣圈”内海、空联络的中心地。

二、达沃中心南北数千米陆岸为沙滨椰林。

三、四季通行，适于主力兵团登陆。

四、潮汐高低差为 6 尺。

五、达沃出口的达沃河钢筋水泥桥被破坏，昭和十八年一月以来架设门桥渡河。

六、港口栈桥（1000 吨级）给煤 100 吨，油、水日补给量 70 吨。

"二战"中，太平洋战场诸岛的飞机场是双方争夺的要点。日军兵要地志图中对菲律宾各既设的飞机场和后补的备降场以红色"井"字形兵要符号一一标注，并注明机场面积。如棉兰老岛东部标有十六处机场，以及"飞行场适地"的地域。又如莱特岛海滨，日军机场注明"目前海军建设中"。

日军在对美军的反扑中，曾使用由 80 名擅长丛林生存和特种作战的台湾高山族士兵组成的"薰空降队"，机降去偷袭莱特岛美军机场，结果铩羽而归。

值得一提的是，在日军菲律宾兵要地志图棉兰老岛图中，日军提到战前居民"一般对日本人有好感"。读战史而知，曾有棉兰老岛信仰伊斯兰教的摩洛人将美军第二十四步兵师一部诱入日军陷阱，也有当地的菲律宾人将美军第十九步兵团带入日军伏击圈。但面对侵略战争，这种人只是极少数。正是当地 25 万菲律宾游击队协助美军打击日本侵略军，他们建立了 160 个电台组成的秘密通信网，还带领美海军陆战队袭击日军在马拉邦的简易机场。这些或许是日军始料未及的。[1]

3. 日军关注战场道路和植被

我注意到日军兵要地志，特别是在中国战场的各种兵要地志，对战区"作战通道"十分重视，将其视为主要内容。我见到当年日军调制的太平洋岛屿兵要地志图中，对道路的晴雨通行、路面铺装、车辆通行难易、破坏程度等项，都会逐段注记清楚。日军对菲律宾兵要地志图也如是，图中有"雨期车辆通行可能"，路面"沙、珊瑚渣铺装"等说明。

日军编印菲律宾兵要地志图，对妨碍军队通视、展望、射击，以

---

〔1〕参见［美］拉斐尔·斯坦贝格著、丁翠玉译：《图文第二次世界大战史——重返菲律宾》"时代生活"，中国社会科学出版社、海南出版社，2004 年。

及单兵通行的密林地带也非常关注。书中将莱特岛山脊线用红色注记为“密林地带”，将其半坡注明“人能走，马不行”。

另外，美国记者对莱特岛的地形记述说，“那里广阔的平地从东海岸的登陆沙滩绵延至海岛中部的丛林山区的崎岖山脊”。对照日军地图上的注记，两者的描述与地图相符。

日军图中注记也有同美国战地记者相悖的。对于棉兰老岛东北端的麻田，日军图中标注是“飞行场适地”，显然应是开阔平坦之地。而美国战地记者对麻田的叙述却相当可怖。美军第二十四师发现，通过麻田要比砍开丛林的藤更难，因为茂密不通风的麻田，能见度不超过 10 英尺。美军在麻田遭日军火力杀伤不少。

此外，铁矿、石油、华侨商店、俘虏收容所等项也在日军图中的标注之列。

4.日军高参的疏忽？

综观日军菲律宾兵要地志图，日军明显忽视了战场的气象要素，特别是台风和雨。很难想象那些毕业于陆军大学、供职于参谋本部的日军高级参谋竟有如此疏忽。“东风不与周郎便”，恰是台风和大雨，使美军拟建的莱特谷的机场变成“巨大的沼泽”。仍是大雨使莱特岛成了“断颈山脊”，美、日双方军队的散兵坑成为“浴缸”，连补给的小路也被雨水所断，数千名工兵日夜赶修也于事无补。

不仅是气象，如前所述，日军菲律宾兵要地志图中，战场补给、水源以及生存条件记述过于简略。引人注目的是日军菲律宾宿务岛图，日军对各大小居民地的人口、户数以及可宿营的部队人数，均用分子式表明，密密麻麻，遍布全图。如锡基霍尔岛最南端的居民地调查为 2400 户，16500 人，宿营力为步兵 3 个中队（连）。此点为笔者所见的日军五十万分之一比例尺的菲律宾兵要地志图中所仅有。这使我想起中国抗日战争中，日军参谋本部编制的《四川省兵要地志概说》和《陕西省兵要地志概说》中也有日军对中国四川、陕西两省各地人口、户数及军队宿营力编绘的要图，但我认为其准确性值得怀疑，特别是关于陕西省的数据。

或许是我长时间俯视日军的老地图，那纵横的坐标网在眼前恍如

21-15 断粮的日军在菲律宾岛屿上采食野生植物

棋盘格。可以想见，当年那些肩上扛着金色饰穗的日本参谋军官在地图上指划，打仗对他们而言就像下棋，却将大量士兵投入远隔重洋的坟墓。这些70余年前的日军老地图，虽存世寥寥，我却不愿多看它，那红色的兵要注记和符号像殷红的血！

附录一：中国兵要地志源流概说

（一）兵要与地志

“兵要”一词较早见诸史籍的是《左传》，闵公二年“偏躬无慝，兵要远灾”。《三国志·魏志·陈琳传》中亦有记载：“今将军总皇威，握兵要，龙骧虎步，高下在心……”这里的“兵要”一词是指兵权。《荀子·议兵》：“王曰：‘请问兵要？’临武君对曰：‘上得天时，下得地利，观敌之变动，后之发，先之至，此用兵之要术也。’”这里的“兵要”，是指用兵的要领。我国古代的军事地理典籍，如唐宋时期李德裕的《进西南备边录传》、赵珣的《陕西聚米图经》、江默的《边防控扼形势图论》以及《塞外行军指掌》等书，不冠以“兵要”之名。“兵要”一词特指军事地理（如兵要地理、兵要地学、兵要地志等）是近代的事了。[1]

“地志”一词约始于西汉，《隋书·经籍志》载：“武帝时，计书既上太史，郡国地志，固亦在焉。”地志记载山川、风俗等，即地方志、地理志，由太史掌管。东汉时，班固翻阅了全国各地的地理资料，写成了第一部系统的全国地理总志《汉书·地理志》。该书以行政区划为纲，分条叙述山川、特产等项内容，著述体例为“二十四史”地理志的写作树立了规范。此后，唐代李吉甫的《元和郡县志》记载：“稽户口，列垦田，辨方舆，详贡赋。以及山川关隘，兵马盐冶，仓庾桥道，河渠薮泽之属，无不悉关乎经画。按书而核，道里之远近，地形之形便，生齿之众寡，物力之盈亏，皆淆列于几案之间。”[2]宋代王存等撰的《元

〔1〕 沈克尼著：《“兵要地志”考》，《军事史林》，1987年第1期。

〔2〕［唐］李吉甫修纂：《元和郡县志·序》。

丰九域志》记载："与夫镇戍城堡之名，山泽虞衡之利，前书所略，则谨志之；至于道里广轮之数，昔人罕得其详。"[1]这类地志主要是晓以天下地理形势、州县攻守利害，以及钱粮所出、丁壮所在，具有较大的政治军事价值。而"兵要地志"一词在我国的出现，则是清末民初，其专指用于作战的军事地理志。

（二）明清——中国兵要地志的发端

我国的地志虽然源远流长，但专用于军事的兵要地志直至明代才有了雏形。"终明之世，边防最重。"明代为防御北方少数民族游骑的袭扰，在东起鸭绿江、西到嘉峪关的万里长城防线上设置了九个军事重镇，统称"九镇"或"九边"。在长城沿线的军事要冲设有许多关塞城堡，屯兵驻守。由于这些军事要地的出现，随之便出现了许多军事色彩极浓的军事要地志，如著名的有：嘉靖《山海关志》8卷、嘉靖《三关志》[2]10卷、万历《偏关志》2卷。此外，还有重要防御方向的嘉靖《两镇三关通志》[3]、嘉靖《西关志》[4]、万历《四镇三关志》[5]等。与此同时，明代军事区划的镇、卫、所的方志也纷纷出现，如正德《宣府镇志》10卷、正德《金山卫志》10卷、万历《延绥镇志》8卷等。明代的这些方志明显地具有现今军事要地兵要地志、重要方向兵要地志、行政区域（省、市、县）兵要地志的雏形。这些方志对当时军队的兵防战守有着极大的指导意义和实用价值。《延绥镇志》序中说："时火落赤报警，欲稽往牒，以察敌情，提新志而读之，历代建置沿革之由，水炎险易厄塞之处，兵马收集选充之实，馈饷储积、田赋登耗之数，力役征调支应之烦，……文武经历建树久近之迹，河套侵犯要狭之情，元老经略条奏筹划安攘之策，靡不犁然具备，一展卷尽目中。"

---

〔1〕［宋］王存等撰：《元丰九域志·序》。

〔2〕［明］廖希颜修、孙继鲁纂：《三关志》（成书于嘉靖年间，全书10卷，今仅存7卷；"三关"即雁门关、宁武关和偏头关）。

〔3〕［明］尹耕修纂：《两镇三关通志》（成书于嘉靖年间；"两镇"即宣府、大同，"三关"即雁门关、宁武关、偏头关）。

〔4〕［明］王士翘修纂：《西关志》（成书于嘉靖年间，全书32卷，包括《居庸关志》10卷、《紫荆关志》8卷、《倒马关志》7卷、《故关志》7卷）。

〔5〕［明］刘效祖撰：《四镇三关志》（成书十万历年间，蓟、昌、辽、保谓之四镇；居庸关、紫荆关、山海关谓之三关）。

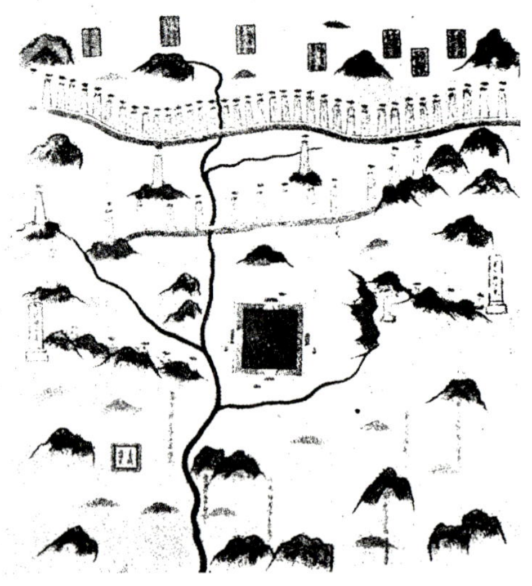

神木堡邊外地名磁窰溝離邊三十里沙河岔
離邊五十里木瓜莊窠離邊七十里石窰川離
邊七十里内冒水掌謝家峪亦有水泉虜賊在
彼劄營其路徑通迤西大柏油地方由安川等
墩空掏牆入寇至高廟兒梁五十里摩天嶺七
十里清水坪九十里石山子黄河畔一百二十
里止俱平川虜可馳驟若賊入高廟兒本堡兵
馬從峯子梁阻截入摩天嶺石山子於清水坪
煙薰崖據險可以截殺其十里鋪石鏊子墩本
堡把總官設立塘馬有警馳報迤東永興等堡
兵馬由路迷峯進兵馳至摩天嶺迤西大柏油
等堡兵馬由神靈要酒務會進兵馳至清水坪
各趨便路截殺如賊擁衆曠日不回本堡參將
設謀分遣所管營堡兵馬量敵出奇隨機剿殺

附 1–1 明代《陕西镇守略图》（局部）

比上述军事要地志更接近今日兵要地志的是“图志”和“图说”。其中，著名的有《九边图志》和《三关图说》，专论“亭障之夷险，城郭之坚瑕，士马之强弱，钱谷之盈缩，夷部之远近”。这些“图志”“图说”采用“地图注记式”的方法论说防区内的地理形势、当面敌情及兵力部署。在《三关图说》中，对山西偏关附近的军事要地贾家堡的地图的上面注记有：“本堡在大同界，无边。北距将军会，西距好汉山，各止数十里，当云朔孔道。援兵行旅每为虏所邀截，乃两镇要害地也。”图下注：“本道所辖边界，东自地椒峁，西南至河保石梯隘口，沿长三百六十三里零二百八十步，又自石梯隘口迤南至黑峪口黄河东岸，沿长二百一十里。”又注：“贾家堡，嘉靖十六年虏入犯；四十四年七月大举由老营入，攻毁贾家圪坨旧堡。……隆庆三年十月由好汉山寇老营，掠本堡，系极冲。”

“图说”“图志”除论说上述地理形势、敌情之外，还记载了当时的各种作战预案。明绘本《陕西镇守图略》在图中注记有陕北神木堡驻军对地形的分析、敌情的判断，以及各种御敌策略。“若贼入高庙儿，本堡兵马从峰子梁阻截；入摩天岭、石山子，于清水坪、烟熏崖据险可以截杀。如贼拥众旷日不回，本堡参将设谋分遣所管各营堡兵马，量敌出奇，随机剿杀。”[1]

〔1〕 王庸著：《中国地理学史》所附《陕西镇守图略残页之一》，商务印书馆，1960 年。

明代我国东南沿海不时遭受“倭寇”的侵扰，海防甚为重要。时人著录有《万里海防图论》《两浙海防考》《海宁卫乘》等海防志。其中以《万里海防图论》为著名，“是书乃若曾入胡宗宪幕府以后，与同事邵芳取旧撰《海防图论》复加考订。起广东，历福建、浙江、南直、山东、辽东，计程八千五百余里，杂图七十五，各为之论。若曾自序以为许默斋《九边图论》详于西北，此独详于东南”〔1〕。在这些明代海防志中“凡地形、船械以及战守选练之法，无不毕载”〔2〕。明代的军事要地志和海防志，除附有简明扼要的地图之外，均以文字为主，内容述及防区内地理、军事、政区沿革、物产等各个方面。

美军野战教程范本《测绘保障》认为：“兵要地志是常规地形分析的成果。兵要地志描述标准地形图以外的地形情报资料。”这种观点虽偏狭，但说明兵要地志是以文字补充地图的军事参考资料。我认为，我国明代专述武备地利之事的军事要地志、海防志具有现今的兵要地志的雏形，当为不谬。

清代，尤其是清朝中后期，在平定内乱和抵御外患的战争中，出现了一批带有浓厚军事色彩的地方志，这以新疆和西藏地方志最为突出。如《钦定新疆识略》和《回疆通志》，它们的体例大致相似，书中对“南北各城官制、兵额、台站、卡伦皆关综核，物详载于各城图后，至山川道里彼此联属，则于总图后谨撰总叙”。此外，“新疆配有军台，又有营塘、驿站，颇为纷难，谱详胪于道里表，以便核查”。《纪事》记述了清政府历次对新疆少数民族分裂分子作战的经过。“武功颠末……难以备载，谨叙录大要。”〔3〕清代《西藏图考》与明代的“图志”“图说”性质相同，“山川险易，道里远近，非图不明，尤为行军者所必需”〔4〕。这部图考专述西藏地区的城池、关隘、山川、诸路程站，洋洋十余万言，以文字补充地图的不足，军用目的十分明显。在志书中还附有与我国西藏相毗邻的哲孟雄（锡金）、廓尔喀（尼泊尔）、克什米尔等内容。〔5〕

清末，随着帝国主义列强对我国的侵略，对外战争不断发生，一

〔1〕 洪焕春著：《浙江方志考》，转引《四库总目提要》，浙江人民出版社，1983 年。

〔2〕 同上。

〔3〕［清］《钦定新疆识略·凡例》。

〔4〕［清］光绪年间《西藏图考·藏图小引》。

〔5〕 沈克尼著：《略谈我国地方志的军事地理价值》，《军事史林》，1987 年第 2 期。

些颇有远见卓识的官僚知识分子编撰了不少涉及边防乃至我国周边国家的军事地理志。光绪年间，刘名誉将有关中法战争、边防邸抄和大臣的奏折、时论辑录成《越事备考》12卷。书中以中法战争为中心，涉及边防、火器、练兵以及学校考选等建制。盛庆绂《越南地舆图说》将越南建制沿革、山川形势、关塞兵防纂辑成书，其中对战史，特别是与我国边境相邻的高平、谅山的战事记述尤为详细。此外，还有徐延旭的《越南山川略》《越南道路略》以及《中外交界各隘卡略》。这一时期我国学者对周边国家地理的研究记述还有吴钟史《高丽形势》，佚名《朝鲜疆域纪略》、《金边国记》，师范《入缅路程》，龚柴《暹罗考略》，傅云龙《日本疆域险要》等。值得一提的是著名学者魏源的《征缅甸记》《征抚安南记》《征抚朝鲜记》等，对兵要研究颇有参考价值。

清光绪十年（1884），清驻日本大使黎庶昌的随员姚文栋走访调查并博采日文图书资料写成《日本地理兵要》10卷，由总理衙门刊出。该书详细考察介绍了日本的山川、港湾、岛屿、关隘等军事地理情况。令人震惊的是，它还叙述了对日作战的海路攻击通道。与此同时，派驻国外的官员顾厚焜撰写了《美国地理兵要》《巴西地理兵要》等著作。“地理兵要”或“兵要地理”之称便随之出现。此后，凡言军事与地

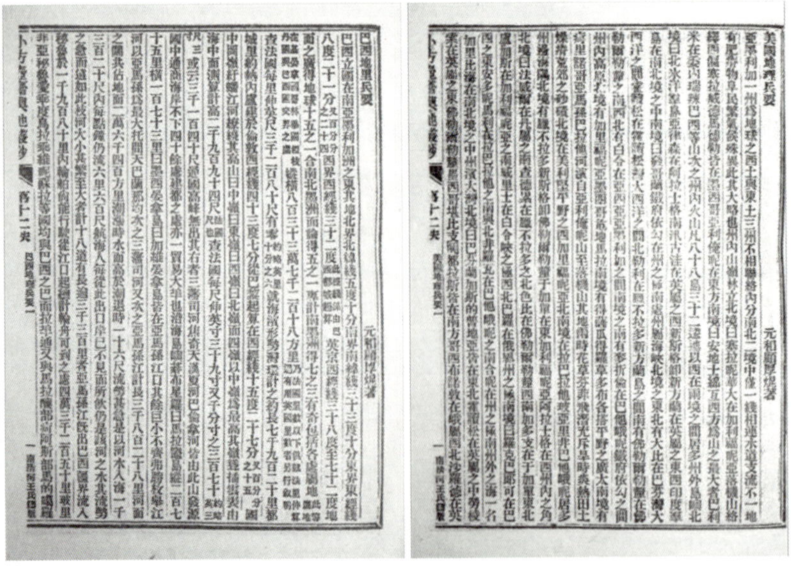
美國地理兵要
元和顧厚焜著

巴西地理兵要
元和顧厚焜著

附 1–2 清末顾厚焜撰写的《美国地理兵要》和《巴西地理兵要》（书影）

理关系的论著常冠以“兵要”二字。

光绪十九年（1893）九月至光绪二十年（1894）四月，淮军勇将聂士成奉李鸿章之命，率武备学堂学生考察东三省及中俄、中朝边境，历时7个多月，行程2万余里，同时深入俄国阿穆尔与东海滨两省的海兰泡、伯力、海参崴等城市，以及朝鲜的汉城、平壤等道府。考察途中，聂士成命冯国璋等随行的武备学堂学生用仪器测绘当地的地形图[1]，并对其军事价值予以注记。聂士成调查关注的内容为：当地军队的实力、驻防、训练、武器、装备、给养，以及军事设施等；山脉高低走向、江河源流与宽狭缓急、村镇规模与居民人数、道路交通及沿途程站距离等；对重要城市，如墨尔根、瑷珲、三姓、珲春、宁古塔等地军事价值进行评估。特别关注俄国的重要城市和军港，以及铁路、公路，电话、电报和邮政等情况，并对其运兵速度进行分析评估，甚至细微到爬犁在冰上的运动速度等。聂士成一行，不但关注军事问题，

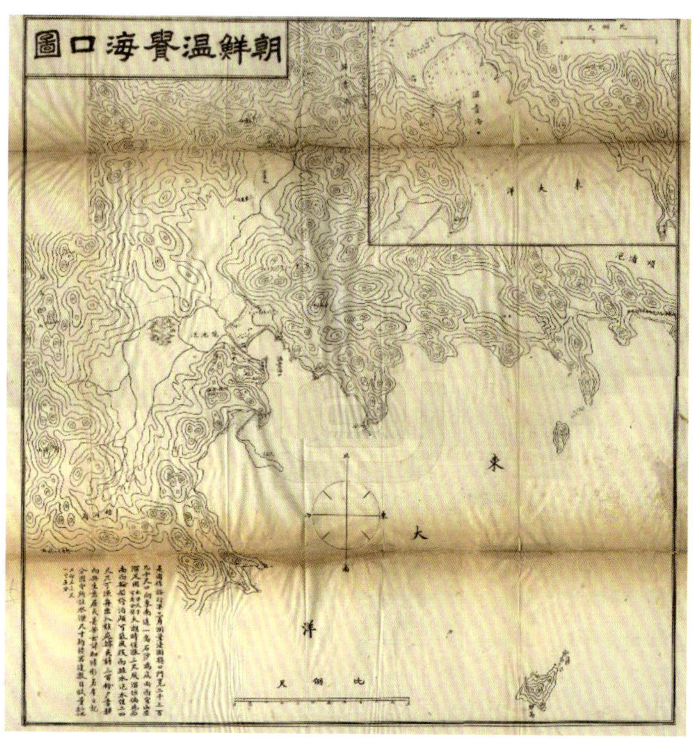

附1–3 清末聂士成、冯国璋等绘制的《朝鲜温賫海口图》

〔1〕彭秀良著：《冯国璋传》，中华书局，2015年。

同时记录了沿途气象、气温、森林、牧草、粮食、牲畜、土特产和煤炭、金矿，同时对人文景观、地名掌故、民俗习惯等也很重视。特别是俄国人与朝鲜人的宗教与习俗。聂士成一行，起早贪黑，不畏严寒，履冰雪，甚至风餐露宿，对所到区域的综合调查成果，集中体现在《东游纪程》一书中。[1]其中《东三省韩俄交界道里表》，以及 30 余幅附图注的《图论》明显具有近代兵要地志的特征。他们调查的兵要地志资料和测绘的地形图，为后来中日甲午之战时的陆地战场做了先期准备。[2]

（三）民国时期的兵要地志

民国时期有不少军事地理论述，如《蒙古兵要地理》《滇西兵要界务图注》《东北边疆形势与兵要地理》《伊犁兵要地理》。在昔日的最高军事学府陆军大学中，预想战地的兵要地理，是参谋要务课程的讲授内容。其中，兵要地理的理论著作当属 1912 年至 1921 年间，军学编辑局编刊的《兵要地理》一书。此书讲到当时国外地志编纂的方法有三种："一、有就一般地理时常加以修正者；二、有就沿途之情形特制一志者；三、有与普通地志相同，另加入战略战术之意见者。""由此而观，兵要地志之编纂，对于第一、第三两项以并行为宜。"这个观点是当时我国兵要地志编辑的指导思想，也是"兵要地志"一词在我国见之于文字较早的记载。

军学编辑局编刊的这部线装三册的《兵要地理》，封面有"陆海军大元帅鉴定"的题签，书未注出刊的年代，根据书中《东三省总论》所说"现美国总统威尔逊氏虽力倡国际和平"一语可知，书成于 1912 年至 1921 年威尔逊当选总统、连任期满之间。这一时期，专司兵要调查工作的机构为参谋本部兵要地理课。与该课协同研究者是为陆军大学及陆军测量局。

《兵要地理》全书分三篇：第一篇为兵要地理原则，概述兵要地理与战略战术、编制、教育的关系，以及兵要地理的研究调查方法。

---

〔1〕［清］聂士成撰:《东三省韩俄交界道里表》，商务印书馆，1936 年。

〔2〕［清］聂士成撰，徐英平、徐天祥校点:《东游纪程》，黄山书社，2010 年。

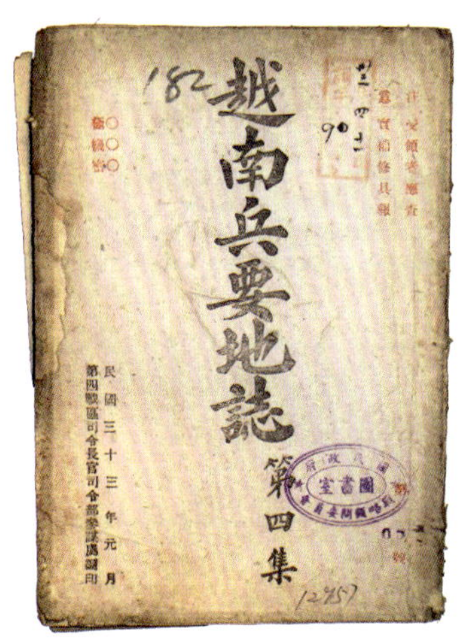

附 1–4 1944 年国民党第四战区司令部参谋处编制的《越南兵要地志·第四集》(书影)

书中不仅详列与作战有关的地形、道路、气象、战史等项具体内容，更为重要的是有调研方法。此书开我国兵要地志调研方法论的先河。所谓陆军大学、中央陆军军官学校曾编写的《兵要地理》《兵要地学》一类，均沿袭此书体例，未有能超越此书者。1947 年国民党国防部下发的《陆军兵要调查令》、1948 年下发的《县乡兵要调查手册》等，仅有调查项目而无调查的具体方法，这就更显出民国初年这部《兵要地理》的科学性和实用性。

第二篇为我国兵要地理概要，介绍了我国位置、幅员、面积、军政区划，以及人口、气象、山系水经等，特别注重东南沿海的军港要塞，这

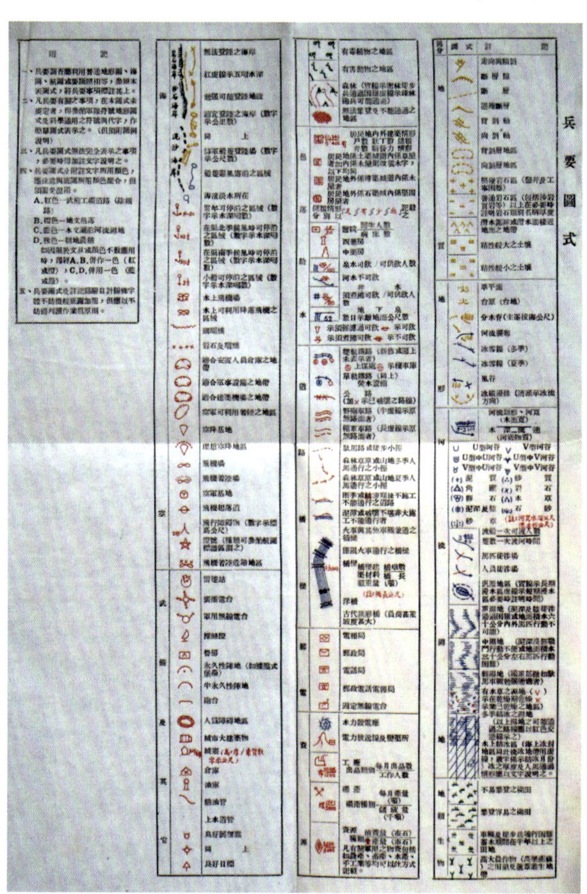

附 1–5 1947 年国民党国防部《陆军兵要调查令》中的“兵要图式”

大概与近代我国遭受帝国主义列强的侵略不无关系。

第三篇着重介绍东北三省的兵要地理情况，实际为东北三省的兵要地志。以奉天（今沈阳）为中心，分区论说东北各地地形、道路、障碍物及可利用之地物等。其突出特点是以战例说明问题。所举之例多为日俄战争的战事。诸如，长白山“山势高耸，攀登困难，欲用多数军队，殆属难事。日俄战役马多里夫支队行动此方面，其兵力不过骑兵四五百，炮一连而已”。又如，太子河“大军渡河非架桥不可。日俄之役，辽阳会战，俄军为使用辽阳南方之四军团，曾架设桥梁七座”。

《兵要地理》一书，注重学习借鉴外国先进的经验，强调使用各种方法和手段获取国外的情报，从公开的研究资料，直至驻外武官侦察以及谍报侦察。书内附有当时（民国四年，即 1915 年）调查日本船舶的吨数表为实例，并对东北当前俄军远东铁路的输送能力和战时使用兵力列方程进行科学概算。

东北三省，近代屡遭帝国主义侵略，所以成为我国军方所注重的研究方向。1929 年陆军大学和 1934 年中央陆军军官学校军官教育高等班先后两次编制了《东北三省兵要地志》，陆军大学还编制了石印本《东三省及蒙古兵要地图》《东三省兵要地理图表》。抗日战争结束后，国民党国防部为在东北与解放军作战之需，曾秘密请日本原关东军大佐辻政信编写出了《东北九省兵要地志》，参加这一工作的还有南京中央大学的教授。辻政信还用一个月的时间编写出了《新疆兵要地志》。[1]

抗日战争前夕，兵要地志工作由国民党军参谋本部负责，从参谋本部第二厅“二十五年度调查旅费预算总表”可知，当时考察地点为朝鲜、琉球、日本与中国台湾、东北等地，还有苏联、远东、中亚、安南（今越南）、暹罗（今泰国）、新加坡、缅甸、印度、菲律宾等周边国家和地区。同年，即 1936 年，还调查山西、浙江两省的 64 个县。其报告称：“晋浙两省山地绵延，调查所需时间必亦较长。拟以中、少校两员，各带勤务兵一名为一班，平均调查每县以九日计算。”

〔1〕 黄瀛著：《竹舍轶闻——国民党利用战犯建立国防部第三研究组的始末》，《文史资料选辑》第 79 辑，文史资料出版社，1982 年。

縣鄉兵要調查手冊
中華民國三十七年九月
國防部

第一 要則

一、爲調查各縣鄉兵要地理實況，備供安定地方，建設國防參考之需，特訂定本調查手冊，以爲調查實施之依據。

二、兵要調查務須力求詳確，不得草率從事，更不可揑造虛報。所有指定調查事項，均應實地勘查，期無遺漏。各級負責人員，尤須從嚴督察，如發現有不實情事，調查及審查者，均應受嚴厲處分。

三、縣鄉兵要調查各省政府負有督導之責任。（省轄市準此。）所有調查作業，應列入縣市考績考成。地方兵志及縣鄉兵要調查報

要則 一

附 1–6 1948 年国民党国防部下发的《县乡兵要调查手册》（书影）和“第一 要则”

1937 年，国民党军参谋本部制定下发了《兵要地志调查表》发至军队和各地方县政府，按表中所列地形、交通、通信、物产、住民地、气候温度等六项内容逐一简要填报。如陶峙岳所部第八师司令部呈报的陕甘《凤翔汧阳陇县张家川一带兵要地理调查表》，以及湖北各县政府呈报的《湖北蒲圻阳新等二十六县兵要地志调查表》等。[1]

抗日战争时期，陆军大学编制出版了一系列兵要地志。如《西南兵要地志》《东北要览及名城地志》，还有《原平至阳方口兵要地志》等。国外的兵要地志有 1941 年至 1944 年四战区司令部参谋处编制的《越南兵要地志》四集，中央陆军军官学校高等教育班还编制了一部《苏联兵要地志》。

陆军大学有“兵要地理”或说“兵要地学”课程，笔者曾见 1934 年 7 月的教程，以及 1939 年 10 月第三战区将校研究团印制的《兵要地学摘要》的讲义。抗日战争中，国民党军在战斗和组织战役前后有战场的兵要地志报告。如 1944 年《第十一集团军怒西攻势作战战斗详报》就有较详细的兵要地志，记述怒江西岸、龙陵、遮放、畹町附近

〔1〕《湖北省蒲圻阳新等二十六县兵要地志调查表》，1937 年，南京第二历史档案馆藏档案（案卷号 2411）。

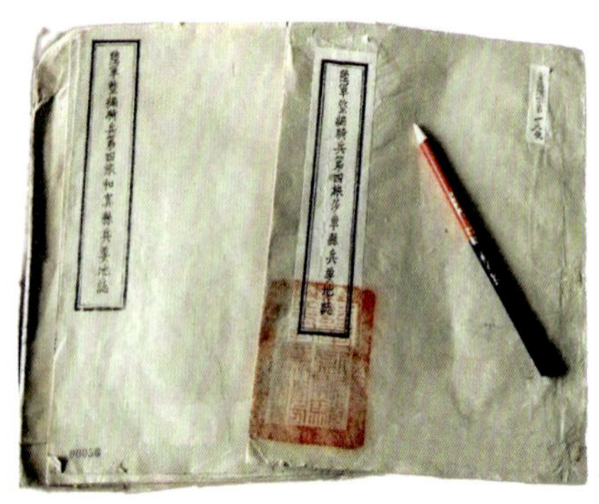

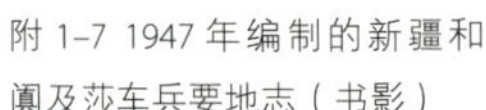

附 1–7 1947 年编制的新疆和阗及莎车兵要地志（书影）

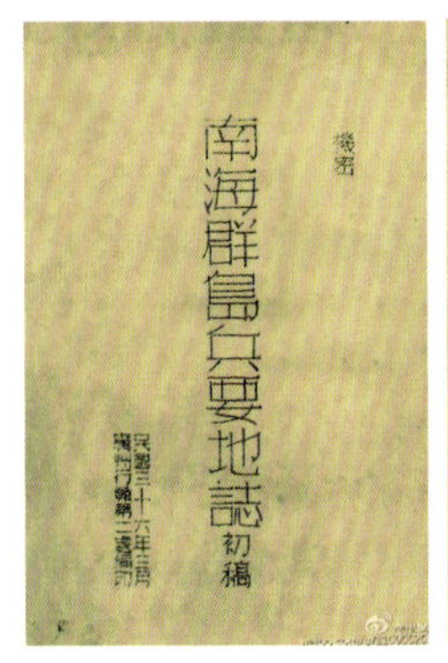

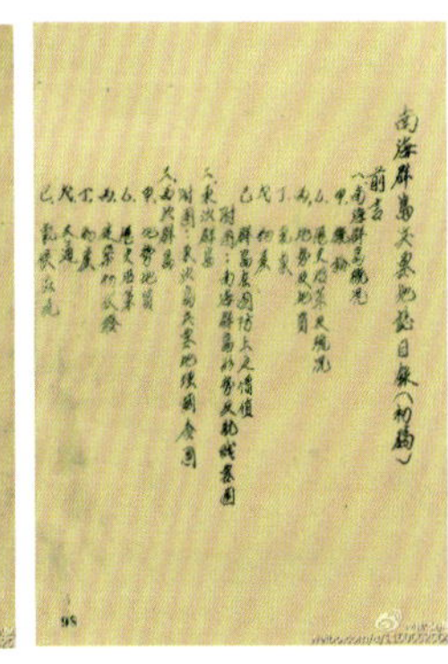

附 1–8 1947 年编制的《南海群岛兵要地志初稿》（书影）

的山林、河川、道路、物产、民间生活等情况。[1]

值得一提的是 1944 年，新疆在外来势力的策动下爆发了伊犁、塔城、阿山“三区革命”。国民党军事委员会委员长西北行营和西北长官公署先后电饬新疆填报兵要地志调查表。同时，新疆的国民党陆军整编第七十八师、四十二师于 1947 年命令所属各部编写驻地兵要地志。如 1947 年一七八旅分别编写了轮台、若羌两县兵要地志，1948 年又完成了《吐鲁番兵要地志调查报告书》和《且末兵要地志说明书》。1949 年一七九旅编写了《景化（米泉）兵要地志调查报告》和《哈密区镇西（巴里坤）县兵要地志》；陆军第四十二师骑兵第四旅编写了莎车、和阗专区所属的莎车、叶城、泽普、麦盖提、策勒、皮山、洛浦、墨玉、和阗、于阗、民丰等县的兵要地志。新编第四十六师参谋处完成了《呼绥乌兵要地志》。特别是 1948 年秋天，七十八师以吴振莫为组长的调查组从呼图壁出发，携带冬装翻越天山于 1949 年夏天到达焉耆，完成了两万字的《天山兵要地志调查报告》。[2]

1947 年 3 月，国民政府广州行辕第二处编印了《南海群岛兵要地志初稿》。全稿共 31 页，蜡刻油印，稿中对南海诸岛（包括东沙、西沙、南沙群岛）的地理位置、地势、地质、气象，以及部分地区的海流、交通、

〔1〕《第十一集团军怒西攻势作战战斗详报》，1944 年，南京第二历史档案馆馆藏档案（案卷号 1163）。

〔2〕胡正华著:《新疆兵要地志概述》，《新疆地方志》，1991 年第 3 期。

物产、军事价值有概要介绍，而且记录了我国发现、管理南海诸岛的经过，揭露了近现代日本侵占我国南海诸岛、掠夺南海资源的罪行。

这部具有典型意义的中国海岛兵要地志，是当年集体智慧的成果。其前言提到“多为实地踏查之记载。其中东沙岛的地志资料，系摘录陆军整编第六十四师派赴东沙视察的参谋廖坤的报告书，以及驻守该岛排长陈棠的《兵要地志图表》；南沙及西沙群岛方面，系根据国民政府广州行辕上校参谋李恩孙、中校参谋张嵘生的实地视察报告书汇编而成。此外，广州行辕第二处少校参谋喻剑云等亦曾搜集各报章有关重要资料”〔1〕。

1947年至1948年，国民党国防部下发了《陆军兵要调查令》和《县乡兵要调查手册》，用于统一协调军队和地方的兵要调查工作。这两份材料主要是将“综观”“自然”“人文”“交道”“经济”“用兵”诸篇项目逐次按统一制定的表格填写，或按规定的兵要图式将调查所得的兵要内容标注在地形图、海图、航图或照片上，并以规定格式制成报告书上报，由专门部门整理编辑。这项工作的进展情况不得而知，因为不久，国民党政府连同军队在解放军的强大攻势下便土崩瓦解了。

（四）战争年代我军兵要地志概说

我军初创时期，对兵要地志调查工作就十分重视。早在1929年至1930年，党中央为了武装斗争的需要，曾指示陈赓同志和上海地下党调查帝国主义和国民党在上海的军事、政治、经济及社会情况，内容包括：“帝国主义国家在上海的驻军、军舰和吴淞炮台的情况，以及侦探机关的情况；国民党驻上海军警和特务机关的上海租界内街道交叉、建筑物层数、建筑物结构、质量等情况；外滩每幢大楼有多高，各楼间的距离有多宽，都要精确测出；上海大银行、商号、米店情况，等等。”〔2〕这些情报汇集成一大厚册资料送到时任中央军委参谋长刘伯承同志的手中，这是中国共产党着手调查编辑的一部较早较完整的兵要地志资料，曾受到刘伯承同志的称赞。

1930年，在井冈山斗争时期，红军第四军有《社会调查提纲》，

〔1〕 郭双林著:《〈南海群岛兵要地志初稿〉的内容及其价值》,《中国边疆史地研究》,2015年第1期。

〔2〕 穆欣著:《陈赓同志在上海——在中央特科的斗争经历》，文史资料出版社，1980年。

其内容即是兵要地志的主要内容。曾任红一方面军作战部门负责人的郭化若将军回忆，当时由作战参谋进行兵要地志调查工作。红军长征胜利到达陕北后，他曾奉命对驻地进行兵要地志调查。抗日战争时期，八路军的兵要调查工作由司令部二科（侦察科）主管，“调查地形道路以及兵要地志”〔1〕。1931 年 4 月 1 日，红军参谋部成立红军编辑委员会，调查红军作战地域的地理、经济、政治、居民及与军事有关的材料。〔2〕

1935 年 12 月，红军一军团到达陕北延川，军团长林彪带领侦察参谋曾思玉到清涧、延川附近侦察黄河两岸地形，为部队选择强渡黄河的登陆场。曾思玉中将回忆：“他们向当地政府的干部进行了兵要地志的调查。林军团长还特地要了一份县志地图，因为县志地图比军用地图详细、准确。”〔3〕

抗日战争中为了贯彻中共中央“向北发展、向东作战”的战略方针，新四军司令部参谋处于 1940 年 5 月、6 月组织参谋旅行团赴云岭至苏南根据地茅山一线进行兵要地志调查。1941 年 4 月，八路军一二〇师参谋长周士第命令司令部负责地形的参谋们渡过黄河，历时 5 个多月，对陕甘宁东部地区 14 个县进行兵要地志调查，绘制了《陕甘宁边区东部地区兵要地图》，刻印数十份，报送中央军委，供师司令部使用。〔4〕

1942 年 4 月 18 日，八路军一二九师师长刘伯承、政委邓小平、参谋长李达共同签发了《关于实地考察地形地理增修地图与编撰兵要地志》的命令。其中对兵要地志调查有详细的指示，主要内容有：

其一，关于一般军事

甲、地形类

一、山地　二、河流　三、道路　四、森林　五、居民地

乙、人工障碍类

---

〔1〕郭化若著：《八路军的参谋工作（司令部工作）》，《郭化若军事论文选集》，解放军出版社，1986 年。

〔2〕参见中国人民解放军历史资料丛书编审委员会编：《总参谋部大事记》，蓝天出版社，2009 年。

〔3〕曾思玉著：《我的前一百年》上卷，大连出版社，2013 年。

〔4〕刘箭章、李刚著：《抗日战争中的人民军队测绘》，《解放军报》，2015 年 9 月 16 日。

附 1-9 解放战争中华东野战军司令部测量队编印的《大别山区兵要地志概说》(书影)

丙、战迹类

其二，关于社会状况

甲、政治

乙、经济情形

丙、敌人，友军对地方武装的编制、装备及数目如何、战斗力及其活动方式如何

丁、我根据地人民武装

解放战争时期，我军将兵要地志调查提纲作为司令部工作一项重要内容列入《参谋工作手册》。兵要调查为参谋处作战科负责，除收集敌军及后方和居民情况外，还要进行“兵要地理调查（包括各地季候、风雨、交通等）——由一科或参谋处另有专人负责调查”[1]。1949 年 8 月 6 日，中央军委就歼灭甘肃、青海国民党军马步芳部应注意的问题指示第一野战军，“望令第一兵团仔细调查进军途中的道路粮食情况及渡河条件。尤其是回民关系如何，这对大军经过具有决定意义”。8 月 13 日，军委作战部致电各军区、各野战军参谋长，要求在接收国民党方面的图书文件时，留意收集各国兵要地志材料。电报指出，凡有关山脉、河流、地势、交通、物产、面积、人口、城市、气象、民情风俗、战略形势、测绘等内容的书籍、文件、图表、照片，以及县志、省志等，均应收集并随时转送军委作战部。[2]

我军优秀的参谋工作者张文舟同志任陕甘宁留守兵团参谋处长时，即组织和带领参谋人员在艰苦简陋的条件下调查了陕甘宁辖区的兵要地志，测绘地形图。[3] 在长期的革命战争实践中，我军的兵要地志工作获得了丰富的经验，取得了丰硕的成果。1949 年初第三野战军司令部组织专门人员对国民党长江江防进行兵要调查，西北军区司令

〔1〕郭化若著:《从六纵队豫东战役作战看今后战术改进的几个问题》,《郭化若军事论文选集》，解放军出版社，1986 年。

〔2〕参见中国人民解放军历史资料丛书编审委员会编:《总参谋部大事记》，蓝天出版社，2009 年。

〔3〕贺晋年等著:《我军的一位优秀参谋工作者——忆张文舟同志》,《解放军报》,1986 年 6 月 21 日，第 4 版。

部对西北主要公路线进行兵要调查，这些兵要资料为我军制订作战计划，提供了科学依据和胜利的保证。

上世纪 60 年代初，我军的兵要地志调查是作为司令部工作的重要内容被明确写进“条例”中的。1962 年 10 月中印边界自卫反击作战中，刘伯承元帅打电话给总参告诉前线部队：“通向前面的道路要急速加修。应即组织专人调查所控制地区内的地形、道路和居民点情况，部队到哪里，哪里的这些情况就要搞清楚、弄准确，兵要地理的问题不能忽视。这一点搞不好，就等于失去指挥。”〔1〕张又侠上将曾指出：“过去我们看地形，都背着兵要地志。”〔2〕足见当年军事干部的战场意识！

（本文原载《固原师专学报》1991 年第 2 期，此处有增删）

〔1〕国防大学编写组：《刘伯承传》，当代中国出版社，2015 年 7 月。

〔2〕参见沈克尼著：《试说俄军兵要地志》，《军事史林》，2020 年第 1 期。

附录二：近代我国军事地理研究方法管窥

（一）古人的“形势”与“纵横”

我国古代研究军事地理重“形势”，我以为“形”指地形高下险易，包括地望和四至，“势”则泛指现实的政治、军事态势等。

古人分析地理形势的方法，一般是将“形”与“势”结合起来，进行纵横比较，博引史籍和名臣之言为旁证，再提出个人见解，且在论述中往往偏重于对势的分析。这种方法在从南宋王应麟的《通鉴地理通释》，至明末清初顾炎武的《肇域志》、顾祖禹的《读史方舆纪要》等论著比比皆是，似成定式。

南宋以前，我国历代名臣、将帅论述地理形势的言论，散见于诸史籍之中，如王应麟的《通鉴地理通释》，将两周、战国七国、三国、两晋、南朝宋齐梁陈的形势做了详细的考证，同时辑录和考证了战国乐毅、后周王相等历代政治军事家关于地理形势的言论。王应麟在《自序》中说：“稽《左氏》《国语》《史记》《战国策》《通典》所叙历代形势，以为兴替成败之鉴，大易设险守国。”这番论述对后来的史地学说，如顾炎武、顾祖禹等人的著作影响很深。其中对“形”与“势”的分析，采用纵横比较的方法尤为突出。

关于“纵”的论述，如顾炎武的《形势论》，从“昔之都于南者，吴、东晋、宋、齐、梁、陈、南唐、南宋，凡八代”开始，逐次论说建都于南而败亡之弊，随后又阐述自古以来占据天下之吭（咽喉）——荆、襄和天下之领——蜀的优势，并引名臣赵鼎、陈亮、孟珙之言以佐证。最后他得出这样的结论：“此皆古来以南伐北之明证，有地利而后动也。如愚之策，联天下之半为一，用之若常山之蛇……此战守兼得之谋，而用兵之上术也。”

再如“横”的比较，顾祖禹在《读史方舆纪要》中分析明代宁夏地理形势时说，“姑就图而论，平虏（罗）一路也，宁夏（银川）其一路也，中卫其一路也，花马池（盐池）一路也”。他用比较法区分各路险易利弊和内在关联：“然则四路虏（敌）情花马池最急，宁夏次之，平虏、中卫又次之。何也？平虏徒自镇远，已失地百里，而扼塞犹可凭。中卫偏在西隅、堑在湮谷，有险足恃也。宁夏当贺兰之冲，乃前后山贼出入之径。花马与套虏为邻，沿河三百里，尽敌冲也。”为此，顾祖禹得出结论：“是故虏窥平（凉）固（原），则直犯花马；掠环（县）庆（阳），则由花马东入灵州，则清水营一带是其径矣。”通过这样一分析，宁夏守御的地理要害便一目了然了。

古人通过对“形”与“势”的纵横比较，有了明确的战场概念，从而可以更好地把握兵要，发挥地利的优势。

（二）清末“兵要”的发端

从16世纪末至18世纪下半叶，即明万历至清乾隆的200多年间，是西方地理知识开始传入的时期。明万历时期来华的意大利传教士利玛窦，清康熙、乾隆时期来华的法国传教士白晋、雷孝思、杜德、蒋友仁等，多精于测绘。他们测绘的地图深藏于皇家“内府”，同时他们对图的测绘方法也缺少文字说明，因此未能对我国地图、地理学的发展及时发挥应有的作用。当时不少官方学者对于先进的地理知识持怀疑甚至反对态度。直至甲午战争以后，我国一些颇有远见卓识的官僚知识分子才采用“西法”研究地理，乃至兵要（军事）地理。其中有代表性的当属光绪年间傅云龙的《游历日本图经》、顾厚焜的《美国地理兵要》《巴西地理兵要》，以及姚文栋的《日本地理兵要》等。他们参考国外图书资料编撰上述著作的同时，也引进了国外先进的地理学研究方法。

江苏元和（今苏州）人顾厚焜所著的《美国地理兵要》洋洋大观，对19世纪美国重要方面都有涉及。或许刑部主事顾厚焜是文职的缘故，对军事地理的研究不囿于纯军事的观点，而从自然地理、人文地理的角度去论述，涉及面颇为广泛。这一点，顾厚焜的著作与同时代的兵部郎中傅云龙所著的《日本疆域险要》不同，后者以纯军事的观点专讲日本海陆何处便于舰兵通行、何处利于设伏等问题。

顾厚焜的《美国地理兵要》论及的内容大致有自然地理、政治、经济、文化、军事、历史诸方面，其中包括：地理位置、山脉、河流、矿产、铁路、隧道，企业职工、美国货币与中国货币的比率和商业往来，政治制度、行政区划、历史沿革、国民教育等。该书在军事方面叙述较详，主要有美国陆、海军编制、装备、舰炮口径、官兵数额、薪饷、驻防、地域等项。他在《巴西地理兵要》中还记述了军官训练教育的课目。

顾厚焜的军事地理著述，科学地指出重要城镇的地理坐标和海洋的高低潮位数据，并且还分析了纬度与气候的关系，其中特别对军事历史十分重视。《美国地理兵要》中《十三邦立国纪事》一节，叙述了美国独立战争的经过，以及南北战争的爆发，写到"(同治)四年(1865)五月，总统阿不拉亨·林工（即亚伯拉罕·林肯）为刺客所杀，南北和议遂为今人入境者皆感"[1]为止，是美利坚建国的简史。

"兵要"一词古已有之[2]，顾名思义，为用兵之要。顾厚焜研究地理兵要的着眼点不仅仅限于地理与军事，他还十分重视研究作为国防实力的重要方面——国家的资源和经济状况，从而使人对美国当时的综合国力有了初步的认识。

顾厚焜的《美国地理兵要》和姚文栋的《日本地理兵要》在资料收集方面十分注重翻译公开出版的图书报刊。《美国地理兵要》中美国陆、海军官兵数额、装备、薪饷等重要情报即译自当时的美国报刊，他在书中特别注明"据光绪七年（1881）报译出"[3]。

清末一些官员撰文记述西洋各国政治、经济、历史、地理、科技、军事等方面的情况，其中军事方面特别关注军舰、潜艇、大炮、鱼雷。记述较详细的是光绪年间出使美国、日斯巴尼亚（西班牙）的秘鲁大臣崔国因，他著有《出使美日秘日记》。然而对驻在国军事地理予以系统整理的，还是光绪年间的顾厚焜和姚文栋两人。美国是19世纪80年代才开始向驻外领事馆派驻陆、海军武官。日本武官制度始建于明治八

〔1〕［清］王锡祺辑：《小方壶斋舆地丛钞》，第17册。

〔2〕参见沈克尼著：《"兵要地志"考》，《军事史林》，1987年第1期。

〔3〕同［1］。

年（1875），首任驻清朝武官为福原和胜陆军上校。[1]这一时期，我国驻外领事馆虽无“武官”一职，而顾厚焜和姚文栋研究调查涉及驻在国的军事地理情况，实际上是做了武官的工作。[2]

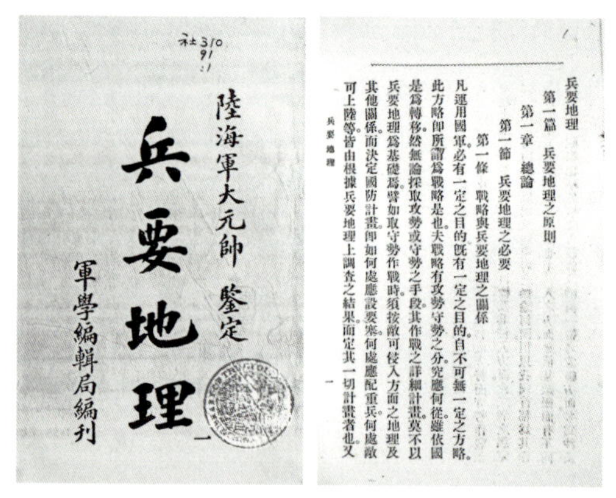
陸海軍大元帥鑒定

兵要地理

軍學編輯局編刊

兵要地理

第一篇　兵要地理之原則

第一章　總論

第一節　兵要地理之必要

第一條　戰略與兵要地理之關係

凡運用國軍。必有一定之目的。既有一定之目的。自不可無一定之方略。此方略即所謂戰略是也。夫戰略有攻勢守勢之分。究應何從。雖依國是爲轉移。然無論採取攻勢或守勢之手段。其作戰之詳細計畫。莫不以兵要地理爲基礎。譬如取守勢作戰時。須按敵可侵入方面之地理及其他關係。而決定國防計畫。即如何處應設要塞。何處應配重兵。何處敵可上陸等。皆由根據兵要地理上調查之結果而定其一切計畫者也。又

兵要地理　一

附 2–1 1912 年至 1921 年间军学编辑局编印的《兵要地理》（书影）

（三）《兵要地理》——民国初期陆军大学的课程

清光绪十一年（1885）五月，李鸿章创办我国第一所陆军学校——北洋武备学堂。这所学堂是“依照西国武备书院院制”而办的，“遴派德国军官李宝等充当教师。所习天文、舆地、格致、测绘、算、化诸学，炮台、营垒诸法，皆有实用。”[3]这里说的“舆地”当为普通地理学而言。清末民初的初级军事学校，如保定军校等，设有地形和测绘的科目。[4]而兵要地理则是民国时期培养中高级军官的陆军大学的课程。[5]

近代我国对军事地理理论和研究方法的探讨具有指导意义的著作则是民国初年军学编辑局刊印的线装三册的《兵要地理》一书。《兵要地理》未注出版年代，从书中《现时我国研究兵要地志之机关》所述“农商部”和“各省督军”可知，此书约成于 1912 年 7 月至 1921 年 9 月间。[6] 2008 年我读杨浪《地图的发现》中《寻找“龚教官”——民国初年陆军大学的军事地理教育》文，知此书附图注有“民国二年，即

〔1〕参见［日］铃木健二著、李苑译：《神秘的使者——武官》，军事译文出版社，1983 年。

〔2〕中国正式向国外派常驻武官始于光绪三十二年（1906）。是年一月一日，清廷批准向英、法、俄、德、美、日等国派“武随员”。

〔3〕参见李震著：《中国军事教育史》，台北，“中央”文物供应社，1983 年。

〔4〕参见河北省及保定市政协文史资料研究委员会编：《保定陆军军官学校》，河北人民出版社，1987 年。

〔5〕参见《中国军事史》第 3 卷《兵制》，解放军出版社，1987 年；《郭汝瑰回忆录》，四川人民出版社，1987 年。《兵要地理》原为培养中高级军官的陆军大学校教授的科目，1933 年培训初级军官的中央陆军军官学校亦设由游凤池、炳森讲授的《兵要地学》和 1934 年谭梦贤编《兵要地理》课程。

〔6〕参见钱实甫著：《北洋政府时期的政治制度》（下册），中华书局，1984 年。

1913 年陆军大学教程”[1]。

《兵要地理》所述原则、内容、研究方法虽多师法外国，但其列举的多为我国国防重点，并设表绘图，紧密联系我国实际情况，是“洋为中用”的典型。此后，久负盛名的游凤池先生[2]执教陆军大学，讲授“兵要地学”教程。据此讲义而刊行的同名书虽有 1934 年、1937 年、1942 年等几种版本，而其主要内容不外乎民国初年的这部《兵要地理》。《兵要地理》讲述的内容及方法，影响了民国一代军人。陆军大学的“兵要地理”课程，属参谋要务。其将、校学员在第一、二学年中安排了 77 课时，内容为各地地势、气象、交通、通信、军需补给，以及日、俄两国的兵要地理。[3]

民国初年，我国军事界基于以往的战争经验，已从理论高度认识到兵要（军事）地理与军队的战略、战术、编制、教育，以及兵器工业的密切关系。

《兵要地理》在论述军事地理研究时，针对当时国际形势及我国周边情况，本着“一、防护国都地域，二、敌军每一次侵入作战地域的原则”，分轻重缓急，明确制订了研究顺序：

一、一般研究（国都，即北京）
二、渤海沿岸地带（直隶、山东）
三、东三省
四、蒙古、新疆
五、云南、两广及西藏
六、南洋沿岸（江苏、安徽、浙江、福建）
七、长江沿岸
八、全国其他地带
九、朝鲜及日本
十、俄属中亚细亚、西伯利亚及沿海州
十一、法属安南（今越南）

---

〔1〕杨浪著:《地图的发现》，生活·读书·新知三联书店，2008 年。

〔2〕参见杨德慧著:《杨杰将军思想研究》，云南人民出版社，1989 年。游凤池，别号沛生，贵州贵阳人，1932 年 9 月至 1934 年 8 月任国民政府参谋本部处长，1935 年 4 月任少将，后为国民党陆军大学参谋要务系中将主任，1949 年于重庆起义。

〔3〕参见《民国时期的陆军大学》，《江苏文史资料》第 79 辑，1994 年。

十二、英属印度（今印度尼西亚）

十三、英属菲律宾群岛

以上研究顺序的主导思想是：1. 直隶是北洋政府首都的所在，渤海沿岸为北京门户，因此成为军事地理研究的首要任务；2. 就我国周边形势而论，能在短时期内将大部队输送到我国边境地区的是日本和俄国，其入侵方向主要是东北三省，然后渐及新疆、蒙古。而云南、两广为我国西南屏障，是英、法帝国主义入侵的地区。军事地理研究对此“亦不可太缓”。这明确反映了民国初年军事界的国防指导思想及对预设战场的认识。

《兵要地理》的研究项目大体从外交关系、邻国兵备、地形、交通、物资统计、战迹（战史）六个方面入手；它在研究方法上运用文献征引、测绘研究、实地勘验等。

文献征引，即广泛征引与军事地理研究有关的古今中外的图书报刊资料，其中以新闻报纸及“公报”“官报”为重。如《新闻之研究例》说：“新闻或杂志中，记载某铁路现通至某处，每日开车若干次，某点某分钟抵某地等。又如，记载某河某月某日冻冰，某月某日解冰等。于兵要地理内交通一项甚有裨益也。”《公报之研究例》中说：“……商务官报常记载每年某地出产物品之各类及数量，并每年输入输出之货物等。研究此项是为军队给养补充、被服及征集等计划之基准。至交通官报，亦可据此而知某电信、铁道及铁路现在之状态。……又，官报中常记载各地之人口、物资之统计，每年征兵之数目，各军队卫戍之变更等。”

所谓“公报”“官报”即各种政府报告。美军现行的野战教范《地形分析》认为：“尽管各种政府报告不总是可靠的，但它却是好的资料来源。大多数政府都出版关于气候、河流、人口、农业生产、工业生产和其他各种统计资料。不过要记住，在一些国家，这些统计数字可能是‘倾向于’支持政府的政策的。”美军的教范中对兵要地志资料的收集很重视从图书馆、书店和杂志摊上获得的“公开文献”，美军情报专家认为：“外国报纸和刊物是最基本的情报来源之一，尤其是专业刊物和商业杂志，对海外侨胞的广播录音，以及各种书籍，特别是年鉴和参考书。”〔1〕民国元年，美国陆军部参谋处即从当时我国

〔1〕［美］拉·法拉戈著、何新译：《斗智》，群众出版社，1980 年。

出版的《中华年鉴1912年》一书中得知清政府陆军中新军兵力为276801人。[1]对公开资料的重视不独国外军事情报界如此，我国清末和民国初年的军事地理成果和论著已认识到对公开书刊资料的收集和研读的重要性，并付诸实际工作中。

测绘研究，由于当时我国测量器材及技术相对落后，测绘的方法各有不同，有以三角网用测板测绘的"广地测图法"，也有迅速测图的"局地测图法"。因此，《兵要地理》提示，利用军用地图研究军事地理时应注意测量的方法及年月，以及气候与地形的关系、气候与河川的变化、道路的变迁等因素。

实地，即"就实地侦察自国、邻国兵要地理之谓也"。实地勘验依任务性质有公开与秘密进行两种。如参谋侦察（特派、密派），驻在国公使馆或领事馆的武官侦察、普通旅行侦察、谍报侦察及间谍侦察等。

此外，《兵要地理》还通过一系列假设，进行演绎或归纳，以便做出判断，并提供合理的用兵建议。较为典型的是《港湾之价值》一节中说："港湾价值者，即港湾对于用兵上之利害是也。此利害虽随作战之攻守，以及海军之大小而有不同。然其价值之如何，不外乎综合调查之结果，参以自己意见而判决也。"书中以渤海湾为例，根据作战规律，提出各种大胆假设。攻势作战时渤海湾之价值，"按列国之关系，及我国现存之兵备，万难由海上取攻势。今假想我之海军力中心击破敌国舰队，而获得东洋制海权，或依海军根据地之援助，能掌握沿海一部制海权时"，渤海湾可成为海运联络线、乘船地、海军根据地及避难所。又如分析守势作战时渤海湾之价值时说，"取守势作战，亦按海军力及作战地之关系。而渤海湾之价值，则又互异。如我海军力足以防护海岸时"，渤海湾于直隶作战方面可成为敌军大障碍，于山东或"满洲"作战可成为良好的后方联络线，易于输送军队、威胁敌侧背。《港湾之价值》在详细分析渤海湾的攻守价值之后，提出防御渤海湾六条结论性的处置意见。

（四）《兵要地理》的研究内容

《兵要地理》对区域军事地理调研项目可系统分为："一般应调查

〔1〕参见《中华民国史资料丛稿·译稿》第1辑；参见［美］拉尔夫·尔·鲍威尔著，陈泽宪、陈霞飞译：《1895—1912年中国军事力量的兴起》，《中华民国史资料丛稿·译稿》第1辑，中华书局，1978年。

之要项、作战地战略上应调查之要项，以及港湾、铁道、道路、水路、通信网和休养力应调查之要项”。项目条款为：

（一）一般应调查之要项

地形之骨干，动植物分布之状态，气象、物资之存在及往来，交通网，地形之特征，兵备，金融

（二）作战地战略上应调查之要项

集中地（选定集中地之要领、集中地之掩护阵地、集中地之物资、到达集中地之联络线、完结集中后之前进作战线及后方联络线），上陆地及假根据地（上陆地、假根据地、假根据地与上陆地间之关系），作战地障碍线（障碍线之价值，障碍线与作战计划之关系），作战线及作战横缀线，战略要点

（三）港湾应调查之要项

住民及出产物（住民、出产品及物资出入之时期），气象（风信、波浪之状态、各季节之天候），锚地（港湾之形状、广狭、水深及潮汐、海底质），海运材料、港内之设备，炭水燃料及工匠、海路交通，陆路交通，兵备，重要建筑物，卫生港湾之价值

（四）铁道应调查要项

线路，停车场，运行，杂项

（五）道路应调查之要项

一般上应调查之要项（全线距离及幅员并连接要点、全线地形之大变化、通信网、平行交通线、主要障碍线、季节及天候之变化、地方特性、沿途人口并动植物分布之状态），技术上应调查之要项，战略战术上应调查之事项（沿途地形及耕作物之状态、沿途村落之状态及价值、沿途主要构筑物、露营地及休息地、战斗阵地及前哨线、沿途局地之状态、诸兵种通过之难易），道路之价值

（六）水路应调查之要项

水路一般状态（一般状况、可航区域及效程、沿岸地形、沿岸并行路、水路障碍、联络水路、气候或地形上水路之特性、水域中物资集散地及其往来、水形及天候与航行速度之影响、水路之人工设备、沿岸村落之状态及其价值、渡河点），输送材料（输送材料之所在、各类及输送效程、固有船舶及外来船舶之数目、依天候变化水路输送材料之兴衰、输送材

料供给处及舟夫船工船具之状态）

（七）通信网应调查之要项

通信网研究之范围，通信网联络系统及其要点，通信效程，平时通信员教育机关之状态、通信之规定，通信符号，线路之构成，通信所、中继所及交换所之位置并其设备，可得征发应用材料之场所并其种类数目

（八）休养力应调查之要项

关于宿营事项（村落之状态、村落外露营地之状态、村落内外之交通、警戒线与宿营地之关系、住民之状态、卫生事项），关于物资事项（粮食、燃料、被服装具、搬运材料、器材）

在上述调查项目之后，一般有“方法概说”和“研究例”，所举之例紧密联系我国实际。如风向风速之调查，“须以一年之平均数为基准，再考数年来之景况而比较之，乃能推知其真相。盖气象之循环，以每年为一短期，而风之方向及速度又随四季而为变化，若不调查全年平均之定率，则气象循环未达一周，其结果必不确实”。书中并举上海徐家汇气象台观测的中国东南沿海信风情况为例子。又如《水形及气候与航行速度之影响》中的举例为：“我国北部及‘满洲’地形起伏甚少，河川概在平原地上，水形弯曲，常多水蚀作用，又其两岸高度大略相同，水面标高之差亦少，故水流速度缓慢，南部多山，河川流经谷部，水面标高之差大，流速因而湍急，此水形与航行速度之影响也。”

对于有些调查项目该书还从“军语”的角度加以解释，使之准确、规范、明了。如“上陆地”（登陆点）项目中的“假根据地”，即“凡对海洋相隔之敌，取攻势作战必须将军队输送于敌国乃能达我目的。然在敌国上陆，常易受其妨害，故于将达上陆地之际选定假根据地，集合运送船舶，施行上陆之侦察，然后乃实施上陆是为通例”。另外，“作战地障碍线”，是指战场山岳河川等地形对军队的障碍程度。“作战线”是军队由集中地向作战目标前进的主要路线。“作战横缀线”是作战线间互相联络的线路。“战略要点”即作战根据地（包括兵站主地、兵站基地、集积场），作战目标、作战枢轴和战略攻击点。这些似源于日本的军语，直至20世纪三四十年代陆军大学和中央陆军军官学校的“兵要地学”教程仍在沿用。

（五）《兵要地理》的研究特点

根据《兵要地理》一书，可概观民国初年我国军事地理研究的特点。

1. 重视地方特性

在《一般应调查之要项》和《道路应调查之要项》两节中，该书均强调突出“地方之特性”。一般调查的地方特性，即“某地特有之现象，如沙漠地带往往暴风兼旬，尘沙蔽日，此气候上之特性也。燕京东南，水含盐质不堪饮用，此地味上之特性也。滇黔苗民，穴居野处，食肉寝皮，以水火龙蛇为崇拜之物，此风俗上宗教上之特性也。南海沿岸，语言各异，且与他省悬殊，此语言上之特性也。然地味之肥瘠，关乎征发之难易，语言风俗之异同，系乎团结之力大小。故地方特性，亦为兵要地理上应调查之要项也”。道路调查的地方特性，“即沿途风俗、地形、气候、卫生等特有之性质也。风俗之敦厚浇薄与编制及用兵有关。大抵风俗敦厚者，其人民恒勇敢而富有毅力，以之编成炮工兵必能忍耐劳苦，克尽其职。以之任攻击，胜则直前，败则溃散。但以之编成骑兵或别动队等，又能常奏奇效也。至地形特性，各地不同。如珠江流域之道路，其旁多水田。直隶之道路，其河川通过部概无桥梁（但在冬春之际则架有草桥）。鸭绿江沿岸山地多森林。凡此等件，与军队运动直接有关”。

2. 重视铁路

清末我国铁路的修建对军队机动起到了积极作用。我国第一次运用铁路输送军队是1905年在河间举行的演习。假想敌由山东方向入侵直隶，北洋陆军“利用新的铁路，把两个镇运到操演地区”〔1〕。由于铁路的扩大，“陆军可在两个星期之内同时在各战略中心地点集中”〔2〕。因而“1911年初，据美国陆军武官保守估计，除意外的因素之外，至少必须要有一支五万人的外国军队才能夺取北京”〔3〕。由此足见铁路对军队输送的重要。《兵要地理》对历史上屡次侵入我国东北的沙俄帝国在

〔1〕参见［美］拉尔夫·尔·鲍威尔著，陈泽宪、陈霞飞译：《1895—1912年中国军事力量的兴起》，《中华民国史资料丛稿·译稿》第1辑，中华书局，1978年。

〔2〕同上。

〔3〕同上。

远东的铁路输送能力十分注意，指出“俄国极东铁道之输送材料，究属多寡，难知确数，然依单线日发 20 列车，复线日发 40 列车之计划，用日俄战役之经验，其输送效程不难明悉”。书中并列方程式进行科学概算，具体如下：

一、每日运之总列车数为 40 列车

二、每货物列车可输送 305 吨

三、每军团每日之粮秣为 130 余吨（每列车可输送 2 军团半、1 日份粮秣）

四、输送 1 军团须用 140 列车

五、普通列车每日为 6 列车

六、输送粮秣外之军需品每日 6 列车

七、每日输送补充人马为人马数 1/500

八、后方部队约与全军（不含后方部队）1/4 相当

九、在战地附近可调办 10 军团之粮秣

$$x=2.5+10\left\{28-\left(\frac{140}{500}+\frac{\frac{x}{4}}{25}\right)\right\}$$

……在远东能使用的军团数

……每列车粮秣可给养的军团数

……每日输送补充兵所用列车数

……每日最大限之发运数

……后方部队输送粮秣所用列车数

……地方物资能给养之军用

$$x=2.5\left\{28-\left(\frac{140x+50x}{500}\right)\right\}+10$$

$$=\frac{14000-140x-50x}{200}+10$$

$$=41.3$$

$$x=41\text{(军团)}$$

3. 重视战史战例

如前所述，《兵要地理》成书约在1912至1921年之间。书中论说项目，多以战史战例为证，其中对普法战争、日俄战争，特别是第一次世界大战的经验尤为重视。在论说“集中地”时，举例“如此次欧战，德以主力集结于卢森堡及比利时西部。法以主力集结于阿鲁撒斯鲁达林弃西方。则卢森堡及比利时西部与阿鲁撒斯鲁达林弃西方地区，皆为之集中地”。又如论说“集中地与作战目标之距离”，则举“此次欧战，俄之最初集中地不在瓦尔夏洼，而在其后方”为例。

此外，“合同战术的基本特征在1917年秋康布雷战役中最早出现”[1]。由于当时“军队装备的火炮、飞机、坦克和其他技术兵器继续大量增加，到1917—1918年就开始形成了诸兵种协同战斗的战斗原则，即运用步兵、炮兵、坦克、飞机和工程兵协同一致的战斗力量来达成的这种作战方法”[2]。而当时北洋政府只有从英国购进极少量的“爱佛楼”教练机和“维梅”轰炸机，坦克也只是1929年以后才从意大利购入的“菲丝特”小坦克。[3]因此《兵要地理》虽吸取了第一次世界大战的许多经验，但根据我国军队装备实际状况，未突出协同作战的思想。书中提到“诸兵种”亦不过是步、骑、炮、辎重而已。

第一次世界大战期间，协约国总计动员军队4218万余人，损失2210万余人；同盟国总计动员军队2285万人，损失1540万余人。“一战”提示了战争对经济和后方的巨大依赖性，各主要交战国先后实施了国

〔1〕中国人民解放军总参谋部军训部:《陆军合同战术学》，解放军出版社，1988年。

〔2〕［苏］C.C. 格托茨基等著、乌传衮等译:《战争史和军事学术史》(上册)，战士出版社，1980年。

〔3〕参见《中国军事史》第1卷《兵器》，解放军出版社，1983年。

民经济总动员。协约国的胜利，归根结底是由于军事实力占压倒性优势。交战双方的军工生产达到空前未有的规模。或许是战争刚刚结束不久，《兵要地理》一书的编著者未能及时总结这方面的经验，书中对战时国民经济总动员重视不够，但这在北洋军阀统治时期的旧中国、弱中国，作为钻研军事学术的《兵要地理》的编著者，对此也只能是徒作浩叹！

值得一提的是，“兵要地理”一词其后被改称“兵要地学”。如1934年陆军大学的《兵要地学》教材，以及抗日战争中的1934年，第3战区将校研究团印发的《兵要地学摘要》等即是。又如曾任陆军大学少将教官，后任解放军军事学院军事地理教授会教员的庞齐先生，在讲述《孙子兵法》与军事地形和军事地理价值时，仍会不由自主地多次提到“地学”这个旧名词或说旧军语。[1]

（本文原载《甘肃社会科学》1991年第5期，此处有增补）

〔1〕庞齐著：《孙子兵法探析》，陕西人民出版社，1986年。

附录三：中国军事地形学源流概说

地与形之说，古已有之，如《孙子》中“散地”“轻地”“争地”等“九地”，宋《武经总要》之“通形”“挂形”“隘形”等“六形”。地与形，先辈皆有专论。而我国从军事角度研究地形的作战行动的影响与测绘地图、识图、用图的学科“地形学”或“军事地形学”则是近代的事了。

（一）从甲午之战的军用地图讲起

清末中国近代化军事教育，发端于“洋务运动”。1874 年和 1885 年江南制造局操炮学堂和天津武备学堂分别设立，开陆军近代军事教育风气之先。[1]随着西方《测图学》和《地形学》的传入，近代以等高线方法科学表现地形的地图也在中国军队中逐渐使用。特别是“借师助剿”镇压太平天国的湘军、淮军将领和幕僚们，实实在在领教了洋枪洋炮、铁甲火烨的厉害。于是以仿制外国军械为开端，在发起了洋务运动的同时，他们的治学也从中学扩大到了西学。如我所见到的清末用等高线方法科学绘

附 3-1　淮军名将聂士成

〔1〕施渡桥等编著:《中国军事通史》第 17 卷，军事科学出版社，1998 年。

附 3-2 淮军教材中的“行军阵图”

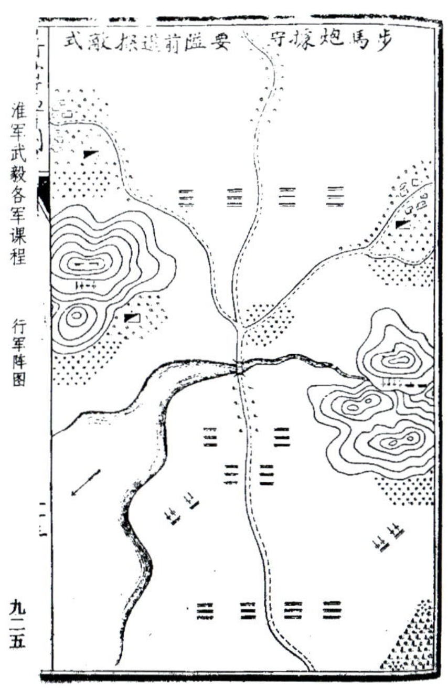

制的地形略图是由李鸿章署名，实为淮军名将聂士成负责。他依德国练兵方法编撰的《淮军武毅各军课程》一书，书中就有的《行军阵图》。[1]该课程中的 16 种阵形采用了军队标号显示，这是我国最早采用西式新法进行图上作业。[2]1876 年，淮军派卞长胜等 7 人赴德国学习军事，历时 3 年，学成后回淮军任职，这是我国外派军事留学生之始。[3]而清末我国绘制的军用地图，我所见到的依然是在淮军

附 3-3 甲午战前中、日两军分别绘制的《鸭绿江口地势图》

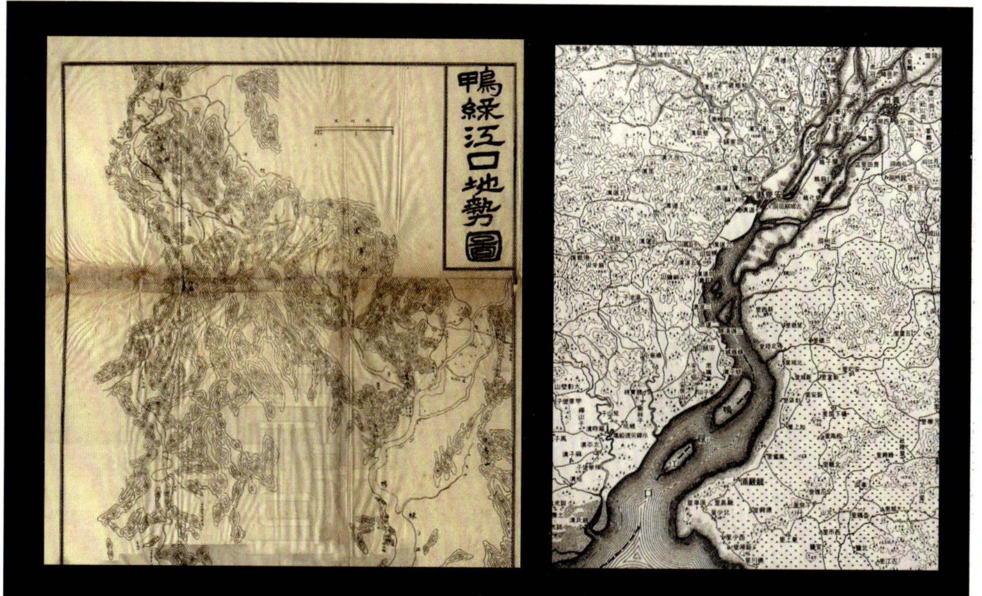

〔1〕《中国兵书集成》编委会编:《中国兵书集成》卷 48《行军阵图》，解放军出版社、辽沈书社，1993 年。

〔2〕李震编著:《中国军事教育史》，台北，“中央”文物供应社，1983 年。

〔3〕王兆春著:《聂士成》，军事科学出版社，1994 年。

名将聂士成所著的《东游纪程》一书之中。

光绪十九年（1893）九月至光绪二十年（1894）四月，聂士成奉李鸿章之命，率武备学堂学生考察东三省及中俄、中朝边境，历时7个多月，行程2万余里，同时深入俄国阿穆尔与东海滨两省的海兰泡、伯力、海参崴等城市，以及朝鲜的汉城、平壤等道府。考察途中，聂士成命冯国璋等随行的武备学堂学生用仪器测绘当地的地形图，用等高线表现地形，并对其地军事价值予以注记，如朝鲜的元山、釜山、仁川、鸭绿江等军事要地，其中仁川是甲午之战陆军重要的登陆场。图中还有方向矢标和水道流向矢标、比例尺、重要方位物写景图，图上注明图幅的四至和方位。有些图中还附有分图，如《珲春俄韩交界全图》《三姓炮台江道地势图》。聂士成与冯国璋等测绘的地形图，相比当时日本军队测绘的朝鲜五万分之一比例尺的地形图，欠规范和精度，地形多概略。毕竟冯国璋等是指挥军官，而非专业测绘者。其后，聂士成率部入朝鲜作战，成欢设伏、摩天岭防御，取得以弱胜强的战绩，与他曾测绘朝鲜地图、熟悉和善用地形不无关系。

（二）清末民初军校的测绘和地形学教育

李鸿章于1885年2月在天津创设了中国近代史上最早的陆军军官学校——北洋武备学堂，采用德国教学方法，课程有战法、地利、军器、炮台、算法、测绘等。早在1873年，我国发行了英国人傅兰雅口译、赵元益笔述的英国军队的《行军测绘》一书。而两本军事教材正式被列入中国军事教育则是1895年12月，张之洞请示清政府设立陆军学堂，聘请德国军官为教习。同时挑选13—20岁的青年为学生，分马队、步队、炮队、工程队、炮台各门类，学习兵法、营垒、测量、绘图、算术等武备课程。当时有《地势学》，即地形学课程，由德国教官特屯和恩讲授，并由天津人杨锦堂当堂口译。其教材为两卷，卷一为行军地势总论、行军道路图说、设险大要、各队渡水、组织行军等；卷二为测绘地势总论、比例说、山图绘法等。[1]同时，湖北武备学堂翻译了德国库司孟编写、福克斯增补的《地势学》，[2]还翻译了“德国

---

〔1〕参见［清］钱德培纂辑：《地势学》，光绪二十六年江南陆师学堂武备课程。

〔2〕参见［清］库司孟撰：《地势学》，光绪二十六年湖北官书处武备学堂藏版。

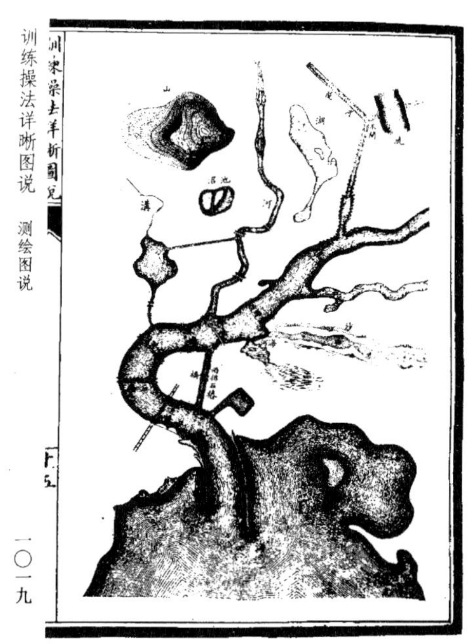

附 3-4《训练操法详晰图说·测绘图说》中的地图

武备原本”，即德国军事教材《行军测绘学》作为湖北武备学堂的地形学和军事测绘的课本。书中强调“讲武学，必由译武学书始”[1]。

1903 年袁世凯又于保定开办北洋速成武备学堂，先后由冯国璋、段祺瑞任督办。学堂学制两年，分步、马、炮、工、辎重、经理、测绘等科。[2]这一时期，新式军事教材著名的是 1902 年袁世凯编辑的《训练操法详晰图说》，其内容包括步、马、炮、工等兵种的技、战术，并有《测绘学》。

《测绘学》开篇便指出地图和测绘在军事上的重要性，“用兵之道地利为先，而究地利，则在绘图，绘图则测算”，“故行军无图，犹瞽之无相，夜行无烛也”。教材中讲述了“正图”——专业测绘的地形图，以及“草图”——军队依任务需临时测绘的简略地图。“正图”，是平时用直角测向罗盘、经纬仪、测绘镜、快测机等仪器，进行三角测量详细测绘的地图。教材以文配图，分别简要介绍以上各种仪器的使用方法，并附比例尺和地形、地物符号示例。“草图”则是“如敌军逼近，欲知地势所忌，而绘其大略”。它根据远距离观察，概略测度其距离和方位，并将“耳闻目见与军相涉者，默记分绘，是为草图”。绘草图法是用方向表和测向罗盘，及“分角器两线相交之点，即为各物之方位”，以步测计算距离，依比例绘出“如桥梁、津渡，及一切狭隘之路，查其大概形势补画图中”。紧急情况下，登山岭、塔顶，鸟瞰地面，测各种地物方向、距离以及形状，绘制草图。

民国初年的《地形学教程》，典型的是民国元年、线装本的《地

〔1〕参见［清］何福满、杨其昌译:《行军测绘学》，光绪二十六年湖北官书处武备学堂藏版。

〔2〕施渡桥等编著:《中国军事通史》第 17 卷，军事科学出版社，1998 年。

形学教程》一书。该书应为保定陆军军官学校以及成立于民国元年秋的陆军大学的教材。当时保定军校的战术、地形、筑城、兵器四大教程为主课。

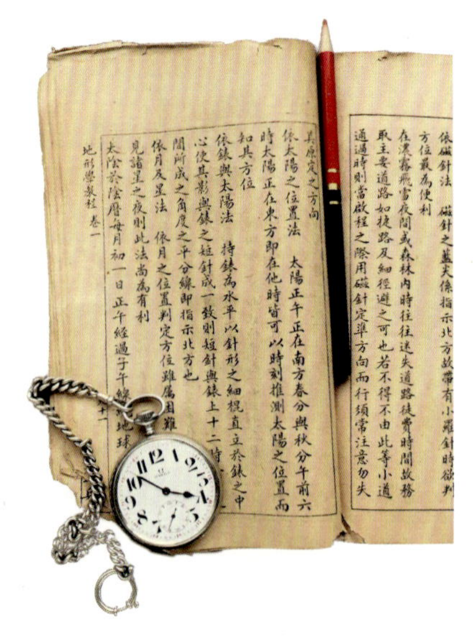

附 3–5　著者收集的 1912 年版《地形学教程》中讲述利用怀表和太阳判定方位的方法（书影）

《地形学教程》主要内容为：一、地形，分为山理（山地、平原、凹地），水理（河、湖、海），地相（地质、植物、居民地、交通线）等；二、地图常识，比例尺、符号、注记；三、地图表现，如光线法；四、地图应用，包括图上研究、现地应用、方位判定、距离测定等；五、制图，详图、略图。

除地图知识之外，我认为书中最为重要的是安排在书最后的《地形之判断》一章，其作用为："以作战目的于图上或现地断定地形之利害得失……专就地区及地物说明战术上必要之性能，以为地形判断之准绳。"如低地（平原）、冈阜地（丘陵）及山地、居民地等。书中认为"判断地形于作战上之利害得失，务必求其有利以避不利。当其不利地形，得由兵力之分配、工事之设施处置适当，遂从而减轻之谓也"；"利用地形之事于作战上极为紧要。然必须与兵之运用相辅而行……故军官常须细心研究地形，以养成真有正确认识其地形，适评量其价值之能力也"。

书中具体论说各种地形的战术特性，诸如"冈阜地（丘陵）及山地……骑兵、炮兵运动和效力受很大限制。森林的前方和侧翼开阔，而无敌人隐蔽潜入之地物。其地势逐渐低下，自林缘能瞰制前方，利于防守。森林防御，多占领林缘，并互相侧防林缘曲折处。如林缘凸出部，便于敌人攻击而不利于防守者。……森林内部能运动的只有徒步兵。其他兵种能运动者不过少数。林内通过的难易，在于道路的情况和树木的种类，以及疏密程度等。如果有较多便于互相联络的交通路，则利于防御。如林内有适当的林间空地和人家等，则利用于战斗。天然林缺乏林间空地和林间道路，因此能遮蔽敌眼。同时也妨碍自己运动和观察通视。森林便于军队隐蔽运动和露营……又如居民地，村落陷落之后，尚可据内部建筑抵抗。须注意家屋景况和建筑物种类。关于补给，居民地的位置大小、贫富等关系很大。另外，耕作和畜牧的地方粮食易得。如营业于制造及工业之地方，欲得休养之便通常困难。围墙因其性质，或适合障碍和掩护物。园囿的价值因植物的大小、疏密而异。一般妨碍展望、射击和运动，如同森林的障碍"，等等。

再如低地（平原），书中论述"良好的道路多，而且通过河流、沼泽等的方法也多而完备，最适合大部队作战。而小山丘和村落，可为攻防的阵地。同时村落街市皆富裕，宿营、给养极方便"，等等。书中文字半文半白，将各种地形的战术特性扼要叙述。

如果对照民国元年的中国《地形学教程》与日本明治二十九年（1896）日本士官学校《地形学教程》，书中的内容和顺序以及军语，我确定民国元年这部《地形学教程》译自日本。如日本《地形学教程》中有总论、地形的义解，并对平地、山地、隆地、洼地、合成地等战术特点进行叙述。而清末民初中国的《地形学教程》，以"目次"为例，除地形的义解之外，专业名称则分别译为"冈阜山地""低地""连山地"，等等。有不少专业术语沿用至今，如"光线法""等齐斜面"之类。

以往我读美国爱德华·德瑞《日本陆军兴亡史》和藤原彰《日本军事史》，以为日本自普法战争之后便弃法国学德国；再读百年前

附 3–6 1921 年版《地形学教程》中的航空照片。

日本这本地形学教材附于书前的参考书目，始知日军自1876年开始，《地形学教程》不仅翻译德国士官学校的《地形学教程》，还参考德国Kossmunn以及奥地利Reitzner的《地形学》，同时还参考法国圣西尔军校和炮兵学校的《地图学教程》。而且连续8年，每年对此书进行增删修改。[1]由此，我厘清了日本明治维新时期军队《地形学教程》源流之大概。

这部百年前译自日本的保定军校的《地形学教程》教材，经年日久已朽得掉渣。每翻一页我都心痛，但我惊喜地发现书中有利用时表和太阳判定方位，以及声光测距等熟悉的内容。此书的编译者，并非全盘照搬日、德教材，而是加入中国元素。如提到利用怀表和太阳判定方位的同时，还讲中国传统历法“阴历初一”的月象。

我保存的这部民国元年的《地形学教程》，原主人（封面印章无法辨识）于书上“眉批”累累，足见认真和用功。书的前部有书主人用红蓝铅笔的圆圈断句。我想起张治中将军《保定军校求学日记》中提及，好教官心向北京，而有的教官学术皆差，“据传新来教官丁勋，教程句逗尚不能读完全”[2]。而从此书原主人在书中空白处累累的绘画和笔记，便知其学养之优秀。

保定军校前辈中，知名人士和优秀人才如过江之鲫，如熊式辉、刘峙、秦德纯、陶峙岳、祝绍周、刘文辉、白崇禧、徐庭瑶、黄绍竑、吴石、傅作义、顾祝同、叶挺、何基沣、张克侠等等，不胜枚举。[3]我想起银川市第二中学的学长韩兢（韩练成中将之子）所言，保定军校其旁为保定女子师范学校，军校炮兵二队学子时戴蓝领章，而女师学生着蓝裙，因戏称其为“炮三队”。女师不少淑女成为保定军校学子的太太，其中不乏将军夫人。

（三）抗日战争前后的地形学

地形学，不仅为保定军校和各地讲武堂的基础学科，同时也是清末民初陆军大学的课程。1914年《陆军大学条例》第七节规定：“地

〔1〕［日］陆军士官学校编：『地形学教程』，明治二十九年二月。

〔2〕河北省及保定市政协文史资料研究委员会编：《保定陆军军官学校》，河北人民出版社，1987年。

〔3〕贾忠伟著：《卫国战士的摇篮——三军官校的草创与沿革》，台北，苍璧出版有限公司，2015年。

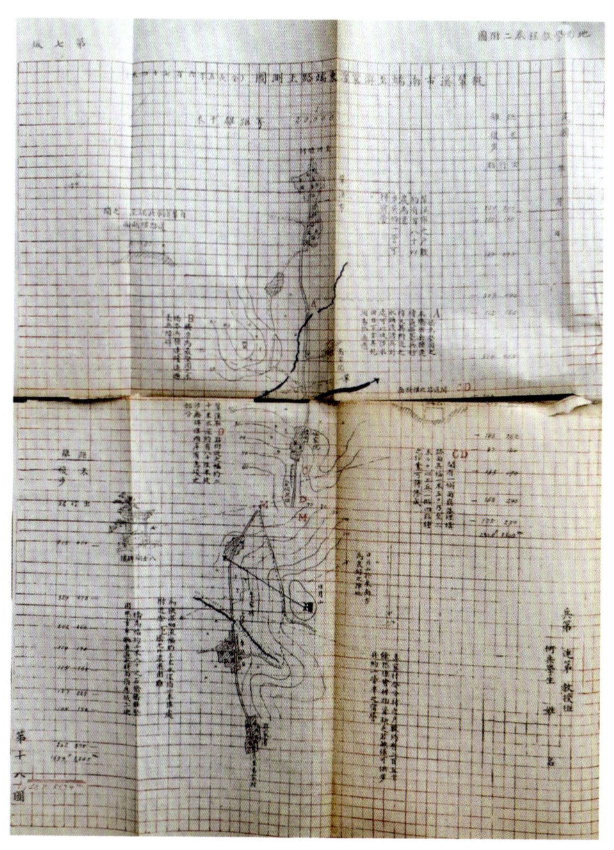

附 3–7 1921 年版《地形学教程》中的行军侦察要图

形学因与军队之行动及指挥相关联。凡关于地图之读解、地形之判断，及各测图法应按学员程度于需要地形学之补习教育，斟酌施行，务使学员彻底了解，应用适宜，借以养成兵要地理学之基础为主旨。”[1]这一时期的教材，具有代表性的是民国十年（1921）修订的《地形学教程》（增加了航空摄影等新的内容），应是当时参谋本部为陆军大学编印的教材。其文体依旧沿袭原《地形学教程》，半文半白，无标点，书中学员用红铅笔断句。

此书航空摄影的附图是日本千叶和弘前两处地形图与航空摄影的对比示例图。日本的航空第一次用于军事，是日、德为争夺青岛的战争。而日本第一次航空测量也是在中国，用飞机测绘胶济铁路沿线地带。此外，这本教材中一幅源自日本教材中的道路侦察略图，原封不

〔1〕江苏省文史资料编辑部：《民国时期的陆军大学》，《江苏文史资料》第 79 辑，1994 年。

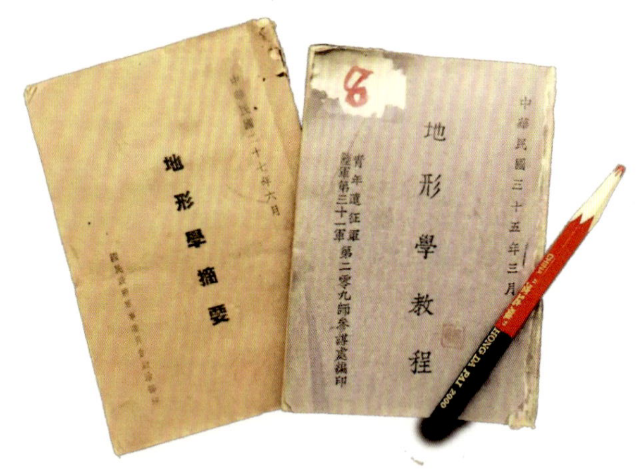

附 3–8 著者收集的 1938 年版《地形学摘要》和 1946 年版《地形学教程》(书影)

动竟沿用到抗日战争的地形学教材中。此图在中国和日本的《地形学教程》中沿用前后达 30 年之久。

关于国民党中央陆军军官学校的地形学课程，我曾见其第三期学科和术科课目表。其学科将地形与交通合并一处。术科的地形识别的教学要求为“地形、地物之指示，并说明其价值与利用之方法”〔1〕，还有步测和目测距离。1937 年冬，中央陆军军官学校由南京迁至四川铜梁，地形学的测图作业选在铜梁野外，四人一组，用水准仪、标杆、图板、三脚架、绘图纸、铅笔等，选有山和房屋、道路的地方将地形、地物测量，绘制成图。但四人一组，各有分工，测绘、持杆、绳子量、目测计算并不轮换，因而各人收获也不一样。学员反映“教学呆板，照本宣科”。该教材多抄袭日、德过时的教材，没有自己的经验总结，只能人云亦云。〔2〕

我所见的抗日战争前后的地形学教材，是 1937 年 3 月由训练总监部编印的《地形学摘要》，以及 1938 年 6 月国民政府军委会编印的《地形学摘要》，两书内容图文相同。名为《摘要》，是将《地形学》中实用部分，即地形的战术特性、比例尺、等高线等识图、用图和简易测图基础知识，删繁就简汇编成 60 页的小薄册印发，应是抗战前

〔1〕李震著：《中国军事教育史》，台北，“中央”文物供应社，1983 年。

〔2〕文闻著：《国民党中央陆军军官学校与军事专科学校》，中国文史出版社，2010 年。

夕备战的“急就章”。书中将《地形之见解》即山川、河流、居民地的战术特性作为第一章，开宗明义，半文半白的文句突出了地形学的军事意义。如巅顶(山顶)“有展望及瞰制之利。但有易为敌认识之弊。其价值系乎巅顶之形状、幅员、比高及掩护之良否，与死角之有无，并侧防之难易，等而有差异”。书中又有论述山地的斜面坡度对步、炮、骑等诸兵种运动的影响。但书中文字表述的“分数”令人费解。如“在八分之一以上者，纵地质良好，尚觉困难。炮兵降下时须用常步为要。若在四分之一以上者，车辆登降均难。”书中又在“一分之一以上者，战斗时视线为不能攀登者为当。故车行以四分之一以下，步行以二分之一以下，攀登以一分之一以下，可为一般通过之标准”。此书将识图、用图及简易测图等地形学传统内容以简略的文字和必要的附图说明。令人惊讶的是，书中所附“道路侦察测绘略图”依旧是民国十年，即1921年《地形学教程》中的道路侦察略图的翻版。我对照缴获的侵华日军昭和十二年(1937)版《测图教程》和1941年版《地形学教程》，当年中、日两军的地形和测绘教材，30年来包括交战中，一直沿用这幅要图作示例。

当年中国《地形学教程》的一个缺失，我认为是缺少地图的平面直角坐标及其使用说明。但当时中、日两军使用的军用地图均没有坐标。如我见中国远征军第五军长官司令部印发的云南保山、腾冲，包括缅甸国境浅近纵深的十万分之一比例尺的地形图，均无坐标，因而中国军队抗战中的地形学教材没必要将坐标内容列入。当时美、英、

附3-9 著者收集的1947年版和1960年版的《地形学教材》(书影)

苏地形图已有坐标，日军地形图有所谓“方眼”坐标，据我所见实物是 1943 年以后，特别是为其“五号作战计划”印发的部分中国地形图加了红色坐标网，这已是抗战后期了。

值得一提的是民国三十年改定的《地形学教程》中有一章“地图之利用”，其中讲到“方眼”即平面直角坐标的样式、利用、距离测算等。书中还有航空摄影、制图，以及海图和航空图的示例。这本封面标有“陆军军官学校”1941 年的教材，封底赫然印着“治安总署印刷所”字样。我疑为汪伪军队的教材。

斗转星移，时至解放战争的 1946 年，国民党青年军二〇九师编印的《地形学》小册子，前半部《地形之见解》基本照抄 1938 年版《地形学摘要》，只在个别文辞上略有改动。该书后半部绘制略图却多于 1938 年《地形学概要》，增加了不少示例图，如誊绘要领之伸绘和缩绘图、基线上测图、几何作业图等。此书系据抗战期间（1940 年）“短期教育本”改订，内容为“初级军官必须之地形判断，地图读解，并各种测图法”，或是“青年军有文化的前瞻性”。书中“借以养成兵要地学素质之资助”一语引起我的兴趣。其言“兵要”，即用兵之要，意在由地形学上升到军事地理学的高度。抗日战争后期，中国远征军在印度接受美国军事教育。从当时国民党军翻译的《美式步兵教育》看，判定方位、识图、用图是安排在步兵技术训练中的。[1]因此解放战争中，国民党军仍沿用抗战中印发的地形学教材，其内容并无多少改进。

我将 1938 年中国军队的《地形学摘要》与侵华日军 1941 年改定的《地形学教程》的内容进行比对。日军教材除比中国教材多了航空摄影和判读，以及地图坐标利用之外，内容大致相同。特别是卷首的“地形的特性及地质”，其内容和排序，如地质、平地、山地、河川、海洋等项，几乎一致。这本由日本陆军预科士官学校校长牟田口廉也签发的教材，还附有苏联以及美、英、法等国的地形图样图和图式。这一点反映出日本教材中具有明显的作战对象和强烈的战场意识。

（四）我军军事地形学的形成

我军从红军时期就有地形学教育。第四次“反围剿”作战中，红

〔1〕 参见《美式步兵教育纪实》，提拔书局，1947 年。

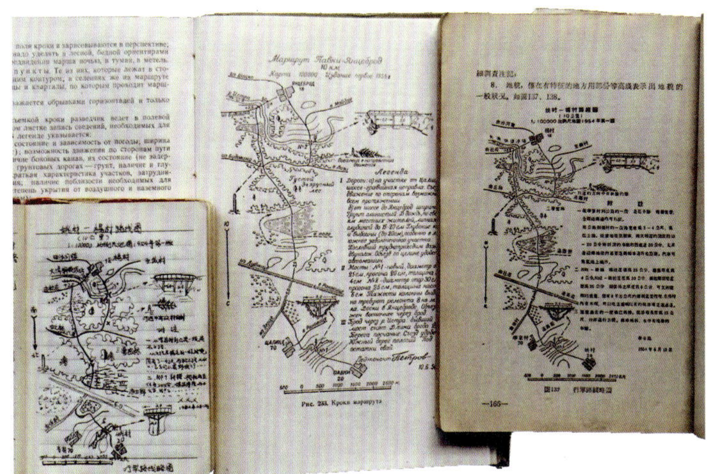

附 3–10 20 世纪 50 年代俄文版和中文版的《军事地形学》中的附图（中为俄文版图，右为中文版图，左为本书作者少年时描绘的附图）

军在中央苏区歼灭了国民党军第五十二师，生俘师长陈时骥。陈时骥被留在红军大学担任专职“教授”。张震上将回忆说，他给我们讲地形学。1934 年，与中央苏区相呼应的陕甘革命根据地，则是由黄埔军校毕业的刘志丹给排以上干部讲地形学。

抗日战争中的抗日军政大学也有地形学课程，由黄埔军校十期炮科毕业生高存信担任教员。高存信回忆，当时抗大的学员熟悉现地地形，但不会看地图，更谈不上应用。高存信将萝卜切片作例，形象演示地图等高线的原理。1938 年 1 月，由军委参谋长滕代远提议，由王智涛具体负责在抗日军政大学举办参谋训练班，培训八路军旅、团参谋长和作训股长。教学内容分别为公共科目和专业科目。公共科目有图上作业（识图、用图、标图、图上推演、沙盘作业），以及战时司令部工作（侦察、通信、兵力部署、火力配置、组织协同、汇报和通报战况、战斗或战役总结）。专业科目有兵种知识、工程知识，还有军事地形学。

这一时期，在充分调查和广泛征求抗大学员意见的基础上，抗日军政大学制定了《抗大军事教育和训练大纲》《抗大第二期军事教育和训练计划》，经校首长批准执行。教学重点是战术，掌握对日作战的基本战术原则。教材主要源于苏军高级步兵学校课本，并以我军战例进行总结分析。同时，抗大增设了军事地形学、参谋业务、军兵种知识等课程。[1]

1942年2月，中央军委决定将简易测绘列为抗日军政大学的军事课程，将地形学教程列为在职师旅干部必修科目。1944年8月，党中央决定在中央党校举办军事教员训练班，由张宗逊负责，下设战术队、射击队和地形队，每个队约100人，均为团以上军事干部。贾立夫任地形队队长。[2]这时期编写的《地形学教材》一直沿用到解放战争中。

解放战争中，特别是1947年东北民主联军总司令部翻印的《地形学教材》，应该是对抗大教程的继承。书中显然依我军“在战争中学习战争”的传统，取消了以往地形学战术特性的内容，仅在《对地形的认识》中简单沿袭旧地形学教材中“地形之见解”的条目顺序，以极简单的文字叙述什么叫地质、交通线、平地、山地等，略去战术特性，而增加了山地各种地貌的名称示意图，以及地图等高线的原理示意图。熟悉苏联《军事地形学》的人，便能知晓图的出处。

1949年以后，随着我军正规化建设的深入，地形学教材也由战时“急就章”式的应用型向完整的学科体系迈进。我军全面准确地翻译苏军地形学教材，应是1952年翻译苏军总参谋部测绘局增加了卫国战争经验的1946年版《地形学指南》。20世纪50年代初，我军地形学教材基本以翻译苏联教材为主，同时附加我国的部分特点。如苏联以13时为正午，改按我国以12时为正午等。对照中、俄两种教材可以发现，苏军书中使用的是其装备的炮兵和阿德里阿诺夫腕式指北针，而我军是当年普遍使用的仿“中正式”的“五一式”四用指北针，是为教材中明显的中国特色。从这一时期开始，军队的地形学遂称为“军事地形学”，以区别地方大学的从地质角度研究地形的学科。如1954年总参谋部测绘局译印苏联红军布伯诺夫等著的《军事地形学》，以及1956年通信兵部印发的《军事地形学》，1957年训练总监部印发的《士兵军事地形学》等教材都体现了这一特色。1956年版《军事地形学》“引言”指出：“军事地形学，是为了军事目的研究地形和地形测量方法的科学。它和军事科学的基本部分——战术有直接关系，并且主要是为战术服务的。”教材的基本内容是：1. 地形和地形的战术特性；2. 研究地形战术特性的方式和方法；3. 实地判定方位和地图使用；4. 在

〔1〕王智涛著：《从共产国际归来的军事教官——王智涛回忆录》，军事科学出版社，2015年。
〔2〕同上。

附 3-11 1962 年 10 月版《军事地形学》一书中所附中国台湾嘉义附近的塔乃库山二十万分之一比例尺的地形图

实地进行测量和军事要图的调制。[1] 此书中附有美、英、法的军用样图，还有苏联二点五万分之一与五万分之一比例尺等地形图示例图。这几幅示例图自 20 世纪 50 年代初一直沿用至 1977 年由尼古拉耶夫中将主编、苏军总参谋部出版的《军事地形学》中，20 余年未曾改变。如此看来，我军当年翻译的苏军《军事地形学》是其基准教材，此后不断修订。

值得一提的是，还在上初中的我，曾将我军 1956 年版《军事地形学》中一幅道路侦察要图悉心临摹于我课外业余自学的地形学笔记中，并保存至今。我发现，此图在苏军 1958 年、1959 年俄文版中使用，甚至到 2011 年俄罗斯《军事地形学》教材中还在沿用，前后近 60 年。

20 世纪 50 年代末，我军批判所谓“教条主义”之后，总参谋部根据国防部 1961 年版《合成军队战斗条例概则》和《步兵战斗条令》精神，于 1962 年编写了“以我为主”的《军事地形学》基准教材。因而这本《军事地形学》基准教材，既有《合成军队战斗条令概则》的指导精神，又有《步兵战斗条令》的具体规定。如书中开篇多次引用《步兵战斗条令》阐述的“地形是选择突击点和防御要点的重要依据”，并列举林彪、刘伯承的有关指示，“当主管、当参谋长，有一条秘诀就是‘背地图’”。书中第一章《地形对战斗的影响》突出我国的地形特点：如平坦地，举我国华北平原和东北平原，以及长江三角洲和珠

〔1〕中国人民解放军通信兵部:《军事地形学》，1956 年。

江三角洲为例；丘陵地，则举辽宁、山东等地为例；岛屿和海岸，则以海南岛、崇明岛，以及长山列岛为例。在图上“研究地形”一节，山地使用的是台湾嘉义附近的塔乃库山二十万分之一比例尺的地形图。[1]这本“基准版”教材还突出了核条件下作战，如“步兵团战斗推演图”中有遭受敌战术原子武器攻击的想定作业。1964年，总参谋部又编写出版了《军事地形学》第2部，即航空相片判读，完善并形成了我军特色的《军事地形学》教材和学科。

综上所述，清末民初，中国先是向德国学习，后又转向日本，以请进来、走出去的方式学习日本的近代军事理论，包括测图和地形学。

值得指出的是，1949年至1967年期间，蒋介石招揽了80余名前日本将校军官到台湾任军事顾问，即所谓“白团”。其中有个叫户梶金次郎的，其中文名叫钟大钧，教授地形学，“带着台湾军官进行战地地形侦察的实地教学”。户梶少佐曾为日本陆军十八师团参谋，在缅甸作战，也曾任中国派遣军与日本参谋本部之间的联络官，穿梭于上海、南京、北京之间。户梶在台湾“主要负责司令官、师长层级的高阶军官的教育，并且担任团长富田直亮的重要助手”[2]。由此看来，国民党军直至败退台湾后，其地形学仍以日本为师。

中国共产党领导的人民军队在战争中曾参考苏联军事地形学，并在教材中加入中国特色。在20世纪60年代初，我军以条令精神形成了“以我为主”的军事地形学体系。目前，随着军事科技的发展，网络和数字化地图正成为我国军事地形学探讨的新方向。

（原载《世界军事》杂志2017年第5期，此处有增删）

〔1〕参见中国人民解放军总参谋部出版部：《军事地形学》（基准教材修改版）第1部，1962年。

〔2〕参见［日］野岛刚著：《最后的帝国军人——蒋介石与白团》，台北，联经出版事业股份有限公司，2015年。

附录四：论兵要地志的战史调研与编写

我国的兵要地志脱胎于古代的地方志，约在明代已有了兵要地志的雏形。[1]我国兵要地志同地方志一样，有一定的历史继承性，对历代攻防战守的记载极为重视。明代《偏关志》中就以大事记的形式记述了自五代至明的大小 29 次战争。[2]在这一点上，我国兵要地志不同于外军的兵要地志[3]，特别是日本军队对中国调查编写的兵要地志。

（一）战史资料的收集

古语说“鉴往知来”，研究预设战场在历史上发生过的战争和经验教训，可为指导今后的军事行动提供参考依据。战史是兵要地志的重要调研项目，同时也是兵要地志编写工作中难度较大的项目之一。

1950 年 5 月，中国人民解放军第四野战军司令部印发的《陆军兵要调查法》列出兵要地志中战史的调研项目主要有：

1. 战区历代战争情况

2. 重大作战行动的时间、地点、远因、近果

3. 作战地点（战场）的自然条件、社会条件和历史地理因素，当时的季节、天候情况及其对作战行动的影响

4. 作战双方军队的战斗序列、统帅、幕僚长、主要将领、兵力以及动员、

〔1〕 参见沈克尼著：《略谈我国地方志的军事地理价值》，《军事史林》，1987 年第 2 期。

〔2〕［明］卢承业原本，［清］马振文增修：《偏关志·志余》。

〔3〕 参见沈克尼著：《兵要地志的调研内容及资料搜集》，《军事史林》，1988 年第 6 期。

集结、机动、展开的攻防进退的作战简要经过，包括双方战前的态势、部队的编成和装备的比较，作战的指导思想和指挥的优劣等

5. 战争胜负的原因及教训，特别是受战场地理因素的影响情况

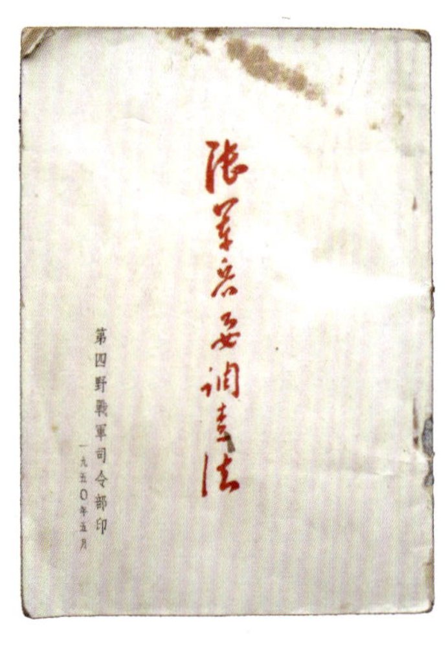

附 4-1 1950 年中国人民解放军第四野战军司令部印发的《陆军兵要调查法》（书影）

根据战史调研项目提出的如上要求，在兵要地志的调查、研究和编写过程中，应着重把握这项工作的两个重要环节。

1. 查阅资料

（1）古代战史资料

我国史料浩繁，如不熟悉调研地区的战史资料，寻找起来等于大海捞针。当受领编写任务后，调研编写者可以从地方志中寻找线索，作为入门的准备。

我国传统的地方志，深受纪传体史书的影响。从现存的大量地方志来看，它们差不多都是以人物为主要内容。这些地方志大多载有历代驻地方武官的"功勋""战绩"。如明代嘉靖《宁夏新志》中，《宦迹·国朝主将》记有曾任宁夏总兵官的王效的简历。王效官居总兵，《明史》当有记载。翻阅《明史》卷二一一《王效传》可发现，王效曾在贺兰山和黄河之间的打硙口（今宁夏大武口）水陆兼进，击败了入侵的北方少数民族骑兵。[1] 又如宁夏地方志中提到明万历二十年发生的"壬辰事变"，由于方志中记述过简，无法成篇。我们可以事件涉及的梅国桢、叶梦熊、萧如薰、魏学曾等人物为线索，逐一去查《明史》中这些人物的传记（如《明史》卷一一六《魏学曾传》、卷二三九《萧如薰传》等），这样便对这次震动朝野的兵变的起因、战场形势、投入的兵力、战争的进程和胜负原因等就有了清晰的了解，加以整理即能成篇。[2]

[1] 参见沈克尼著:《贺兰山历史概要》,《宁夏文史》第 2 辑，1986 年。

[2] 参见沈克尼著:《宁夏平原历代水淹战例》,《宁夏文史》第 3 辑，1988 年。

有的地方对战争有专门的记载，如《新疆图志》卷一一五、一一六为《兵事志》。此外，一些地方志的《俘捷》和《艺文志》中的奏议、碑文也有对战事的记述。欲知其详，可按其年代，从《资治通鉴》《续资治通鉴长编》等编年体史书或其他专著中查寻，并参阅《史记》等二十四史，相互补正。

宋元以来，特别是明清时期，对于重大军事行动的专门记述很多。如明代记明太祖朱元璋伐元，削平张士诚、陈友谅等割据政权的战争，均收录在《纪录汇编》中的《平胡录》《平汉录》《平吴录》等篇中。记永乐北征的有金幼孜《北征录》，记万历宁夏之役、播州之役、朝鲜之役三大征战的有《万历三大征考》，记“倭寇”“海寇”的有郑若曾《筹海图编》、范表《海寇议前》等。

明代农民起义多，规模大，专记述农民起义的有多种，如林俊《见素集》，专记河南地区的有郑廉《豫变纪略》，记江西等地的有王守仁《王文成公全书》，记万历朝农民起义和兵变的有《万历武功录》，记天启年间白莲教起义的有王一中《平妖集》。明末农民起义史料较为系统并集中的有戴笠、吴殳《怀陵流寇始终录》、吴伟业《绥寇纪略》、计六奇《明季北略》《明季南略》。

清代，从康熙时起，第一次军事行动之后都要“纪其始末，纂辑成书”，以宣传其武功，称作《方略》或《纪略》，总计有20余种。有的篇幅较大，多至三四百卷。从内容上可分为两类：一类为平定叛乱、削除割据势力，统一和巩固边疆；另一类为镇压人民起义。例如，有记康熙十二年（1673）至二十年（1681）平定吴三桂、尚可喜、耿精忠三藩叛乱的《平定三逆方略》；有记清政府为驱逐沙俄侵略势力、在雅克萨等地进行自卫反击的《平定罗刹方略》；有记平台湾郑氏《平定海寇纪略》；有记康熙三次出师征讨分裂分子噶尔丹的《亲征平定朔漠方略》；有记乾隆时平定四川大、小金川土司叛乱的《平定金川方略》《平定两金川方略》；有记道光九年（1829）平定回疆（新疆）张格尔叛乱的《平定回疆剿擒逆裔方略》，以及记述乾隆四十六年（1781）及四十九年（1784）清军镇压甘肃、宁夏回民起义的《兰州纪略》《石峰堡纪略》；有记镇压台湾林爽文起义的《台湾纪略》；有记嘉庆年间镇压川鄂陕白莲教起义的《平定教匪纪略》，等等。

（2）近现代战史资料

近现代战史资料是指 1840 年鸦片战争以来的战史资料。

鸦片战争涉及我国沿海许多省份和要地，国内出版有关鸦片战争的专著很多，在各地图书馆均能检索查阅。我们可以将涉及有调研任务区域内的战事抄录、复印下来，以供研究编写。主要战场，还可参阅军委作战部编印的《近百年来我国几个主要方向外敌入侵战史研究》及军事科学院编写的《中国近代战争史》等书。

太平天国运动和捻军起义，以及清同治年间西北、西南的回民起义曾波及我国许多省份，起义军在各种不同战场同清军打过许多大仗、恶仗。其中太平天国和捻军的战史资料见诸罗尔纲《太平天国史稿》《李秀成传》《捻军的运动战》和牟安世《太平天国》等书中。如要具体了解调研地区的详细战况，则要不惜时间和精力去寻找亲历其事者的著述。50 年代初，上海神州国光社曾刊行过一批史料:《太平天国》（八册）、《捻军》（六册）、《回民起义》（四册）。如在《回民起义》中，收录了清朝随营参赞军机的幕僚们撰写的在陕、甘、宁、青、新诸省镇压回民起义的军事行动的记录，如魏源《国朝甘肃再征叛回记》、曾毓瑜《征西纪略》、杨毓秀《平回志》、易孔昭等《平定关陇纪略》、黄丙焜等《戡定新疆记》《西宁军备节略》等。

此外，自辛亥革命以来，对于地方发生的重大战事，地方文史资料和政协文史部门都收集有亲历其事者的回忆文章。这些回忆录，特别是那些旧军队中的高级将领撰写的文章，因为作者的职务关系，他们洞悉作战意图，了解战争进程，对胜负原因及教训有亲身体会，因此，有一定参考价值。但是由于撰文者观点和个人见解的局限性，加之经年日久，记述失实之处在所难免，引用这些资料时，应注意反复核查，多方印证。

现代战史，特别是土地革命战争以来的战史资料，可参阅我军战史、军史和回忆录，以及全国或地方出版的文史资料选辑。

20 世纪 50 年代末期，在中央军委主持下，解放军各部队曾编写军史、战史，记述了本部队光辉的战斗历程。还有一些老同志撰写的回忆录，都是编写地方战史的主要依据。例如，陆军第六十三军、六十四军、六十五军的军史中就逐日记载了该部 1949 年陇东追击、兰州攻坚、解放宁夏的作战行动，并附有要图。一些亲自参加战役的首长，还撰写了回忆录。这都是编写地方兵要地志中现代战史部分的基础资料。

对外国的战史资料，除翻阅该国的战史专著外，一般情况可参阅美国纽约 1977 年出版的《军事史百科全书》(*The Encyclo Pedia of Military History*)，此书以编年和分地区的体例，分二十一章介绍从公元前 600 年至 1975 年的军事历史。书后有详细的总索引，以及单个战争和战役索引。此外，伦敦战略研究所出版的《军力和冲突年鉴》(*Annual of Power and Conflict*) 也可供参考。此年鉴总结每年度各地区的政治变化，以及“暴乱”、颠覆活动和极端分子的活动给社会带来的影响。

对于外国的战史资料，特别是我国周边国家的战史资料，在收集翻译外国文献的基础上，应尽量利用已经翻译出版的图书文献。例如，对越南的战史研究，可供参考的中文图书有《大南实录》，此书是越南最后一个王朝——阮朝的实录，全书共 453 卷，记载了 1811 年至 1909 年间的越南历史。近年来翻译出版的有关中文书有：[越] 陶维英著《越南历代疆域》(商务印书馆 1973 年版)、[越] 潘辉黎等著《越南民族历史上的几次战略决战》(世界知识出版社 1980 年版)、[越] 陈文荼著《三十年战争终结》(世界知识出版社 1984 年版)，以及越南外文出版社出版的中文书，武元甲的《艰难的岁月》《武装革命群众建设人民军队》，等等。

对上述资料的使用要认真进行分析，凡与我国有关的事件，应参阅我国史料核查，以我为主，以防混淆是非。例如《越南民族历史上的几次战略决战》一书中有所谓“如月大捷”，即是越方颠倒黑白之说。书中将九百年前中越之间一次无关紧要的战斗吹嘘为“如月大捷”。实际上在此次战斗中，越南当时的李朝军队伤亡惨重，两个王子也兵败战死。正是因为这样，越南李朝才“遣使诣宋军门纳款，以求缓师”。

此外，清末一些颇有远见卓识的官僚知识分子编撰了不少周边国家的军事地理志和战史辑录。光绪年间，刘名誉将有关中法战争、边防邸抄和大臣的奏折、时论辑录而成《越事备考》，王子芹辑《绘图越法战书》(其中有刘永福的战图四幅)，魏源《征抚安南记》《征缅甸记》《征抚朝鲜记》，王昶《征缅纪闻》《征缅纪略》等史料都可供参考。如王昶《征缅纪略》是清军每日作战行动的“阵中日志”。而清代师范的《入缅路程》则是由腾越入缅作战通道的里程记录。清代对缅甸的战事记载，可参考台湾“三军大学”《中国历代战争史》第十六册。在乾隆对缅甸作战中，优势的“王师”三战皆失利。清军上下情况不明，轻敌冒进。缅军地形熟，善抄后路，火器较清军先进。清军为火绳枪，而缅军由东印度公司购进燧发枪。清军第四次征缅打了个平手。

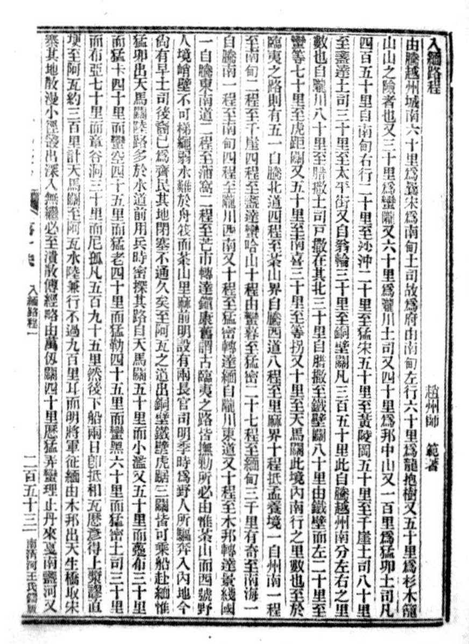
入緬路程　趙州師範著

由騰越州城南六十里爲蠻宋爲南甸土司故爲府由南甸左行六十里爲龍抱樹又五十里爲杉木籠山山之險者也又三十里爲蠻隴又六十里爲隴川土司又四十里爲邦中山又一百里爲猛卯土司凡四百五十里自南甸右行二十里至沙沖二十里至猛宋五十里至黃陵岡五十里至千崖土司八十里至蠻達土司三十里至太平街又自翁輪三十里至銅壁關凡三百五十里此自騰越州南分左右之里數也自隴川八十里至腊撒土司戶撒在其北三十里自腊撒至鐵壁關八十里由鐵壁而左二十里至蠻等七十里至虎距關又五十里至南喜三十里至等拐又十里至天馬關此境內南行之里數也至於臨夷之路則有五一自騰北道四程至茶山界自騰西道八程至里麻界十程抵孟養境一自州南一程至南甸二程至千崖四程至蠻達蠻哈山十程由蠻暮至猛密二十七程至緬甸三千里有奇至南海一自騰南一程至南甸四程至隴川西南又十程至猛密轉達緬自隴川東道又十程至木邦轉達景綫國一自騰東南道二程至蒲窩二程至芒市轉達鎮康舊謂古臨夷之路皆撫勒所必由惟茶山而西號野入境峭壁不可梯綆弱水難於舟筏而茶山里麻前明設有兩長官司明季時爲野人所驅奔入內地今尙有早土司後裔已爲齊民其地閉塞不通久矣至阿瓦之道出銅壁鐵壁虎踞三關皆可乘船赴緬惟猛卯出天馬關陸路多於水道前用兵時密探其路自天馬關五十里而小隴又五十里而堯布三十里而猛卡四十里而蠻空四十五里而猛老四十里而猛勒四十五里而蠻黑六十里而猛密土司三十里而布亞七十里而章谷洞三十里而尼孤凡五百九十五里然後下船兩日即抵相瓦歷彥得上蠻謬直埂至阿瓦約三百里計天馬關至阿瓦水陸兼行不過九百里耳而明將軍征緬由木邦出天生橋取宋寨其地散漫小徑殺出深入無繼必至潰敗傳經略由萬仞關四十里歷猛弄蠻理止丹來戛南盞河又

入緬路程一　二百五十三　南清河王氏鑄版

附 4-2 清代王昶著《征缅纪闻》中的“入缅路程”部分（书影）

（3）战场地理形势资料

研究战史时，通常要了解战场所谓“全般地理形势”，特别是边防、海疆、要塞、关隘等在历史上的地位和兵防战守情况，以便在编写战例时概略介绍。一般说来，地方志中对此资料都有记载，如清代编纂的《西招图略》《西藏图考》《西藏志》和《卫藏通志》等，详细记述了当时西藏边防形势、卡隘、要地的位置、兵站路程和御敌策略等。清代《塔尔巴哈台志略》[1]，载有新疆塔城的边防地理形势和塔城对面的俄军边防部署、实力、指挥官姓名。又如，《明一统志》对历代出入越南的水陆通道、程站均有详细的记载：“入交（趾）道三：一由广西、一由广东、一由云南。由广东则用水军，伏波以来皆行之广东道，宋之行云南道。明始开广西，亦分为三……”

古代史籍中，对战史和军事地理记载详备的当属明末清初顾祖禹编撰的《读史方舆纪要》，清末张之洞《书目问答》将其列入兵家类。近代著名学者梁启超也说：“景范之书，实为极有别裁之军事地理。”《读史方舆纪要》在每省卷首都有“总叙”一篇，结合地理情况论述其

〔1〕［清］吴丰培：《塔尔巴哈台志略跋》，中央民族学院图书馆编印。此书原为清光绪年间所编《塔尔巴哈台图说》，“因图既不存，故改为志略”。

军事历史地位，府、县亦如此，颇有见地。在卷帙浩繁的《中国历代战争史》（台湾“三军大学”编）一书中，叙述各场战争之前，就大量引用《读史方舆纪要》的资料，介绍战场地理形势。如宋平定南方各国战役，在叙说后蜀地理形势时就援引《读史方舆纪要·四川方舆纪要序》的观点：“……在西有阴平道，此道最为艰险，易于阻塞，曹魏末邓艾曾由此道袭蜀。在东有巴峪道，三国时魏将张郃攻蜀，由此道而失败。自古中原对蜀用兵，皆由栈道而进，罕有取阴平道、巴峪道者。后蜀御宋，在栈道上只守备两要点，一为利州，一为剑州。此地有剑门山栈道诸险，自古为蜀之巨防。”〔1〕

此外，《读史方舆纪要》对于省、府、县境内主要山川、关隘、城镇、桥、驿和历代用兵攻守之事、兴亡成败之例，均有叙述。书中所述战史及军事地理观点对于我们研究今日战场仍有参考价值。调研者可从《读史方舆纪要》卷首的总目中查阅需调研区域的卷目，以方便寻找。例如，西北的部分见诸该书卷 52（陕西）、卷 62（宁夏）、卷 63（甘肃）、卷 64（西宁）、卷 65（哈密）等。

查寻资料时，要善于借助互联网查寻信息，再利用图书馆、档案馆和书目索引，以使调查工作快捷。对二手材料要进行核对，力求准确，不要人云亦云，以致以讹传讹。对有争议尚无定论的问题，如属必要，可将几种观点简要注出，说明目前尚无定论，以求用严肃求实的态度编写战史。另要注意小说、演义之类切不可与史料混同，以免影响战史的真实性。

2.实地考察

研究战史，在掌握大量资料之后，进行必要的实地考察至为重要。现存的文献资料多是全国性史籍，主要是节录当时地方官员或事后将领的奏报。史籍的编修者不可能对其重要记述逐一核查，其中缺略、含混，甚至谬误矛盾之处在所难免。这些问题，一部分可在地方性史籍之中得到补订。但有的地方资料也未详载，或本来就是抄录全国性史籍，这就需要进行实地考察。

举例说，著名古战场剑门关是自陕入蜀的门户，历来为兵家必争

〔1〕 中国台湾“三军大学”编：《中国历代战争史》，第 14 册第 3 章，军事译文出版社，1983 年，内部发行。

之地。据史料记载，北宋初年，宋军两次自陕入蜀，都不是直接控扼剑门，而是迂回而南。宋太祖乾德二年（964），王全斌率军攻后蜀，驻兵益光（今昭化）。他采纳后蜀降卒之计："益光江东越大山数重，有狭径名来苏。蜀人于江西置栅守之。对岸有渡，路出剑门南二十里，至青强店与大道合。由此进兵，则剑门之险不足恃也。"[1]王全斌以主力攻剑门关，同时分兵趋益光以东的来苏小道，至剑门关南的青强店，而后回兵北攻，会同主力夹击剑门关，继而南下，攻克剑州（今剑阁县），这是宋军第一次自陕入蜀作战。宋太宗淳化五年（994），在蜀地起义的王小波、李顺率领起义军数千人，从南面围逼剑门关，同时分兵扼守剑门附近的研石寨。王继恩率领的宋军主力不是从剑关向南，而是绕关先破研石寨，"逐北过青强岭"，向北迂回歼灭攻关的起义军后，继而合兵由剑关南进。宋军这两次进军川蜀为什么要采用这条路线，仅从文献资料上得不到明确答案。

近年来，四川省的史志工作者胡昭曦等同志经过实地考察发现，宋军采用以上战法是与当地地形有关。剑门关（大剑山）在剑州北六十五里，自北而南，依次是剑门县（今剑关乡）、青强岭（即青强店，今名青树子）、汉源坡、剑州。从剑关南行，其地势是上坡，直至汉源坡才转为下坡，故青强岭和汉源坡都是用兵扼要的制高点，北趋可俯攻剑关，南向可俯攻剑州。王全斌攻蜀首先要夺剑关，但关外自南向北又是下坡，仰攻是困难的。因而，他以主力正面攻关，牵制后蜀兵力，却派偏师沿来苏小道迂回而南，占领制高点青强岭。这样，南可威胁剑州，北可居高临下，与关外主力夹击，很快攻占剑关。同样，王继恩进军时，剑关虽控制在宋军之手，然而关南有地方起义军居高瞰制，仰攻难以取胜。所以，宋军分兵绕道小剑山（在大剑山西偏南三十华里），沿小路攻占研石寨，继而进至汉源坡一带，向北占领制高点青强岭，穿插到起义军的背后，配合守关主力居高临下夹击攻关的起义军，取得了胜利。这就是所谓"逐北过青强岭"的原因。如果不是实地考察，是难以弄清情况的。[2]

古战场的地名考释和地理位置确定是比较复杂的问题。以往史书上记载的地名，实地何在，在解释上多有含混，甚至错误，必须

〔1〕《宋史·列传》卷14。

〔2〕胡昭曦著：《研究地方史要重视必要的实地考察》，《中国地方志通讯》，1981年第3期。

经过实地考察，加以核实。如宋神宗元丰五年（1082），北宋与西夏大战到永乐城，双方兵力总计不下五十万。历来有关记载都说永乐城在今陕西省米脂县西南永乐村。一些学者经过实地考察，发现永乐村是一个狭窄、缺水的小山沟，根本不具备几十万大军作战的战场容量，而米脂县的马湖峪才是永乐城故址。[1] 又如，有些学者认为贺兰山三关是西夏军事重镇克夷门。我则认为此说值得商榷。《西夏书事》卷四十说："克夷为中兴府（今银川市）外卫，两山对峙，中通一径，悬绝不可登。曩霄时，设右厢朝顺监军司，兵七万守之。"文献介绍的情况与三关地形不相符。实地考察会发现，三关地形是"山势到此散缓"[2]，并非"悬绝不可登"。此外，三关没有水源，不具备屯驻七万大军的生存条件。根据古代文献记述的西夏克夷门的地形情况分析，加上实地考察，贺兰山的大水沟口似有可能。大水沟口有山间小道直通山后。其口门狭窄，两侧山崖壁立，沟内山泉水量大，为贺兰山中段诸山口之最。而且地近昊王渠，具备驻扎大部队的基本条件。近年来还在这一地区发现西夏建筑的遗迹。据考证，可能为军营遗址。

以上事例说明实地考察对于研究战史的重要性。兵要地志是作战的重要参考资料，其中战史调研的目的是"古为今用"。战史的实地考察，最好结合兵要地志的其他调研任务同时进行，在研究战区地形对诸兵种运动、隐蔽、展开、宿营等利弊影响的同时，进行战史考察。如此统筹安排，不仅节省时间，更有助于了解战史经验教训，以指导未来作战。

值得一提的是，外军院校极为重视战场的历史考察，称之为"战史旅行"或"军事历史野外旅行作业"。[3] 美国四星上将巴顿年轻时，在被派往法国骑兵学校学习期间，常去法国各地旅行，考察在史书中讲到过的古战场。美国五星上将马歇尔在弗吉尼亚军事学校学习时，也曾到过美国内战时期的许多战场旧址进行考察，这使他们在日后的军事生涯中获益匪浅。

---

〔1〕 白寿彝主编:《史学概论》，宁夏人民出版社，1983 年。

〔2〕 见《宁夏新志》(嘉靖年间修纂)。

〔3〕 中国人民解放军科学院编译:《苏联军事百科全书·军事建设》第 2 卷，战士出版社，1986 年。

（二）战史的编写

兵要地志的战史编写，属研究性的问题，这里提出一些个人看法。

兵要地志的战史（战例）编写，并不是为说明战术原则而举的典型战例，不能以“为我所用”的方针编写，而是基于战区战争史实的客观表述。

战史编写的详略程度可视兵要地志的种类而定，如省级和战区（战略方向）的兵要地志可以编年体的形式记述编写该地域发生的较大的战役行动。考虑到这类兵要地志的使用者通常为战役或战略指挥员，因而战史资料记其大略即可。而县级和军事要地的兵要地志的战史记述，则应详备。通常由一个个有特点的战役和战斗组成。这样，各种兵要地志的战史资料详细程度不同，可互为参考，便于各级指挥员根据需要选择使用。

战区的战史是兵要地志调查工作的一个组成部分，战史的编写要考虑在整个兵要地志中所占的篇幅，力求简洁明了，并有一定的侧重点。跨地区的战事，以记述本地区为主；对战事的几个方向，应记其主要方向（决定方向）。编写时，应重视对战事的评述。征战是分析战场地理和天气对战争的影响，总结出规律性的特点和经验教训。如本文所举剑门关之例，历史上攻取剑门关常从来苏小道迂回而南，占领制高点青强岭，继而攻占剑门关。又如，宁夏平原，黄河纵贯其境，渠道水网交织，自宋以来，历史上为争夺宁夏平原及塞北重镇宁夏城（今银川市），黄河及灌区主要渠道曾被多次掘开，或纵水淹灌战胜对方，或制造泛滥形成障碍。“以水代兵”是宁夏平原攻防作战的突出特点。〔1〕

战史的评述是编写者全面研究战事之后所得出的结论，是编写者军事素养、学术水平的综合体现。因此，从事兵要地志调研工作的参谋人员，应从史料收集、实地考察能力、专业素质等多方面入手，进行综合能力的培养，以适应工作的需要。

（本文原载《军事史林》1989 年第 4 期，此处有增删）

〔1〕 参见沈克尼著:《宁夏平原历代水淹战例》,《宁夏文史》第 3 辑，1988 年。

后 记

书稿完成，掩卷长舒。从 1986 年 3 月我在北京中国人民革命军事博物馆馆刊《军事史林》杂志发表《近百年来日本对我国兵要地志的研究》文章开始，至今已有 29 个年头，我将一篇文章扩展成了一本书。

我出生在一个普通的地方干部的家庭，自幼爱好军事。我的军事知识是从体育馆的少年射击班开始的。我琢磨，枪打准了，接下来便是怎样用好这支枪，于是由利用地形、地物的单兵战术，逐步向班、排、连的攻防战术探索。我曾把整本的《军事地形学》主要内容连文带图工整地抄录、描绘下来，这本笔记至今留存。20 年后，我作为地方出版社的编辑在报考石家庄陆军指挥学院的本科函授时，这本笔记的复印件被当时的副院长韩龙文少将看到。韩将军感动，特准我这个地方学员入学。就这样，我这个一天也没当过兵的人，竟鬼使神差上过陆军参谋学院、装甲兵指挥学院、南京陆军指挥学院、国防大学四所军事院校。我的“学历”与我后来的预备役中校、上校、大校军衔相符。

17 岁时，我从蒙古族将领吴涛家中找到一本 1950 年由第四野战军司令部翻印的《陆军兵要调查法》的小册子。此书影响了我一生，使我这个下乡插队的知识青年从军事地形学的学习跃升到兵要地理（军事地理）的探索中，并由此认识到应具备相应的合成军作战的理论知识。这方面启蒙的书，即是刘伯承元帅译校的《合同战术》，以及我阅读、抄写、寻找到的军事学院（国防大学前身）的院刊《军学通讯》。2008 年我到国防大学学习时，把当年抄录的当时还是学院青年教员张海麟撰写的研究文章的笔记带到国防大学，还真找到了年近 80 岁如今已成为将军的张先生。张将军很感慨，没想到一个地方青年会全文抄录他 40 多年前的文章，而且保存至今并带来见他。

当年我下乡插队，带了一木箱军事书。在宁夏海原县山区下乡插队的经历，使我从实地得知居民地、山地、丘陵与西北特有的地形“塬”和“峁”的形态，以及在地形图上的表现形态，同时结合天水步兵学校旧的《战术教材》，使自己力求具备步兵连连长的技战术知识（而非能力）。

在宁夏海原县南华山上放驴，我站在山垭口上观察地形，开始加强步兵连山地防御的战术“想定”：堑壕的经始，排的支撑点，交通壕的连接，连观察所，障碍物设置，连属火器配置，预备队……以及如何按规定的标号调制防御要图等。我把我艰苦的下乡插队的经历，当作自己的“步兵学校”。我将自己当时所具有的军事技术知识教给村里的民兵，如投弹、刺杀、擒敌拳、超越障碍等。山里的放羊娃被我训练得可以将鞭杆向背后一插，纵身上墙，用漂亮的“臂撑式”翻墙而过。当然，嘲笑、奚落是少不了的，于我这恰是一种动力。每当此时我便会想起《三国志》中少年时的邓艾，“但见高山大泽，辄窥度指划，何处可以屯兵，何处可以积粮，何处可以埋伏。人皆笑之。唯司马懿奇其才，遂令参赞军机”。

从军是我毕生的愿望。我也多次报名参军，都因各种原因未能如愿。记得参加工作后当建筑工人时，我报名参军，而目测时便被刷下。我下班回家连夜奋战，将苏联邱索夫著的《地形图测图教材》中所附的二点五万分之一、五万分之一、十万分之一比例尺的三幅俄文地形图，就其地形对部队作战行动，特别是对陆地、空中的隐蔽、坦克渡河偏流计算等攻防进退、兵防战守等特点进行分析并写出报告，同时还按规定的军队标号绘制了一份“侦察想定”要图。当时银川市新城区武装部魏部长看到这份地方青年的“参谋作业”后大惊，说“这个小伙子应推荐到部队作训部门去”，并立即抽出一张体检表让我参加体检。然而，入伍通知书还是没有我。单位名额只有两个，据说都留给了关系户。我慨叹，如果走后门，我当时在宁夏可以走到头——我的铁哥们康飞的父亲是宁夏党委第一书记、兰州军区副司令员康健民将军。康飞兄在当时已然是 30 岁了，他在家庭和社会的影响力办一个让我当兵的事，易如反掌。而我没有这么做，当时我想，当兵要凭本事，这件事我绝不走后门！

数年之后，我读《赫鲁晓夫回忆录》才知道，当年我的“地形分析报告”中的图，根据图廓坐标量读竟是波兰的“但泽”附近，第二次世界大战就是从那里打响的。

1986年我发表在《军事史林》杂志研究兵要地志的系列文章，引起总部机关苏刚大校注意。与我非亲非故的崔世芳将军把我从宁夏叫到北京，并亲自谈话，甚至请示了总参谋长杨得志上将，拟调我入伍进京，最后还是搁浅于管干部的大机关。虽然没有穿上军装，多少年来帽徽、领章却一直戴在我的心上。数十年来，我人在地方，心系军旅，从未“转业”！在我行将60岁之时，我嘱宁夏军区司令部军务动员处处长王宝贵上校请示总参动员部，咨询我可否破例服兵役。答复是否定的，但士兵的梦将伴随着我的一生！

我一直认为我国是义务兵制，当兵是尽义务，不当兵仍可以尽义务。

这部书稿的完成，与我这个“抗大”（国防大学）后来的学子冥冥之中似是一种必然。当年抗日军人限于条件，未能深入，从这个意义上讲“抗战”于我还在进行。

拙著行将付梓之前，又有重要增补。如讲述日军航空兵要地志，我得见日军1942年滨松陆军航校被列为“绝密　用后烧毁”的《重型轰炸机战斗规范》。讲述日军热河兵要地志中寒区作战准备，我得见1941年日军《严寒条件下行动的战斗要务令》。又如讲日军海岛兵要地志图，我得到日本《陆军中野学校》一书，其中有日军当时部署研究海岛生存的命令和实例。特别是叙述《侵华日军眼中的中国人》一章，即日本人对中国国民性研究，使我在日军伊吹军医正所著的《从卫生角度观察——“满洲”国境附近兵要地志》的油印本中发现日本人对中国国民性的研究被归纳为“面子”“没法子”（听天由命）之说。感谢支持我的首长和朋友们，特别是知名的图书策划人么志龙，特约编辑江山美、陈佳、李东以及三联书店的何奎、朱利国、马翀等人，还有同我一起经历这部书稿诞生的助手桂杨、郝鹏。

由于侵华日军兵要地志的研究在国内尚属空白，以及本人学识所限，书中还存有不足之处，敬请读者明鉴。然而，本书能得以出版，这件事本身就是一个胜利。

沈克尼

2015年7月11日于北京红山口

2021年6月再识